PAPERBACK

1024

Über das Buch

Der vom Menschen verursachte Klimawandel treibt das Fieber in die Höhe: Unsere Erde leidet an dem globalen Virus der Maßlosigkeit. Tatsächlich riskiert die Menschheit die Zerbrechlichkeit der Erde, weil sie auf eine natürliche Warmzeit eine zweite, vom Menschen gemachte draufsattelt.

Seit dem 4. Sachstandsbericht des zwischenstaatlichen Ausschusses für Klimaänderungen (IPCC) kann nicht mehr bestritten werden, dass der Klimawandel Realität ist. Dies musste sogar der US-amerikanische Präsident auf dem G 8-Gipfel zugeben.

Dieses Buch erläutert wissenschaftliche Grundlagen und politische sowie ökonomische Konsequenzen aus dem Klimawandel. Anhand aktueller Vorschläge und Programme wird deutlich, dass Klimaschutz machbar ist.

Mit Beiträgen von

Wolfgang Cramer, Ottmar Edenhofer, Christian Flachsland, Ursula Fuentes, Sigmar Gabriel, Hartmut Graßl, William Hare, Peter Hennicke, Olav Hohmeyer, Daniela Jacob, Carlo C. Jaeger, Harald Kohl, Wolfgang Kusch, Mojib Latif, Anders Levermann, Jochen Marotzke, Klaus Michael Meyer-Abich, Michael Müller, Stefan Rahmstorf, Franzjosef Schafhausen, Annette Schavan, Hans Joachim Schellnhuber, Martin Schöpe, Andreas Troge, Nicole Wilke.

Michael Müller
Ursula Fuentes / Harald Kohl (Hrsg.)

Der UN-Weltklimareport

Berichte über eine
aufhaltsame Katastrophe

Kiepenheuer und Witsch

Das Papier von Umschlag und Textteil ist FSC-zertifiziert.

FSC
Mix
Produktgruppe aus vorbildlich
bewirtschafteten Wäldern und
anderen kontrollierten Herkünften

Zert.-Nr. GFA-COC-1223
www.fsc.org
© 1996 Forest Stewardship Council

1. Auflage 2007

Umschlaggestaltung: Barbara Thoben, Köln
Gesetzt aus der Sabon und der Frutiger
Satz: grafik & sound, Köln
Druck und Bindung: Clausen & Bosse, Leck
978-3-462-03960-3

» Wir hatten noch nie so wenig Zeit, so viel zu tun. «

Franklin D. Roosevelt

Inhalt

I. Das Jahrhundert der Ökologie

II. Der 4. Sachstandsbericht des IPCC
Die Tagungen von Paris, Brüssel und Bangkok

III. Klimaschutz ist machbar – Zeit zum Handeln

Anhang

Danksagung

Die Anregung, die drei Arbeitsberichte des UN-Welt-klimarates zu erläutern, kam vom Lektor des KiWi-Verlages *Lutz Dursthoff*. Wir haben den Vorschlag gerne aufgegriffen, zumal wir an allen Tagungen der Arbeitsgruppen des Zwischenstaatlichen Ausschusses zum Klimawandel (IPCC) in Paris, Brüssel und Bangkok teilgenommen haben.

Die Veröffentlichungen des 4. Sachstandsberichts IPCC brachten das Thema in den Fokus der internationalen Debatte und auf die Tagesordnung des G 8-Gipfels von Heiligendamm. Der Klimawandel wird künftig immer stärker die internationale Politik bestimmen, zumal er sich seit Beginn des neuen Jahrhunderts massiv beschleunigt und verschärft hat.

Hier werden erstmals die beschlossenen Papiere für die Entscheidungsträger dokumentiert und erklärt. Die zusammenfassenden Berichte behandeln die wissenschaftlichen Grundlagen, die regionale und sektorale »Verwundbarkeit« der Erde sowie die technischen und ökonomischen Optionen zur Vermeidung der globalen Erwärmung bzw. der Anpassung an den Klimawandel.

Die drei IPCC-Berichte bilden das Kernstück des Buches. Außerdem wird die Klimadebatte in Deutschland seit Ende der achtziger Jahre nachgezeichnet. Wir zeigen Instrumente und Programme auf und nehmen Stellung zu der Kontroverse über die Nutzung der Atomkraft.

Beteiligt sind führende Klima- und Umweltwissenschaftler unseres Landes mit kurzen Beiträgen. Schließlich beschreiben Mitarbeiter des Bundesministeriums für Umwelt die deutsche Rolle in der Energie- und Klimadebatte. Die namentlich gekennzeichneten Beiträge geben die Meinung des jeweiligen Autors wieder, nicht näher gekennzeichnete Beiträge stammen von den Herausgebern.

Unser Dank gilt dem Sekretariat des IPCC, das die Grafiken zur Verfügung gestellt hat, sowie *Christoph Hein*, der wertvolle technische Hilfe bei der Erstellung geleistet hat. Das Buch wäre ohne die Hilfe von *Dr. Pauline Midgley*, die die deutsche IPCC-Koordinierungsstelle leitet, nicht so schnell zustande gekommen. *Melanie Bluhm* und *Peggy Thurandt* haben geholfen, dass der knappe Zeitrahmen eingehalten werden konnte.

Unser Dank gilt auch allen, die an der deutschen Übersetzung der IPCC-Berichte beteiligt waren. Die deutsche Übersetzung der IPCC-Zusammenfassungen für politische Entscheidungsträger 2007 ist ein Gemeinschaftsprojekt von ProClim, dem Forum der Akademie der Naturwissenschaften Schweiz SCNAT, der deutschen IPCC-Koordinierungsstelle und des österreichischen Umweltbundesamtes, in Zusammenarbeit mit Verfassern der Originalberichte. Finanzielle Unterstützung leisteten: das Bundesamt für Umwelt in der Schweiz, das Bundesministerium für Bildung und Forschung Deutschland, das Bundesministerium für Umwelt, Naturschutz und Reaktorsicherheit Deutschland, das Lebensministerium Österreich, Greenpeace Deutschland.

Die Herausgeber

Wort zum Geleit: Der Klimaschutz – eine Menschheitsherausforderung

Von Sigmar Gabriel

Wenige Themen erfahren heute weltweit eine so hohe Aufmerksamkeit wie die Energie- und Klimapolitik. Es vergeht kaum ein Tag, an dem uns nicht neue Belege für den Wandel des Klimas vorgelegt werden oder auf internationalen Konferenzen über die Folgen und Handlungsmöglichkeiten beraten wird. Es ist keine überflüssige Katastrophenrhetorik und kein übertriebenes Pathos, wenn wir von zwei echten Menschheitsherausforderungen sprechen:

Die **erste** Menschheitsherausforderung besteht in der Frage, wie sich die Welt mit ausreichender und auch bezahlbarer Energie versorgen kann. Begrenzte Energiereserven wie Öl und Gas treffen auf eine explosiv wachsende Nachfrage. Länder wie China wollen ihren Wohlstand bis zum Jahr 2020 verdoppeln. Das ist gemessen am durchschnittlichen Lebensstandard eines Chinesen nicht viel. Angesichts der Bevölkerungszahl von 1,3 Milliarden Menschen bedeutet es aber eine gigantische Steigerung der Nachfrage nach Energie und Rohstoffen. Das Gleiche gilt für andere Schwellenländer wie Indien, Brasilien oder Mexiko. Wir werden den Menschen dort wohl kaum das Recht verwehren können, besser leben zu wollen.

Die weitaus ärmeren Länder dieser Erde wollen eine Antwort auf die Frage, wie sie ihren Bewohnern Zugang zu Energie verschaffen können. Weltweit immerhin mehr als 1,6 Milliarden Menschen haben heute noch keinerlei Zugang zu einer gesicherten Energieversorgung. Wenn sie sich aus Armut und Elend befreien wollen, brauchen sie mehr Energie und Rohstoffe. Damit nicht genug: Leben heute 6,5 Milliarden Menschen auf unserer Erde, so werden es in wenigen Jahrzehnten neun Milliarden sein. Angesichts des damit verbundenen gigantischen Hungers nach Ressourcen bräuchten wir zwei Planeten. Wir haben jedoch nur einen und müssen die Menschheitsherausforderung »Recht auf Entwicklung« gemeinsam bewältigen.

Und dabei geht es eben nicht, wie einige Kritiker gerne behaupten, um die Beschwörung einer Klimahysterie, die nicht stattfindet. Es geht schlicht um Verantwortung und Gerechtigkeit. Denn die Entwicklung in den Industrieländern hat ganz deutlich gezeigt: Wirtschaftlicher Wohlstand ging oft zulasten der Umwelt – verseuchtes Wasser, verpestete Luft, belasteter Boden. Vor diesen Folgen können und müssen wir die Schwellen- und Entwicklungsländer bewahren. Zudem sind immer zuerst die Schwächsten einer Gesellschaft von den Umweltschäden betroffen, wie etwa alte Menschen und Kinder. Es geht also um Umwelt *und* soziale Gerechtigkeit.

Die **zweite** Menschheitsherausforderung hängt unmittelbar mit der ersten zusammen: Wir müssen die Versorgung mit Energie so sichern, dass dabei unser Klima nicht geschädigt wird und unsere Kinder und Enkelkinder die katastrophalen Folgen nicht zu spüren bekommen. Die Verbrennung von Öl, Gas, Benzin und Diesel füllt unsere Atmosphäre zunehmend mit Treibhausgasen und verursacht eine wachsende Erwärmung unseres Planeten. Natürlich sind Temperaturschwankungen auf der Erde nichts Neues. Wofür die Natur jedoch früher zehntausende Jahre Zeit brauchte, bewirkt der Mensch heute in wenigen Jahrzehnten. Und wo früher Stürme oder Hochwasser auf unbesiedelte Gebiete trafen, werden heute Menschenleben vernichtet und Existenzen zerstört.

Für den Anpassungsprozess bleibt keine Zeit. Noch sind es nach dem IPCC »nur« knapp 0,8 Grad Celsius Erwärmung gegenüber der vorindustriellen Zeit, und trotzdem erleben wir bereits die ersten gefährlichen Folgen – auch hier in Deutschland:

- Der letzte deutsche Gletscher an der Zugspitze wird bereits im Jahr 2020 verschwunden sein. Nun könnte man sagen: »Na und, dann schauen wir uns die Gletscher eben in Österreich oder der Schweiz an.« Sie schmelzen jedoch auch dort, und entscheidend ist dabei vor allem die Gefahr, dass durch den Rückgang der Permafrostgebiete Erdhänge ins Rutschen geraten. Ortschaften werden bedroht, Straßen und Infrastruktur zerstört.
- In Helgoland wurde vor einigen Monaten ein neuer Seenotrettungskreuzer mit 50 Metern Länge in Dienst gestellt. Früher reichten 20 bis 30 Meter, um unbeschadet durch die Wellen der Nordsee zu kommen.
- Die Obstanbauer am Bodensee machen sich wegen der wachsenden Trockenperioden zunehmend Sorgen um den Anbau traditioneller deutscher Apfelsorten. Gleiches gilt für den Riesling in der Südpfalz.

Das sind nur einige Anzeichen für die Folgen des Klimawandels in unserem Land. Je stärker die Erderwärmung zunimmt, desto schwerwiegender werden die Folgen. Vor allem die Landwirtschaft wird davon betroffen sein. Trockenheit in einigen Regionen Deutschlands und Starkregen sowie Überflutungen in anderen.

Was in unserem Land zumindest in der näheren Zukunft noch beherrschbar sein könnte, wirkt sich im Süden Europas bereits dramatisch aus. Spanien und Portugal befürchten in ihren Ländern die Ausbreitung echter Wüsten von der Qualität der Sahara. Die Folgen dieser Trockenheit in Südeuropa spüren wir übrigens bereits auch in Deutschland: Wenn in Spanien im Sommer wegen übergroßer Trockenheit die Wasserkraft als Stromerzeuger ausfällt und die Rhone in Frankreich zu flach und zu warm wird, um das notwendige Kühlwasser zur Energieproduktion zur Verfügung zu stellen, dann wird vermehrt Strom aus Deutschland nachgefragt. Er fließt in Richtung Spanien und Frankreich ab. Wegen der Verknappung des Stromangebots steigen in Deutschland die Preise und belasten Wirtschaft und Verbraucher. Auch das ist eine spürbare wirtschaftliche Folge des Klimawandels.

Noch dramatischer wirkt sich die Erderwärmung außerhalb Europas aus, insbesondere in Afrika: Die wachsende Ausbreitung der Wüsten, Dürre, Entwaldung und Bodenerosion führen inzwischen zu humanitären Katastrophen. In Afrika gibt es bereits mehr Flüchtlinge aufgrund des Klimawandels als von Krieg und Bürgerkrieg. Diese Entwicklung ist besonders ungerecht, weil die Menschen in Afrika nichts für den von den Industrienationen ausgelösten Klimawandel können. Sie sind nicht verantwortlich dafür, müssen aber am härtesten unter seinen Folgen leiden.

Das ist der Grund, warum die Entwicklungsländer von den Industrienationen zu Recht Vorleistungen im Klimaschutz und Hilfe bei der Anpassung an die Folgen der Klimaverschmutzung einfordern. Deutschland stellt sich dieser Verantwortung: Wir wollen gemeinsam mit der Europäischen Union unsere Vorreiterrolle im Klimaschutz beibehalten. Wenn wir zeigen, dass wirtschaftlicher Wohlstand und Wachstum möglich sind, ohne das Klima weiter zu beschädigen, werden andere uns folgen. Diese Entkopplung von wirtschaftlichem Wachstum und den Emissionen von Treibhausgasen ist möglich:

▨ Wir müssen versuchen, die Energieeffizienz nachhaltig zu steigern. Deshalb stellt die Bundesregierung jährlich 1,4 Milliarden Euro für die energetische Gebäudesanierung zur Verfügung. Wir helfen den Verbraucherinnen und Verbrauchern nicht nur Energie und damit Geld zu sparen, sondern wir verbinden gleichzeitig Klimaschutz und Beschäftigungspolitik. Denn dieses Programm schafft Aufträge für Handwerk und Industrie. Es ist ein Beispiel für die gelungene Verbindung von Umweltschutz und Arbeitsplätzen. Und es ist bereits im ersten Jahr ein echter Erfolgsschlager geworden. Immerhin wurden im Jahr 2006 insgesamt über 1,7 Milliarden Euro zur Verfügung gestellt.

▨ Dieses Beispiel zeigt, über welche Potenziale wir im Bereich der Energieeffizienz verfügen. Der zweite Energiegipfel hatte zu Recht diesen Schwerpunkt für die Zukunft unserer Energiepolitik. Wir unterstützen deshalb die Europäische Kommission in der Erarbeitung von Vorschlägen zur Steigerung der Energieeffizienz in Europa. Die Erhöhung um 20 Prozent bis zum Jahr 2020 kann uns nicht nur 100 Milliarden Euro Energiekosten sparen helfen, sondern senkt vor allem die CO_2-Emissionen bis 2020 um 780 Millionen Tonnen. Dies ist doppelt so viel, wie Europa unter dem Dach des Kyoto-Protokolls bis 2012 einsparen muss.

▨ Nicht zuletzt füllen wir unsere Vorreiterrolle im Klimaschutz durch den Ausbau der Erneuerbaren Energien aus. Mindestens 20, möglichst 28 Prozent Erneuerbarer Energien wollen wir bis zum Jahr 2020 in der Stromerzeugung erreichen. Das ist der Grund, warum wir die Forschungsmittel praktisch verdoppelt haben. Und das ist der Grund, warum wir im laufenden Haushalt nochmals fast 40 Millionen Euro zusätzlich für die Förderung der erneuerbaren Wärmetechnologien ausgeben.

Deutschland will den Schwellen- und Entwicklungsländern helfen, ihre eigene Wirtschaft zu stärken, ohne die Fehler der Industrienationen aus der Vergangenheit zu wiederholen.

Aus diesem Grund haben wir gemeinsam mit der Europäischen Kommission einen Fonds für effiziente und Erneuerbare Energietechnologien entwickelt. Deutschland erhöht in den kommenden vier Jahren freiwillig die Mittel der Europäischen Union um 24 Millionen auf mehr als 100 Millionen Euro, um damit die Investitionsrisiken für erneuerbare und effiziente Energietechnologien in Entwicklungsländern zu übernehmen. Weit mehr als 1 Milliarde Euro an Investitionen in moderne Energietechnologien werden damit ausgelöst. Das ist weltweit der bisher größte Beitrag zum Klimaschutz in den Entwicklungsländern.

Hinzu muss in den kommenden Jahren eine europäische Initiative für die Entwicklung von CO_2-freier Kohle- und Gastechnik kommen. Es ist eine Illusion zu glauben, dass Kohle in der zukünftigen Energiepolitik der Welt keine Rolle mehr spielen wird. Länder wie China werden sich nicht nehmen lassen, ihre gigantischen Steinkohlevorkommen zu nutzen. Die Frage ist nur, ob China dies mit veralteter oder moderner Technologie tun wird. Wer eine dramatische Explosion der Treibhausgase verhindern will, muss diese moderne und das Klima schonende Kohletechnik entwickeln. Wer könnte dies besser als Deutschland und Europa? Es ist Unsinn, den Einsatz von Kohle zur Strom- und Wärmeerzeugung in Deutschland verteufeln zu wollen. Am Ende wird nur der Standort neue Technologien entwickeln, der sie auch selbst einsetzt.

Wir sind eine der innovativsten Regionen der Welt. Diese Fähigkeit unseres Landes wollen wir einsetzen, um Menschheitsherausforderungen zu lösen. Und wir schaffen damit zugleich neue Wachstums- und Beschäftigungschancen für unser Land.

Wenn China zur Werkbank der Welt wird, Russland zur Zapfsäule und Indien zum globalen Dienstleister, dann müssen sich auch Europa und Deutschland in der neuen Arbeitsteilung positionieren. Und wir haben dafür etwas anzubieten, um was uns viele beneiden: gut ausgebildete Wissenschaftler und Ingenieure, qualifizierte Facharbeiter und Angestellte sowie kreative Manager und Kaufleute. Schon heute kommen rund 20 Prozent aller Umwelttechniken aus Deutschland. Wir sind Exportweltmeister auch in diesem Bereich. Deshalb sind wir in dieser globalen Arbeitsteilung die Techniker der Welt, Techniker für Effizienz, Ressourcenschonung und Klimaschutz.

Tatsächlich bedeutet die Umsetzung der europäischen Klimaschutzziele nichts weniger als den grundlegenden Umbau der Industriegesellschaft. Wenn wir für eine von 6,5 Milliarden auf über neun Milliarden Menschen wachsende Weltbevölkerung Güter und Dienstleistungen mit den halben Treibhausgasemissionen bereitstellen wollen, dann erfordert das einen Quantensprung in der Entwicklung der Industriegesellschaft. Statt bisher um jährlich ein Prozent müssen wir in Zukunft die Energieeffizienz unserer Volkswirtschaft um drei Prozent im Jahr steigern. Nur mit einer ambitionierten Steigerung der Energieeffizienz und einem massiven Ausbau der Erneuerbaren Energien können wir die Klimaschutzziele erreichen. Damit realisieren wir gleichzeitig eine neue Stufe in der Entwicklung der Industriegesellschaft.

Damit wird aber auch deutlich, dass es nicht um eine defensive Strategie oder gar um Verzicht gehen kann.

Große Teile der Weltbevölkerung leben in Armut. Ihnen eine Verzichtsethik der Reichen im Norden zu empfehlen, wird dort als neue Form des Kolonialismus verstanden.

Heute spielt Deutschland, wie viele andere europäische Staaten, eine Vorreiterrolle beim Klima- und Umweltschutz. Wir sind alle bereit, diese Rolle auch in Zukunft zu übernehmen. Aber wir werden die Probleme nicht allein lösen können. Andere Industrieländer müssen auch möglichst vergleichbare Verpflichtungen übernehmen. Auch Entwicklungsländer müssen nach dem Prinzip der gemeinsamen, aber differenzierten Verantwortung ihren Beitrag leisten.

Um das ganz deutlich zu sagen: Deutschland verlangt von den Entwicklungsländern keine Reduktionsverpflichtungen, doch wir müssen Wege finden, die es ihnen erlauben, ihre Emissionen und das Wirtschaftswachstum massiv zu entkoppeln. Die wirtschaftlichen und technischen Instrumente, die wir brauchen, um Wachstum und ökologische Nachhaltigkeit in Einklang zu bringen, liegen auf der Hand: Energieeffizienz und Technologien für Erneuerbare Energien sowie Schutz der Regenwälder, modernste Umwelttechnologien und marktbasierte Instrumente wie das System des europäischen Emissionshandels.

Die letzten Monate haben uns allen die Gefahren des Klimawandels vor Augen geführt. In Deutschland hat der Winter 2006/07 nur im Kalender stattgefunden. Zum gefühlten Klimawandel kommen die eindeutigen Aussagen der Wissenschaftler. Die Berichte liegen vor, die Reden sind gehalten, die Zeit zum Handeln ist gekommen.

Die Staats- und Regierungschefs der EU haben unter Führung der Bundeskanzlerin einen wirklich historischen Beschluss über die zukünftige Klimapolitik gefasst. Ein historischer Beschluss, der ernst macht mit der Integration von Energiepolitik und Klimaschutz und ambitionierte Klimaschutzziele mit weitreichenden Maßnahmen verknüpft. Danach ist die Europäische Union bereit, im Vergleich zum Basisjahr 1990 die Emissionen der Treibhausgase bis 2020 um 30 Prozent zu vermindern, wenn zugleich andere Industrieländer vergleichbare Minderungen leisten.

Im Vorgriff auf internationale Verhandlungen verpflichtet sich die Europäische Union allerdings jetzt schon darauf, die Emissionen um mindestens 20 Prozent zu senken. Der Beschluss der EU nennt neben den Zielen auch die beiden wichtigsten Maßnahmen: Bis 2020 soll die Energieeffizienz um 20 Prozent gesteigert werden. Der Anteil der Erneuerbaren Energien am Primärenergieverbrauch soll bis zu diesem Zeitpunkt auf 20 Prozent gesteigert werden. Das ist ein anspruchsvolles und ambitioniertes Paket, das weltweit seinesgleichen sucht.

Die Bundesregierung hat in den 18 Monaten ihrer Regierungszeit einen deutlichen Schwerpunkt bei der Lösung der weltweiten Energie- und Klimaaufgaben gesetzt. Unsere Präsidentschaft in der Europäischen Union und in der G 8 haben wir dafür genutzt, bei diesen Themen voranzukommen. Wir werden viel Vertrauen und Unterstützung verlieren, wenn dies ohne echte Fortschritte bleibt. Die wissenschaftlichen Fakten sind klar. Ich bin überzeugt davon, dass alle, die an den Verhandlungstischen sitzen, wissen, was zu tun ist. Die Chancen für ein entschlossenes Handeln gegen den Klimawandel waren nie besser. Wir dürfen sie nicht verspielen.

I.

Das Jahrhundert der Ökologie

Der Klimawandel –
eine aufhaltsame Katastrophe

Unsere Erde leidet an Fieber

Die Erde hat Fieber, unser Planet ist krank. Und der Mensch ist der Virus, der das Fieber in die Höhe treibt. Mit dieser Nachricht schreckte das *Intergovernmental Panel on Climate Change* (IPCC) die Weltöffentlichkeit auf. Der Alarm des Weltklimarates zeigte Wirkung. Seit dem 4. Sachstandsbericht (AR 4), dessen drei Teile im ersten Halbjahr 2007 veröffentlicht wurden, beherrscht der Klimawandel weltweit die Schlagzeilen.

Dabei sind die Ergebnisse eigentlich nicht neu. Seit den achtziger Jahren warnen Wissenschaftler vor der globalen Erwärmung – auch in unserem Land. Lange Zeit wurden die Hinweise relativiert oder als die Meinung von Außenseitern abgetan. Heute sind die Fakten nicht mehr zu bezweifeln. Die zahlreichen Modelle der Klimawissenschaft sind wesentlich detaillierter und präziser geworden, abgeglichen mit zahllosen Datenblättern aus der direkten Wetterbeobachtung und der historischen Wetterrekonstruktion. Und die Ergebnisse stimmen mit den Erkenntnissen aus 650.000 Jahren Klimageschichte überein.

Die Fakten des IPCC, der größten Wissenschaftskommission der Erde, belegen: Die globale Erwärmung hat in allen Erdregionen begonnen. Der Klimawandel nimmt unser Jahrhundert in den Griff. Gegenüber dem vorindustriellen Zeitalter (1800) sind die mittleren Temperaturen von 14,5 °C auf heute ca. 15,3 °C angestiegen. In der unteren Lufthülle der Erde, der Troposphäre, wird immer mehr Wärme eingefangen. Dürren und Überschwemmungen, Hungersnöte und Stürme – die Extreme nehmen zu.

Eindeutig ist auch, welchen Anteil die einzelnen Faktoren an der Erderwärmung haben. Fest steht: Der Mensch mit seinen wirtschaftlichen Aktivitäten und seiner chronischen Naturvergessenheit ist der Hauptverursacher. Er steuert die Welt auf eine Klimakatastrophe zu, wenn der Kollisionskurs mit der Natur nicht beendet wird. Das wissen wir. Deshalb müssen wir diese Menschheitsherausforderung annehmen, die Aufheizung des Treibhauses Erde stoppen und schnell zu einer Kehrtwende im Umgang mit der Natur kommen.

Noch kann – auch das ist eine zentrale Botschaft des IPCC – ein Klima-GAU verhindert werden. Bisher reagierten die Menschen jedoch in der Regel erst dann, wenn der Schaden eingetreten ist und sie die Folgen spüren. Dieses Verhalten können wir uns beim Klimawandel nicht leisten, denn er gefährdet die Erde als Ganze und schädigt die Menschheit über viele Generationen. Auf den Punkt gebracht: *Wir hatten noch nie so wenig Zeit, so viel zu tun, um die noch aufhaltsame Katastrophe zu verhindern.*

Um den Klimawandel zu stoppen, sind innovative Vorreiter, durchsetzungsstarke Akteure und eine Weltinnenpolitik notwendig. Das erfordert schnelles Handeln, radikales Umdenken und eine neue Qualität internationaler Zusammenarbeit. Davon ist bislang wenig zu sehen. Aber es gibt keine Alternative, denn mit dem Temperaturanstieg kommen die Konflikte um Ressourcen und Lebensräume sehr viel schneller an einen Siedepunkt. Wir ahnen schon: Es gibt enge Zusammenhänge zwischen Klimawandel und Sicherheit. Diverse Schreckensszenarien lassen befürchten, dass sich mit der Erderwärmung viele Konflikte dramatisch verschärfen werden.

Beispiel *Darfur*: Im Sudan lösten lange Trockenzeiten eine Flüchtlingswelle von mehr als zwei Millionen Menschen nach Süden aus. Dort kam es mit der ansässigen Landbevölkerung zu schweren Konflikten um Land und Wasser, die durch ethnische Abgrenzungen und religiöse Vorurteile verschärft wurden. Den folgenden Massakern fielen bereits 200.000 Menschen zum Opfer. Das ist ein Hinweis darauf, was passieren kann, wenn Regionen unbewohnbar und die Menschen vertrieben werden. Künftig muss vor allem Europa mit einem hohen Zuwanderungsdruck rechnen, denn im gebeutelten Afrika, wo die Bevölkerung nicht nur arm, sondern auch jung ist, überwiegend unter 25 Jahre alt, träumen Millionen Menschen von einem Leben in der Ersten Welt.

Durch den Klimawandel nimmt die Zahl der Konfliktregionen weltweit zu, oftmals trifft er Staaten, die politisch fragil und ökonomisch schwach sind. Der wissenschaftliche Beirat der Bundesregierung »*Globale Umweltveränderungen*« identifizierte weltweit vier herausgehobene Konfliktkonstellationen: Rückgang der Nahrungsmittelproduktion, Zunahme von Sturm- und Flutkatastrophen, Verknappung von Süßwasserressourcen und umweltbedingte Migration. Diese Konflikte lösen amorphe Gewalt aus, die nur schwer zu bändigen ist.

Diese Konflikte sprengen unsere Vorstellungskraft. Zum Beispiel leben nach Angaben des *Worldwatch Institutes* 1,4 Milliarden Menschen in Gebieten, die unter Wasserknappheit leiden. Bis zum Jahr 2025 können es sogar fünf Milliarden werden. Nicht nur in Afrika, auch in Asien und Lateinamerika droht in weiten Bereichen die Wasserversorgung dramatisch knapp zu werden. Ähnliches gilt für die Produktion der Nahrungsmittel, zumal schon heute 850 Millionen Menschen unterernährt sind. Bei einer Erwärmung wird die landwirtschaftliche

Produktivität in vielen Entwicklungsländern deutlich zurückgehen.

Nicht nur die Folgen dieser ökologischen Konflikte, sondern auch die nachholende Industrialisierung großer und bevölkerungsreicher Erdregionen prägen die weitere Zukunft. Wir erleben einen Wendepunkt. Dominierte der Norden in den vergangenen Jahrhunderten den Süden und bestimmte den Lauf der Welt, verlagert allein schon die Quantität der erwachenden Riesen Brasilien, China und Indien die Dynamik nach Asien und Lateinamerika. Zugleich halten die sozialen Konflikte Afrikas die Welt in Atem, oftmals ausgelöst oder verschärft durch die Verrottung der Natur.

Die Erwärmung der Erdatmosphäre erhitzt auch die sozialen und ökonomischen Verteilungskonflikte. Sie spitzt nicht nur die Auseinandersetzungen um Wasser, Energie und Klima zu, sondern vertieft Ungleichheiten und Unterschiede zwischen Nord und Süd sowie auch innerhalb von Gesellschaften. Deshalb ist Klimaschutz auch Weltinnenpolitik, weil sonst die Erde zu einem explodierenden Dampfkessel wird.

Ende Mai 2007, als der deutsche Außenminister *Frank-Walter Steinmeier* die Chefdiplomaten der G 8-Staaten zusammen mit denen aus Brasilien, China, Indien, Mexiko und Südafrika zu einem Gipfeltreffen über »*Klimawandel und Sicherheit*« nach Hamburg eingeladen hatte, zeigte sich ein tiefer Riss. Die Konflikte zwischen Industriestaaten und Entwicklungsländern, die schon auf der ersten UN-Umweltkonferenz 1972 in Stockholm sichtbar wurden, brachen in neuer Schärfe auf. Viele Länder haben den Verdacht, dass der reiche Norden den Umweltschutz als Vorwand nutzt, um die eigenen Privilegien zu sichern.

Vor allem die großen Schwellenländer sehen ihre Interessen an der nachholenden Industrialisierung durch mehr Klimaschutz gefährdet. China und Indien begründen ihre Ablehnung verbindlicher Reduktionsziele bei den Treibhausgasen mit dem Hinweis auf das Verhalten der USA, die, obwohl größter Klimasünder der Welt, sich bis heute dem internationalen Schutz der Erdatmosphäre verweigern. Dabei sind auch in Amerika die wissenschaftlichen Erkenntnisse bekannt.

Pro Kopf gesehen sind die Bürger in den Schwellenländern trotz des rasanten Wachstums des Verbrauchs – und damit der Emissionen – noch immer »kleine Sünder«. Und auch die historische Schuld für die Naturausbeutung und Naturbelastung liegt eindeutig bei den Industrieländern. Sie haben die Atmosphäre zur Müllkippe gemacht. Chinas Außenminister *Yang Jiechi* merkte in Hamburg an: »*Gestatten Sie mir darauf hinzuweisen, dass der gegenwärtige Stand des Klimawandels nicht zurückzuführen ist auf die Entwicklungsländer.*«

Der gegenwärtige nicht, aber der künftige – und das schon bald. Das nimmt die amerikanische Regierung zum Anlass, sich einem globalen Reglement zum Klimaschutz beharrlich zu verweigern, solange die großen Schwellenländer nicht in eine verpflichtende Begrenzung von CO_2 einbezogen werden. Der Klimaschutz ginge sonst einseitig zulasten der Wirtschaft in den Industriestaaten. Hinzu kommen die altbekannten Vorbehalte der USA gegenüber den Vereinten Nationen. Die Abneigung gegen jede Einmischung, sich also nicht von der Internationalen Staatengemeinschaft dekretieren zu lassen, um wie viel Grad Celsius sich der Globus aufheizen darf, ist das dogmatische Rückgrat der Bush-Administration. Daran änderte auch der G 8-Gipfel 2007 in Heiligendamm nichts, auch wenn Präsident *George W. Bush* den Klimawandel nicht mehr abstritt.

Aus diesem Hin und Her wird ein Zirkelschluss. Die großen Emittenten der Welt spielen sich gegenseitig die Argumente für ihr halbherziges oder ausbleibendes Handeln zu. Doch alle geraten – verstärkt durch die Berichte des IPCC – unter Druck, auch der amerikanische Präsident. Um Zeit zu gewinnen, kündigte Bush an, dass er bis Ende 2008 die 15 größten Emittenten zu einer Klimaschutzallianz zusammenbringen will. Wahrscheinlich nicht mit dem Ziel, sie auf konkrete Minderungen festzulegen, sondern um die Länder auf Technologien einzuschwören, bei denen das eigene Land führend ist.

Damit fällt der Klimaschutz, der eine gemeinsame Aufgabe sein muss, auseinander. Die Hauptbetroffenen, vor allem die armen Länder der Dritten Welt, sind nicht die Hauptverursacher. Sie haben nur geringe Möglichkeiten, sich zu schützen, weil ihnen dafür die finanziellen und technischen Mittel fehlen. Aber nach amerikanischen Vorstellungen sollen gerade sie, die großen Verlierer des Klimawandels, bei den Gegenmaßnahmen nur im Zuschauerraum Platz nehmen, während die auf der Bühne Sitzenden möglichst wenig verlieren wollen.

Tatsächlich betrifft der Klimawandel die ganze Erde, allerdings mit unterschiedlichen Auswirkungen und Folgen, sodass auch die Verlierer nicht im gleichen Boot sitzen. Doch er kommt schneller und härter als erwartet, auch für die Industriestaaten. Seit dem weltumspannenden Votum der Klimaforscher des IPCC wird die globale Erwärmung von den meisten Menschen als reale Gefahr gesehen, während sie in den vergangenen Jahren weitgehend als eine nur denkbare Bedrohung empfunden wurde. Die Angst vor dem Klimawandel rangiert in Meinungsumfragen bereits gleichauf mit der Arbeitslosigkeit, obwohl wir »nur« die ersten Folgen spüren.

Das Monatswetter in Deutschland im Rückblick

Juni 2006: Sehr sonnig, trocken und warm	Juli 2006: Rekordhitze und viel Sonne
August 2006: Reichlich Regen und Unwetter	September 2006: Sehr warm und sehr sonnig
Oktober 2006: Ungewöhnlich warm	November 2006: Sehr warmer Herbstmonat
Dezember 2006: Sehr milder Jahresausklang	Januar 2007: Sehr mild und Orkan »Kyrill«
Februar 2007: Sehr milder und nasser Monat	März 2007: Sonniger Start in den Frühling
April 2007: Trockenster April seit Messbeginn	Mai 2007: Nach Trockenheit Rekord- Niederschlag
Herbst 2006: Wärmster Herbst seit Messbeginn	Winter 2006/07: Wärmster Winter seit Messbeginn

Quelle: WetterOnline.de

Es wird Jahrzehnte und – beim Anstieg des Meeresspiegels – sogar Jahrhunderte dauern, bis der Wandel abgeschlossen ist. Derzeit sind nicht einmal alle Folgen der Treibhausgasemissionen aus den sechziger Jahren sichtbar. Seitdem nahm in der Troposphäre die Anreicherung von Kohlendioxid (CO_2), Methan (CH_4), Ozon (O_3) oder Distickstoffoxid (N_2O) stark zu. Und durch die Erwärmung, mit der auch die Verdunstung zunimmt, liegt der Anteil von Wasserdampf, dem stärksten Treibhausgas, deutlich höher. Zudem brauchen die Gase eine lange Zeit in der Atmosphäre, bis sie sich wieder abbauen. Das heißt: Ein Teil der weiteren Zukunft ist schon unabänderlich vorprogrammiert.

Diese Erkenntnisse radikalisierten viele Wissenschaftler. Hatten sie Ende der achtziger Jahre überwiegend noch davor gewarnt, von einer Klimakatastrophe zu sprechen, kommen heute die eindringlichsten Warnungen von ihnen. Um die Erde zu retten, muss nach den Berechnungen des IPCC der Höhepunkt der Treibhausgasemissionen im Jahr 2015 überschritten sein. Dann muss bis Mitte des Jahrhunderts der globale Ausstoß der Klimagase gegenüber dem Stand von 1990 mehr als halbiert werden. Andernfalls droht der Punkt erreicht zu werden, der ein Zurück nicht mehr zulässt. Deshalb ist eine Reduktion von Kohlendioxid und – umgerechnet auf die Wertigkeit von CO_2 – anderer Treibhausgase um 25 Milliarden Tonnen keine Willkür, sondern dringend notwendig.

An einem Wendepunkt

Der frühere französische Staatspräsident *Jacques Chirac* appellierte am 2. Februar 2007 in Paris an die »Bürger der Erde«: »*Der Tag rückt näher, an dem die klimatischen Veränderungen außer Kontrolle geraten. Kulturen sind sterblich, und zwar nicht immer als Folge von Kriegen.*«

Während das letzte Jahrhundert eine Epoche der grenzenlosen Expansion in der Ausbeutung der natürlichen Lebensgrundlagen war, müssen künftig Wirtschaft und Gesellschaft den Schutz und die Sanierung des Naturkapitals ins Zentrum stellen. Das ist nur möglich, wenn die Lasten fair verteilt werden, denn für fast 80 Prozent der seit Beginn der Industrialisierung in die Atmosphäre gepumpten Treibhausgase sind die Industrieländer verantwortlich. Zum Jahrtausendwechsel trugen die USA mit 4,3 Prozent der Weltbevölkerung zu einem Viertel am CO_2-Ausstoß bei. »*Die Erderwärmung, die ihr verursacht, ist ein Akt der Aggression gegen uns*«, wirft Ugandas Präsident *Yoweri Museveni* den Industriestaaten vor.

Die CO_2-Emissionen der Reichen und Armen

OECD	
Nordamerika mit Mexiko	28 %
Europäische OECD-Staaten	16 %
Japan, Südkorea, Australien und Neuseeland	8 %
Rest der Welt	
Süd- und Südostasien	10 %
Afrika	4 %
China, Mongolei, Nordkorea, Vietnam	15 %
Ehemaliger Ostblock (nicht OECD)	10 %
Naher Osten	5 %
Mittel- und Südamerika	4 %

Quelle: Berechnungen BMU

Fast 70 Prozent der Inder leben unterhalb des Existenzminimums. Auf dem asiatischen Subkontinent verfügt nicht einmal die Hälfte der Einwohner über einen Stromanschluss. Was kann unter diesen Bedingungen von Indien verlangt werden, wenn das reiche Amerika seine Treibhausgase nicht reduzieren will? Dabei ist die Regierung in Neu Delhi bereit, so Umweltstaatssekretär *Prodipto Ghosh*, seine Treibhausgase in den nächsten 15 Jahren um ein Viertel zu reduzieren. Doch auf feste

Ziele will sich die indische Regierung nicht einlassen, die chinesische auch nicht.

Die Klimakrise ist ein Ergebnis der politischen, sozialen und ökonomischen Einrichtung der modernen Welt. China spricht bereits von der »*neuen Systemkonkurrenz*«, die in der Entwicklungs- und Rohstoffpolitik zwischen Nord und Süd ausgetragen wird. Das zeigt: Die Klimadebatte lässt sich nicht von der Ausrottung der Armut, der Abschaffung von Privilegien und der Überwindung der Ungleichheiten in der Verteilung des Reichtums trennen. Sie geht weit über ökologische Fragen hinaus und bündelt – wie in einem Brennglas – eine Vielzahl von Fehlentwicklungen und Gefahren.

Der Klimawandel markiert das Ende des bisherigen Weges der Industrialisierung. Jetzt zeigen die Folgen, dass die Menschheit seit der industriellen Revolution einen »Atmosphärenkrieg« (*Stephen Schneider*) führt. Dieser Krieg ist ein alltäglicher Angriff auf die Zukunft, er richtet sich gegen das künftige Leben. Durch die Ausbeutung der Natur konnten im vergangenen Jahrhundert in einem Teil der Welt Wohlfahrt, Frieden und Sicherheit erreicht werden. Doch auf diesem Weg steht heute die Bewohnbarkeit der Erde auf dem Spiel – und damit unsere Zivilisation.

Der Atmosphärenkrieg ist jedoch nicht naturgesetzlich, auch wenn er mit der Härte der Naturgesetze erfolgt. Der Frieden mit der Natur verlangt die Überwindung einer Wirtschaftsordnung, die in erster Linie auf den kurzfristigen Vorteil ausgerichtet ist, aber die langfristigen Erfordernisse ausblendet, auf die letztlich jede Ökonomie angewiesen ist. Wir haben keine Zukunft, solange wir ein grenzenloses »Schneller, Höher und Weiter« verfolgen. Das ist Vergangenheit.

Der Schutz des Klimas macht nicht nur technische und ökonomische Maßnahmen notwendig, sondern erfordert zugleich kulturellen Wandel und sozialverträglichen Umbau. Das verlangt einen tiefen Einschnitt in das hergebrachte Selbstverständnis der Moderne, das lange Zeit in der unbedingten Technikgläubigkeit und in der Grenzenlosigkeit des Wachstums die Motoren für Fortschritt sah. Tatsächlich brachten Dampfmaschine und Elektrizität die Welt in Schwung und den westlichen Industriestaaten gewaltigen Reichtum, den verständlicherweise nun auch die anderen Regionen der Welt erreichen wollen. Aber zuerst war das die Geburt eines neuen Zeitalters. Durch den ständig steigenden Verbrauch an Energie und Rohstoffen setzte dieser menschheitsgeschichtliche Epochenwandel die Natur unter einen Dauerstress. Sie schlägt mit dem Klimawandel zurück.

Welche Folgen die Verbrennung der fossilen Energien wie Kohle, Gas und Öl mit ihren Emissionen für das Klima hat, fragte die *Weltmeteorologie-Organisation* (WMO) bereits in den siebziger Jahren. Diese Sonderorganisation der Vereinten Nationen (UN) veranstaltete 1979 in Genf die erste Weltklimakonferenz. Bei einem weiteren Treffen Mitte der achtziger Jahre stellte die WMO den Zusammenhang zwischen Kohlendioxid und Klimawandel heraus. Damals fehlten genaue Daten, die durch eine internationale Kooperation der Wissenschaft ermittelt werden sollten. Das war der Startschuss für das IPCC.

Die Klimaforscher – die Arbeit des IPCC

1988 gründete die WMO zusammen mit dem *UN-Umweltprogramm* (UNEP) den Weltklimarat. Dieses wissenschaftliche Beratungsgremium, das seinen Sitz in Genf hat, betreibt selbst keine Forschung, sondern verfolgt die

Aufgabe, einen Überblick über die Ergebnisse der Untersuchungen und Studien zu liefern. Die eigentliche Arbeit geschieht in Instituten, Forschungseinrichtungen und Universitäten überall auf der Welt. Die Ergebnisse des IPCC sind allen zugänglich, sodass jeder Wissenschaftler sie kommentieren und Änderungsvorschläge einreichen kann. Darüber entscheiden die vom IPCC benannten Leitautoren in Kooperation mit zahlreichen Fachkollegen, wobei sie Rechenschaft über die Bewertung der Eingaben, Anregungen und Kritik ablegen.

Die Experten des IPCC prüfen weltweit die naturwissenschaftlichen und sozial-ökonomischen Daten. In dem intensiven Austausch der Erkenntnisse wird sortiert und dokumentiert, was Einzelmeinung und was gut belegte Wissenschaft ist. Viele beteiligte Experten tun kaum noch etwas anderes als IPCC-Arbeit. Sie beschränken sich nicht auf Sichten, Prüfen und Zusammenfassen, sie zeigen auch die Möglichkeiten der Vermeidung auf und – was aufgrund der Versäumnisse der letzten Jahre stark zugenommen hat – stellen Anpassungsstrategien vor. Die Ratschläge gehen ein in die Konferenz der Vertragsparteien (COP) zum UN-Klimarahmenvertrag (UNFCCC).

Die Wissenschaftler des IPCC legen alle vier bis sechs Jahre einen Sachstandsbericht vor, der in drei Teile gegliedert ist. Sie behandeln

1. die methodischen und wissenschaftlichen Grundlagen zur Ermittlung des anthropogenen Treibhauseffektes;
2. die sektorale und regionale »Verwundbarkeit« der Erde und des Lebens sowie die Anpassungsmöglichkeiten an den Klimawandel;
3. die politischen und ökonomischen Optionen der Verhinderung und Abschwächung der Erwärmung.

Das IPCC gibt grundsätzlich keine Empfehlungen ab, sondern fasst in den drei Bereichen den weltweiten Stand der Forschung zusammen. Diese »*Blauen Bibeln*« umfassen 1.200 bis 1.500 Seiten. Sie werden in *Technical Summaries* von 50 bis 80 Seiten zusammengefasst. Auf den IPCC-Tagungen wird die politische Bewertung der Fakten in *Summaries for Policymakers* (SPM) vorgenommen, eine rund 20-seitige Essenz. Diese Zusammenfassung wird von den Regierungsdelegationen debattiert und verabschiedet.

Die wissenschaftlichen Grundlagentexte werden also in dem längeren Entstehungsprozess intensiv begutachtet und Wort für Wort, Zeile für Zeile hinterfragt. Keine andere wissenschaftliche Arbeit muss sich einer derart kritischen Debatte stellen. Nirgendwo sonst werden Unsicherheiten und Wissenslücken so offen zur Sprache gebracht. Dennoch hat die Wissenschaft auf den IPCC-Tagungen gleichsam ein »Heimrecht«: Die Delegationen müssen nämlich harte wissenschaftliche Fakten vorbringen, um Änderungen durchzusetzen. Zudem muss im Plenum die Bewertung einstimmig getroffen werden. Das setzt die Verhandlungen unter einen hohen Einigungsdruck.

Die Widerstände sind groß. Oftmals steht weniger die Sache im Vordergrund als das nationale Interesse. Viele Delegationen tun eine Menge, die IPCC-Berichte an ihre Wirtschaftspolitik, an ihre Umweltpolitik oder an ihre Außenpolitik anzupassen – statt umgekehrt die ökologische Verträglichkeit zum Maßstab ihrer Entscheidungen zu machen. Änderungswünsche können allerdings nur die Gewichtung verändern.

Die transparente Konstruktion und weltumspannende Koordinierung ist die Stärke des IPCC, aber auch seine Schwäche. Bei erfolgreichen Beratungen ist jede Delegation mit dem Text einverstanden. Darauf können die

Länder, vor allem ihre Regierungen, verpflichtet werden. Die Ergebnisse kommen jedoch oftmals nur mühsam und manchmal mit wachsweichen Formulierungen zustande, weil einige Staaten die Bewertung der Fakten möglichst im Unbestimmten halten wollen – selbst dort, wo sie eindeutig sind. Wissenschaftler sollen mit endlosen Debatten mürbe gemacht werden, damit sie zu Zugeständnissen bereit sind.

Daher haben die Zusammenfassungen oftmals einen »Kompromisscharakter«. Sie bleiben dort, wo es um konkrete Maßnahmen zum Klimaschutz geht, hinter den Positionen einzelner Länder zurück. Doch der wissenschaftliche Kern ist nicht verhandelbar. Die Hauptaufgabe des IPCC ist die Information der Weltöffentlichkeit über alle Fragen des Klimaschutzes. Das legitimiert das Gremium, selbstbewusst aufzutreten. Auch das Internet und die Medien, die intensiv die Ergebnisse verbreiten, sind hilfreich, auch wenn 60 Prozent der Weltbevölkerung in Ländern lebt, in denen es keine freie Meinungsbildung gibt.

Im Weltklimarat können alle 191 Mitgliedsstaaten der Vereinten Nationen mitarbeiten, beim AR 4 waren über 130 Länder beteiligt. Einen Beobachterstatus nehmen übernationale Organisationen wie die Weltbank oder die Europäische Kommission ein, ebenso nichtstaatliche Organisationen wie der WWF oder Greenpeace. Vorsitzender des IPCC ist seit 2002 der Inder *Rajendra Pachauri*. In seinem Heimatland leitet er ein Institut mit über 700 Mitarbeitern, das sich mit Fragen der Nachhaltigkeit beschäftigt. Pachauri war früher bei der Weltbank und Mitarbeiter des Umweltprogramms der UN, zudem Dozent in den USA.

Der erste Sachstandsbericht über den Klimawandel wurde 1990 in Schweden verabschiedet. Er legte maßgeblich die Grundlagen für die UN-Klimarahmenkonvention von 1992. Zusammen mit dem zweiten Bericht spielte er eine gewichtige Rolle bei der Aushandlung des Kyoto-Abkommens von 1997, das erste Reduktionsziele festlegte. Das dritte Dokument (TAR) folgte 2001.

Die bisher größte Aufmerksamkeit erzielte der 4. Sachstandsbericht des Klimarates von 2007, weil er wissenschaftliche Zweifel am anthropogenen Treibhauseffekt beseitigte. Grundlage dieser Bewertung sind nicht nur Computermodelle über den weiteren Verlauf des Klimageschehens, sondern auch intensive Vergleiche mit großräumigen Temperaturrekonstruktionen weit vor Beginn der direkten Temperaturmessung im Jahr 1894. Erhoben wurden die Daten aus Eisbohrkernen, Sedimenten, Korallen und Gebirgsgletschern.

> Das Ergebnis: Es ist *»sehr wahrscheinlich, dass der größte Anteil der beobachteten Erwärmung seit Mitte des zwanzigsten Jahrhunderts von der vom Menschen ausgelösten verstärkten Freisetzung von Treibhausgasen verursacht wird«.*

Die Wahrscheinlichkeit dieser Vorhersage wird beim IPCC nach einer speziellen Methode in einem Stufenraster bestimmt. Die zentrale Aussage, dass der Mensch den Klimawandel verursacht, erreicht eine Wahrscheinlichkeit von über 90 Prozent.

Die Wissenschaft kommt zu dem Schluss, dass bei einer Verdoppelung der Kohlendioxid-Konzentration gegenüber der industriellen Revolution, die für das Ende unseres Jahrhunderts erwartet wird, die Erwärmung zwischen 2 ° und 4,5 °C liegen wird – wahrscheinlich nahe 3 °C. Um 1850 enthielt die Luft 280 Moleküle Kohlenstoff pro Million aller in der Atmosphäre enthaltenen Gasmoleküle. Dieses Verhältnis bezeichnet man als *parts per million* (ppm). Mittlerweile erreicht es 385 ppm.

IPCC-Bewertungsraster

	Wahrscheinlichkeit
praktisch sicher	99 Prozent
extrem wahrscheinlich	> 95 Prozent
sehr wahrscheinlich	> 90 Prozent
wahrscheinlich	> 66 Prozent
eher wahrscheinlich	50 Prozent
sehr unwahrscheinlich	< 10 Prozent
extrem unwahrscheinlich	< 5 Prozent

Sechs Jahre zuvor, beim 3. Sachstandsbericht im Jahr 2001, fielen die Aussagen noch deutlich vorsichtiger aus. Damals stellte der Weltklimarat fest, dass die Schuld am Klimawandel wahrscheinlich der Mensch hat. Seit der ersten Arbeitstagung von 2007, die in Paris stattfand, geht er davon aus. Die Treibhausgase schließen die Atmosphärenfenster und konfrontieren uns mit einer absehbaren Katastrophe. Sie kann so groß werden, wie wir noch keine erlebt haben. Nicht einmal in den kühnsten Träumen lassen sich alle Folgen der globalen Erwärmung ausmalen, auch wenn sie nicht so spektakulär eintreten werden wie in dem Hollywoodfilm »*The Day after tomorrow*«.

Anfangs vollzieht sich die Klimaänderung schleichend. Dann wird sie immer schneller. Aber auch was vermeintlich noch langsam vorangeht, vollzieht sich in der Klimageschichte rasend schnell. Immer häufiger werden wir von Wetterextremen heimgesucht werden: Hurrikane, noch härter als *Katrina*; Überschwemmungen, die Millionen von Menschen bedrohen und gewaltige Flüchtlingsbewegungen auslösen; Dürren und Trockenheiten, die das

Leben der Tiere, Pflanzen und Menschen gefährden. Meere übersäuern, wertvolle Gebirgsmassive geraten ins Rutschen, Trinkwasser wird knapp, Wüsten breiten sich aus. Ökosysteme werden wie die großflächigen Korallenriffe absterben.

Und wir kennen die Täter. Verursacht wird die planetarische Krise in erster Linie durch das Verbrennen von Gas, Kohle und Öl, auch durch das Roden und Abbrennen der Wälder und die Zerstörung der Böden und wichtiger Biotope. Dadurch werden gewaltige Mengen an Kohlenstoff freigesetzt. In der Folge wird es wärmer, weil mehr Energie in die Atmosphäre gelangt. Durch die Aufheizung ziehen Wirbelstürme immer häufiger eine tödliche Spur. In der nördlichen Hemisphäre ist die im März/April registrierte Schneemenge in den letzten 30 Jahren um rund zehn Prozent zurückgegangen. Noch schneller tauen die großen Eisfelder im Himalaya und in den Anden auf. Bis zu einer Milliarde Menschen müssen um ihr Trinkwasser fürchten. Und an beiden Polen schmelzen die Eislabore der Erde.

Die UNEP-Studie über die Folgen der Eis- und Schneeschmelze, an deren Erarbeitung 70 Wissenschaftler beteiligt waren, zeigt nach UN-Generalsekretär *Surendra Shrestha*, dass die meisten Gletscher im Himalaya schon in 50 Jahren völlig verschwunden sein könnten, sollten die Temperaturen weiter wie im Trend der letzten Jahre ansteigen. Die Oberfläche einiger Seen in Nepal hätte sich bereits um 20 Prozent ausgedehnt und drohten durch ein Überlaufen zahlreiche Bergdörfer zu zerstören. Insgesamt bedroht die Eis- und Schneeschmelze infolge des Klimawandels bis zu 40 Prozent der Weltbevölkerung. Selbst küstenferne Regionen müssen infolge des Klimawandels Überschwemmungen und einen Rückgang der Trinkwasservorräte verkraften.

Selbst das in den letzten Jahrtausenden stabile Zusammenspiel der globalen Windverhältnisse mit den Ozeansystemen droht zu kippen. Der El-Niño-Effekt vor der Küste Lateinamerikas, der Monsunzyklus im indischen Ozean, der Golfstrom oder der Jetstream – sie werden sich abschwächen oder eine größere Heftigkeit annehmen. Generell gibt es enge Zusammenhänge zwischen Umweltbelastungen und Klimawandel, die den Prozess beschleunigen können.

Noch immer existieren nicht hinreichend geklärte Fragen. Die Unsicherheit liegt an den so genannten Rückkopplungen im Klimasystem. Sie können die Erwärmung verstärken, wenn durch die Aufheizung mehr Wasserdampf, ein besonders wirksames Treibhausgas, in die Troposphäre gelangt. Sie können sie abschwächen, wenn kühlende Wolken zunehmen. Auch noch nicht völlig verstanden ist die Rolle der Sonnenaktivität, die sich allerdings nach den vorliegenden Messungen seit 1940 nicht verstärkt hat.

Kurz: Es gibt *tipping points*, wie *Hans Joachim Schellnhuber,* Präsident des »Potsdam-Institut für Klimafolgenabschätzung« (PIK), sie nennt, die den Prozess der Erwärmung rasant verstärken können. Zu den Aufgaben des IPCC gehört auch, diese Fragen zu klären und die daraus erwachsenden Risiken abzuschätzen.

Der natürliche und der anthropogene Treibhauseffekt

Was ist der *natürliche Treibhauseffekt?* Die Menschheit lebt gleichsam auf dem Grund eines Luftmeeres, genannt Erdatmosphäre, das sich in mehreren Schichten aufbaut. Die untere ist die Troposphäre, darüber liegt die Stratosphäre, ihr folgen Mesosphäre, Thermosphäre und

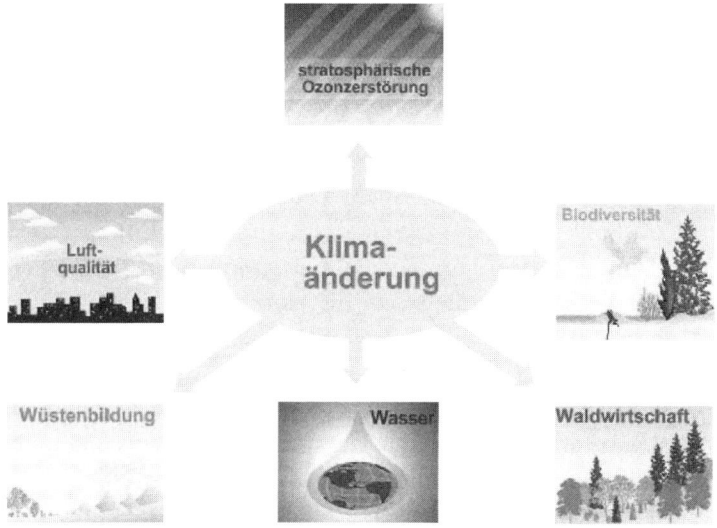

Das Klima wird von geochemischen Prozessen und Kreisläufen kontrolliert, die aus dem Zusammenspiel der beteiligten Umweltkomponenten resultieren, die vom Menschen beeinflusst werden. Das Schema zeigt einige dieser Umweltprobleme. Beispielsweise spielen biologische und ökologische Prozesse eine wichtige Rolle bei der Modulation des Erdklimas sowohl auf regionaler und globaler Ebene, indem sie die Menge von Wasserdampf und anderen Treibhausgasen kontrollieren, die in die Atmosphäre eintreten oder aus dieser ausscheiden. Klimaänderungen beeinflussen das Funktionieren ökologischer Systeme wie Wälder. Änderungen in der Struktur und Funktion von Wäldern beeinflussen das Klimasystem durch Änderungen der bio-geo-chemischen Kreisläufe, insbesondere von Kohlenstoff, Stickstoff und Wasser.

Quelle: IPCC (2001)

Abb. 1: Zusammenhänge Klimawandel und andere Umweltbelastungen

Exosphäre. Ähnlich wie der Ozean ist die Lufthülle nicht statisch und gleichförmig, sondern unterliegt permanenten Veränderungen. Verursacht wird diese Dynamik durch die Strahlungsbilanz, den Energiehaushalt, die chemische Zusammensetzung und die globalen Luftströmungen. Sie bringen viel Bewegung in das ansonsten träge Gemisch der Luftgase.

Abgesehen von variablen Beimischungen wie Wasserdampf, dessen Menge stark schwankt und nahe der

Erdoberfläche bis zu zwei Prozent erreicht, jedoch typischerweise bei einem Prozent liegt, besteht die Atmosphäre zu 99 Prozent aus molekularem Stickstoff, Sauerstoff, dem Edelgas Argon und strahlungsaktiven Treibhausgasen wie Kohlendioxid. Sie kommen bis zu einer Höhe von 100 Kilometer in einem Volumenverhältnis von etwa 78 (Stickstoff) zu 21 (Sauerstoff) zu 1 (Argon) zu 0,035 (Treibhausgase) vor. Zudem existieren eine große Anzahl von anderen Spurengasen, die trotz einer verschwindend geringen Konzentration von großer Bedeutung sind, sowie Wolken.

In der unteren Schicht der Erdatmosphäre befinden sich rund drei Viertel der Gesamtmasse, die uns ein angenehmes Leben ermöglicht. Dort konzentrieren sich die als Wetter wahrgenommenen Prozesse wie Wolkenbildung, Verdunstung und Niederschlag. In der Troposphäre existieren eine starke vertikale Höhendurchmischung und ausgeprägte horizontale Winde. Zudem finden überall chemische »Reinigungsmechanismen« statt: die »nasse Ablagerung« aus dem Auswaschen von Spurenstoffen durch Regen, Schnee und Nebel sowie die »trockene Ablagerung« durch ein einfaches »Herunterfallen« auf die Erde, die Vegetation und in die Ozeane.

In diesem komplexen System wirken die riesigen Eisschichten, die auf den Polarmeeren schwimmen, wie ein Kühlschrank, indem sie einen Großteil des Sonnenlichts reflektieren, das über viele Monate auf Arktis und Antarktis scheint. Schmelzen sie, steigen die Temperaturen schnell an, weil die Kühlung gleichsam abgestellt wird. Das erklärt, warum die Temperaturen in den Polregionen deutlich stärker steigen als in anderen Teilen der Welt.

Die These vom *Treibhaus* entwickelte der französische Physiker *Joseph Fourier* Anfang des 19. Jahrhunderts.

Wasserdampf, Kohlendioxid, Wolken und verschiedene Spurengase bilden eine Art Glasdach. Der Mensch kann auf der Erde nur leben, weil es den Schutz durch die Glashülle gibt, sonst würde die durchschnittliche Temperatur bei minus 18 °C liegen. Ähnlich einem Treibhaus werden die kurzwelligen Sonnenstrahlen relativ ungehindert auf die Oberfläche durchgelassen. Die Erde erwärmt sich. Wie alle warmen Körper sendet sie die aufgenommene Wärme in umgewandelter Form zurück. Diese Wärmestrahlung wird zu einem Teil in der Troposphäre eingefangen. So entsteht der natürliche Treibhauseffekt, der die Temperaturen an der Erdoberfläche auf durchschnittlich 14 °C hält, während sie mit der Höhe abnehmen.

Gegenwärtig strahlt die Sonne mit einer durchschnittlichen Konstante von 1.373 Watt pro m² und Stunde auf die Erde. 30 Prozent davon werden in den Weltraum zurückgesandt, das Rückstrahlvermögen (Albedo) beträgt somit 0,3. Der längerwellige Bereich wird zu 19 Prozent in der Atmosphäre und zu 51 Prozent an der Erdoberfläche absorbiert. Dieser Mechanismus macht die Erde zu einem geeigneten Raum für biochemische Prozesse. Damit unterscheidet sie sich von der Venus, in deren Atmosphäre 300.000-mal mehr Kohlendioxid vorhanden ist. Auf unserem Nachbarplaneten wird praktisch die gesamte Wärmerückstrahlung festgehalten, sodass dort Temperaturen von ca. 450 °C herrschen.

Die Zusammensetzung der Erdatmosphäre und die Wechselwirkungen mit anderen Bereichen des klimatischen Geschehens (Ozean, Landflächen, Tier- und Pflanzenwelt sowie Eis- und Schneeschichten) prägen die Lebensbedingungen auf der Erde und die Qualität der ökologischen Systeme. Unser Planet erlebte in den letzten Jahrhunderttausenden seiner nunmehr 4,6 Milliarden Jahre währenden Geschichte ein vergleichsweise gemäßig-

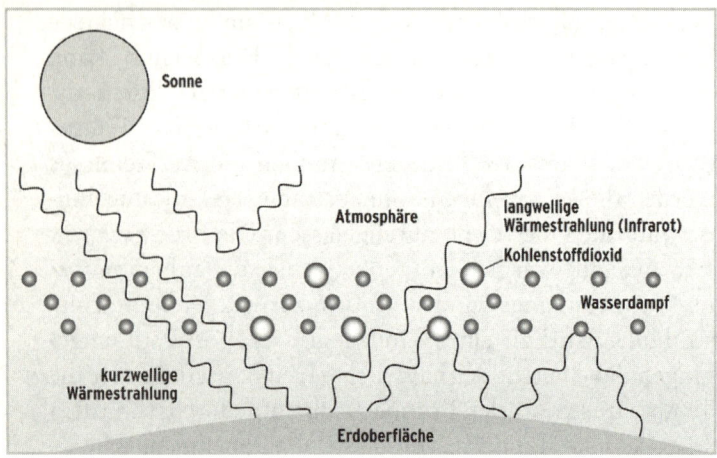

Abbildung der Strahlenfalle: Die Temperatur der Erdatmosphäre wird vor allem durch den globalen Treibhauseffekt bestimmt. Die Lufthülle lässt Sonnenlicht ungehindert passieren, absorbiert jedoch die von der Erdoberfläche emittierte Wärmestrahlung. Dadurch wird thermische Energie in der Atmosphäre gebunden. Ohne diese »Wärmedämmung« wäre es auf der Erde viel zu kalt und Leben nicht möglich. (Quelle: BMU)

Abb. 2: Der Treibhauseffekt

tes Auf und Ab in der Kohlenstoff-Konzentration. Diese Schwankungen gingen einher mit dem Wechsel der Kälte- und Warmzeiten.

Um die Tragweite der heutigen Erwärmung zu verstehen, müssen wir uns bewusst sein, dass nur wenige Grad zwischen kalten und heißen, zwischen feuchten und trockenen Perioden liegen, zwischen dem Polarklima einer Eiszeit und den Spitzenwerten eines Klimaoptimums. Lokal und regional treten oftmals wesentlich größere Klimaschwankungen auf als im globalen Mittelwert. Die Ursachen und Mechanismen dafür sind vielfältig. Doch diese Prozesse muss die Klimawissenschaft kennen, um die vom Menschen verursachten Erwärmungen verstehen zu können.

Um das Geschichtsbuch zu lesen, quälen sich Klimaforscher auf Gletscher von mehr als 7.000 Meter Höhe, durchstreifen die Polarregionen und analysieren Bohrkerne aus dem Grönlandeis. Mit ihrer Hilfe lässt sich das Paläoklima rekonstruieren. Ähnlich den Jahresringen der Bäume werden die Daten in Eiskristallen oder in den Kalkschalen von Tiefseetieren im Verhältnis der Sauerstoffisotopen von ^{18}O zu ^{16}O archiviert. Nur wer begreift, wie sich das System in früheren Zeiten verhalten hat, vermag die heutigen Warnzeichen richtig zu deuten.

Das IPCC leistet entscheidende Beiträge zum besseren Verständnis jener Perioden der Erdgeschichte, in denen es erheblich wärmer oder kälter war. So beschreibt der neue Bericht zum Beispiel das *Pliozän* vor drei Millionen Jahren. In der damaligen Zeit wurde eine Kohlendioxid-Konzentration von 400 ppm gemessen, bei Temperaturen, die im Schnitt 2 bis 3 °C höher waren als heute. Die geologischen Daten besagen, dass wegen der geringeren Eismassen von Grönland und der Antarktis der Meeresspiegel rund 20 Meter höher lag.

In den letzten 200.000 Jahren schwankten die globalen Durchschnittstemperaturen jedoch »nur« zwischen zehn und 16,5 °C. Diese Veränderungen hatten ausschließlich natürliche Ursachen. Die Spitze wurde vor 125.000 Jahren erreicht. Die letzte ausgeprägte Warmzeit wurde in der Bibel als Paradies oder Garten Eden beschrieben. Dagegen lagen in der Würmeiszeit die durchschnittlichen Niedrigwerte bei 10,5 °C. In den mitteleuropäischen Breiten war die Erde damals eiskalt und trocken. Die Alpengletscher reichten weit über das heutige München hinaus. Vom Nordkap her zog sich eine geschlossene Eisdecke bis nach Norddeutschland. Zwischen den beiden Eisschichten kämpften in einer baumlosen Tundra Lebewesen um ihre Existenz.

Aus dem asiatischen Armurgebiet wanderten Mitglieder der noch jungen Art des Homo sapiens über eine Landbrücke nach Alaska und besiedelten bis hinunter nach Feuerland den amerikanischen Kontinent. Diese Kälteperiode endete vor 13.000 Jahren. Heute liegt zwischen den beiden Kontinenten die 35 Kilometer breite Beringstraße. Die extremen Unterschiede in den Lebensbedingungen sind das Ergebnis von scheinbar nur geringen Temperaturvariabilitäten.

Was ist dagegen der *anthropogene Treibhauseffekt*? Durch die Emissionen aus der Energieversorgung, der Industrialisierung der Landwirtschaft, der Massenmotorisierung, der Produktion zahlreicher Chemikalien und der massenhaften Vernutzung des Naturkapitals – die Abholzung der Wälder, die Vernichtung der Arten, die Zerstörung der Wälder und die Degradierung von Böden – ist die Menschheit dabei, die Konzentration der Treibhausgase zu erhöhen. In der Folge werden die *Atmosphärenfenster* geschlossen. Die Durchlässigkeit für infrarotes Licht nimmt ab. Es kommt zu einer Abstrahlung in den Weltraum aus größerer Höhe bei niedrigeren Temperaturen.

Seit 1958 belegen kontinuierliche Messungen auf dem *Mauna-Loa-Vulkan* von Hawaii, dass die Kohlendioxid-Konzentration in der Atmosphäre stetig zunimmt. Die von den Menschen freigesetzte Menge Kohlenstoff ist zwar gering im Vergleich zu der Photosyntheseleistung der Biomasse, doch sie ist so groß, dass sie seitdem nie unter dem Wert des Vorjahres lag. Das verursacht den erhöhten *Strahlungsantrieb*, ein Ungleichgewicht, das automatisch mit einer Zunahme der Temperatur kompensiert wird, wobei die Auswirkungen zeitversetzt erfolgen.

So vollzieht sich der vom Menschen verursachte zusätzliche Treibhauseffekt, aus dem im Extremfall ein Klimawandel werden kann, der in seiner Spannweite dem natürlichen Übergang von einer Eiszeit zu einer Warmzeit entspricht. Doch diesmal – das ist der entscheidende Unterschied – wird auf eine Warmzeit gleichsam eine zweite Warmzeit draufgepackt.

Der Leitindikator, auf den sich die Konzentration von Treibhausgasen bezieht, ist Kohlendioxid. Darauf werden die anderen Gase umgerechnet. Seit dem Jahrhundertwechsel nimmt die *Kohlenstoffintensität*, die vorher für eine kurze Zeit einen stagnierenden Trend zeigte, wieder stark zu. Auch das weltweite Wachstum des Fleischkonsums und die intensiv betriebene Landwirtschaft führten zu einem erheblichen Anstieg klimaschädlicher Gase. Die Tierproduktion und der intensive Reisanbau verursachen eine Verdreifachung der Methankonzentration in der Atmosphäre gegenüber 1850 – Tendenz weiter steigend. Man muss davon ausgehen, dass 70 Prozent der Methan-Freisetzungen vom Menschen verursacht sind, von denen ein Teil energiebedingt ist.

Es klingt amüsant, dass rülpsende Rinder das Klima ändern, dies ist aber ein ernstes Problem. Methan ist 20- bis 30-mal klimawirksamer als Kohlendioxid. Hinzu kommen CH_4-Emissionen bei Gas und Öl sowie aus der Ablagerung von Abfällen. Fluorierte und halogenierte Kohlenwasserstoffe werden als Treibgase in Dosen, zur Kühlung von Lebensmitteln oder zum Flammschutz in Geräten eingesetzt. Troposphärisches Ozon entsteht mit den Abgasen des motorisierten Verkehrs. Lachgas, das sogar 300-mal wirksamer ist als CO_2, wird durch Düngeprozesse in der Landwirtschaft und in industriellen Prozessen freigesetzt.

Die Atmosphäre wird zur Müllhalde des Industriezeitalters. Bereits 1896 erstellte der Chemiker *Svante Arrhenius* die erste quantitative Berechnung der Erwärmungsprozesse durch die Verbrennung von Kohle und Torf. Der schwedische Wissenschaftler erhielt 1903 den Nobelpreis. Und er wurde später Direktor des renommierten Nobelinstituts in Stockholm. Seine Rechnung hatte zwar erhebliche Fehler, weil sie z. B. die Wärmekapazität der Ozeane unzureichend berücksichtigte. Dennoch zeigte sie erstmals die Möglichkeit eines vom Menschen verursachten Klimawandels auf.

Den Zusammenhang der Erwärmung mit der Energieversorgung wies der britische Chemiker *Guy Stewart Callendar* 1938 nach. 1900 wurden 100 Millionen Tonnen Kohlendioxid pro Jahr freigesetzt, 2004 waren es rund 38 Milliarden Tonnen. Das entspricht fast zehn Milliarden Tonnen Kohlenstoff. In der Folge erhöhte sich seit Beginn der Industrialisierung die atmosphärische Konzentration von Kohlendioxid etwa um ein Drittel. Damit nahmen die Eingriffe in die Kohlenstoffkreisläufe eine ganz neue Qualität an. Werden alle Treibhausgase auf die Wertigkeit von CO_2 umgerechnet, betrug 2004 der Ausstoß sogar 49 Milliarden Tonnen Kohlendioxid.

Die Menschheit vollzieht ein Großexperiment am Organismus Erde. Allein zwischen 1970 und 2004 stiegen die globalen Treibhausgasemissionen um 70 Prozent an, darunter die von CO_2 um 80 Prozent. Die Industrienationen, die im Annex I der Klimarahmenkonvention aufgeführt sind, verursachten bei einem Anteil von 20 Prozent an der Weltbevölkerung fast 50 Prozent der globalen Emissionen.

Zugespitzt wird die weitere Entwicklung durch das Wachstum in den Schwellenländern. In Chinas Provinzen geht im Durchschnitt jede Woche ein 1.000-Megawatt-Kohlekraftwerk ans Netz. 2004 wurde im Reich der Mitte mit rund zwei Milliarden Tonnen schon doppelt so viel Kohle verbrannt wie in den USA, mit weiterhin zweistelligen Wachstumsraten. Zwischen 2003 und 2005 wurden Kohlekraftwerke mit einer Leistung von 160.000 Megawatt errichtet. Dennoch gibt es in China ehrgeizige Pläne, die Energieeffizienz zu steigern, bei den erneuerbaren Energien sollen die größten Kapazitäten der Welt aufgebaut werden.

Die Pro-Kopf-Emissionen in den USA lagen 2004 bei 19,73 Tonnen CO_2 pro Jahr, in China nur bei 3,66 Tonnen. Weit überwiegend sind für die bisherigen Erwärmungsprozesse daher die Altlasten der industriellen Welt verantwortlich. Peking kennt diese Zahlen genau und legt deshalb Wert auf die Feststellung, dass die Industrieländer für 90 Prozent der schon in die Atmosphäre gelangten CO_2-Emissionen aus der Energieproduktion verantwortlich sind. Das ist zwar etwas übertrieben, aber in der Tendenz richtig.

Nicht nur der Energiehunger stieg explosiv an. Ebenso rasant nimmt in weiten Teilen der Welt auch die Bevölkerung zu. Im Jahr 1804 überschritt die Weltbevölkerung die Schwelle zu einer Milliarde Menschen. Innerhalb des 20. Jahrhunderts hat sich die Weltbevölkerung nahezu vervierfacht. 1927 waren es zwei Milliarden, 1960 drei Milliarden und heute sind es fast 6,8 Milliarden Menschen, die auf unserem Planeten leben. Und jedes Jahr kommen rund 75 Millionen hinzu. Mitte des Jahrhunderts werden es wahrscheinlich neun Milliarden Menschen sein.

Ohne ein radikales Umsteuern wird die *ökologische Selbstzerstörung* denkbar – sowohl durch die Auszehrung des Naturkapitals als auch durch die Überlastung der Stoffkreisläufe. Sie kommen zusammen: der Klimawandel und Peak-Oil. Fossile Energie und Rohstoffe werden knapp. Allein bis 2030 wird der globale Energiebedarf um weitere 60 Prozent anwachsen. Heute leben nur

1,4 Milliarden Menschen in Industriestaaten. In 50 Jahren werden es rund 4,5 Milliarden sein, die zu mehr als 60 Prozent in Städten leben, mit einem damit einhergehenden deutlich höheren Verbrauch an Energie und Rohstoffen.

Das ist der Hintergrund, vor dem die Klimagefahren gesehen werden müssen. Die Menschheit hat keine Zukunft, wenn sie nicht den Begrenzungen, die sich aus der natürlichen Mitwelt ergeben, Rechnung trägt und auf die Endlichkeit und Störanfälligkeit der Natur achtet. Das erfordert eine grundlegende Reform des Kapitalismus, damit die Wirtschafts- und Unternehmensverfassung »grün und sozial« wird. Und das richtet sich an unser Verständnis von Freiheit, Gerechtigkeit und Kultur.

Die Warnrufe von Paris, Brüssel und Bangkok

Im Jahr 1987 warnten in einem gemeinsamen Aufruf die *Deutsche Physikalische Gesellschaft* (DPG) und die *Deutsche Meteorologische Gesellschaft* (DMG) die breite Öffentlichkeit vor einem möglichen Klimawandel. Die ersten Anfänge der Debatte lagen zwar schon deutlich früher, dennoch markiert dieses Datum in Deutschland den Start einer breiteren öffentlichen Aufmerksamkeit. Die beiden weitsichtigen Autoren ihrer jeweiligen Organisationen waren *Klaus Heinloth* (DPG) und *Hartmut Graßl* (DMG), die beide als Wissenschaftler in der Klima-Enquête des Bundestages mitgearbeitet haben:

> »Es besteht der begründete Verdacht, dass schon innerhalb der nächsten 100 Jahre die mittlere Temperatur an der Erdoberfläche um etwa 3 Grad Celsius ansteigen wird. Dieser Temperaturanstieg wäre regional und jahreszeitlich durchaus unterschiedlich hoch, in den Tropen etwa halb so hoch, im polaren Winter dagegen etwa dreimal so hoch wie im Mittel.«

Dieser Aufruf über den Schutz der Erdatmosphäre betraf nicht allein die Klimadebatte, denn damals verdichteten sich auch die Erkenntnisse über die Ausdünnung der stratosphärischen Ozonschicht. Kaum weiter als die nächste Ortschaft entfernt, fand 15 Kilometer über uns in der Stratosphäre ein Umweltdrama statt: Die Erde verlor ihren Sonnenschutz. Dieser ist für unser Leben unverzichtbar.

1985 kam der große Schock aus dem Eislabor am Südpol. Britische Wissenschaftler der Antarktis-Station *Halley Bay* (76° S, 27° W) beschrieben erstmals das *Ozonloch*. Am Südpol hatte diese Schicht gegenüber 1979 um 40 Prozent abgenommen. Chemische Kunstprodukte, vor allem Fluorchlorkohlenwasserstoffe und Halone, die etwa in Spraydosen oder als Flammschutz in Fernsehapparaten verwendet wurden, zerstörten Ozon. Bei Temperaturen um minus 80 °C, die vor allem in der Stratosphäre über dem Südpol erreicht werden, sind die Chloratome in relativ stabile Verbindungen eingebettet. Hierbei spielt Salpeter eine wichtige Rolle. Am Ende der Polarnacht liefert die Sonneneinstrahlung den Zündfunken für chemische Prozesse, die eine gewaltige Zerstörung des Ozons bewirken. Ein einziges Chloratom kann dabei bis zu 100.000 Ozonmoleküle vernichten.

In den neunziger Jahren kam es zum Verbot dieser Chemikalien. Bis heute gilt dieser Erfolg als Vorbild für Maßnahmen zum Schutz der Erdatmosphäre. Die Verursacher des Ozonabbaus waren leicht einzugrenzen, da sich die Produktion der Schadstoffe auf wenige Länder begrenzte. So wurden schon bald umweltverträgliche Ersatzstoffe angeboten – auch von den Firmen, die bei einem Verbot vor schweren ökonomischen Schäden gewarnt hatten. Dennoch ist eine Übertragung des »FCKW-Verbots« nur bedingt möglich, denn die Bekämpfung des anthropogenen Treibhauseffekts ist eine ungleich komplexere Herausforderung, bei der weitaus mehr Akteure betroffen sind.

In diesem Buch werden die Ergebnisse der drei Arbeitstagungen des 4. Sachstandsberichts (AR 4) des IPCC dokumentiert und erläutert. Sie bestätigen 20 Jahre nach dem Aufruf von DPG und DMG eindringlich deren Warnung vor einem Klimawandel. Die Grundlage des AR 4 sind die »*Blauen Bibeln*«, die von mehr als 1.250 Wissenschaftlern aus 130 Nationen erstellt wurden. Weiterhin waren über 2.500 Experten aus aller Welt als Gutachter beteiligt. Sie geben den Stand der Wissenschaft wieder und haben schon deshalb eine hohe Bedeutung, weil sie wichtige Basisdokumente für die Verhandlungen über einen internationalen Klimaschutz nach dem Jahr 2012 liefern, die Ende 2007 in Bali beginnen. Auch die Beratungen des G 8-Gipfels 2007 in Heiligendamm bezogen sich auf die Reports des IPCC.

Der erste Teil des AR 4 wurde Anfang Februar 2007 in *Paris* vorgelegt. Weil er den wissenschaftlichen Forschungsstand über den Klimawandel zusammenfasst, erfährt er naturgemäß eine hohe öffentliche Aufmerksamkeit. Diesmal löste er weltweit eine intensive Debatte über den Klimawandel aus.

Anfang April 2007 folgte in *Brüssel* der zweite Bericht über die Verwundbarkeit der Erde, in dem regional und sektoral die Folgen des Klimawandels sowie Möglichkeiten und Grenzen der Anpassung für die einzelnen Kontinente und Lebensbereiche konkret gemacht wurden. Dies ist schwieriger exakt zu beschreiben, da etwa Zusammenhänge bei Artenschutz oder der menschlichen Gesundheit sehr vielschichtig sind.

In *Bangkok* wurde in der ersten Maiwoche 2007 über den dritten Teil des Berichts beraten, der sich mit den ökonomischen Folgen des Klimawandels befasste. Das wichtigste Fazit hieß: Die Verhinderung der Katastrophe erfordert eine große Anstrengung, aber sie ist machbar. Die dafür notwendigen Finanzaufwendungen sind auf jeden Fall geringer als die Schäden, die durch den Klimawandel verursacht werden.

Auf der Basis dieser drei Teilberichte wird ein *Synthesebericht* erstellt. Er nimmt eine ganzheitliche Betrachtung der Ergebnisse vor und formuliert Antworten auf wichtige Fragen speziell für die politischen Entscheidungsträger. Dieser Bericht wird im November 2007 in *Valencia* verabschiedet.

Von Paris ...: Der *erste Teilbericht* wurde zu einem lauten Alarmsignal für die Zukunft der Erde. Nach sechs Jahren Forschung belegten zahlreiche Beobachtungsstudien und 23 hochkomplexe Szenarien, dass die Menschheit mit der globalen Erwärmung die Erde in ihrer Zerbrechlichkeit riskiert. Im Pariser UNESCO-Gebäude bestand kein Zweifel mehr am anthropogenen Klimawandel, seine Wahrscheinlichkeit wurde auf über 90 Prozent veranschlagt. Im Gegensatz zu früheren Sachstandsberichten wurde das Ergebnis diesmal von allen Regierungen akzeptiert.

Beim 3. Sachstandsbericht im Jahr 2001 hatte die amerikanische Regierung die Erderwarmung noch stark angezweifelt und die vorgeschlagenen Wege zur Eindämmung zurückgewiesen. Begründung: Sie seien angeblich nicht ausreichend wissenschaftlich fundiert. »*Wir wissen zu wenig. Deshalb muss die Forschung erst Klarheit schaffen, statt teure Experimente zu beginnen*«, so tönten gleichermaßen die US-Präsidenten George Bush senior wie später auch der Junior.

Washington öffnete die Geldschatulle, um die angebliche Klimahysterie zu widerlegen. Mit 29 Milliarden

Dollar, so das Weiße Haus, haben die USA mehr Geld als jedes andere Land in die Klimaforschung investiert. Doch statt der erhofften Ergebnisse, die den Skeptikern Auftrieb geben sollten, erlebte das konservative Amerika ein Fiasko, eine dicke Schlappe. Die von Präsident George W. Bush mit der Überprüfung beauftragten amerikanischen Wissenschaftler bestätigten die Sachstandsberichte des UN-Klimarates. Zuletzt unterschrieb der Präsident der amerikanischen Academy of Science, *Ralph J. Cicerone*, einen Appell, der die Staats- und Regierungschefs dringend zum Handeln auffordert. Es gibt keine Ausreden mehr.

Die in Paris vorgelegten Klimaszenarien sind hochkomplexe Rechenmodelle, die aufzeigen, wie sich wichtige Zusammenhänge und treibende Kräfte in dem prognostizierten Zeitraum entwickeln werden. Dazu zählen Wirtschaftswachstum, Bevölkerungsentwicklung, Siedlungsdichte oder Artenreichtum. In Deutschland wurde vom Max-Planck-Institut (MPI) für Meteorologie im deutschen Klimarechenzentrum in Hamburg zu drei Szenarien ein ganzes Ensemble von Klimaprojektionen erstellt. Allein hierfür ist eine Rechenzeit von jährlich rund drei Monaten notwendig. Alle fünf bis sechs Jahre ist hierfür eine neue Computergeneration notwendig, um zu der stetig höheren Feinauflösung der Szenarien zu kommen.

Das IPCC erwartet für das 21. Jahrhundert, falls nicht gegengesteuert wird, in fast allen Erdregionen eine deutliche Zunahme von warmen und heißen Tagen und Nächten – mit einer an Sicherheit grenzenden Wahrscheinlichkeit von 99 Prozent. Eine Ausdehnung von Hitzewellen und starken Niederschlägen erfolgt mit einer Wahrscheinlichkeit von 90 Prozent. Außerdem werden sich wahrscheinlich Regionen ausweiten, die von Dürren,

Die Welt steckt im Schwitzkasten

- Heute wird die höchste Konzentration der Treibhausgase seit 650.000 Jahren gemessen.

- Die Geschwindigkeit des Temperaturanstiegs übersteigt alles, was aus den letzten 20.000 Jahren bekannt ist.

- Der Temperaturanstieg beträgt bereits 0,76 °C gegenüber der Zeit vor 1850.

- Es muss (ohne Klimapolitik) bis zum Ende unseres Jahrhunderts mit einer globalen Erwärmung in den optimistischsten Szenarien zwischen 1,1 bis 2,9 °C (wahrscheinlichster Wert 1,8 °C) und in den pessimistischen Szenarien zwischen 2,4 bis 6,4 °C (wahrscheinlichster Wert 4 °C) gerechnet werden.

- Schon jetzt beträgt der Anstieg 0,2 °C pro Jahrzehnt.

- Die Konzentration der wichtigsten Treibhausgase in der Atmosphäre nahm gegenüber der vorindustriellen Phase (Zeit vor 1800) bis zum Jahr 2005 enorm zu: Kohlendioxid von 280 auf 379 ppm; Methan von 715 auf 1774 ppb; Lachgas von 270 auf 319 ppb.

- Das Klimasystem hat einen längeren »Bremsweg«, sodass erste Minderungen des Temperaturanstiegs sich frühestens in 20 Jahren einstellen würden.

- Selbst bei einem Stopp des Anstiegs der Treibhausgase ist bei dem heutigen Niveau der Konzentration eine weitere Erwärmung von 0,1 °C pro Dekade nicht zu verhindern

Quelle: IPCC

stärkeren tropischen Wirbelstürmen oder extrem hohem Seegang betroffen sein werden. Die Wahrscheinlichkeit wird bei rund 66 Prozent veranschlagt.

An den Polkappen wirkt sich die Erwärmung noch extremer aus, besonders im arktischen Norden. In der Antarktis ist in den vergangenen 30 Jahren nach den

Studien der UNEP (*UN-Umweltprogramm*) das Packeis im Winter um bis zu sieben Prozent und im Sommer um bis zu zwölf Prozent zurückgegangen. Das Treibeis ist um mindestens zehn bis 15 Prozent dünner geworden. Damit verfügt die Erde immer weniger über Möglichkeiten, die Sonneneinstrahlung zu reflektieren, was den Klimawandel zusätzlich anheizt. Denn: Schnee und Eis reflektieren bis zu 80 Prozent der Sonnenenergie, Wasser absorbiert sie.

Die regionale Erwärmung über Grönland könnte, wenn sie lange anhält, das langsame, aber dann unaufhaltsame Abschmelzen des gesamten Grönlandeises auslösen. Einige Studien gehen bereits davon aus, dass bis zum Ende unseres Jahrhunderts das in der Arktis auf dem Meer schwimmende Eis im Sommer nahezu völlig verschwunden sein wird. Schon heute werden in der Arktis 3 °C höhere Temperaturen gegenüber 1850 gemessen. In den nächsten 100 Jahren ist in Grönland ein Anstieg um mehr als 10 °C denkbar.

Von der Öffentlichkeit unbemerkt, ist die Eiskappe über dem Nordpol immer dünner geworden. Bei diesem Abschmelzen der nördlichen Eiszonen ist der Meeresspiegel nicht angestiegen, denn beim »ewigen« Eis am Nordpol handelt es sich um schwimmendes Eis. Anders verhält es sich, wenn das auf dem Festland aufliegende Eis abschmilzt, was schon begonnen hat. Mit der Erwärmung bildet sich Fließwasser. Wenn das bis zu 3.000 Meter dicke grönländische Festlandeis instabil wird und ins Meer rutscht, würde nach einer Verzögerung von mehreren Jahrhunderten bis zu einem Jahrtausend der Meeresspiegel um bis zu sieben Meter ansteigen und küstennahe Gebiete mit mehreren hundert Millionen Menschen überfluten.

Das IPCC: »*Es gibt eine erhebliche Unsicherheit hinsichtlich der weiteren Entwicklung des grönländischen und antarktischen Eisschilds, hier kann ein höherer Beitrag zum zukünftigen Anstieg (des Meeresspiegels) nicht ausgeschlossen werden.«* Die beschleunigte Veränderung macht es hierbei schwierig, Prognosen über die Zukunft zu stellen. Die zehnmal größeren Eisschichten liegen am Südpol. Der antarktische Kontinent ist deutlich größer als Europa. An der dicksten Stelle im Landesinneren geht das Eis über 4.000 Meter in die Tiefe. Eine Schicht von 2.000 Metern reicht bis an die Küste, an den Rändern steht das Eis weit über (Schelf-Eis). Das Volumen beträgt 13,2 Mio. Quadratkilometer bei einer durchschnittlichen Breite von zwei Kilometer.

Hinzu ergeben sich aus der Erwärmung weitere Folgen: Im Nordatlantik wird die »thermohaline Strömung«, die zum Teil aus dem Golfstrom besteht, nicht abrupt abreißen. Doch die »Wärmepumpe«, die in Europa trotz hoher geografischer Breiten für angenehme Temperaturen sorgt, wird sich deutlich abschwächen. Der Meeresspiegel steigt derzeit um etwa drei mm pro Jahr und damit erheblich schneller als laut Vorhersage im IPCC-Bericht. Die Hälfte des Anstiegs geht auf die thermische Ausdehnung des wärmeren Ozeans zurück, 25 Prozent entfallen auf das Abschmelzen von Berggletschern und rund 20 Prozent auf den Rückgang der Eisschilde.

Die Auswirkungen für *Europa* werden gravierend sein. Nordeuropa wird feuchter. Der Niederschlag fällt als zusätzlicher Regen im Winter, während die Sommer trockener werden. Im Süden nehmen Dürren zu. Die regionalisierten Modellrechnungen des MPI für Meteorologie zeigen ausgeprägte Binnenverschiebungen innerhalb Deutschlands, wobei extreme Wetterereignisse häufiger werden. Dazu gehören Winterorkane wie *Kyrill* oder sommerliche Hitzrekorde wie im Jahr 2003, extreme Niederschlagsereignisse, anhaltende Trockenheitsperioden im Sommer und eine Zunahme »tropischer Nächte«, in denen die Temperatur nicht unter 20 °C absinkt. Die höheren Temperaturen sorgen für das Abschmelzen aller Alpengletscher und für schnee- und frostfreie Winter.

... über Brüssel ...: Der *zweite Teil* des 4. Sachstandsberichts, der in *Brüssel* beraten und verabschiedet wurde, zeigt konkret die Verwundbarkeit unseres Planeten durch den Klimawandel auf. Welche Regionen sind besonders betroffen? Welche Folgen sind besonders gravierend für Mensch und Natur? In diesem Bereich ist der Wissensfortschritt besonders groß, wie der Vorsitzende der Arbeitsgruppe, Professor *Martin Parry* von der University of East Anglia in Großbritannien, herausstellte: »*Es ist das erste Mal, dass ein klares Klimasignal als Folge menschlicher Aktivitäten auf globaler Ebene empirisch nachgewiesen werden konnte.*«

Mehr als 89 Prozent der über 29.000 ausgewerteten Datensätze verschiedenster Standorte, die signifikante Änderungen in den natürlichen Systemen zeigen, liegen im Trend einer anthropogenen Erwärmung. Trotz der erdrückenden Fakten wurde im ehemaligen Gebäude des Europäischen Rates intensiv über die Bewertung des 1.575 Seiten umfassenden Berichts gerungen. Die Vertreter von China, der USA, Saudi-Arabien sowie Russland versuchten massiv kritische Bewertungen in dem 23-seitigen Dokument abzuschwächen oder ganz zu streichen. Über einhundert Mal stellte allein die US-Delegation den Antrag, ein »wird geschehen« in ein »wird voraussichtlich geschehen« zu verändern.

Immer wieder versuchten die »üblichen Verdächtigen«, die Versammlung zu Zugeständnissen zu bringen, die ihnen weniger Verantwortung zuordneten, weil der Text die Verursacher nicht eindeutig benennt. Tatsächlich mussten einige Zugeständnisse gemacht werden, um das SPM beschließen zu können. So konnte leider auch der Zusammenhang zwischen Emissionen und Klimafolgen nicht ausreichend dargestellt werden. Trotz der Interventionen bleibt der Bericht ein alarmierendes Dokument. Der zweite Teil des Reports belegt, dass auf allen Kontinenten und in den meisten Ozeanregionen bereits zahlreiche Ökosysteme auf die Klimaänderungen reagieren.

Für das südliche und westliche *Nordamerika* wird ein zunehmender Trinkwassermangel befürchtet, der teilweise schon heute prekär ist. Dort steigt die Gefahr von Waldbränden massiv an. In vielen Regionen wird die Ernte unter der Hitze leiden und stark zurückgehen. Starke Hurrikans werden zunehmen, Florida ist zudem akut vom steigenden Meeresspiegel betroffen.

In *Lateinamerika* werden die Anden-Gletscher schmelzen. Bis zu 77 Millionen Menschen drohen von Wassermangel betroffen zu werden. Von einer 2.042 Quadratkilometer großen Gletscherfläche in den Kordilleren sind seit 1989 bereits 22 Prozent verloren gegangen. Die Pazifikküste, an der über 70 Prozent aller Peruaner wohnen, wird fast vollständig durch Andenflüsse versorgt.

Vier Fünftel der peruanischen Energieversorgung hängt von Wasserkraftwerken ab. Besonders düster ist die Aussicht für *Lima*. Die Wasserversorgung der mehr als 7,5 Millionen Einwohner wird bislang durch einen 60 km langen Tunnel aus den Anden ermöglicht. Genau dort gehen die Reserven jedoch rapide zurück, sie reichen nur noch weniger als ein Jahr. Auch der bolivianische Regierungssitz *La Paz* und das angrenzende *El Alto* sind weitgehend von Andengletschern abhängig. Bereits 2009 wird die Nachfrage die verfügbaren Reserven übersteigen.

Eine trockene Savanne wird in großen Teilen Lateinamerikas tropische Wälder verdrängen. Das hat gravierende Folgen, denn die Luftfeuchtigkeit nimmt ab, sodass viele Pflanzenarten von der Hitze geschädigt werden.

Große Teile *Afrikas* können künftig noch weniger als heute bewässert werden. Darunter werden rund eine halbe Milliarde Menschen leiden. Dabei sind bereits heute 46 Prozent der afrikanischen Landfläche Wüste, auf der 465 Millionen Menschen leben. Nordafrika wird von dem Klimawandel durch dramatische Wasserknappheit bedroht, wobei eine Versalzung landwirtschaftlicher Gebiete besonders das bevölkerungsreiche Nildelta treffen wird.

Allein im südlich der Sahara gelegenen Teil Afrikas sind 15 bis 20 Prozent der Menschen unterernährt. Durch die Erwärmung drohen in den meisten Staaten des Armenhauses der Erde Ernteausfälle bis zu 50 Prozent. Am härtesten wird das südliche Afrika betroffen sein – Mosambik, Malawi und Sambia, die zu den ärmsten Gesellschaften der Welt gehören.

Auch große Teile Ostafrikas sind betroffen, wobei die vom Bürgerkrieg gezeichneten Staaten wie Sudan und Somalia besonders unter den Auswirkungen leiden werden. In den Mündungsgebieten großer Flüsse sind Millionenstädte wie Lagos in Nigeria von Überschwemmungen gefährdet. An den Ostküsten verschwinden Korallen und Mangroven. Vor den Küsten schrumpft der Fischbestand.

In *Asien* werden künftig zahlreiche Überschwemmungen vom schnell abfließenden Schmelzwasser der Himalajagletscher verursacht werden. Sie sind die Wasserspeicher Asiens und machen 15 Prozent der globalen Eismasse aus. Große Flüsse wie der Indus, der *Mekong* oder der *Jangtse* speisen sich aus dem Schmelzwasser. Indischen Studien zufolge hängen 500 Millionen Menschen an diesem Versorgungsstrang. Nach einigen Prognosen werden in rund 100 Jahren alle chinesischen

Gletscher geschmolzen sein. China, das schon heute mit Wasserknappheit und Wasserverseuchung zu kämpfen hat, könnte versuchen, Flüsse umzuleiten, die vorrangig durch anliegende Länder fließen, wie etwa der indische *Brahmaputra*.

Viele bevölkerungsreiche Großstädte Asiens wie *Mumbai* (Bombay) oder *Shanghai* liegen im Mündungsbereich von Flüssen. Insgesamt leben 635 Millionen Menschen an Küsten, die nur bis zu zehn Meter über dem Meeresspiegel liegen. Schon eine Erwärmung um 2 °C kann für Millionen von Menschen in Bangladesch das Leben unmöglich machen. Geologisch ist Indien eine einzige Flussniederung. Sollte der Meeresspiegel um 45 cm ansteigen, wie schon in heutigen Untersuchungen für dieses Jahrhundert prognostiziert, müssten sich bis zu 5,5 Millionen Inder eine neue Heimat suchen. Generell nehmen auch in Asien die Ernteausfälle zu.

Kleine Inseln im *Pazifik*, deren höchster Punkt nur fünf Meter über dem Meeresspiegel liegt, werden vom Wasser abgetragen und überschwemmt. Die Regierung von *Tuvalu* versuchte bereits, vorsorglich für ihre Bevölkerung in Neuseeland oder Australien Asyl zu beantragen. Es gibt auch Forderungen der Wissenschaft, die Bewohner geschlossen auf die Fidschi-Insel *Kioa* umzusiedeln: »*Wenn die Kultur unseres Landes überleben soll, müssen die 9.000 Tuvaluer gemeinsam nach Kioa umziehen.*«

In *Australien* ist das berühmte Great Barrier Reef, das schönste Korallenriff der Welt, durch den Klimawandel akut gefährdet. Bei einem Anstieg von über 2 °C ist es wahrscheinlich nicht zu retten. Dem fünften Kontinent stehen dramatische Dürren bevor, bei denen große Teile der Landwirtschaft aufgegeben werden müssen.

Auch für *Europa* existieren alarmierende Befunde. So befürchten einige Wissenschaftler, dass bei einem

Abbrechen der arktischen Eisschilde Holland nicht zu retten sein könnte. Mehr als ein Viertel der niederländischen Fläche liegt unterhalb des Meeresspiegels. Dies ist zwar in den nächsten 100 Jahren nicht zu erwarten, aber es werden bereits heute Amphibienhäuser angeboten, die, von einem Pfeiler gestützt, mit steigendem Wasser in die Höhe schwimmen.

Nach Angaben des Bundesamtes für Meereskunde wurde in der Nordsee seit 1993 ein kontinuierlicher Temperaturanstieg im Oberflächenwasser der Nordsee um insgesamt 1,7 °C registriert, durchschnittlich 0,13 °C pro Jahr. Im Juni 2007 wurden mehr als eine Million tote Fische an den Weststrand von Sylt geschwemmt. Die Biologen machen dafür das frühe Sommerwetter und die damit verbundene Algenbildung verantwortlich.

Seit 1988 befindet sich die Nordsee in der intensivsten und längsten Wärmephase seit Beginn der Messungen im Jahr 1873. Das Hochwasserrisiko stieg durch den Anstieg des Tidehochwassers um 42,3 cm in diesem Jahrhundert deutlich an. Zudem nimmt der pH-Wert ab. Seit Beginn der Industrialisierung ist er um ca. 0,11 Einheiten gesunken, ein weiteres Absinken bis zu 0,35 pH-Einheiten ist bis 2100 zu befürchten. Das hat erhebliche Auswirkungen auf die Meeresorganismen, insbesondere auf alle marinen kalkbildenden Arten wie Muscheln, Schnecken und Korallen.

Die Alpen verlieren in rasantem Tempo ihre Eiszonen und Gletscher. Um diesen Prozess zu verlangsamen, werden bedrohte Flächen im Sommer mit Hightechfolien belegt, um sie vor der Sonne zu schützen. Generell wird im Bericht festgehalten: Im Norden Europas nehmen Überschwemmungen, Erosion und Gletscherschmelze zu, während im Süden Dürren und Ernteausfälle zu befürchten sind. Zunehmende Trockenheit wird das Hauptproblem sein. In Südspanien und Portugal, auch in Griechenland werden neue Wüstengebiete entstehen.

Folgeprozesse und Rückkopplungen der Erderwärmung können den Klimawandel dramatisch beschleunigen. Dazu gehört beispielsweise die Freisetzung von Methan aus der auftauenden Tiefkühltruhe Sibiriens. Die Permafrostgebiete liegen überwiegend in der Nordhemisphäre (Russland, China, Kanada). Je nach Bodenverhältnissen sowie Boden- und Lufttemperaturen kann die Mächtigkeit von Schichten bis zu 1,5 Kilometer erreichen. Im Dauerfrost liegt eine gewaltige Treibhausbombe. Die Methan-Emissionen können für einen zusätzlichen Wärmeschub in der Atmosphäre sorgen, zumal dieses Treibhausgas fast 30-mal wirksamer ist als Kohlendioxid. Dann käme es noch stärker zu einer Verschiebung der Klimazonen nach Norden. Das wird bereits in einigen arktischen Gebieten Kanadas und Nordskandinaviens beobachtet.

Die Eisschmelze führt zu einer Ausdehnung und Zunahme von Gletscherseen, die wiederum große Eisschilde ins Rutschen bringen. Durch das Auftauen hochalpiner Gebirgsregionen steigt das Risiko von Fels- und Eislawinen in Gebirgen. Der Oberflächenabfluss nimmt zu, Frühlingshochwasser erfolgen früher und bedrohlicher. Die starke Erwärmung verändert die Gewässerqualität. Insgesamt können über drei Milliarden Menschen in wenigen Generationen von extremer Wasserknappheit und Missernten bedroht werden.

Oberhalb eines Anstiegs von 1,5 bis 2,5 °C gegenüber dem heutigen Wert drohen 20 bis 30 Prozent der Tier- und Pflanzenarten auszusterben. Ihre Verbreitungsgebiete verschieben sich polwärts, lokal auch entlang der Breitengrade. In Deutschland in Richtung Norden und Nordosten, wobei auch hier bei einer globalen Erwärmung um nur 2 °C gegenüber 1990 bis zu 30 Prozent der Pflanzen- und Tierarten aussterben könnten. Die Frühlingsprozesse wie Blattentfaltung, Baumblüte oder Brutzeiten von Vögeln treten früher auf. Absehbar sind erhebliche Störungen in der Nahrungskette.

Der Bericht prognostiziert auch große gesundheitliche Gefahren, insbesondere eine erhöhte Sterblichkeit durch Hitzewellen in Europa und Asien. Allein der Hitzesommer von 2003 kostete in Europa mindestens 35.000 Menschen das Leben. Angriffe auf die menschliche Gesundheit kommen außerdem durch das Infektionspotenzial von Krankheitsüberträgern wie Stechmücken und Zecken sowie durch vermehrte allergene Pollen. Außerdem werden durch die erwartete erhöhte bodennahe Ozonkonzentration Herz- und Atemwegserkrankungen zunehmen.

Die Weltgesundheitsorganisation (WHO) kam im Jahr 2002 zu dem Ergebnis, dass etwa 2,5 Prozent der Durchfallerkrankungen (etwa durch Salmonellen) und sechs Prozent der Malaria-Infektionen in den Schwellenländern durch den Klimawandel hervorgerufen werden. Bis 2030 könnte das Risiko, an Durchfall schwer zu erkranken, in einigen Gebieten auf über zehn Prozent ansteigen. Nach der WHO könnten außerdem Cholera, Tuberkulose und Denguefieber zunehmen. Die mangelhaften hygienischen Zustände in den ausgedehnten Slumquartieren fördern Seuchen, die mit steigenden Temperaturen aggressiver werden.

Der zweite Bericht listet die jeweiligen Gefahren einer zunehmenden Temperaturerhöhung auf. Er zeigt, dass die von der EU angestrebte Begrenzung der Erwärmung auf 2 °C gegenüber dem vorindustriellen Niveau nicht willkürlich, sondern notwendig ist und die Menschheit vor gewaltige Herausforderungen stellt.

... bis Bangkok: Der Bericht der *dritten Arbeitsgruppe*, der in der thailändischen Hauptstadt, einem der heißesten Orte der Welt, beraten wurde, zeigt vorrangig die technischen und ökonomischen Optionen zur Vermeidung des Klimawandels auf. An der Erstellung des Berichts waren mehr als 500 Gutachter beteiligt. Die 168 Leitautoren und 26 Review Editors arbeiteten auf rund 1.250 Seiten in 13 Sachkapiteln die Möglichkeiten zur Verringerung und Vermeidung von Treibhausgasemissionen heraus. Mit ihnen soll der Ausstoß längerfristig auf ein Niveau gesenkt werden, das zu keinen nachhaltigen Schäden an der Atmosphäre führt.

Dies ist nur dann möglich, wenn direkt mit der Reduktion der Treibhausgase begonnen wird. Der Höhepunkt der Emissionen muss spätestens im Jahr 2015 erreicht werden. Dann müssen sie bis Mitte des Jahrhunderts um mehr als 50 Prozent gegenüber dem Stand von 1990 gesenkt werden, um die kritische Erwärmungsgrenze von 2 °C nicht zu überschreiten.

In der »Stadt der Engel« leiteten die Co-Vorsitzenden des IPCC *Ogunlade Davidson* von der Universität Freetown in Sierra Leone und der holländische Umweltwissenschaftler *Bert Metz* vom Netherlands Environmental Assessment routiniert die Plenarsitzungen über den dritten Teil. Nach der massiven Kritik in der internationalen Presse waren alle Delegationen offenkundig an einem besseren Debattenklima interessiert. Insgesamt lagen als Reaktion auf den Entwurf des SPM schriftlich rund 1.500 Kommentare aus 27 Staaten vor.

Zwar wollten auch diesmal die chinesische und mit ihr andere Delegationen konkrete Ziele vermeiden, z. B. die Treibhausgaskonzentration auf weniger als 450 ppm CO_2-Äquivalente zu begrenzen, was dem Anstieg von 2 °C entspricht, aber die konfrontative Schärfe von Brüssel war raus, obwohl die Fronten in den Beratungen unverändert hart blieben. Der Bericht zeigt dennoch auf, was für die Erreichung bestimmter Zielvorgaben notwendig ist – beispielsweise für die Begrenzung auf eine Treibhausgaskonzentration von 450 bis 490 ppm oder von 490 bis 535 ppm.

Bis zu 6 Gigatonnen CO_2-Äquivalent können durch Effizienzmaßnahmen »mit Gewinn« eingespart werden. Allerdings sind Einsparungen von rund 30 Gigatonnen notwendig, um die THG-Konzentration zwischen 450 und 490 ppm zu stabilisieren. Dies ist nach den Berechnungen des IPCC mit Kosten unterhalb von 100 US-Dollar pro vermiedener Tonne Kohlendioxid möglich. Das IPCC hält es für möglich, den Anstieg der globalen Temperatur bei vertretbaren Kosten auf 2 °C zu begrenzen. Allerdings wurde diese Zielsetzung, obwohl sie sich logisch aus den Berichten von Paris und Brüssel ergibt, in Bangkok stiefmütterlich behandelt. Für das Ziel der Begrenzung auf 450 ppm lagen bedauerlicherweise lediglich zwei Szenarien aus Deutschland vor.

Der Klimarat bezifferte die Kosten des Klimaschutzes bis zum Jahr 2020 auf ein bis drei Prozent des weltweiten Sozialprodukts. Die Minderung der Treibhausgase ist allerdings durchaus finanzierbar, jährlich nur 0,12 Prozentpunkte des Weltsozialprodukt-Anstiegs müssten »geopfert« werden, um die Klimaschutzziele zu erreichen. Die damit vermiedenen Schäden liegen weitaus höher, die Versäumnisse beim Klimaschutz werden teuer. Zudem wurden die ökonomischen Vorteile aus der ökologischen Modernisierung kaum in die Rechnungen einbezogen. Im SPM fehlen in vielen Sektoren klare Aussagen über die Kosten und den Nutzen des Klimaschutzes. Sie ergeben sich neben den technischen und ökonomischen Vorteilen, die sich aus Innovationen und neuen ökologischen

Produkten erschließen, aus der Vermeidung von Folgekosten, dem Erhalt des Naturkapitals und der menschlichen Gesundheit.

Der Bericht nennt dies »Zusatznutzen«. Dagegen ist ein »Weiter-so« unbestritten die teuerste Variante. Bei einem Versagen beim Klimaschutz ergeben sich zwar letztlich nur Verlierer, dennoch spekulieren einige Staaten und Gruppen weiterhin mit kurzzeitigen Vorteilen aus ihrer Untätigkeit.

Der dritte Teilbericht des IPCC liegt auf der Linie des *Stern-Reports*, der Ende 2006 weltweit für Aufsehen erregte. *Sir Nicholas Stern*, der frühere Chefökonom der Weltbank, hatte im Auftrag des britischen Premierministers die ökonomischen Folgen berechnet. *Tony Blair* bezeichnete ihn als den wichtigsten Bericht seiner Regierungszeit. Das Ergebnis ist unmissverständlich: Während Investitionen in den Klimaschutz bis zu einem Prozent des weltweiten Sozialprodukts pro Jahr kosten würden, belaufen sich die Kosten der ungebremsten Erderwärmung auf bis zu 20 Prozent des Weltsozialprodukts. Investitionen in den Klimaschutz lohnen sich in jedem Fall.

Nach Berechnungen des Deutschen Instituts für Wirtschaftsforschung (DIW) müssten von der deutschen Wirtschaft in den kommenden 50 Jahren bis zu 800 Milliarden US-Dollar für die Beseitigung ungebremster Klimaschäden aufgewendet werden. Das sind jährlich im Schnitt drei Prozent des Bruttosozialprodukts. Auch nach dieser Untersuchung können die Kosten für eine aktive Klimaschutzpolitik auf ein Prozent begrenzt werden. Diese Erkenntnisse sind auch deshalb wichtig, weil die Kosten für die Klimafolgen meistens unterschätzt und die für den Klimaschutz überschätzt werden.

Der Weltklimarat zeigte in Bangkok auf, wie Wirtschaft und Gesellschaft mit vorhandenen Technologien klimafreundlich umgebaut werden können. Neben der »Effizienzrevolution«, insbesondere durch eine energetische Sanierung der Gebäude, die weltweit notwendig und vorteilhaft ist, kann bis zum Jahr 2030 der Anteil der Erneuerbaren Energien auf 30 bis 35 Prozent gesteigert werden. Bei Kosten bis zu 50 Dollar pro Tonne CO_2 würden sich die klimafreundlichen Technologien nahezu von selbst durchsetzen. Die Abwärme der Kraftwerke soll mit Hilfe der Kraft-Wärme-Kopplung zum Heizen oder der Kraft-Kälte-Kopplung zur Kühlung genutzt werden. Zudem muss die Speicherung von Energie für eine bessere Verfügbarkeit und höhere Effizienz durchgesetzt werden. Außerdem sollten Gezeiten- und Meereswellenkraftwerke entstehen.

Ein hohes Reduktionspotenzial sieht das IPCC im Erhalt und in der Aufforstung der Wälder sowie in einer naturnahen Landwirtschaft. In erster Linie geht es um das große Potenzial aus dem Schutz der Wälder und der Schonung der Böden. Damit wird der Erhalt bestehender Kohlenstoffspeicher, die Vergrößerung der Kohlenstoffreservoirs und die Verminderung kohlenstoffintensiver Produkte erreicht. Mit anderen Worten: Die Waldökosysteme müssen stabil bleiben, der Kahlschlag muss gestoppt und eine Wiederaufforstung aktiv vorangetrieben werden. Dies ist auch deshalb wichtig, weil mit der Klimaänderung das größte Artensterben seit der Eiszeit droht.

Ein globales Wald- und Artenschutzprogramm ist nach der Energieeffizienz durch Einsparen und dem Einsatz Erneuerbarer Energien in den Bereichen Elektrizitätserzeugung, Gebäude, Industrie und Verkehr die zweite große Option zur Reduktion der Kohlendioxidemissionen, die in der internationalen Debatte leider nicht die ihr zustehende Bedeutung hat. Die Abholzung des Regenwalds ist mit einem Anteil von etwa 20 Prozent verantwortlich für die CO_2-Emissionen. Insbesondere *Indonesien* und *Brasilien* vernichten massenhaft ihre Wälder, auch um neue Kraftstoffe zu produzieren. Diese Länder stehen dadurch – gemessen an den gesamten Treibhausgasemissionen – auf Platz drei und vier der klimaschädlichen Länder. Stündlich verschwinden Wälder in der Größenordnung von 300 Fußballfeldern. Selbst in Nationalparks fallen wertvolle Bäume menschlicher Ignoranz zum Opfer.

Der ökologische Landbau ist eine vorteilhafte Methode für eine klimafreundliche Nahrungs- und Energiepflanzenproduktion, weil auf Kunstdünger und Pestizide verzichtet wird. Nährstoffkreisläufe werden geschlossen, indem Ackerbau und Viehhaltung miteinander gekoppelt werden. Durch intelligente, Humus mehrende Fruchtfolgen werden höhere Gehalte an organischer Bodensubstanz und damit ein gesundes Pflanzenwachstum initiiert.

Das IPCC setzt klare Optionen, die den Vorschlägen der McKinsey-Studie *A cost curve for greenhouse gas reduction* entsprechen. Sie ermittelte gegenüber einem »Business-as-usual«-Szenario in Euro pro Tonne, was bestimmte Klimaschutztechniken in den Jahren 2010, 2020 und 2030 kosten werden und welches Potenzial sie haben. Die Studie analysiert die Sektoren Stromerzeugung, Verkehr, Industrie, Gebäude, Forst- und Landwirtschaft sowie Entsorgung in sechs Weltregionen: Nordamerika, Westeuropa, Osteuropa (ganz Russland), andere entwickelte Regionen, China sowie Entwicklungsregionen. Sie legt den Schwerpunkt auf Klimaschutztechnologien, die bis zum Jahr 2030 weniger als 40 Euro pro Tonne CO_2 kosten werden.

Die Erderwärmung zu bremsen, kostete die EU-Staaten insgesamt zwischen 800 Milliarden und 1,1 Billionen

Euro, um das selbst gesetzte Ziel einer Reduktion um 20 Prozent CO_2 bis zum Jahr 2020 zu erreichen. Auch global können die Kohlendioxidemissionen und vergleichbare Treibhausgase um rund 27 Milliarden Tonnen bis 2030 zu überschaubaren Kosten gesenkt werden, über drei Viertel davon mit Technologien, die bereits vorhanden sind. Dazu stellte McKinsey ein Ranking über die ökonomische Effizienz der einzelnen Maßnahmen auf. Es reicht von der Gebäudedämmung über Einsparlampen, Aufforstungen und der Einführung von Biosprit bis zur Abtrennung und Speicherung von Kohlendioxid bei der Verbrennung von Kohle in Kraftwerken.

Danach wird in den nächsten beiden Jahrzehnten die Gebäudedämmung die kostengünstigste Art des Klimaschutzes sein, die dem Investor Nettogewinne bis 150 Euro pro eingesparte Tonne CO_2 bringen würde. Allerdings gibt es nach dieser Untersuchung gravierende ökonomische Unterschiede bei den Vermeidungspotenzialen in den einzelnen Weltregionen. Mehr als die Hälfte liegt in Entwicklungsgebieten, in denen sich jedoch nur ein Bruchteil der Maßnahmen für Investoren auszahlt, der Rest ist mit Nettokosten verbunden. In den OECD-Staaten rechnen sich dagegen rund 40 Prozent der Maßnahmen.

Das heißt: Die Europäer könnten mit etwa 2,5 Gigatonnen unter 40 Euro Vermeidungskosten zum globalen Minderungsziel beitragen, während die Entwicklungsländer mit 15 Gigatonnen nicht nur eine größere Menge bringen müssen, sondern dies auch zu deutlich höheren Kosten. Die Aufgabe der Politik liegt also darin, einen fairen Transfer zu organisieren. Dazu bedarf es eines Anreizsystems, das für beide Seiten interessant ist. Ein solches Angebot existiert zwar mit dem *Clean Development Mechanism* (CDM), der in den europäischen

Emissionshandel integriert wurde, aber dies reicht bei weitem nicht aus.

Der Bericht macht deutlich, dass Afrika und Lateinamerika sich auf die Verhinderung von Waldrodungen konzentrieren müssen. Dies ist dort die günstigste Maßnahme zum Schutz der Erdatmosphäre. Beide Strategien gehören zusammen, der technische und der natürliche Weg zu mehr Klimaschutz.

Für den wichtigsten Sektor, die Energieversorgung, schlägt der UN-Klimarat eine umfassende Strategie zur Verzahnung der unterschiedlichen Einsatzfelder vor. Nicht nur der Stromsektor, vor allem auch Effizienzverbesserungen in der Gebäudetechnik und im Verkehr können zu mehr Klimaschutz beitragen, oftmals sogar mehr als die Kraftwerkstechnik. Den notwendigen Umbau hält das IPCC nur für erreichbar, wenn die Treibhausgase einen Preis bekommen – entweder durch Besteuerung oder durch den Emissionshandel. Deshalb sei es falsch, dass sich diese Instrumente bisher fast nur auf Stromerzeugung und Industrie begrenzen.

Die Atomkraft war denn auch ein Hauptstreitpunkt in Bangkok, obwohl der Bericht eindeutig die Effizienzpotenziale bei der Wärmeversorgung und im Verkehrsbereich sowie die großen Potenziale Erneuerbarer Energien herausstellt. In stundenlangen Beratungen wurden in Arbeitsgruppen immer wieder schlechte Kompromisse gefunden, die dennoch von der amerikanischen Delegation nicht akzeptiert wurden. Sie wollten die Option Atomkraft in erster Linie aus innenpolitischen Gründen, denn der von Washington vorgeschlagene Bau 34 neuer Atommailer stößt in der Bevölkerung auf starken Widerstand. Selbst die unabhängige Energieinformationsagentur der amerikanischen Regierung bezweifelt, dass – wenn überhaupt – vor dem Jahr 2025 ein neuer Atommailer ans Netz gehen kann.

Die USA forderten mit Unterstützung von Frankreich, Indien und China, dass der Bericht von der »wachsenden Bedeutung der Atomkraft beim Klimaschutz« spricht. Dabei wird nach Meinung aller Experten die Zahl der Reaktoren in den nächsten Jahren, die für den Klimaschutz entscheidend sind, deutlich zurückgehen. Verständigt wurde sich schließlich – bei einer ablehnenden Fußnote von Österreich – auf die tabellarische Darstellung einer Erhöhung der nuklearen Stromerzeugung von 16 auf 18 Prozent Primärenergie im Elektrizitätssektor, was bei einem Anteil weit unter vier Prozent der globalen Endenergie bleibt.

Für den Klimaschutz bringt das wenig, eine lächerliche Scheindebatte, die nicht zu mehr Konsens beim Klimaschutz, sondern zu neuen Kontroversen führt. Wichtig ist zudem, dass in dem vorgegebenen Kostenrahmen der Beitrag der ökologischen Modernisierung steigt, wenn die Tonne CO_2 durch die Rahmensetzungen mehr kostet. Bei der Atomenergie ist das Gegenteil der Fall. Zugleich macht der Bericht deutlich, dass mit der Atomkraft viele Unsicherheiten und Gefahren verbunden sind – von der ungelösten Entsorgung bis zum Proliferationsrisiko.

Im AR 4 wurden mögliche CO_2-Minderungstechniken wie eine schonende Landwirtschaft und die Aufforstung zur Erhöhung von Senken sowie eine intelligente, kreislauforientierte Abfall- und Materialwirtschaft zur Reduzierung von Emissionen aufgelistet. Wichtige Innovationen sind Windgeneratoren und Brennstoffzelle. Besonders herausgestellt wird der Verkehrssektor – und hierbei für mehr Klimaschutz Hybridantrieb, saubere Diesel- und Biotreibstoff-Motoren. Die Bahn und Schifffahrt sollen stärker gefördert werden. Bis 2030 müssen sparsame Flugzeuge, Biotreibstoffe der zweiten Generation und leistungsstarke Batterien für Hybridfahrzeuge auf dem

Markt sein. Der Bericht weist allerdings darauf hin, dass der Markteinführung oftmals vielfältige Hindernisse entgegenstehen.

Neu eingefügt wurden auf der Tagung in Bangkok durch eine Initiative Belgiens Anregungen zur Änderung im Lebensstil, die zum Schutz des Klimas beitragen: Bildung und Information sollen helfen, dass sich umweltbewusste Verhaltensweisen und umweltverträgliche Technologien schneller durchsetzen. Dazu gehört auch ein gezieltes Einsparen, das durch den persönlichen Einsatz erreichbar ist.

Zurückhaltend fallen die Anmerkungen des IPCC zur Speicherung von Kohlenstoff aus. Die Gase sollen unter der Erde gespeichert werden, nachdem sie im Kraftwerk entstanden sind. Das IPCC zeigte in einem Sonderbericht auf, dass die Speicherung im Meer nur eine theoretische Option ist, die praktisch nicht erforscht wird. Bei einer Lagerung in Gesteinsschichten müssen die Lager absolut dicht sein. Diese Speichertechnik wird derzeit in einigen Pilotprojekten international erforscht, national in Brandenburg. Sie wirtschaftlich zu machen, erfordere weltweit einen relativ hohen Vermeidungspreis, der deutlich über den Kosten der Erneuerbaren Energie liegen dürfte. Zudem sinkt der Wirkungsgrad der Kraftwerke stark ab, weil zusätzlich Energie gebraucht wird. CCS kann frühestens 2030 und dann nur mit einem hohen finanziellen Aufwand zur Verfügung stehen. Wahrscheinlich sind die Verfahren so teuer, dass die Entwicklungs- und Schwellenländer sie sich nicht leisten können.

Abgelehnt wurde vom IPCC die Option eines *Geo-Engineering*. Einige Wissenschaftler hatten beispielsweise eine Düngung der Meere vorgeschlagen. In der Diskussion sind auch großtechnische Maßnahmen, um die Troposphäre künstlich abzukühlen – etwa mit Sulfatteilchen.

Diese Partikel werfen Sonnenlicht ins All zurück und kühlen dadurch die unteren Luftschichten ab. Der Nobelpreisträger *Paul Crutzen*, von dem dieser Vorschlag kam, sieht hierin nur eine äußerste Notlösung, zumal die Sulfatteilchen die Ozonschicht schädigen könnten.

Dreißig Silberlinge für die Klimaleugner

Je dramatischer und stärker die Warnungen über den Klimawandel erhoben werden, desto lauter melden sich Gegner, Verharmloser und Wichtigtuer zu Wort und kritisieren die »Katastrophenwissenschaftler«. Eine kleine, aber lautstarke Gruppe von »Klimaskeptikern« – darunter keine Klimatologen – kämpft auch in Deutschland gegen das IPCC. Diese arbeitet, so renommierte Wissenschaftler, mit unsauberen Argumenten, längst widerlegten Behauptungen sowie veralteten Annahmen und nimmt den Erkenntnisfortschritt einfach nicht zur Kenntnis.

Für die »Leugner« gibt es entweder keine Erwärmung der Erde oder sie ist nicht vom Menschen verursacht oder einfach unschädlich. Vor allem sei alles noch unsicher, obwohl die Daten des IPCC das Gegenteil belegen. Man könnte leicht über sie hinweggehen, da einige von ihnen obskure Theorien vertreten, wie die haltlose Behauptung, dass das »Ozonloch« die Erderwärmung verursache oder der Klimawandel das Resultat eines großen Meteoriteneinschlags Anfang des 20. Jahrhunderts in Sibirien sei. Oftmals werden Einzelereignisse absolut gesetzt oder die Debatte – wie zuletzt im *Spiegel* und *Cicero* – als hysterisch abgetan.

In Wahrheit besteht in der Fachwissenschaft heute ein breiter wissenschaftlicher Konsens, dass der Mensch mit seinen Aktivitäten für den Klimawandel verantwortlich ist. Natürlich beeinflussen auch viele andere Faktoren das Klima, dazu gehören die Zahl der Sonnenflecken, die Vulkantätigkeiten oder der Feuchtigkeitsgehalt in der Atmosphäre. Das wird freilich in den Klimamodellen berücksichtigt. Der wichtigste Tatbestand ist jedoch, dass der Mensch zunehmend mächtiger geworden ist als viele der natürlichen Kräfte, die wiederum auf menschliche Eingriffe reagieren.

Die Kritiker bewegen sich auf einer ganz anderen Ebene als das IPCC. Während sie oftmals willkürlich einzelne Ereignisse zum Maßstab nehmen, zeigt die Klimaforschung systematisch langfristige und übergreifende Trends auf und vergleicht die Ergebnisse mit früheren Klimazuständen. Die Skeptiker spielen in der Regel fachlich keine große Rolle, weil sie ihre Thesen nicht ordentlich zur Diskussion stellen und nicht publizieren, aber dann unbelegte Behauptungen in die Welt setzen. Auch das Nachrichtenmagazin aus Hamburg ist nicht unbedingt auf inhaltliche Kontinuität ausgerichtet. Mit einer Ausnahme: Der *Spiegel* will jede Woche eine hohe Auflage erreichen. Dafür stellt er sich mal an die Spitze der Besorgten, mal unterstützt er die Zweifler. Diese Art der Berichterstattung trägt wenig zur Klärung der Sachverhalte bei, obwohl es beim Klimawandel nicht um eine Kleinigkeit geht, sondern um eine Menschheitsherausforderung.

Die Kritik an der These vom Klimawandel kommt nur noch selten von ernst zu nehmenden Wissenschaftlern, dafür sind die Beweise erdrückend geworden. Seit Ende der achtziger Jahre ist der Amerikaner *Richard Lindzen* die Galionsfigur der Skeptiker. Der Physikprofessor am renommierten Massachusetts Institute of Technology (MIT) bezeichnete selbst nach dem 4. Sachstandsbericht die Debatte in Artikeln, Reden und Auftritten völlig unbeeindruckt als »willkürlich«, »hysterisch« und »alarmistisch«, die keiner ernsthaften Überprüfung standhielt. Durch Übertreibung wollten sich die Klimawissenschaftler immer neue Aufträge beschaffen. Dagegen würden Kritiker mundtot gemacht.

Tatsächlich setzte sich sogar der Deutsche Bundestag in einer ausführlichen Anhörung mit Lindzen auseinander. Was der Wissenschaftler bis heute vorträgt, bleibt in der Regel Behauptung, denen ein transparenter, weltumspannender Forschungsprozess entgegensteht. Zwar räumt der Amerikaner nun zumindest den Klimawandel ein, aber er zweifelt daran, dass er dramatisch sei. Für seinen Feldzug nutzt Lindzen tiefsitzende Vorurteile gegen die Wissenschaft, deren Warnungen er als aufgebauscht kritisiert. Das IPCC nutzte den Zeitgeist, machte sich wichtig und sei nicht der Wahrheit verpflichtet. Vor allem aber kritisiert er die von der Klimawissenschaft gewählten Annahmen in den Computermodellen, die aus seiner Sicht nicht genau und nicht umfassend genug seien.

Das stellt die Wirklichkeit auf den Kopf. Denn während sich die Modelle immer mehr verfeinert haben und ihre Ergebnisse mit den Erkenntnissen der Klimageschichte, die immer besser verstanden wird, übereinstimmen, ist Lindzen bei seinen alten Vorwürfen stehen geblieben. Er argumentiert seit zwanzig Jahren fast unverändert. Das IPCC zeigt dagegen von sich aus Forschungsbedarf, verbliebene Unsicherheiten und offene Fragen auf, die geklärt werden müssen. Es gibt wohl kein Argument, das nicht diskutiert und geprüft wurde. Das Missverhältnis zwischen der Diskurs- und Lernbereitschaft der internationalen Klimawissenschaft und dem Dogmatismus vieler Kritiker ist offenkundig.

Die Zweifel werden von einschlägigen Interessenvertretern aufgegriffen, die bei einer ökologischen Modernisierung viel zu verlieren haben. Oftmals stehen Energieunternehmen dahinter, besonders tut sich dabei der Ölmulti *Exxon* hervor. Selbst DaimlerChrysler unterstützte bis vor einigen Jahren die Skeptiker. In Deutschland gehört der Aachener Honorarprofessor *Helmut Alt* dazu, der früher beim Braun- und Steinkohleriesen RWE gearbeitet hat, ebenso der Geologe *Ulrich Berner* von der Bundesanstalt für Geowissenschaft und Rohstoffe (BGR) oder der Braunschweiger Physikprofessor *Gerhard Gerlich*. Sie streuen systematisch Zweifel, u. a. mit dem Themenheft »Klimadiskussion im Spannungsfeld«, herausgegeben vom Bundesverband der Braunkohle.

Ihre »Gegenargumente« werden kräftig überhöht. Sie schinden Zeit, die wir nicht haben. Es müsse erst weiter geforscht werden, statt »übereilt« zu handeln, so ihr ständiges Credo. Denn: Die Ergebnisse seien zu grob und daher unbrauchbar. Doch Berner begründet das mit alten und längst widerlegten Kurven und überbewerteten Aktivitäten der Sonne. Er behauptet, dass sich das Klimasystem nur regional erwärme, was vom IPCC längst widerlegt ist. In dem schnellen Gletscherschmelzen sieht er keine Besonderheit, zumal gar nicht bekannt sei, »ob es überhaupt einen Eisverlust gibt«. Dass diese unhaltbaren Aussagen von einer Bundesbehörde verbreitet werden, die unter der Aufsicht von Bundeswirtschaftsminister *Michael Glos* steht, ist peinlich.

Doch über kritische Debatten kann das IPCC nicht klagen. Wer eine Versammlung des UN-Klimarates erlebt hat, kann ein Lied davon singen, wie rücksichtslos einige Delegationen mit den renommierten Wissenschaftlern umspringen. In Brüssel machte nach zahllosen fragwürdigen Interventionen einiger Länder, darunter China und Saudi-Arabien, das Wort vom »wissenschaftlichen Vandalismus« die Runde. Die Abgesandten Washingtons schafften es mit offener Ablehnung, aber auch mit subtileren Methoden, wesentliche Inhalte abzuschwächen, insbesondere wenn es um die Abschätzung von Risiken bei Unsicherheiten ging. Gegen sie standen die wissenschaftlichen Autoren und die meisten Delegationen aus der Europäischen Union. Die beiden Gruppen einte in vielen Fragen nicht viel mehr als der Zwang zum Konsens. Aber selbst Europa war sich nicht in allen Fragen einig.

Verfahrenstricks, massiver Druck und schmutzige Manöver gab es bei den IPCC-Beratungen immer wieder. Nachdem die Klimadebatte Ende der achtziger Jahre neu war und für die Lobbygruppen überraschend kam, sodass sie anfangs nicht auf organisierte Gegenwehr traf, formierte sich massiver Widerstand. Der Lobbydruck tat seine Wirkung, auch in der deutschen Politik, die Anfang der neunziger Jahre geschlossen für mehr Klimaschutz eintrat. In der rot-grünen Regierungszeit wurden zwar 18 wichtige Maßnahmen zum Klimaschutz beschlossen. Nicht eine davon erhielt die Zustimmung von CDU/CSU oder FDP, die 1990 noch dem Minus-30-Prozent-Ziel zugestimmt hatten.

Hinter den angeblich wissenschaftlichen Beweisen, die zuerst den Klimawandel bestritten haben, um ihn später als natürlich und nicht anthropogen zu bezeichnen, standen oftmals Auftragsarbeiten von großen Energiekonzernen. Sie offerierten den Wissenschaftlern »dreißig Silberlinge«, um sich als Kronzeugen gegen den Klimaschwindel zu verkaufen. Der BBC-Film gegen den Klimawandel ist ein Dokument der Ignoranz. Dort wird mit falschen Zahlen gearbeitet, werden längst widerlegte Thesen als letzte Erkenntnis verkauft. Besonders tun sich konservative Denkschulen wie das »American Enterprise Institute« hervor, das von der Ölwirtschaft mitfinanziert wird. Abweichler werden mit hohen Beträgen zu Aussagen gegen das IPCC gelockt, damit für diesen »Hokus-pokus nicht auch noch höhere Energiepreise gezahlt werden«.

Dabei sind die USA unbestritten die Hauptverursacher der CO_2-Emissionen und damit der globalen Erwärmung. Das Institut ist eine Ideenschmiede der Regierung Bush. Tatsächlich dreht sich aber auch in den USA der Wind, denn die neue Mehrheitsfraktion im Abgeordnetenhaus und im Senat nimmt den Klimawandel durchaus ernst. Mehr als 500 Bürgermeister des Landes haben sich zusammengetan, um durch geeignete Maßnahmen in ihrer Region den Ausstoß von Treibhausgasen deutlich zu senken. Fünfzehn Gouverneure schmieden Pläne zur Einführung des Emissionshandels nach europäischem Vorbild. Der Nationale Kirchenrat macht Druck, und zahlreiche Großunternehmen machen sich für einen konsequenten Klimaschutz in den USA stark. Von daher bekundet der amerikanische Präsident nunmehr auch die Sorge über den Klimawandel, allerdings ohne bislang ein UN-Regime und feste Ziele zur Bekämpfung des anthropogenen Treibhauseffekts zu akzeptieren. Und nach wie vor behauptet der republikanische Obmann im Umweltausschuss des Senats, *James Inhofe*, nicht der wachsende CO_2-Ausstoß, sondern die Computermodelle der Klimaforschung bedrohten die Erde.

Der politische Druck kann zwar die wissenschaftlichen Texte im Kern nicht verändern, doch er ist wirksam, wie ein Vergleich der Zusammenfassung für Entscheidungsträger zwischen den Entwürfen des IPCC und den verabschiedeten Fassungen zeigt. Die Wissenschaft hat sich gewehrt, auch die beschlossene Fassung ist ein eindrucksvolles Dokument, aber im Kopf einiger Wissenschaftler setzt die Schere an. Bei diesem Druck fallen Formulierungen vorsichtiger aus. Allerdings gelang es in einigen

Bereichen auch, klare und aussagestarke Formulierungen durchzusetzen.

Wolfgang Cramer vom Potsdam-Institut für Klimafolgenforschung, der am zweiten Teil des 4. Sachstandsberichts mitgearbeitet hat, macht als Hauptproblem der Berichte aus, dass nur Aussagen gemacht werden, die mit hoher Wahrscheinlichkeit gesichert sind: »Die Öffentlichkeit erfährt einen wichtigen Teil der Wahrheit nicht« – nämlich weniger wahrscheinliche, aber dennoch mögliche, oftmals verheerende Gefahren. Cramer stellt die rhetorische Frage: »Würden Sie in ein Flugzeug steigen, das mit weniger als 33-prozentiger Sicherheit, aber mit mehr als 10-prozentiger Wahrscheinlichkeit abstürzt?« In den IPCC-Berichten gibt es eine Reihe von Risiken und Gefahren, deren Beschreibung weit heftiger ausfallen könnte, als sie dargestellt werden.

Doch die Gegenargumente werden schwächer, manche sind so offenkundig falsch, dass sie einfach nicht ernst genommen werden können. Dazu zählt die Aussage, dass die Menschheit weit mehr Kohlendioxid ausatme, als durch die Verbrennung fossiler Energie in Autoabgasen emittiert würde. Hier werden Äpfel mit Birnen verglichen. Tatsächlich wird durch die Nutzung von Gas, Kohle oder Öl zusätzlicher Kohlenstoff in die Luft befördert, während bei der Verbrennung im menschlichen Körper bisher schon in Pflanzen gebundener Kohlenstoff entweicht. Der Mensch ist quasi ein »Biomasse-Kraftwerk«. Andere Kritiker bezweifeln noch immer einen signifikanten Erwärmungstrend, der über die natürlichen Variationen hinausginge, die seit Jahrtausenden die Erdgeschichte begleiten. Diese Stimmen sind angesichts der zahlreichen Daten aus der Wetterbeobachtung der Klimarekonstruktion in den letzten Jahren deutlich leiser geworden.

Bisweilen wird die Erwärmung als eine Folge der in den Ballungszentren zurückgehaltenen Wärme beschrieben, die nichts mit den Treibhausgasen zu tun hätte. Wie damit die starke Erwärmung zum Beispiel in Grönland oder in Afrika zu erklären ist, bleibt unklar. Abgesehen davon, dass die Klimawissenschaft heute die Ursachen und den Umfang der Erwärmungsprozesse der letzten 600.000 Jahre sehr präzise nachvollziehen kann, verkennen die Kritiker zwei wichtige Tatsachen:

▪ Erstens sagen extreme Einzelereignisse, für die sich in der Klimageschichte viele Beispiele finden lassen, noch nichts über großräumige Temperaturrekonstruktionen aus, auf die aber eine wissenschaftliche Bewertung aufbauen muss. Sie können oftmals Ursachen haben, wie andere Erdbahnparameter oder verheerende Vulkanausbrüche, die von der Klimawissenschaft durchaus gesehen und einbezogen werden. Das gilt auch umgekehrt: In manchen Regionen steigen die Temperaturen kaum an. Aber auch das ist kein Gegenbeweis gegen den Erwärmungsprozess, denn das globale Klima ist ein hochkomplexes System, das in der Gesamtentwicklung bewertet werden muss.

▪ Zweitens ist die heutige Erwärmung in einer Warmzeit ausgelöst. Hierin liegt die eigentliche Dramatik, denn die Warmzeit kann dadurch gleichsam verdoppelt werden. Dass es schon vor der modernen Industriegeschichte ausgeprägte Erwärmungsphasen gegeben hat, spricht nicht gegen den anthropogenen Klimawandel. Richtig eingeordnet, macht das die Trends sogar problematischer.

Andere Kritiker des anthropogenen Klimawandels weisen auf erhöhte Sonnenaktivitäten als Ursache der Erwärmung hin, obwohl dieser Effekt in allen IPCC-Studien berücksichtigt wurde. Hier gibt es sicher noch Forschungsbedarf, was die Wissenschaftler offen zugeben, doch alle Untersuchungen kommen zu dem Ergebnis, dass der Zuwachs an Sonneneinstrahlung die deutliche Erwärmung zumindest seit 1940 nicht erklären kann. Die Sonnenaktivitäten haben sich in dieser Zeitspanne nicht signifikant verändert, sodass sie nicht zum Anstieg der globalen Temperatur beigetragen haben können. Vor diesem Hintergrund wurden sie im AR 4 geringer bewertet als im dritten Bericht.

Natürlich hat sich das Klima auf der Erde immer verändert. Die Aussagen der Klimawissenschaft stammen gerade aus der Erforschung und Rekonstruktion früherer Warm- und Kaltzeiten. Der Vorwurf, es handele sich um realitätsferne Computermodelle, wie den Klimaforschern vorgeworfen wird, geht an den Tatsachen vorbei. Sie werden vielmehr erst dadurch bestätigt, wenn sie mit den früheren Klimaschwankungen übereinstimmen. Sie werden gleichsam geeicht, dass sie diese prognostiziert hätten. Auch die Klima-Enquête hatte 1990 ihr Fazit sowohl mit paläoklimatologischen Erkenntnissen als auch mit Computermodellen und konkreten Beobachtungen der Wetteraufzeichnung begründet sowie durch die Stimmigkeit der Daten zueinander.

Schließlich wird immer wieder die Bedeutung von Kohlendioxid relativiert. Der anthropogen verursachte CO_2-Ausstoß bilde nur zwei Prozent im natürlichen Kohlenstoffkreislauf. Von daher könne seine Wirkung nur gering sein. Diese These verkennt, dass die Menschheit seit der industriellen Revolution deutliche Spuren in der Atmosphäre und den Ozeanen hinterlassen hat. Die Kohlendioxidmenge in der Troposphäre ist das eindrucksvollste Signal, denn die Konzentration war in den letzten

600.000 Jahren nie so hoch wie heute, und sie steigt parallel zur gemittelten Erwärmung der Erde. Zwar ist die Menge im Verhältnis zum Wasserdampf, dem weitaus wichtigsten Treibhausgas, relativ klein, aber sie ist hauptverantwortlich für den Temperaturanstieg.

Die ökologischen Grenzen des Wachstums

Die konzentrierte Darstellung in den IPCC-Berichten rüttelte die Weltöffentlichkeit auf. Mit dem 4. Sachstandsbericht hat die Debatte über den Klimawandel eine neue Qualität angenommen. Wer bislang glaubte, mit dem anthropogenen Treibhauseffekt werde es schon nicht so schlimm kommen, wurde vom IPCC eines Schlechteren belehrt. Mit einigen Teilkorrekturen wird der Klimawandel nicht zu verhindern sein. Deshalb gilt es, das Problem nicht nur zu erkennen, sondern zu durchdringen und in seiner ganzen Tragweite zu erfassen.

Die Brisanz wird dadurch gesteigert, dass der Klimawandel mit anderen Menschheitsherausforderungen wie dem Peak-Oil oder dem alle bisherigen Dimensionen sprengenden Wachstum der Schwellenländer zusammenkommt. Unsere Erde leidet an dem Virus der Maßlosigkeit, der die Entwicklung der industriellen Welt kennzeichnet und nun zum Tode führen kann. Siegfried Lenz:

»Das Ende des Lebens auf unserem Planeten ist vorstellbar geworden. Die Schöpfung stirbt langsam. Sie muss nicht im atomaren Blitz untergehen, der die Ozeane zum Kochen, die Gebirge zum Schmelzen bringt. Sie kann an unserer Verachtung der Schöpfung und an unserem Egoismus zugrunde gehen (…) Ein Grabstein für diese Zeit könnte die Inschrift tragen: Jeder wollte das Beste – für sich.«

Der entscheidende Konflikt liegt in dem Glauben an die Grenzenlosigkeit, die in Wirtschaft und Technik vorherrschen. Doch es gibt Grenzen, die sich aus der Endlichkeit und Belastungsfähigkeit der Erde ergeben. Beschleunigt durch die Globalisierungsprozesse, werden diese Grenzen des quantitativen Wachstums deutlich – die Aufnahmefähigkeit der Ökosysteme und die Knappheit der Rohstoffe. In der Konsequenz stehen wir am Ende des Jahrhunderts der maßlosen Expansion, in dem viele Volkswirtschaften ihren Wohlstand durch die Ausbeutung der Natur gesteigert haben. Nun erleben wir den Beginn eines *Jahrhunderts der Ökologie*. Die Gründe hierfür liegen auf der Hand:

- Der Klimawandel zeigt, dass wir uns einer *Naturschranke* nähern, die nur um den Preis von Katastrophen überschritten werden kann.
- Die Grenzen der (preisgünstigen) Verfügbarkeit vieler Rohstoffe rücken schnell näher. Die *zunehmende Knappheit* ist bereits durch höhere Preise erfahrbar und wird künftig alle Volkswirtschaften wie auch die Weltwirtschaft stark belasten. Mittelfristig ergeben sich Engpässe nicht nur bei Gas und Öl, sondern bei zahlreichen mineralischen Rohstoffen, die beispielsweise in der Halbleiterindustrie oder beim Flugzeugbau unverzichtbar sind.
- Wahrscheinlich hat Saudi-Arabien, das ölreichste Land der Erde, den *Peak-Point* in der Förderung des schwarzen Golds bereits überschritten. Als gesicherte Reserve gelten Vorkommen, die zwei Kriterien erfüllen: Sie müssen mit heute verfügbaren Technologien förderbar sein, und sie müssen sich absehbar rechnen.
- Die Energiemärkte, die sich oftmals am Ölpreis orientieren, werden künftig noch stärker die Weltwirtschaft

prägen. Die Suche nach Rohstoffen gestaltet sich immer schwieriger, die internationalen Konflikte um die Versorgung nehmen zu. Peak-oil steht für Krisengefahren und Einschnitte in unserer Lebensweise.

- Auf diese Entwicklung ist die internationale Staatengemeinschaft nicht vorbereitet. Einzelne Länder reagieren bislang mit Strategien, die wenig mit marktwirtschaftlichen Grundsätzen zu tun haben. China verfolgt eine merkantilistische Strategie für die Sicherung seiner Interessen auf den Rohstoffmärkten.

- Angesichts des wachsenden Bedarfs durch technologische Entwicklungen (z. B. spezifische Materialien für den Computer- und Elektronikbereich) und aufgrund der steigenden Nachfrage in den dynamisch wachsenden Ländern wie China, Indien oder Brasilien ist mit *verschärften Verteilungskonflikten* zu rechnen. Die Internationale Energieagentur rechnet bis zum Jahr 2030 mit einem weiteren Anstieg des globalen Energieverbrauchs um 60 Prozent.

- Aufgrund der wirtschaftlichen Dynamik und der hohen Bevölkerungszahl steigen die Treibhausgasemissionen in den Schwellenländern weit schneller als die angestrebte Reduktion in den Industriestaaten.

Hat in der bisherigen Zivilisationsgeschichte in der Regel der Norden der Erde den Süden dominiert, vom Kolonialismus bis zur Weltwirtschaft, kehrt sich dieses Verhältnis radikal um. Die ökonomische und soziale Dynamik des Südens bestimmt immer stärker die Entwicklung der Welt. Schon bald werden die Menschen in den heutigen Industriestaaten nur noch zehn Prozent der Weltbevölkerung stellen. Und während hier der Altersdurchschnitt alarmierend steigt, leben in der Dritten Welt überwiegend junge Menschen.

Das heißt: Die intelligente Nutzung von Energie und Ressourcen wird zu einer Schlüsselfrage des 21. Jahrhunderts. Bei einer Fortsetzung des bisherigen Modells von Wachstum gerät die Welt nicht nur ökologisch, sondern auch sozial und ökonomisch in eine Sackgasse. Die Menschheit muss von Quantität auf Qualität umschalten, sie muss gestalten, statt sich wachsenden Zwängen anzupassen. Das heißt aber auch: Wer beim Aufbau einer ökologischen Infrastruktur führend ist, wird den nächsten Wirtschaftszyklus entscheidend prägen. Er wird Innovationskraft gewinnen und auf den Weltmärkten große Stärke erzielen.

Der Erdgipfel von Rio de Janeiro 1992 stellte heraus, dass die Industriestaaten die Hauptverantwortung für die Vermeidung globaler Krisen haben. Deshalb ist es so verhängnisvoll, dass sich der Norden nicht einig ist. Es bleibt nur wenig Zeit für den Umbau, aber wir tun uns schwer mit Umdenken und Neuanfang. Dabei ist unbestreitbar: Die entscheidende Ursache für Klimawandel, Umweltzerstörung und Rohstoffknappheit liegt in den ressourcenintensiven Wirtschafts- und Lebensweisen der industrialisierten Welt, die von den sich entwickelnden Ländern nachgeahmt werden. Von daher müssen die Industriestaaten beim Umbau vorangehen und den Entwicklungs- und Schwellenländern bessere Voraussetzungen geben, sich sozial- und umweltverträglich entwickeln zu können.

Dabei ist der Einsatz von Energie und Rohstoffen in den Schwellenländern oftmals effizienter und innovativer als in den westlichen Staaten am Beginn ihrer Industrialisierung. Dennoch: Das Mengenwachstum der großen Schwellenländer, beispielsweise von China oder Indien, sprengt alle Dimensionen. Die nachholende Industrialisierung droht zu einer nachholenden Naturzerstörung zu werden.

Der Energiehunger Chinas und Indiens

China und Indien, die beiden neuen Riesen der Weltwirt-schaft, traten dem Kyoto-Protokoll zwar bei, auf konkrete Minderungsziele mussten sie sich bisher allerdings nicht ver-pflichten. Natürlich sind sie nur sehr eingeschränkt für die »Altlasten« in der Atmosphäre verantwortlich, doch um das Leben auf der Erde zu sichern, müssen sie sehr viel mehr zum Klimaschutz beitragen. Beide Länder haben das erkannt, wollen auch ihre Anstrengungen verstärken, fordern aber zuerst verstärkte Reduktionen in den Industriestaaten.

Das Wirtschaftswachstum beträgt in China seit zehn Jahren zwischen acht und neun Prozent. 2004 stieg China zum zweit-größten Energieverbraucher und zum zweitgrößten CO_2-Emittenten der Welt auf. Nach den Berechnungen der Inter-nationalen Energieagentur wird das Reich der Mitte spätestens im Jahr 2009 die USA als größter Emittent überholen. Dennoch liegt der Pro-Kopf-Verbrauch der 1,3 Mrd. Chinesen nur bei einem Fünftel eines Amerikaners. Nach den Plänen der chinesischen Regierung soll das künftige Energiewachstum nur halb so stark wachsen wie das Wirtschaftswachstum. Dazu sollen effiziente Kohlekraftwerke, große Wasserkraft-werke und Erneuerbare Energien, aber auch eine gezielte Effizienzstrategie beitragen.

Gegenwärtig verfügt China über eine installierte Strom-erzeugungskapazität von über 600 GW. Im Juli 2006 waren es »erst« 531 GW. Allein im Jahr 2006 sind 100 GW dazu-gekommen. Das entspricht fast der gesamten Stromerzeu-gungskapazität Deutschlands. Der Anteil der Erneuerbaren Energien liegt gegenwärtig bei 42 GW, inklusive der großen Wasserkraft bei 120 GW. Am 28. Februar 2005 verabschie-dete der Volkskongress in Peking das Gesetz zur Förderung Erneuerbarer Energien, das am 1. Januar 2006 in Kraft trat und wesentliche Anregungen aus dem deutschen EEG über-nahm. Der Anteil der Erneuerbaren Energien an der Primär-energie soll von gegenwärtig sieben Prozent auf 15 Prozent im Jahr 2020 ansteigen, im Strombereich auf 30 Prozent. 290 GW davon mit Hilfe der Wasserkraft. Zudem sollen in diesem Zeitraum 40 Millionen Tonnen Kohle durch Solarthermie und zehn Millionen Tonnen Erdöl durch Biokraftstoffe ersetzt werden.

Auch Energieeffizienz ist im Rahmen des elften Fünfjahresplans (2006 bis 2011) ein großes Thema. Damit soll der Energieeinsatz pro Wachstumseinheit um 20 Prozent gesenkt werden. Der Staatsrat in Peking hat im August 2006 Richtlinien zur Energieeinsparung formuliert. Die chinesische Entwicklungs- und Reformkommission (NDCR) hat einen umfassenden Plan für zehn Schlüsselsektoren, von der Stahlindustrie bis zur Gebäudesanierung, vorgelegt. Allerdings ist dieser Effizienzplan bislang ein Fehlschlag, denn statt – wie vorgesehen – zu sinken, wuchs der Energieverbrauch im ersten Halbjahr 2006 sogar schneller als das Wirtschaftswachstum.

Schon um die Armut zu beseitigen, braucht Indien, wo 830 Millionen Menschen mit weniger als zwei Dollar auskommen müssen, mehr Energie. 600 Millionen Einwohner sind noch ohne Strom. Bei einem durchschnittlichen Wirtschaftswachstum von rund acht Prozent lag in den vergangenen Jahren die Steigerung des Energieverbrauchs bei 3,7 Prozent. Trotz eines weiterhin sehr hohen Wachstums soll er auch künftig unter vier Prozent bleiben. Selbst dann verbraucht im Schnitt jeder der 1,08 Milliarden Inder immer noch erst 15 Prozent der Energiemenge, die 2003 auf einen Amerikaner entfiel.

Diese Zahlen zeigen, welche große Nachfrage nach Effizienz- und Ökotechnologien allein in diesen beiden Ländern besteht. Und sie machen auch klar, wie wichtig es ist, den Aufbau der Schwellen- und Entwicklungsländer mit dem ökologischen Umbau der Industriestaaten zu verbinden.

Eine *Effizienzrevolution* bei der Nutzung von Energie, Material und Rohstoffen und der schnellstmögliche Umstieg in eine solare Zivilisation sind die strategischen Weichenstellungen für ein qualitatives Wachstum. Für dieses Ziel muss die Energie-, Klima- und Umweltpolitik ins Zentrum wirtschaftlicher und gesellschaftlicher Reformen gerückt werden. Nur bei einem qualitativen Wachstum, das von der Idee der sozial- und umweltverträglichen Entwicklung ausgeht, wird eine gute und friedliche Zukunft für die Weltgemeinschaft möglich.

Die Menschheit steht damit an einer Weichenstellung. Die Philosophie des Schneller, Höher und Weiter, gleichgesetzt mit Fortschritt, ist am Ende. Wir sind an einem Punkt, an dem die ökologischen Konflikte durch die soziale Ungleichheit auf der Welt gefährlich verschärft werden. Ohne ein Umsteuern wird sich mit der nachholenden Industrialisierung großer und bevölkerungsreicher Länder die Nachfrage schnell verdoppeln und verdreifachen. Das bedroht die Weltwirtschaft, macht sie krisenhaft und instabil.

In der Vergangenheit erweiterte der politische Kolonialismus die Macht starker Staaten durch die Ausbeutung ferner Länder, deren Menschen und Naturschätze rücksichtslos ausgeplündert wurden. Nach einer langen Geschichte des sozialen Widerstands und weltpolitischer Veränderungen gelang die Entkolonialisierung der Welt. Doch in der Ausbeutung des Naturkapitals existiert der Kolonialismus in anderer Form fort. War er früher ausschließlich eine Raumeroberung, so wurde er mit der globalen Ausplünderung des Naturkapitals auch zu einer imperialen Zeitherrschaft. Sie nimmt den Menschen die Zukunft – räumlich wie zeitlich.

Die neue Variante des Kolonialismus ist die Globalisierungsparty, die der reiche Teil der Erde, wie *Jesse Jackson* klagt, »auf Kosten der Natur, der Dritten Welt und der Zukunft« feiert. Der Klimawandel wird die Erde als Ganze verändern, und er ist die Folge einer falschen kulturellen, ökonomischen und politischen Einrichtung der Welt. Sie gefährdet Frieden, Sicherheit und Stabilität und nimmt eine explosive Dynamik an. Verteilungskonflikte brechen auf, Rohstoffkriege werden denkbar. Trotz des hohen Wohlstands auf der Welt werden ungekannte

Tab. 1: Die Einheizer des Klimas

Land	BSP Mrd. Dollar	Einwohner in Mio.	CO_2 T/Kopf/J	CO_2 in Mio. T	THG bez. auf CO_2	Veränderung 2004 gegen 1990
USA	10.703,90	293,95	19,73	5.799,97	7.065	+ 16 %
Japan	3.431,64	127,69	9,52	1.214,99	1.355	+ 7 %
Russland	1.309,12	143,85	10,63	1.528,78	1.880	− 35 %
Kanada	946,90	31,95	17,24	550,86	785	+ 27 %
Deutschland	2.160,03	82,50	10,29	848,60	1.015	− 17 %
Frankreich	1.678,33	62,18	6,22	386,92	563	− 1 %
Großbritannien	1.661,29	54,84	8,98	537,35	656	− 14 %
Italien	1.495,63	58,13	7,95	462,32	583	+ 12 %
Brasilien	1.385,12	183,91	1,76	323,32	905	+ 35 %
China	7.218,67	1.303,74	3,66	4.768,56	5.253	+ 48 %
Indien	3.115,31	1.079,72	1,02	1.102,81	1.609	+ 50 %

Hungersnöte und große Flüchtlingsbewegungen möglich. Die reichen Länder, in denen die Angst vor Fremden wächst, werden versuchen, sich abzuschotten und ihre Grenzen schärfer zu kontrollieren.

Der Klimawandel bündelt ökonomische, soziale und ökologische Fragen wie in einem Brennglas und zeigt, dass das bisherige Modell von Wachstum keine Zukunft haben kann.

■ Es zehrt die natürlichen Grundlagen der Wirtschaft auf. Dadurch steigen die externen Kosten zulasten der Zukunft.

■ Es engt durch die zunehmenden Knappheiten bei den Rohstoffen und Lebensräumen die Lebenschancen künftiger Generationen ein, deren Freiheits- und Gestaltungsraum massiv verringert wird.

»Make poverty history, make conflicts and wars history, make environmental destruction history, make human

abuse history«, so definierten die Vereinten Nationen bei ihrer Gründung die Aufgaben der Weltgemeinschaft. Diese Ziele sind unverändert aktuell. Der Klimaschutz, der langfristige und globale Rahmensetzungen braucht, ist daher auch eine Frage unseres Verständnisses von Weltethos, von Freiheit und Verantwortung, von der Reform des Wirtschaftssystems und von der Demokratisierung von Macht und Herrschaft.

Doch noch immer gibt es neue Varianten menschlicher Ignoranz und Kurzsichtigkeit. Dazu gehört die Spekulation um kurzfristige Vorteile, die sich für wenige zeitlich befristet aus dem Klimawandel ergeben könnten. So titelte die *Frankfurter Allgemeine Sonntagszeitung*: »*Russland, Kanada, Alaska: Das sind die Gewinner. Ackerbau wird möglich, Öl und Gas lassen sich leichter fördern. Die Verlierer sitzen dort, wo es heute schon warm ist: in den Tropen, aber auch im Mittelmeerraum. Die Deutschen müssen sich keine Sorgen machen.*« Zu Grönland fällt den Autoren ein, dass die Hoffnungen der Grönländer auf eine Zunahme des Tourismus ruhen. Die »Katastrophen-Szenarien« wären weit weg von der Wirklichkeit, aber zu attraktiv sei der Lustschauer, der sich bei jenen einstelle, welche die globale Erwärmung als Apokalypse darstellen.

Und dann wird das hohe Lied der Technik beschworen, weil die Klimaprognosen angeblich die Anpassungsfähigkeit des Menschen ignorieren. »*Seit es Klimaanlagen gibt, boomen Städte wie Los Angeles, Las Vegas, Phoenix, Houston oder Miami. Denn Ingenieurkunst hat die Folgen der Hitze gemildert. Golfspielen in Nordamerikas heißester Stadt Yuma, Arizona, mag Ausdruck eines dekadenten Lebensstils sein. Doch es liegt ein Trost darin: Menschen vermögen ein Gelände in unwirtlicher Gegend wirtlich zu machen.*« Der Autor hat recht: Es ist dekadent, was er schreibt, Ausdruck eines verantwortungslosen Denkens, ohne es selbst zu erkennen: *»Keine Frage: Der Klimawandel bedeutet Neuverteilung. Reiche werden reicher werden. Andere Reiche arm. Arme werden reicher oder noch ärmer.«*

Natürlich werden die Menschen nicht regungslos zusehen, wenn sich das Klima ändert. Natürlich haben wir enorme technische, ökonomische und kulturelle Möglichkeiten, einen Klimawandel abzumildern. Die Möglichkeiten der Vorsorge haben wir ja schon verstreichen lassen. Die beschreibt das IPCC seit den neunziger Jahren. Trotzdem wurde bisher wenig getan, weil trotz aller Technik der Paradigmenwechsel nicht mehr verdrängt werden kann. Wir müssen uns von alten Gewohnheiten und Bequemlichkeiten lösen. Hier unterscheidet sich altes und neues Denken. Die FAS glaubt, dass sich der Kapitalismus irgendwie immer über die Runde rettet: Anpassung funktioniert, wenn sie Gewinn versprechen würde.

Genau dieses Denken hat uns in die globale Krise geführt. Das Grundproblem des Kapitalismus ist nämlich nicht seine Tendenz zum Zusammenbruch, wie dies in der Marx'schen Theorie steht, sondern im Gegenteil seine grenzenlose Hyperindustrialisierung und sein überbordendes Wachstum. Kurz: So wie bisher wird der Kapitalismus keine Zukunft haben. Nur, wenn er sich ändert, grün und sozial wird.

Doch auch die Debatte gegen die »Klimahysterie«, mit der sich einige Medien schmücken, ist nicht neu: Schon in den achtziger Jahren verkündeten einige Interessenverbände und Wissenschaftler bessere Anbaubedingungen für landwirtschaftlich ertragreiche Gebiete innerhalb großer Staaten. Sie beschworen die gigantischen Chancen der Gentechnik oder freuten sich auf die mögliche Enteisung von Meeresregionen, die eine ganzjährige Anbindung nördlich gelegener Häfen möglich mache. Dass wir trotz der globalen Bedrohung eben nicht alle in einem Boot sitzen, darauf weist *Klaus Michael Meyer-Abich* seit Jahren (und erneut in diesem Buch) hin.

Die scheinbar abstruse Debatte über Gewinner und Verlierer hat einen realen Hintergrund im Verhalten einiger Länder, die sich aus vordergründigen Interessen nicht mit dem notwendigen Nachdruck für den Klimaschutz einsetzen. Für sie hat der Klimawandel gute Seiten, weil er harte Winter erspart, Pflanzen schneller wachsen lässt, in Ostpreußen und Norwegen kann Wein angebaut werden. Kurzfristig mag dies durchaus aufgehen, dass wenige Regionen Vorteile aus milderen Wintern ziehen. Unter dem Strich aber übertreffen die negativen Folgen der Klimaerwärmung bei weitem die denkbaren lokalen Verbesserungen, vor allem wegen des rasanten Tempos der Veränderungen, das alle Anpassungsstrategien ins Leere laufen lässt.

Doch selbst bei den IPCC-Beratungen in Brüssel und in Bangkok schimmerte immer wieder die Spekulation um kleine Vorteile durch. So verlangten Delegationen bei der Bewertung des zweiten Teilberichts, dass auch »positive« Folgen von Überschwemmungen genannt werden, die in wenigen Regionen den Grundwasserpegel steigen lassen. Dabei ist unbestritten, dass die negativen Auswirkungen des schnelleren und verstärkten Wasserabflusses ungleich höher, ja dramatisch sind. Ein anderes Beispiel ist die Malaria, die durch den Klimawandel weltweit zunehmen wird, aber in wenigen Ländern an Bedeutung verlieren kann. Das wollten einige Länder im Bericht besonders herausgestellt wissen.

In diesem Verhalten sieht Meyer-Abich eine wesentliche Ursache für den alltäglichen Widerspruch zwischen Wissen und Handeln, der die moderne Gesellschaft kennzeichnet. Offenkundig fehlt es auch beim Klimawandel an einer Problemdurchdringung, um zu einem Neuanfang zu kommen. Einige hoffen auf neue Gewinne durch den Klimawandel, der den Unternehmergeist stimuliere. Sicher fördern Notsituationen Kreativität, das ist die Erkenntnis auch aus Kriegszeiten. Aber jeder vernünftige Mensch sollte alles tun, einen Krieg – auch den Krieg gegen die Natur – zu verhindern.

Leitziel Nachhaltigkeit

Neue Antworten sind notwendig, die den alltäglichen Angriff auf die Zukunft beenden und mehr Gerechtigkeit nicht nur zwischen Nord und Süd, sondern auch innerhalb der Gesellschaften und für künftige Generationen verwirklichen. Der Erdgipfel der Vereinten Nationen von 1992 forderte deshalb die internationale Staatengemeinschaft auf, die Idee der *nachhaltigen Entwicklung (sustainability* oder *sustainable development)* zur Leitlinie in Politik, Wirtschaft und Gesellschaft zu machen. *Rio de Janeiro* machte dabei die Vorgabe, dass die Treibhausgase auf ein Niveau gesenkt werden, das nicht zu dauerhaften Schäden führt. Das ist möglich, es gibt keinen Grund zu lähmender Verzweifelung. Doch die Hinwendung zur Ökologie bedeutet:

■ erstens den *Faktor Zeit* in der Ökonomie zu berücksichtigen, damit auch künftige Generationen menschenwürdig und sicher leben können. Das ist das Gegenteil der Kolonialisierung der Zukunft, die von der vorherrschenden Wirtschafts- und Unternehmensverfassung ausgeht. Mit der Globalisierung setzte sich weltweit eine Arbitrageökonomie durch, die durch die

Ausbeutung von Zeit und Raum kurzfristige Vorteile erzielt. Die Grundlage dieses Handelskapitalismus ist die Kopplung von Zeit und Geld, in der nicht mehr die Produktion, sondern die Erwartung schneller Gewinne die zentrale Rolle einnimmt;

- zweitens die Organisation eines *neuen Interessenausgleichs* zwischen Ökonomie, Gesellschaft und Natur. Das ist ein Integrationsmodell, statt der heute einseitigen Dominanz der Ökonomie;
- drittens die Ausrichtung auf *mehr Demokratie und Dezentralität*, denn nur so sind mehr Innovationen durch den schonenden und umweltverträglichen Umgang mit Energie und Rohstoffen möglich.

Beispiel Energieversorgung: Die großen Energiemultis, die Strom wie im Supermarkt verkaufen, orientieren sich an kurzfristigen Renditezielen. Sie sind inflexibel, ineffizient und verbrauchsfern. Die dominierende Verbundwirtschaft ist an die Auslastung großer Kapazitäten und weiträumiger Übertragungsnetze gebunden. Die Zukunft gehört jedoch einer dezentralen Organisation der Energiebereitstellung, die flexibel und effizient unterschiedliche Theorien und Nutzungsarten miteinander vernetzt.

Der erste wichtige Schritt für eine globale Sicherheit ist von daher eine *Effizienzrevolution*, um vom fossilen Zeitalter in eine Ökonomie der nachwachsenden Rohstoffe und Erneuerbaren Energien zu kommen. Die ökologische Modernisierung geht dabei weit über den Einsatz neuer Technologien hinaus. Sie ist auch eine kulturelle und soziale Herausforderung, die ein neues Verständnis von Wirtschafts- und Lebensqualität erfordert.

Die Programmatik der Nachhaltigkeit geht vom Prinzip der »Gemeinsamkeit« aus, das in den drei großen Berichten der Unabhängigen UN-Kommissionen beschrieben wurde. *Gemeinsame Sicherheit* (Olof Palme), *Gemeinsames Überleben* (Willy Brandt) und *Gemeinsame Zukunft* (Gro Harlem Brundtland) zeigen die Grundzüge einer friedlichen und gerechten Weltinnenpolitik auf. Sie

- geht von einem übergreifenden Zeitverständnis aus, das sowohl die Erfahrungen der Vergangenheit als auch die Zukunftsgefahren bei Entscheidungen berücksichtigt;
- gibt mehr Raum für Innovationen und verwirklicht mehr Dezentralität und Vielfalt;
- schafft ein dauerhaftes Gleichgewicht zwischen Ökonomie, Gesellschaft und Ökologie;
- fördert mehr Kooperation und Mitgestaltung, die in der Wissensgesellschaft, die sich mit Macht vor uns aufbaut, eine wachsende Bedeutung bekommt.

Die Leitidee der Nachhaltigkeit kommt aus der Umweltdebatte. Sie stammt ursprünglich aus der Forstwirtschaft. Danach darf einem Wald nicht mehr Holz entnommen werden, als nachwächst. Nachhaltigkeit wurde erstmals 1980 von der *IUCN* (International Union for Conservation of Nature) zur Vorgabe für den Erhalt des Naturkapitals gemacht. Ausgangspunkt war die Frage nach der Überlebensfähigkeit der Menschheit angesichts von Ressourcenverschwendung, Umweltzerstörung und Bevölkerungswachstum.

Das Prinzip der Nachhaltigkeit macht einen Neuanfang möglich. Mit seinen regulativen Prinzipien wird die Entwicklung von Wirtschaft und Gesellschaft so organisiert, dass diese dauerhaft Bestand haben. Nachhaltigkeit hebt das wirtschaftliche Wachstum auf eine qualitativ neue Ebene. Heute ist die Nachhaltigkeit die wichtigste Antwort auf die Globalisierung – regional, national und

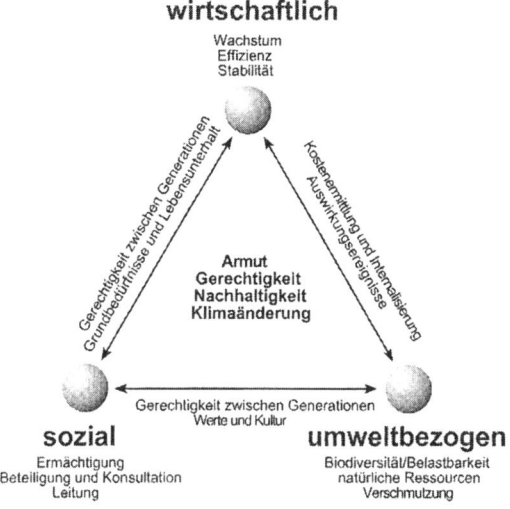

wirtschaftlich
Wachstum
Effizienz
Stabilität

Gerechtigkeit zwischen Generationen
Grundbedürfnisse und Lebensunterhalt

Kostenermittlung und Internalisierung
Auswirkungsergebnisse

Armut
Gerechtigkeit
Nachhaltigkeit
Klimaänderung

Gerechtigkeit zwischen Generationen
Werte und Kultur

sozial
Ermächtigung
Beteiligung und Konsultation
Leitung

umweltbezogen
Biodiversität/Belastbarkeit
natürliche Ressourcen
Verschmutzung

(Quelle: Parlamentarischer Beirat für eine nachhaltige Entwicklung im Bundestag)

Abb. 3: Schlüsselelemente einer nachhaltigen Entwicklung

international ein universelles, aber durchaus pragmatisches Konzept der politischen Gestaltung. Die drei Schlüsselelemente sind das Verständnis von Umwelt als Mitwelt, die Einbeziehung der Zukunft in die Entscheidungen der Gegenwart und die Vernetzung von Ökonomie, Sozialem und Ökologie.

In ein Bild gefasst: Bei der Nachhaltigkeit geht es um den Bau eines neuen Hauses unserer Zivilisation: Die Ökologie ist das Fundament, die soziale und gesellschaftliche Kohärenz bildet die Statik, die Größe des Gebäudes hängt von der Innovationskraft der Ökonomie ab, in diesem Rahmen erfolgreich zu sein. Der strategische Hebel heißt, die Bedürfnisse der heutigen Generationen so zu befriedigen, dass künftige Generationen dies auch noch in angemessener Weise tun können. Nachhaltigkeit verbindet wirtschaftliche Leistungskraft mit sozialer Gerechtigkeit und ökologischer Verträglichkeit – für die heutigen wie für die künftigen Menschen.

Die nachhaltige Entwicklung erfordert einen grundlegenden Paradigmenwechsel, ein neues Denken und Handeln. Dies ist kein leichter Weg, aber ein aussichtsreicher, der allen eine gute Zukunft eröffnet. Er verlangt eine große Gemeinschaftsanstrengung, um diese Leitidee gegen starke wirtschaftliche Kräfte, die an der heutigen Verschwendung verdienen, durchzusetzen. Dafür müssen die großen Chancen der ökologischen Modernisierung herausgestellt werden.

Klimaschutz ist machbar

Nicht nur von *Al Gore* wissen wir, dass in der chinesischen Sprache das Wort Krise aus zwei Schriftzeichen besteht. Das erste steht für Gefahr, das zweite für Chance. Der IPCC zeigte auf, dass eine Klimakatastrophe zwar den Naturgesetzen folgt, aber nicht naturgesetzlich ist. Wir können saubere Autos bauen, Sonne, Wasser und Wind für Strom und Wärme nutzen, sparsame Häuser konstruieren. Die ökologische Modernisierung ebnet den Weg. Sie initiiert mehr Beschäftigung, schützt das Naturkapital und schafft neuen Wohlstand. Das sind große Chancen.

Beim Klimaschutz wurde jedoch schon viel wertvolle Zeit verloren. Die Arbeiten der Enquête-Kommission des Deutschen Bundestages »Schutz der Erdatmosphäre« zeigten bereits 1990 konkret auf, dass die CO_2-Emissionen in Deutschland bis zum Jahr 2005 um mindestens 30 Prozent reduziert werden können, auch bei einem gleichzeitigen Ausstieg aus der Atomkraft, und nicht –

wie im geltenden Gesetz über die geordnete Beendigung der Kernkraft in Deutschland – erst 2021. Die Kommission wies mit Hilfe von 51 wissenschaftlichen Instituten nach, dass der Energieumsatz bei Strom, Wärme und Verkehr durch individuelles Verhalten und Einsparen um acht bis zwölf Prozent und durch eine technische Effizienzsteigerung um 42 bis 45 Prozent reduziert, insgesamt also halbiert werden könnte.

Allerdings blieben die Anstrengungen zur Steigerung der Energieproduktivität nur gering. Sie hätte durchaus verdoppelt werden können. Auch das spricht für die These, die von einer knappen Minderheit in der Kommission vertreten wurde, dass der Ausstieg aus der Atomkraft eine wichtige Bedingung für mehr Klimaschutz ist. Denn nur so wird der Markt für Innovationen geöffnet, der heute von den Strukturen der Verbundwirtschaft blockiert wird. Sie verfolgen die Logik der »Versorgungswirtschaft« und nicht – wie für den Klimaschutz notwendig – die Ziele von Effizienzsteigerung und Energiesparen.

Zugleich zeigten die Studien auf, dass der Anteil der Erneuerbaren Energien bei Strom, Wärme und Mobilität bis zum Jahr 2020 auf 18 Prozent gesteigert werden kann. Dieses Ziel wird durch den gezielten Ausbau der Erneuerbaren Energien im Strombereich der letzten Jahre fast erreicht werden. Anfang 2007 betrug der Anteil der Erneuerbaren Energien schon rund zwölf Prozent. Bis 2020 wird er auf voraussichtlich 28 Prozent steigen. Bei einer deutlichen Senkung des Energieverbrauchs kann er prozentual sogar weitaus höher ausfallen. Durch die günstigen Umstände der deutschen Einheit, die Anfang der neunziger Jahre durch den Zusammenbruch der früheren DDR-Wirtschaft in den neuen Bundesländern eine CO_2-Reduktion um fast 50 Prozent auslöste, gelang immerhin ein Minus von rund 16 Prozent. 1990 hatten die Mitglieder der Enquête-Kommission und die meisten Klimawissenschaftler die Auffassung vertreten, dass der globale Temperaturanstieg bei 1,5 °C gestoppt werden könnte.

Nun wird es ungleich schwerer, das abgeschwächte Ziel der EU zu erreichen, die Erwärmung auf 2 °C zu begrenzen. Auf der Arbeitstagung in Bangkok wurde selbst dieses Ziel von den USA und von großen Schwellenländern als realitätsfern, ja sogar als Angriff auf die nationalen Interessen hingestellt. Obwohl es eine logische Konsequenz aus den im Brüsseler Bericht aufgezeigten Gefahren ist, sollte es gestrichen werden.

Dennoch scheint nach den Warnrufen des IPCC von Paris, Brüssel und Bangkok ein neuer Anlauf für mehr

---

Das 2-Grad-Ziel: letzte Ausfahrt vor der Katastrophe

Bundeskanzlerin Angela Merkel hat auf der EU-Konferenz der Regierungschefs am 8. März 2007 und auf dem G 8-Gipfel von Heiligendamm am 7. Juni 2007 das Ziel vertreten, dass die globale Erwärmung nicht über 2 °Celsius ansteigt.

Das ist die globale Leitplanke, die für das Leben auf der Erde gerade noch als tolerabel gilt. Nur dann sind die Folgeschäden noch zu bewältigen.

Das Ziel ergibt sich aus den Szenarien des IPCC über die Verwundbarkeit der Erde, es ist nicht willkürlich.

Bereits heute, bei unter einem Grad Erwärmung, schmelzen Gletscher, sind Hitzewellen und Starkniederschläge häufiger und nehmen Wetterextreme zu.

Das 2-Grad-Ziel erfordert, die Kohlendioxidemissionen bis zum Jahr 2015 auf dem Niveau von 1990 zu stabilisieren und dann bis zum Jahr 2050 eine globale Reduktion um 50 Prozent zu erreichen. Die Industriestaaten, die hohe Altlasten haben, müssen um 80 Prozent runter.

Nur dann können sich die meisten Ökosysteme anpassen, obwohl auch dieser Temperaturanstieg gravierende Folgen hat.

Klimaschutz möglich zu werden. Weltweit hat der Druck in den Zivilgesellschaften und in den Medien zugenommen. Doch nun müssen wir umso schneller und entschlossener handeln. Wir brauchen nicht zu resignieren oder gar in Zynismus zu verfallen. Klar ist: Nach den Erkenntnissen des IPCC käme Nichthandeln russischem Roulette mit sechs Kugeln im Revolver gleich. Kein vernünftiger Mensch lässt das zu.

Die Hoffnung, einen Durchbruch für mehr Klimaschutz zu erreichen, richten sich – auch das haben die IPCC-Tagungen gezeigt – in besonderer Weise auf Europa, vor allem auf Deutschland, das eine führende Rolle in den Debatten einnimmt. Der Klimaschutz braucht einen Dreiklang aus:

- Pionierrolle einiger Staaten und Unternehmen,
- die Schrittmacherrolle der Europäischen Union bei der ökologischen Modernisierung sowie
- mehr Initiativen für internationale Verträge.

Im Zentrum des Klimaschutzes steht in den meisten Ländern die Neuordnung der Energieversorgung. Der Spielraum für den Umbau ist da: Exergetisch betrachtet, weist die bisherige Nutzung sogar Verluste von 90 Prozent und mehr auf. Von daher muss nicht mehr die »Versorgungsseite«, sondern die Vermeidung eines nicht notwendigen Energie- und Rohstoffeinsatzes im Zentrum stehen. Ehrgeizige Ziele sind ohne Komfortverluste möglich. Der durchschnittliche Bürger unseres Landes braucht etwa 80 Tonnen feste Stoffe und 600 Tonnen Wasser pro Jahr. Dadurch sind wir alle mit schweren ökologischen Rucksäcken bepackt. In Japan, wo die neunziger Jahre als *Dekade der Ressourcen* begriffen wurden, kommt man pro Kopf heute etwa mit der Hälfte aus.

Der Schlüssel für mehr Öko-Effizienz liegt in der Idee der ökologischen Dienstleistungen. Die Klima-Enquête des Bundestages hat das bereits 1988 wie folgt formuliert:

> »Energieeinsparung hat die erste Priorität bei der Suche nach Lösungswegen zur Senkung des Energieverbrauchs auf das gebotene Maß. ... Energieeinsparung wird hier, dem Stand der Diskussion entsprechend, grundsätzlich im Sinne des Energiedienstleistungskonzepts verstanden. Das heißt, der bisher so genannte Energiebedarf ist auf eine Dienstleistung (zum Beispiel Raumtemperatur, Licht, Kraft) gerichtet, die durch eine Kombination der Faktoren Energie, Kapital und technisches Wissen erbracht wird. Energieeinsparung wird hier als Oberbegriff verstanden: Sie umfasst die Minimierung des Energieeinsatzes über die gesamte Prozesskette – also einschließlich von Primärenergie in Endenergie und deren Umwandlung in Nutzenergie beziehungsweise in die eigentliche Dienstleistung. Aufmerksamkeit verdienen die Angebots- wie die Nachfrageseite.«

Die Ausrichtung auf ökologische Dienstleistungen eröffnet gerade unserem Land große ökonomische Chancen, denn 20 Prozent der Umweltpatente entfallen auf Deutschland. Deutschland ist führend bei den Erneuerbaren Energien und bei den Effizienztechnologien. Vor allem das rasante Wachstum der Erneuerbaren Energien ist eine deutsche Erfolgsgeschichte geworden. Bereits 46 Staaten orientieren sich an diesem Vorbild. Und unser Land verfügt bei vielen Umwelttechnologien, deren Produkte weltweit immer stärker nachgefragt werden, über deutliche Vorsprünge.

In jeder Epoche seit der industriellen Revolution gab es eine Leit- oder Querschnittstechnologie, die die Infrastruktur in Wirtschaft und Gesellschaft geprägt hat. Sie hatten – wie in der Vergangenheit die Dampfmaschine, Eisenbahn, Elektrotechnik, Chemieproduktion oder Massenmobilität – eine Schlüsselrolle für die Modernisierung von Wirtschaft und Unternehmen. Nach der Theorie von *Nikolai Kondratieff* prägen derartige »*lange Wellen*« die Industriegeschichte. Heute spricht viel dafür, dass künftig die Effizienttechniken und die Nutzung Erneuerbarer Energien, bzw. nachwachsender Rohstoffe, die wichtigste Technologie der Weltwirtschaft sein werden.

Zudem weisen qualitativ hochwertige Produkte durch längere Haltbarkeit, weitgehende Verwertungskaskaden oder intelligentes Ressourcendesign ökologische wie ökonomische Vorteile auf. Das sind die Märkte der Zukunft. Die öko-effiziente Wirtschaft wird mit Hilfe der ökologischen Wissensgesellschaft möglich. Im Bereich Bauen und Wohnen kann der Verbrauch durch eine intelligente Nutzung und Recycling von Materialien in den nächsten 20 Jahren halbiert werden. Im Energiebereich kann bis Mitte des Jahrhunderts in Deutschland die *2.000-Watt-Gesellschaft* (Leistungsbedarf pro Kopf) gegenüber heute 5.500 Watt verwirklicht werden, rund zwei Drittel davon mit Hilfe der Erneuerbaren Energien.

Eine Effizienzrevolution verschafft unserer Wirtschaft neue Wettbewerbsvorteile. Wenn die Energie- und Ressourceneffizienz im Vordergrund steht, werden Unternehmen sowohl hochwertige, recycelbare Produkte mit weniger Materialeinsatz produzieren, und dies in der Regel günstiger, da die Grenzkosten in den meisten Fällen für eine Vermeidung hoher Energie- und Rohstoffkosten sprechen. Diese Effizienzstrategie ist ein Beitrag zur Stärkung des Standorts, denn die Effizienz- und Innovationsstrategien suchen zuerst dezentrale Lösungen, weil sich so die höchsten Einsparpotenziale vor Ort erschließen lassen. Das wiederum stärkt regionale Wirtschaftskreisläufe, vor allem Handwerk, Klein- und Mittelunternehmen. Die knappen und teuren Ressourcen intelligenter und schonender zu nutzen, ist daher eine Gewinnerstrategie.

Die gezielte Steigerung der Energie- und Rohstoffproduktivität ist die vernachlässigte Seite der modernen Volkswirtschaften, auch der deutschen. Seit 1960 wurde zwar eine Steigerung der Arbeitsproduktivität um den Faktor 4 erreicht. Dagegen stieg die Materialproduktivität nur höchstens um den Faktor 2, die Energieproduktivität lediglich um den Faktor 1,5. In Deutschland entfallen im verarbeitenden Gewerbe über 50 Prozent der Kosten auf Material, Energie und Rohstoffe, wogegen die Lohnkosten deutlich unter 25 Prozent liegen. Das zeigt, welch ein großer Spielraum für Effizienzsteigerungen zum Schutz des Naturkapitals vorhanden ist.

Das Ziel der Effizienzrevolution ist allerdings weit mehr als die Entkopplung des Wachstums vom Ressourcenverbrauch. Die absolute Senkung erfordert einen breiten Einsatz unterschiedlicher Instrumente. Zum Beispiel: maximale Obergrenzen für den Energieverbrauch von Geräten, Fahrzeugen und Beleuchtung. Einführung des (First- oder) Top-Runner-Prinzips, wonach sich alle Zulassungen am jeweils effizientesten Gerät, das dafür besonders gefördert wird, orientieren müssen. Mindestens eine Verdoppelung des Anteils der Kraft-Wärme/Kälte-Technik, denn durch die Zusammenführung von Strom mit Wärme/Kälte wird die Nutzungseffizienz massiv erhöht. Weitere Maßnahmen sind der Ausbau von Wärmenetzen, einschließlich einer Anschlusspflicht im Bau- und Planungsrecht, die Einführung einer Flottenverbrauchsregelung bei Fahrzeugen oder die Einbeziehung des Flugverkehrs in den Emissionshandel.

Politik und Unternehmen müssen es auch den Verbrauchern leichter machen, Energie und damit Kohlendioxid einzusparen, etwa mit einer entsprechenden Kennzeichnung, einer umfangreichen Energiesparberatung oder der Ausweitung und Verschärfung des Energieausweises. Die

Offenlegung der CO_2-Bilanz beim Auto, Haushaltsgerät oder Computer erleichtert bewusste Kaufentscheidungen, zumal die Haushalte für jede zehnte Tonne Kohlendioxid verantwortlich sind. Unnötige Stand-by-Schaltungen könnten verboten werden, aber es müssen auch echte Abschaltungen sein, denn zahlreiche Geräte brauchen auch nach der Abschaltung der Leuchtdiode kaum weniger Energie. Energiesparlampen, die in deutschen Gebäuden gerade einmal einen Anteil von 30 Prozent haben, verursachen 80 Prozent weniger CO_2.

Die systematische Steigerung der Energie- und Ressourcenproduktivität ist auch sozial sinnvoll. Sie leistet einen wesentlichen Beitrag zur Senkung der Arbeitslosigkeit, denn sie ersetzt Energie, Material und Rohstoffe durch bessere Technik und qualifizierte Arbeit. Ebenso stärkt sie die Wettbewerbskraft der Wirtschaft sowohl durch die Erschließung wichtiger Märkte als auch durch eine Senkung der Materialkosten und eine geringere Importabhängigkeit. Mehr noch: Künftig wird nur die Ökonomie stark sein, die auch ökologisch verträglich ist. Statt mit einem vermeintlichen Gegensatz von Ökonomie und Ökologie geht es nämlich um einen inneren Beziehungszusammenhang. Das zu erkennen, gibt der Wirtschaft neue Dynamik und löst starke Impulse auf dem Arbeitsmarkt aus.

Die Fortschritte zu einer höheren Öko-Effizienz kommen allerdings bisher zu langsam. Deshalb müssen die Rahmenbedingungen weiter verbessert werden, zumal sich die deutsche Wirtschaft darauf einstellen muss, dass auch andere Länder massiv in ökologische Technologien investieren, um auf diesen dynamisch wachsenden Zukunftsmärkten an die Spitze zu kommen. Hier ist der Klimaschutz ein wichtiger Motor. Die Bundesregierung will für den Klimaschutz die CO_2-Emissionen bis zum Jahr 2020 um 40 Prozent senken, zur Hälfte mit Hilfe einer höheren Energieeffizienz, zur anderen Hälfte durch den Ausbau der Erneuerbaren Energien. Dass dieses ehrgeizige Ziel erreicht werden kann, wird in diesem Buch belegt.

Heiligendamm – Europas Chance in der Globalisierung

Der zweite wichtige Akteur beim globalen Klimaschutz ist die Europäische Union. Allein ist Deutschland zu klein bei dieser Aufgabe, aber die EU kann eine global gestaltende Rolle einnehmen. Das wird nur dann möglich werden, wenn unser Land, das die stärkste Volkswirtschaft in der Gemeinschaft stellt, vorangeht. Deshalb sind Bundestag und Bundesregierung auch bereit, bei einer EU-weiten CO_2-Reduktion um 30 Prozent bis zum Jahr 2020 national 40 Prozent anzustreben.

Der Europäische Rat setzte unter der Führung von *Angela Merkel* am 9. März 2007 wichtige Signale zur Fortentwicklung der Klimarahmenkonvention und des Kyoto-Protokolls. Grundlage dafür ist vor allem die Integration von Energie- und Klimapolitik, verbunden mit ambitionierten Zielen. Der Rat sprach sich für das Ziel einer Begrenzung der Erwärmung auf höchstens 2 °C gegenüber dem vorindustriellen Niveau aus, das nicht überschritten werden darf. Nur so bleibt die Anpassung an den Klimawandel und die Vermeidung unvertretbarer Schäden möglich und finanzierbar.

Die europäischen Staats- und Regierungschefs bekundeten ihre Bereitschaft, im Rahmen eines globalen Klimaschutzabkommens ihre Emissionen bis zum Jahr 2020 um 30 Prozent gegenüber 1990 zu senken, wenn andere Industriestaaten vergleichbare Anstrengungen unternehmen und auch die Entwicklungs- und Schwellenländer angemessen zu einem globalen Regime beitragen. Doch auch unabhängig von einem künftigen internationalen Übereinkommen wird die EU ihre CO_2-Emissionen um mindestens 20 Prozent verringern.

Zugleich soll der Anteil der Erneuerbaren Energien am Primärenergieverbrauch auf 20 Prozent bis 2020 erhöht werden. Auch die Energiebereitstellung soll so verändert werden, dass der Energieumsatz um mindestens 20 Prozent effizienter wird. Daran ausgerichtet soll die zweite Phase des Emissionshandels verbindlicher und umfassender werden, wobei auch der Flug- und Schiffsverkehr in dieses System einbezogen werden soll.

Brüssel setzt verstärkt auf die ökologische Karte, obwohl immer wieder eine reine Liberalisierungs- und Preisstrategie durchschlägt. Umso höher ist es einzuschätzen, dass die Kommission am 10. Januar 2007 ein Gesamtkonzept vorgeschlagen hat. Sie legte ein integriertes Energie- und Klimapaket für eine gemeinsame Politik der EU zur Bekämpfung des Klimawandels sowie zur Verbesserung der Energiesicherheit und der Wettbewerbsfähigkeit vor. Dies fiel zusammen mit der Übernahme der EU-Ratspräsidentschaft durch Deutschland, das zugleich für ein Jahr den Vorsitz in der Gruppe der G 8-Staaten hat, in der die stärksten Volkswirtschaften der Erde zusammenarbeiten und eine immer engere Kooperation mit den fünf wichtigen Schwellenländern Brasilien, China, Indien, Mexiko und Südafrika suchen.

Der Europäische Rat unterstützte diese Ziele. Sie werden schon deshalb nicht folgenlos bleiben, weil die EU-Kommission sich ein ökologisches Profil geben will. Sie sieht darin eine große Chance in der Globalisierung. Die Klimaschutzziele werden nicht als Belastung, sondern als Chance für die Innovationskraft und für mehr Beschäftigung begriffen, insbesondere durch die Steigerung der Energieeffizienz, den Ausbau der Erneuerbaren Energien und die Senkung von Energie- und Rohstoffabhängigkeiten. Dies steht deshalb in einem engen Zusammenhang mit der so genannten Lissabon-Strategie, nach der die EU bis zum Jahr 2010 zur stärksten wissensbasierten Region in der Welt werden soll.

Im Grünbuch »Eine europäische Strategie für nachhaltige, wettbewerbsfähige und sichere Energie« schlug die Kommission eine gemeinsame »europäisierte« Energiestrategie vor, mit der die nationalstaatlich ausgerichtete Vorgehensweise überwunden werden soll. Allerdings zog die Kommission nicht in allen Fragen überzeugende Konsequenzen aus der Beschreibung des Ist-Zustands.

Der Start zu einer gemeinsamen Energiestrategie war der Initiativbericht des Europäischen Parlaments zur Förderung Erneuerbarer Energien im Jahr 1996. Dem folgte das Weißbuch zu Erneuerbaren Energien mit dem Ziel, ihren Anteil am Gesamtverbrauch bis zum Jahr 2010 auf 12 Prozent zu erhöhen. Richtlinien beschäftigten sich mit der Integration im Elektrizitätsbinnenmarkt, der Förderung von Biokraftstoffen und einer effizienteren Nutzung von Energie, insbesondere durch Kraft-Wärme-Kopplung, energetische Gebäudesanierung oder zum Ökodesign. Außerdem soll ein europäischer Strategieplan für Energietechnologien entwickelt werden, mit dem die Forschungsausgaben in den nächsten sieben Jahren um mindestens 50 Prozent erhöht werden.

Zu den Maßnahmen zählt auch, einen »echten« Energiebinnenmarkt zu schaffen. Zu diesem Zweck soll es nach Brüssel zu einer radikalen Trennung von Energieerzeugung und Energieverteilung kommen. Die über Ländergrenzen hinweg geknüpften Stromversorgungsnetze spielen eine Schlüsselrolle. Sie müssen für eine dezentralere Energieversorgung und für den Vormarsch der Erneuerbaren Energien fit gemacht werden. Und sie brauchen transparente Kosten. Die Netzgebühren schlagen beispielsweise in Deutschland mit bis zu 40 Prozent durch, wobei die Preisbildung oft undurchsichtig ist. Die EU will für einen diskriminierungsfreien Zugang sorgen, damit die Verbraucher ihre Anbieter frei wählen können. Entweder sollen die Energiekonzerne ihre Netze verkaufen, oder sie sollen an unabhängige Netzbetreiber übertragen werden. Darüber hinaus fordert die Kommission eine Stärkung der europäischen Netzregulierung.

Die EU bekennt sich zum Kyoto-Protokoll. Es wurde im Dezember 1997 unterzeichnet: Damit verpflichtete sich die EU, ihre Treibhausgasemissionen bis 2012 um 8 Prozent gegenüber dem Stand von 1990 zu reduzieren. Dieses Ziel kann die EU allerdings nur erreichen, wenn sie ihre Anstrengungen deutlich verstärkt, denn bisher wurde erst ein Minus von 1 Prozent erreicht – weit überwiegend durch die CO_2-Minderungen in Deutschland und Großbritannien.

So wichtig es ist, dass die EU vorangeht, notwendig sind bei dieser globalen Herausforderung natürlich auch globale Lösungen. Große Erwartungen richteten sich dabei auf den G 8-Gipfel von Heiligendamm. Die Regierungschefs der acht stärksten Industriestaaten haben dort um Ziele gerungen, aber sich letztlich auf Formelkompromisse verständigt. Die IPCC-Berichte begründeten eindeutig das 2-Grad-Ziel, aber der amerikanische Präsident auf Abruf, George W. Bush, zeigte sich wenig lernfähig, obwohl es auch in der US-Wirtschaft und -Gesellschaft breite Allianzen für mehr Klimaschutz gibt. Die Vorsitzende des Gipfels, *Angela Merkel*, hatte auch die Wissenschaft auf ihrer Seite. Die Wissenschaftsakademien aller G 8-Staaten richteten einen eindringlichen Appell an die Staats- und Regierungschefs.

Statt eines eindeutigen Ziels wurde jedoch vereinbart, »ernsthaft eine Reduktion der Treibhausgase um 50 Prozent bis zum Jahr 2050 zu prüfen«. Wichtig ist allerdings, dass sich die Regierungschefs auf eine Weiterentwicklung des internationalen Klimaregimes unter dem Dach der Vereinten Nationen verständigten, insbesondere in Hinblick auf die UN-Konferenz in Bali Ende 2007. Für die nächste Verpflichtungsperiode ab dem Jahr 2012 soll ein Protokoll bis Ende 2009 erarbeitet und ein langfristiges Reduktionsziel – orientiert am Ziel der Halbierung – festgelegt werden. Damit wird auch der Handel mit CO_2-Zertifikaten weitergeführt und die Einführung von Umwelttechnologien forciert. Die Erkenntnisse der IPCC-Berichte wurden als besorgniserregend eingestuft.

Insgesamt brachte Heiligendamm mehr, als man nach den massiven Weigerungen und Drohgebärden aus Washington im Vorfeld des Gipfels erwarten durfte. Das war vor allem den Europäern zu verdanken. Aber es war dennoch im Hinblick auf den notwendigen Klimaschutz zu wenig. An dem Punkt, dass schnell und umfassend gehandelt werden muss, waren wir schon vor 15 Jahren auf dem Erdgipfel von Rio. Damals unterstützten über 150 Regierungs- und Staatschefs das Ziel, die klimaschädlichen Emissionen drastisch zu reduzieren. Doch als es um die konkrete Umsetzung ging, war auch vom amerikanischen Duo Bill Clinton und Al Gore wenig zu sehen, das sich mit Umweltschutz profilieren wollte.

Energie- und Klimasicherheit für eine friedliche Welt

Der Klimaschutz braucht eine *Weltinnenpolitik*. Dieser Begriff wurde zwar nicht von ihm erfunden, aber von

Carl Friedrich von Weizsäcker entscheidend geprägt. Genauer besehen steht dahinter – wie auch bei der Idee der Nachhaltigkeit – eine Theorie der *Verzeitlichung* von Politik: »Haben wir und bleibt uns Zeit in der Theorie und Praxis der Internationalen Politik?« Sie verbindet politischen Realismus mit politischem Idealismus, der einen zukünftigen Entwurf mit einbezieht. Die Vorstellung, dass die Zeit einfach weitergeht, ist prekär: »Der Weltfriede erfordert die allmähliche Verwandlung der bisherigen Außenpolitik in eine Weltinnenpolitik.« Nur so können wir der Fähigkeit des modernen Menschen entgegenwirken, zu einer Dezivilisierungsmacht zu werden.

Wenn heute nicht gehandelt wird, drohen der Klimawandel und die Verteilungskonflikte um knappe Energie und Rohstoffe zur bedeutendsten Quelle politischer und ökonomischer Auseinandersetzungen zu werden. Während sich in der Öffentlichkeit USA und Russland noch um Raketen streiten, die von Washington in Mitteleuropa gegen »die islamische Gefahr« aufgebaut werden sollen, werden die eigentlichen Gefahren der Zukunft immer deutlicher. Sie drehen sich um Wasser, Rohstoffe und das Klima. Zu diesen Fragen erarbeitete auch der Wissenschaftliche Beirat für Globale Umweltfragen der Bundesregierung das Gutachten »*Sicherheitsrisiko Klimawandel*«. Es hat eine ähnlich weitreichende Bedeutung wie der Stern-Report und zeigt ökonomische Risiken der globalen Erwärmung.

Die zentrale Botschaft der Risikoanalyse lautet, dass der Klimawandel ohne ein entschiedenes Gegensteuern bereits in den kommenden Jahrzehnten die Anpassungsfähigkeit vieler Gesellschaften übersteigen wird. Die Folgen sind Spaltungen, Gewalt und Destabilisierung, die die nationale und internationale Sicherheit in einem bisher unbekannten Ausmaß bedrohen werden. Dabei werden bestehende Umweltkrisen wie Wasserknappheit, Dürren oder Bodendegradation verschärft, es kommen neue Umweltkonflikte hinzu, wie Sturm- und Flutkatastrophen durch den steigenden Meeresspiegel. Es können großskalige Änderungen im Erdsystem auftreten, wie das Austrocknen des Amazonasgebietes oder das Ausbleiben des asiatischen Monsuns, was unkalkulierbare Auswirkungen hätte.

Der Bericht identifiziert unterschiedliche »klimainduzierte Konfliktkonstellationen«: Degradation von Süßwasserressourcen, Rückgang der Nahrungsmittelproduktion, Zunahme von Sturm- und Flutkatastrophen sowie umweltbedingte Migration, wobei es regionale Schwerpunkte geben wird, bei denen oftmals schwache und fragile Staaten betroffen sind.

Andererseits kann gerade diese Gefahr die Staatengemeinschaft in den nächsten beiden Jahrzehnten zu einer gemeinsamen Energie-, Klima- und Umweltpolitik zusammenführen. Dazu schlägt der WBGU neun Initiativen vor:

- Mitgestaltung des weltpolitischen Wandels, vor allem um zu einer konstruktiven Partizipation der neuen aufstrebenden Führungsmächte wie China und Indien zu kommen;
- Reform der Vereinten Nationen, wodurch die Rechte des Sicherheitsrates ausgeweitet, die UNEP aufgewertet und die entwicklungspolitischen Kapazitäten der UNO gestärkt werden sollen;
- Weiterentwicklung der internationalen Klimapolitik mit der 2-Grad-Leitplanke;
- Umsetzung einer gemeinsamen Vorreiterrolle der EU-Staaten in der Energiepolitik;

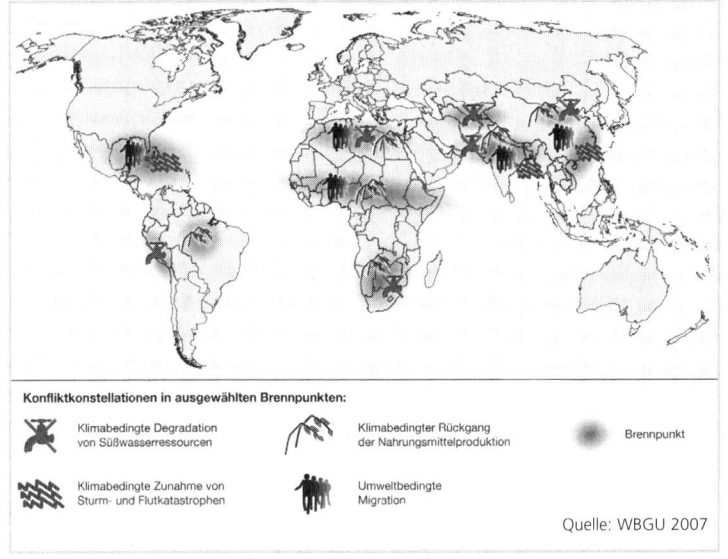

Abb. 4: Brennpunkte der Klimakonflikte – wie sie der WBGU identifiziert

- partnerschaftliche Entwicklung von Vermeidungsstrategien, insbesondere durch Technologiepartnerschaften mit den Entwicklungsländern;
- Unterstützung von Anpassungsstrategien an den Klimawandel in der Dritten Welt;
- Stabilisierung von schwachen und fragilen Staaten, die vorrangig vom Klimawandel betroffen werden;
- kooperative Steuerung der zu erwartenden Migration durch eine Weiterentwicklung des internationalen Rechts;
- Auf- und Ausbau eines globalen Informations- und Frühwarnsystems.

Die Folgen des Klimawandels treffen alle, wenn auch in unterschiedlichen Zeitspannen. Die sektoralen und regionalen Risiken eines globalen Temperaturanstiegs haben die Militär- und Geostrategen, aber auch die Braintrusts großer Firmen längst entdeckt: Wasserknappheiten, Flussumleitungen, Migration oder Verteilungskämpfe um Rohstoffe. Aber es gibt auch indirekt ausgelöste Gefahren, beispielsweise die Verbreitung der Atomkraft in politisch instabile Länder, die deren Nutzung mit einem Verweis auf den Klimaschutz forcieren.

Einige Länder der Dritten Welt denken bereits zur Sicherung ihrer Interessen über eine verstärkte Nutzung der Atomkraft nach, um diese antiquierte Form der Verschwendungs- und Versorgungswirtschaft zu nutzen. Und das nicht immer orientiert am höchsten technischen Standard, sondern zu möglichst günstigen Preisen. Die weitere Ausbreitung könnte die Problematik, die mit dem Iran und Nordkorea deutlich wurde, vervielfältigen.

Die Scheidelinie zwischen ziviler und militärischer Nutzung ist dünn. Auf jeden Fall vergrößert sich die Gefahr von Mini-Nukes und terroristischen Anschlägen. Zudem ist nirgendwo auf der Erde die Entsorgung des Atommülls geklärt, der über viele tausend Jahre eine strahlende Hinterlassenschaft für eine kurze Periode der Energieversorgung sein wird. Zudem würde sich bei einem Ausbau der Atomkraft schon bald die Knappheit von Uran zeigen, denn bei einer Vervierfachung der heutigen Atomkapazitäten, die dennoch über nur einen kleinen Beitrag zum Klimaschutz nicht hinauskämen, wären nach den Angaben im *Red Book* der OECD die Reserven in wenigen Jahrzehnten erschöpft. Es sei denn, der Weg führt in die hochriskante Plutoniumwirtschaft.

Die Klimagefahren haben viel mit der heutigen Einrichtung der Welt zu tun. So nutzen derzeit nur rund 1,4 Milliarden Menschen ca. 70 Prozent der kommerziellen Energie. Aber knapp 2 Milliarden Menschen haben

**Klimawandel verstärkt Mechanismen, die zu
Unsicherheit und Gewalt führen**

Übergangsgesellschaften sind oftmals besonders krisen- und
konfliktanfällig. Der Klimawandel wird viele derjenigen Länder
treffen und unter Anpassungsdruck setzen, die sich in Über-
gangsphasen befinden – viele afrikanische Staaten, aber auch
asiatische, z. B. China.

In den derzeit 30 fragilen Staaten, die durch eine Schwä-
chung oder gar Auflösung staatlicher Strukturen gekennzeichnet sind, entstehen häufig gewalttätige Konflikte. Durch die
Wirkungen des Klimawandels wird deren Wahrscheinlichkeit
deutlich erhöht.

Arme Länder sind, wie empirische Erhebungen zeigen,
deutlich konfliktanfälliger. Aber gerade in diesen Regionen
wird der Klimawandel zu deutlich höheren ökonomischen
Kosten führen. Ursachen: Einbrüche in der landwirtschaftlichen Produktion, Extremwetterereignisse und Migrationen,
die die wirtschaftliche Entwicklung hemmen und Entwick-
lungsblockaden verstärken.

Wo hohes Bevölkerungswachstum, große Bevölkerungsdichte, Ressourcenknappheiten und ein niedriges Entwick-
lungsniveau zusammentreffen, steigt die Konfliktgefahr. Diese
Konflikte können »ansteckend« auf die gesamte Region
wirken.

Zunächst regional oder national begrenzte Konflikte desta-
bilisieren in der Folge Nachbarländer, z. B. durch Flüchtlinge,
Waffenhandel oder den Rückzug von Kombattanten. Die
Folgen des Klimawandels überschreiten Grenzen und führen
zur Ausweitung von Krisen.

Quelle: WBGU 2007

noch keinen Zugang zu einer gesicherten Energieversorgung. Hohe Energiepreise drängen Entwicklungsländer
aus den Märkten und zehren die Entwicklungshilfe auf.
Und der Klimawandel wird Knappheiten noch knapper
machen. Das zeigt: Es geht kein Weg an einer Effizienz-

revolution bei der Nutzung von Energie und Rohstoffen vorbei.

Klimaschutz und Energieversorgung sind zwei eng miteinander verbundene Themen nicht nur der Innenpolitik, sondern auch der Außen- und Sicherheitspolitik. Dabei werden zwei unterschiedliche »Pfade« deutlich: Entweder wird die Sicherung der Energieversorgung in den Krisengebieten der Erde zu einer Militärdoktrin und in den Gesellschaften der Klimaschutz zu einer Form von Ökodiktatur, weil nach langer Zeit der Untätigkeit die notwendigen Reformen demokratisch nicht mehr durchsetzbar erscheinen. Oder es kommt schnell zu einer zivilen Antwort, zu der neue Formen der internationalen Partnerschaft in Rohstofffragen ebenso gehören wie eine Effizienzrevolution und der schnelle Ausbau der Erneuerbaren Energietechnologien.

Kooperative Energiesicherheit muss regional und weltweit organisiert werden. Die Europäische Union hat in der Globalisierung große Chancen, wenn dies zum Markenzeichen ihrer Politik wird, die auch im Rahmen der Vereinten Nationen verfolgt wird. Schon heute nimmt Europa eine Vorreiterrolle in diesen Fragen ein, insbesondere beim Klimaschutz.

Um weltweit den Ausstoß von Treibhausgasen zu senken, wurde das Kyoto-Protokoll ausgehandelt. Die Voraussetzungen dafür hatte der Erdgipfel von Rio geschaffen, als die Klimarahmenkonvention angenommen wurde. Anfangs sollte nur die Zusammenarbeit bei der Forschung und bei zukünftigen Aktivitäten zum Schutz des Klimas geregelt werden. Doch schon die erste Vertragsstaatenkonferenz in Berlin kam 1995 zu dem Schluss, dass verbindliche Minderungsziele erarbeitet werden müssten. Zwei Jahre später wurde nach einem Verhandlungsmarathon in der japanischen Kaiserstadt

Kyoto ein Vertragsentwurf angenommen, in dem verbindliche Pflichten bis zum Jahr 2012 vorgesehen waren. Aktiv beteiligt war als deutsche Umweltministerin Angela Merkel.

Ausgangspunkt war der Clean-Air-Act der USA. Danach mussten alle Industrien, die für den sauren Regen verantwortlich waren, ihre Emissionen drastisch reduzieren. Firmen, die sich umweltverträglich verhalten, konnten durch den Emissionshandel profitieren. Die EU übernahm diesen Ansatz, um einen Markt für kohlenstoffarme Technologien zu schaffen. Auch in der amerikanischen Privatwirtschaft setzen IBM, Motorola oder Ford dieses Instrument ein. Mit der Chicagoer Klimabörse (CCX) entwickelt sich ein Markt, der die Klimaerwärmung in den Griff bekommen will.

Mit der Annahme des Kyoto-Vertrags war es nicht getan, wie sich schnell zeigte, da viele Details geregelt werden mussten. Darüber gab es heftige Kontroversen vor allem zwischen Frankreich und Deutschland auf der einen, den USA (Clinton-Regierung) auf der anderen Seite. Dieser Streit wäre wahrscheinlich noch lange weitergegangen, wenn nicht die neue US-Administration unter George W. Bush eine grundsätzliche Ablehnung des Protokolls erklärt hätte. Dadurch konnten sich die Staaten der Europäischen Union zusammen mit einigen anderen Industrie- und Entwicklungsländern 2001 über praktisch alle Punkte einigen. Nachdem Ende 2004 auch Russland den Vertrag ratifizierte, trat das Kyoto-Protokoll ohne USA und Australien Anfang 2005 in Kraft.

Das Abkommen verlangt von einem Teil der Unterzeichnerstaaten die Einhaltung von festgelegten Obergrenzen für den Ausstoß von klimaschädlichen Gasen. Bisher hat das Protokoll allerdings noch keine großen Mindermengen bewirkt, auch nicht in Europa. Manche Staaten tun nichts für den Klimaschutz. Ihre Emissionen liegen heute viel höher als 1990. Sollte sich das nicht ändern, müssten sie von anderen Staaten zum Ende der Verpflichtungsperiode Emissionsrechte hinzukaufen. In Montreal wurde 2005 ein Erfüllungsmechanismus beschlossen, der bei Nichteinhaltung auch Sanktionen vorsieht.

Derzeit werden die Anstrengungen für einen Folgevertrag nach 2012 verstärkt, das nächste Datum heißt Bali. Doch bisher konnten sich die Politiker nicht auf einen Zeitplan für die Weiterentwicklung einigen.

Von zentraler Bedeutung ist, die Entwicklungs- und Schwellenländer einzubeziehen. Das wird einen diplomatischen Kraftakt erfordern, viel wechselseitiges Verständnis und eine höhere Kooperationsbereitschaft. Ob dies gelingt, wird sich wahrscheinlich erst nach der Amtszeit von US-Präsident Bush entscheiden.

Es gibt keine Alternative zu einem multilateralen Ansatz der Klimapolitik. Kyoto ist ein innovativer und völkerrechtlich verbindlicher, aber leider auch ein schwacher Vertrag. Es fehlt die notwendige Balance zwischen Anreiz und Sanktion. Bei Kyoto II, das wahrscheinlich 2009 in Kopenhagen (Dänemark) vereinbart werden wird, müssen die Zielmarken erhöht, die Zahl der Akteure ausgeweitet, das Instrumentarium erweitert, die Sanktionen verschärft und die Anreize verstärkt werden. Der Vertrag muss aber auch über die nächste Periode hinausweisen, um die ganze Zeit bis 2050 in den Griff zu nehmen.

Die UN-Klimarahmenkonvention lässt, worauf *Udo Simonis* hinweist, grundsätzlich mehrere Umsetzungsprotokolle zu. Es ist weder sinnvoll noch notwendig, schon gar nicht klug, die internationale Klimapolitik auf ein primär ökonomisches Protokoll zu reduzieren, so wichtig eindeutige Obergrenzen für den Ausstoß der Treibhausgase sind. Um die Widerstände der USA zu überwinden und auch die Schwellenländer ins Boot zu holen, schlägt Simonis sowohl ein »Technologieprotokoll« als auch – weil es nicht nur um den technischen Pfad geht – ein »Waldprotokoll« vor. Mit dem ersten lässt sich eine strategische Innovationspolitik in enger internationaler Partnerschaft vereinbaren. Das zweite trägt der Tatsache Rechnung, dass es auch natürliche Pfade zu mehr Klimaschutz gibt: Erhalt der Wälder, nachhaltige Nutzung der Böden und Wiederaufforstung.

Energiesicherheit ist Friedenspolitik. Der Klimawandel trifft die Achillesfersen unseres Planeten, den Himalaya und die Anden, die Meeressysteme und die Flussmündungen, die Polregionen, die Ernährungswirtschaft und die Landnutzung. Doch die große Mehrheit der Regierungen ist bislang nicht bereit, angemessen mit dieser Menschheitsherausforderung umzugehen. Der Vorwurf, die reichen Industriestaaten würden zu wenig die Interessen der Armen sehen, ist durchaus berechtigt. Auch der nach wie vor beschämend geringe Anteil, den die reichen Länder des Nordens für die Entwicklungszusammenarbeit leisten, ist kein Ausweis globaler Verantwortung.

Es gibt keine Alternative zu einer kooperativen Weltordnung im Sinne des kantschen Friedens. Die hobbessche Welt der Stärke kann die Probleme nicht lösen. Immer häufiger auftretende militärische Feuerwehreinsätze können keine Lösung sein, zumal die NATO schon heute die Grenzen ihrer Kapazitäten erreicht. Wenn Europa dagegen seine Anstrengungen für eine nachhaltige Entwicklung und für den globalen Klimaschutz verstärkt, erwächst daraus eine Weltinnenpolitik, die sozialen, wirtschaftlichen und ökologischen Zielen immer stärker Rechnung trägt.

Besondere Bedeutung hat hierbei die Zusammenarbeit mit den großen Schwellenländern und mit dem Rohstoff-

giganten Russland, mit denen kooperative und partnerschaftliche Allianzen angestrebt werden müssen. Wenn
sich eine derartige Weltinnenpolitik durchsetzt, erbringt
das eine fünffache Dividende:

- mehr Freiheit durch den schonenden, effizienten und
  innovativen Umgang mit Energie und Rohstoffen. Die
  Effizienzrevolution bewahrt künftigen Generationen
  Frieden und Demokratie,
- mehr Nachhaltigkeit durch eine höhere Energie- und
  Rohstoffintelligenz. Die Entwicklungs- und Schwellenländer werden diesen Weg nachahmen, und absehbare
  Verteilungskonflikte werden entschärft,
- mehr Umweltschutz. Die Gefahr einer globalen Klimakatastrophe, die das Leben auf der Erde gefährdet,
  wird verringert,
- mehr Innovationskraft durch die Erschließung der
  ökologischen Märkte. Sie senken die Energie- und Rohstoffkosten, verbinden Arbeit und Umwelt miteinander
  und schaffen mehr qualifizierte Beschäftigung,
- mehr Sicherheit durch eine faire und kooperative
  Zusammenarbeit mit den Förderregionen.

Zwanzig Jahre Klimadebatte in Deutschland

Hartmut Graßl

Einführung

Wissenschaftler sprechen seit fast 200 Jahren über den Treibhauseffekt der Erdatmosphäre und erforschen ihn. Nur im letzten Zehntel dieser Zeitspanne hat diese fundamentale Eigenschaft von Planetenatmosphären die internationale Politik erreicht. Und seit etwa einem halben Jahr ist der vom Menschen erhöhte Treibhauseffekt das zentrale politische Thema schlechthin geworden, weil die Zunahmerate des Treibhauseffektes weit über die natürlichen Änderungsraten hinausschießt.

Der daraus folgende Klimawandel beginnt das Wirtschaften und Leben zu erschweren. Er wird in Zukunft ohne politische Maßnahmen zur Dämpfung der Treibhausgaszunahme noch viel mehr Menschen aus ihrer Heimat vertreiben. Glücklicherweise können wir über eine globale Erwärmung und nicht über eine globale Abkühlung reden, denn Letztere wäre noch rascher eine fundamentale Bedrohung für die Menschheit.

Wie begann die politische Debatte über Klimaänderungen in Deutschland?

Im Frühjahr 1987 veröffentlichte die Deutsche Physikalische Gesellschaft (DPG) zusammen mit der Deutschen Meteorologischen Gesellschaft (DMG) eine kurze Denkschrift mit dem Titel »Warnung vor drohenden weltweiten Klimaänderungen durch den Menschen«. Eine frühere Veröffentlichung der DPG von 1986, die das Wochenmagazin *Der Spiegel* zum Titelbild »Kölner Dom in der Nordsee« veranlasst hat, war von der DMG kritisiert worden und hatte den Autor dieser Zeilen als einen von zwei Klimatologen in den *Arbeitskreis Energie* der DPG befördert.

Als Mitautor dieser Denkschrift des Jahres 1987 war ich über die rasche politische Reaktion überrascht; zumal noch im Winter 1986/87 das Bundesforschungsministerium den Präsidenten von DPG und DMG und den beiden Hauptautoren (*Klaus Heinloth* und *Hartmut Graßl*) eine Veröffentlichung hatte ausreden wollen.

Was ist geschehen?

Zwei Weichenstellungen hatten besondere Bedeutung:

- Der Freistaat Bayern regte im Bundesrat durch den Ministerpräsidenten *Franz Josef Strauß* die Einrichtung eines wissenschaftlichen Klimabeirates der Bundesregierung an. Dieser wurde noch im Jahre 1987 berufen, betreut vom Bundesministerium für Forschung und Technologie (BMFT). Er setzte sich aus acht Wissenschaftlern zusammen. Dieser Beirat hat z. B. das Deutsche Klimarechenzentrum in Hamburg vorgeschlagen, die Gründung des Potsdam-Instituts für Klimafolgenforschung gefördert und nationale Forschungsprogramme konzipiert.
- Der 11. Deutsche Bundestag beschloss nach seiner Wahl im Jahre 1987 die Einrichtung der Enquête-Kommission »Vorsorge zum Schutze der Erdatmosphäre«, die sich um die beiden globalen Umweltveränderungen

»Ozonverdünnung in der Stratosphäre« und »zunehmender Treibhauseffekt« kümmern sollte.

Die Bundesrepublik Deutschland stellte damit die Weichen, die das Land in die Lage versetzten, den Rückstand in der Klimadebatte gegenüber anderen Nationen, vor allem den USA, aufzuholen, zum Vorreiter der breiten Förderung erneuerbarer Energieträger zu werden und in der Klimaforschung an die Weltspitze zu gelangen.

Diese positiven Aussagen mussten hart erarbeitet werden, denn häufig sind die Zeichen der Zeit noch immer nicht erkannt worden. Ein Beispiel: Nach der Villach-Konferenz im November 1985 hatten führende Wissenschaftler vor globalen Klimaänderungen gewarnt. Die Warnung gipfelte in dem Satz, dass die sicherheitsrelevante Infrastruktur, also Deiche und Schutzbauten, im beginnenden 21. Jahrhundert wegen veränderter Wetterextreme nicht mehr an die Klimavariabilität angepasst sein werden.

Als die Initiatoren der Tagung, nämlich die Weltorganisation für Meteorologie in Genf und das Umweltprogramm der Vereinten Nationen in Nairobi, zur Gründungssitzung des IPCC im November 1988 aufriefen, kam aus Deutschland nur ein Wissenschaftler in das Genfer Kongresszentrum. Deutschland hatte weder bei seinem Wetterdienst (der Brief musste wegen der Repräsentanz bei der *Weltmeteorologie-Organisation* über diesen verteilt werden) noch seinem Forschungsministerium erkannt, welche Bedeutung dieses Gremium haben würde.

Vereinsamt saß dieser Wissenschaftler, nämlich meine Person, hinter dem Schild »Federal Republic of Germany« neben starken Delegationen aus anderen Ländern mitsamt politischen Entscheidungsträgern. Heute ist unser Land nicht nur im IPCC angemessen repräsentiert, sondern auch Lieferant wesentlicher Erkenntnisse in der Klimaforschung, der Klimafolgenforschung und der Erforschung von Instrumenten der Klimapolitik. Es trägt zu allen drei Arbeitsgruppen des IPCC Wichtiges bei.

Zentral für die Klimadebatte in unserem Land war jedoch die Enquête-Kommission »Vorsorge zum Schutz der Erdatmosphäre«, weil sie mit ihren einstimmig im Deutschen Bundestag bestätigten Zwischenberichten national und international Aufsehen erregte. Ihr ist Folgendes zu verdanken:

- Der globale Klimawandel durch den Menschen wurde schon 1990 zu einem öffentlichen Thema im Lande.
- Deutschland hat sich erste hehre Ziele für die Minderung der Treibhausgasemissionen gesetzt und auch wesentliche Teilziele erreicht. Kein anderes Industrieland hat es bisher geschafft, die Treibhausgasemissionen um fast 20 Prozent zu mindern. Dieser Teilerfolg ist nicht nur Folge des Beitritts der DDR und damit des Teilzusammenbruchs eines maroden Energiesektors, sondern auch gezielter Maßnahmen in ganz Deutschland.
- Der Bundestag beschloss 1990 das so genannte Einspeisegesetz für Strom aus erneuerbaren Energieträgern, das inzwischen Vorbild für ähnliche Gesetze in über 40 anderen Ländern ist. Mit ihm und den nachfolgenden Erneuerbare Energien Gesetzen (EEG) ist Deutschland zum Weltmarktführer bei Windenergieanlagen und Solartechnik geworden und könnte es demnächst auch bei der energetischen Nutzung von Biomasse werden.
- Die Empfehlungen der Enquête-Kommission zum Thema Schutz der Ozonschicht sind eingegangen in

völkerrechtlich verbindliche Verschärfungen des Montreal-Protokolls von London (1990) und Kopenhagen (1992) sowie der Ausführungsbestimmung des Wiener Abkommens zum Schutz der Ozonschicht von 1985.

▪ Deutschland hat seit dem ersten Sachstandsbericht des IPCC durch seine Umweltminister Töpfer, Merkel und Trittin bei internationalen Verhandlungen eine führende Rolle im Klimaschutz eingenommen. Auch wenn das Kyoto-Protokoll nur ein erster kleiner Schritt in die richtige Richtung ist, wäre dieser Schritt ohne den Einsatz der drei Minister kleiner ausgefallen.

Auch große deutsche Betriebe wie Daimler waren bis 2001 kräftig zahlende Mitglieder der »Global Climate Coalition«, einer Lobby-Gruppe von weltweit agierenden, meist amerikanischen Konzernen, deren Ziel und Aufgabe es war, wissenschaftliche Befunde zu unterminieren.

Es freut mich, dass mit dem verbindlichen Beschluss des EU-Rates (unter deutscher Präsidentschaft) vom März 2007 bis zum Jahre 2020 die Treibhausgasemissionen gemessen an denen im Jahre 1990 um 20 Prozent gemindert werden sollen. Die Europäische Union demonstriert Ernsthaftigkeit beim Klimaschutz und hat eine erste Säule für ein Nachfolgeprotokoll des Kyoto-Protokolls errichtet.

Der Klimawandel ist bei uns angekommen

Wolfgang Kusch

Nationales Klimadatenzentrum der Bundesrepublik
Deutschland

Der Klimawandel ist eine Tatsache, auch in Deutschland.
Zugleich steht fest: Die Veränderung des Klimas wird
einen nachhaltigen Einfluss auf unsere hoch industriali-
sierte Wirtschaft und Gesellschaft haben. Wir alle müssen
lernen, mit den Konsequenzen dieser Klimaänderung zu
leben und uns anzupassen. Es wird, wie bei allen Verän-
derungsprozessen, Verlierer und Gewinner geben. Ich bin
deshalb überzeugt, dass ohne Beobachtungsergebnisse –
also Fakten – die notwendigen politischen Entscheidungen, die uns der Klimawandel aufzwingt, keine breite
Akzeptanz finden werden.

Diese Fakten sammelt, archiviert und bewertet der
Deutsche Wetterdienst (DWD) als Nationales Klimadatenzentrum der Bundesrepublik Deutschland. Dazu
wird im DWD das komplette Instrumentarium, über das
die Wissenschaft verfügt, eingesetzt: Bodenmessstatio-
nen, Radiosonden, Wetterradars, Satelliten. Dieses so
genannte Klimamonitoring ist – wie die Beratung der
Politik bei Fragen zum Klimawandel – eine gesetzliche
Aufgabe des nationalen Wetterdienstes. Sie dient der
Daseinsvorsorge in unserem Land. Um aktuelle Klimatrends aufspüren und zweifelsfrei nachweisen zu können,
benötigt man möglichst weit zurückreichende Aufzeichnungen von Beobachtungen des Wetters. Klimatologen
nennen diese Aufzeichnungen »Zeitreihen«. Die Mess-

reihen an einigen Standorten des DWD reichen bis ins 18. Jahrhundert zurück.

Jahresmitteltemperatur seit 1901 um rund 0,9 Grad gestiegen

Das Jahrzehnt 1990 bis 1999 war das wärmste des gesamten 20. Jahrhunderts. In Deutschland lag die Jahresmitteltemperatur in neun der zehn Jahre über dem langjährigen Durchschnitt von 8,2 °C. Auch in den ersten sechs Jahren des 21. Jahrhunderts war es erheblich wärmer als im langjährigen Mittel. Das wärmste Jahr seit Beginn unserer flächenmäßigen Temperaturaufzeichnungen, also seit 1901, war das Jahr 2000 mit einem Gebietsmittelwert von 9,9 °C, gefolgt von den Jahren 1994, 1934, 2002 und 2006 (siehe Abb. 5).

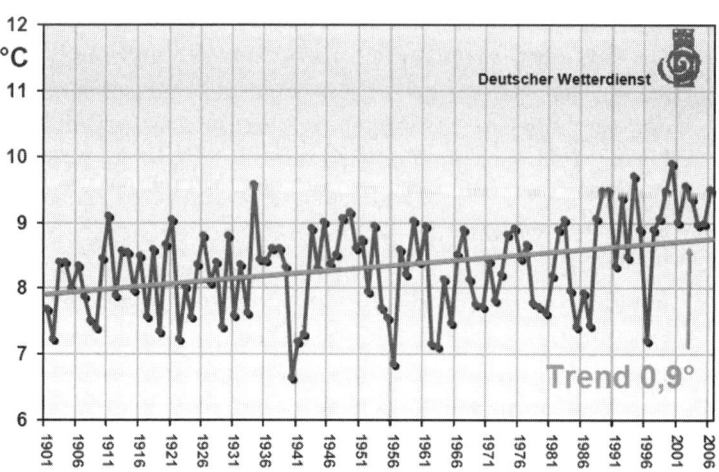

Abb. 5: Jahresmitteltemperatur in Deutschland seit 1901

Schaut man sich alle Jahresmitteltemperaturen seit 1901 genauer an, ergibt sich bis heute ein deutlich ansteigender Trend von 0,9 °C. Dieser Anstieg verlief jedoch nicht gleichmäßig. Er basiert auf einem Anstieg bis etwa 1911 und einer weiteren, sehr warmen Periode seit 1988. Dazwischen blieben die Werte mehr oder weniger auf konstantem Niveau. Damit verläuft diese Temperatur-Zeitreihe für Deutschland mehr oder weniger analog zum global beobachteten Trend. Während sich der weltweite Anstieg in der ersten Hälfte des 20. Jahrhunderts noch weitgehend auf natürliche Einflussfaktoren zurückführen lässt, ist die starke Zunahme der Temperatur in den vergangenen 20 Jahren so nicht mehr zu erklären. Ursache ist im Wesentlichen die anhaltende Emission strahlungsaktiver Spurengase in die Atmosphäre, in erster Linie von Kohlendioxid und Methan.

Der vom DWD beobachtete Temperaturanstieg in Deutschland verteilt sich keineswegs gleichmäßig über die vier Jahreszeiten. So zeigt der klimatologische Frühling mit 0,6 °C insgesamt einen relativ schwachen Anstieg. Der Sommer trägt deutlich mehr zum Gesamttrend bei, am meisten jedoch der Herbst mit 1,1 °C. Insgesamt elf der vergangenen 15 Winter waren überdurchschnittlich warm. Davon zählen alleine vier, nämlich die Winter 2006/07, 1997/98, 1994/95 und 1999/2000, zu den zehn wärmsten Wintern der gesamten Zeitreihe. Die Analysen des DWD zeigen, dass es deutliche regionale Unterschiede innerhalb Deutschlands gibt. Im Südwesten ist der Temperaturanstieg seit 1901 besonders hoch. So ergibt sich für das Saarland eine Erwärmung von etwa 1,2 °C. Nach Nordosten hin ist die Temperaturzunahme deutlich niedriger und erreichte in Mecklenburg-Vorpommern nur 0,4 °C.

Mehr sommerliche Starkniederschläge

Das Gebietsmittel der jährlichen Niederschlagsmenge in Deutschland zeigt einen leichten Anstieg von etwa neun Prozent. Dieser ist jedoch wegen der großen natürlichen jährlichen Schwankung statistisch gesehen nicht signifikant. Der nur geringfügige Anstieg erklärt sich zum großen Teil durch einige trockene Jahre in den ersten beiden Dekaden des 20. Jahrhunderts. Gleichwohl fiel in zehn der letzten 15 Jahre überdurchschnittlich viel Niederschlag. Das Jahr 2002 mit der Elbeflut war das niederschlagsreichste Jahr der gesamten Zeitreihe. Auch die Jahre 2001, 1998 und 1994 gehören zu den Spitzenreitern.

Bezogen auf die Monate und Jahreszeiten zeigt der Frühling eine deutliche Zunahme. Im März gibt es sogar ein Niederschlagsplus um 31 Prozent. Dies dürfte besonders für die Landwirtschaft von Interesse sein. Im Sommer werden leichte Rückgänge des Niederschlags im Juli und August durch eine entsprechende Zunahme im Juni weitgehend ausgeglichen. Allerdings hat sich die Charakteristik verändert: An zahlreichen Stationen ist eine Zunahme der Starkniederschläge mit Mengen von 30 Litern pro Quadratmeter und mehr zulasten des typisch »sommerlichen Landregens« zu beobachten. Starkniederschläge stellen inzwischen ein zunehmendes Problem für die städtischen Abwassersysteme dar.

Die Winterniederschläge haben um etwa 20 Prozent zugenommen. Auch hier sind die Schwankungen von Jahr zu Jahr so groß, dass dieser Trend statistisch noch nicht signifikant ist. Die Niederschläge fallen zunehmend als Regen zulasten von Schneefall. Dies hat Auswirkungen auf die Schneesicherheit in den deutschen Wintersportgebieten. Beim Niederschlag gibt es große Unterschiede innerhalb Deutschlands. Die leichte Zunahme im Jahresmittel ist im Wesentlichen auf West- und Süddeutschland beschränkt. In Sachsen und Brandenburg ergibt sich eine schwache abnehmende Tendenz. Nur in den Wintermonaten findet man im allen Bundesländern eine Zunahme der Niederschläge.

Etwas mehr Sonnenschein – keine Zunahme der Sturmlagen

Eine ausreichende Anzahl von Messungen der Sonnenscheindauer liegt erst seit 1951 vor. Diese Reihen weisen eine leichte Zunahme der mittleren jährlichen Sonnenstunden um 1,6 Prozent aus. Die Zunahme ist mit elf Prozent im Winter am höchsten, im Frühjahr und Herbst am geringsten. Die jährlichen Schwankungen sind groß, deshalb ist auch dieser Trend statistisch noch nicht signifikant.

Sehr problematisch sind Aufzeichnungen des Windes. Von einigen Stationen liegen uns Messungen der vergangenen 50 Jahre vor, die sehr inhomogen sind. Bei diesen Reihen findet man oft einen wahrscheinlich zunehmenden Trend der mittleren Windgeschwindigkeit und der Häufigkeit von Sturmtagen. Betreiber von Windenergieanlagen haben hingegen in den letzten Jahren eine Abnahme der gewonnenen Energie festgestellt. Unsere Untersuchungen zum Wind zeigen keine Zunahme des Mittelwindes oder eine Häufung von Sturmtagen.

Bislang (noch) keine Zunahme von Extremereignissen

Wenn sich die Erdatmosphäre – wovon leider auszugehen ist – weiter aufheizt, wird die Atmosphäre mehr Wasserdampf, also Feuchtigkeit, aufnehmen. Aus physikalischen Gründen muss dies früher oder später zu häufigeren extremen Wetterereignissen, wie schweren Gewittern oder Hagel, führen. Wärmeextreme könnten zunehmen, andererseits würden Kälteextreme abnehmen. Bislang jedoch sind – mit Ausnahme der bereits erwähnten sommerlichen Starkniederschläge – keine systematischen Veränderungen oder Verschiebungen der Extremwerte nachweisbar.

Bisherige Klimatrends sind beunruhigend

Der Klimawandel macht sich nicht an einer einzigen Zahl fest. Es handelt sich um sehr differenzierte Änderungen unterschiedlicher meteorologischer Elemente, wobei diese räumlich und zeitlich stark variieren. Nur mit einer breiten Datenbasis, großen Rechnersystemen und sehr viel Fachwissen ist der DWD in der Lage, frühzeitig die Trends herauszuarbeiten, die unsere Umwelt verändern werden. Schon jetzt gilt: Die vorgestellten Ergebnisse der Analysen des DWD wie die deutliche Erhöhung der Jahresmitteltemperatur, der Rückgang der Sommerniederschläge im Osten Deutschlands, die Zunahme von Starkniederschlagsereignissen oder die Zunahme winterlicher Regenfälle zulasten von Schneefallen sind beunruhigend.

Wissenschaft und Klimawandel:
handeln, bevor es wehtut – warum eigentlich?

Olav Hohmeyer

Im bisherigen Lauf der Zivilisation haben wir auftauchende Probleme immer nach dem Prinzip von Versuch und Irrtum lösen können. Haben wir uns einmal an einer Flamme verbrannt, lassen wir die Finger aus dem Feuer. Aus einer Vielzahl von Versuchen sammeln wir persönliche Erfahrungen und entwickeln Verhaltensweisen, um die Probleme des täglichen Lebens ohne große Blessuren zu überstehen. Bisher hat uns diese Vorgehensweise weit gebracht.

Wir sind auf diesem Weg so weit fortgeschritten, dass wir uns immer weniger an die Natur anpassen, sondern diese für uns passend zurechtstutzen. Gentechnik und Gentherapie sind hierfür nur prominente Beispiele. Wir haben die wirtschaftliche Entwicklung so erfolgreich vorangetrieben, dass wir mit unbeabsichtigten Nebeneffekten erheblichen Einfluss auf die uns umgebende Natur ausüben. Hinzu kommt die in den letzten 100 Jahren immens gestiegene Zahl an Menschen, mit der wir die Erde bevölkern.

Doch seit einiger Zeit beginnen wir zu begreifen, dass unser wirtschaftlicher Erfolg uns in ein neues Problemzeitalter befördert hat. Wir lösen globale Umweltprobleme aus. Beispiele sind die Zerstörung der Ozonschicht durch die Emission von FCKWs und die Veränderung des Weltklimas durch Treibhausgase wie Kohlendioxid, Methan oder Lachgas. Diese neuen Probleme haben eine sehr unangenehme Eigenschaft, die sich mit unserem grundlegenden Lernansatz von Versuch und Irrtum nicht verträgt. Die emittierten Gase sammeln sich über lange

Zeiträume in der Atmosphäre an und verrichten ihre schädliche »Arbeit« über kommende Jahrzehnte und Jahrhunderte. So leisten wir heute unseren Beitrag zur globalen Erwärmung der Jahre 2050 oder 2100.

Die gravierendsten Auswirkungen unseres heutigen Handelns werden erst in vielen Jahren eintreten. Zukünftige Generationen, die fühlen können, welchen Schaden wir anrichten, haben jedoch keinen Einfluss auf unser heutiges Verhalten. So entscheiden wir innerhalb der nächsten 20 bis 30 Jahre durch unser Handeln darüber, ob wir einen nicht umkehrbaren Prozess in Gang setzen, der in den nächsten Jahrhunderten das Grönlandeisschelf abschmilzt und damit für einen Meeresspiegelanstieg um etwa sieben Meter sorgt.

Das Prinzip von Versuch und Irrtum funktioniert nicht mehr. Es führt vielmehr direkt in die Katastrophe. Damit steht die Menschheit vor der Herausforderung, im Verlauf der Evolution eingeübte Verhaltensweisen aufzugeben und Probleme zu lösen, die zunächst nur intellektuell erkannt werden können. Die neue Devise heißt: *Erkenntnis und Verhaltensänderung, handeln, bevor es wehtut!*

Die Schlüsselrolle der Wissenschaft

Der Einfluss des Menschen auf das Weltklima durch Treibhausgasemissionen ist ein Eingriff in ein hochkomplexes System. Nur wissenschaftliche Untersuchungen erlauben es uns, die Zusammenhänge zwischen Treibhausgasemissionen und der Entwicklung des Weltklimas zu begreifen. Erst auf der Grundlage der Kenntnisse dieser Zusammenhänge lassen sich mit wissenschaftlichen Methoden die langfristigen Folgen analysieren und begreifen. Ohne die Wissenschaft ist es uns nicht möglich, im Klimabereich die Konsequenzen unseres Handelns überhaupt zu erkennen.

Auch für die Entwicklung von Lösungsansätzen sind wir auf die Wissenschaft und das Verständnis der Zusammenhänge angewiesen. Nur mit ihrer Hilfe können wir einschätzen, ob eine Lösungsstrategie eine Chance auf Erfolg hat oder letztendlich bei allem guten Willen nicht sicherstellen kann, dass unser verändertes Handeln das Problem auch wirklich löst. Darüber hinaus kann uns die Wissenschaft viele Möglichkeiten zeigen, wie wir in den verschiedensten Bereichen zur Lösung des Problems beitragen können. Sie kann helfen, neue Techniken zu entwickeln, die uns unabhängig vom Kohlenstoff der fossilen Energieträger Kohle, Öl und Erdgas machen.

Es ist die unabweisbare Rolle der Wissenschaft, die Zusammenhänge zu untersuchen, die Öffentlichkeit und die Politik über das Problem aufzuklären, auf den Handlungsbedarf zur Lösung des Problems hinzuweisen und Lösungsmöglichkeiten aufzuzeigen.

Der UN-Klimarat als Mittler zwischen Wissenschaft und Politik

Der Weltklimarat ist von der UN beauftragt worden, genau diese Funktionen der Wissenschaft zusammenzufassen. Das IPCC hat die Aufgabe, den Regierungen der Welt regelmäßig über den besten Erkenntnisstand der Wissenschaft zu den zentralen Fragen des Klimawandels zu berichten. Als Unterorganisation der Vereinten Nationen sind alle Staaten Mitglied im IPCC. Sie bilden mit ihren 191 Regierungsdelegationen das Plenum des IPCC.

Dieses beruft regelmäßig ausgewiesene Wissenschaftler aus aller Welt, damit diese in drei Arbeitsgruppen von jeweils ca. 150 Wissenschaftlern Sachstandsberichte über den neusten Erkenntnisstand der Wissenschaft zu vier Themenfeldern zusammentragen:

- *Klimawissenschaft:* Was wissen wir über die Zusammenhänge und den Einfluss des Menschen auf das Klima? (Arbeitsgruppe I des IPCC)
- *Auswirkungen:* Was wissen wir über die möglichen Auswirkungen des Klimawandels? (Arbeitsgruppe II)
- *Anpassung:* Wie können wir uns den Auswirkungen des Klimawandels anpassen, um die negativen Folgen möglichst gering zu halten? (Arbeitsgruppe II)
- *Vermeidung:* Was können wir tun, um zu vermeiden, dass es zu einem erheblichen vom Menschen gemachten Klimawandel kommt? (Arbeitsgruppe III)

Diese Sachstandsberichte werden im Abstand von ungefähr sechs Jahren veröffentlicht. Die drei Teilberichte des AR 4 sind in diesem Frühjahr veröffentlicht worden. Um den Inhalt der Sachstandsberichte, die pro Arbeitsgruppe weit über 1.000 Seiten umfassen können, für die Öffentlichkeit und die Politik leicht zugänglich zu machen, werden sie jeweils in zweifacher Form zusammengefasst. Zunächst gibt es eine technische Zusammenfassung, die bis zu 100 Seiten stark ist und sich an die Fachöffentlichkeit richtet. Da diese aber immer noch viel zu lang ist, um von einem interessierten Laien oder Politiker gelesen zu werden, gibt es noch ein Fazit auf gut zehn bis zwanzig Seiten, die so genannte Zusammenfassung für Entscheidungsträger. Sie versucht, die wichtigsten Ergebnisse des Berichts auf den Punkt zu bringen.

Die Staaten der Welt haben sich darauf geeinigt, die Berichte des IPCC zur wissenschaftlichen Grundlage der internationalen Klimapolitik zu machen. Dafür haben sie sich das Recht vorbehalten, die Zusammenfassung für Politiker in einem aufwendigen Abstimmungsprozess im Plenum des IPCC zwischen den Delegationen der Mitgliedsländer zu diskutieren und Satz für Satz im Konsens anzunehmen. Da einige Regierungen nur ungern die Ergebnisse der Wissenschaft über den Einfluss des Menschen auf den Klimawandel akzeptieren, handelt es sich quasi um politische Verhandlungen, die sich regelmäßig über fast eine Woche hinziehen.

Da die Anerkennung der wissenschaftlichen Ergebnisse über den globalen Klimawandel bedeutet, dass wir nicht einfach so weitermachen können wie bisher, ist es nachvollziehbar, dass Staaten mit hohem Energieverbrauch oder großen Einnahmen aus dem Export von Öl, Kohle und Gas kaum der Versuchung widerstehen können, die Formulierung der Zusammenfassung möglichst zu verwässern. Schließlich können sie schon morgen mit dem Text als Grundlage für die internationalen Klimaverhandlungen konfrontiert werden.

Ist die Zusammenfassung erst einmal vom Plenum des IPCC im Konsens beschlossen, werden auch die technische Zusammenfassung und der Gesamtbericht vom Plenum des IPCC im Konsens angenommen. So beschließen die Staaten der Welt regelmäßig, was sie als besten Erkenntnisstand der Wissenschaft über den Einfluss des Menschen auf die Umwelt zur Grundlage der globalen Klimapolitik machen wollen.

Gelingt es der Menschheit, die notwendigen politischen Konsequenzen aus den Erkenntnissen des IPCC zu ziehen und ihr Handeln entsprechend zu ändern, so hätten wir eine neue Entwicklungsstufe der Zivilisation erreicht. Das Prinzip *Versuch und Irrtum* wird durch das Prinzip *Erkenntnis und Verhaltensänderung* als Richtschnur unseres Handelns ersetzt.

II

Der 4. Sachstandsbericht des IPCC

Die Tagungen von Paris, Brüssel und Bangkok

Arbeitsgruppe I – Paris, Februar 2007: Wissenschaftliche Grundlagen

Der Klimawandel ist eine Tatsache

Als *Susan Solomon*, die Co-Vorsitzende der Arbeitsgruppe I des IPCC »Wissenschaftliche Grundlagen des Klimawandels«, am Abend des 1. Februar 2007 zum letzten Mal den Hammer fallen ließ, waren die Fakten erdrückend: Der vom Menschen verursachte Klimawandel ist eine Tatsache. Das IPCC redete nicht um die Fakten herum, er redete Klartext.

Bereits bei dem ersten der drei Sachstandsberichte hatten sich Wissenschaftler und Regierungsvertreter, diesmal im Pariser UNESCO-Gebäude im Schatten des Eiffelturms, tagelang Zeile für Zeile durch die *Summary for policymakers* gequält und jedes Wort auf die wissenschaftliche, vor allem aber auf die politische Goldwaage gelegt. Diesmal zeichnete sich das Bild noch klarer und erschreckender als bei den früheren Berichten ab. Die Veränderung der globalen Treibhauskonzentrationen, die daraus resultierende Erwärmung und die Folgen dieser Prozesse sind weit überwiegend vom Menschen gemacht.

Die Arbeitsgruppe I wird traditionell sehr stark beachtet. Ein Grund hierfür ist, dass über fast zwei Jahrzehnte hin gegen Skeptiker und Interessengruppen schlüssig, wissenschaftlich exakt und unangreifbar dargelegt werden musste, dass es den anthropogenen Klimawandel gibt. Das war in erster Linie die Aufgabe der Meteorologen und Klimaforscher. Das Kapitel zu den Klimavariationen der Erdgeschichte wurde beispielsweise von 16 international führenden Paläoklimatologen federführend unter anderem aus den USA, Norwegen, China, Indien, Argentinien, Frankreich und Deutschland verfasst. Beteiligt waren weiterhin dreiunddreißig international anerkannte Institute. Die Textentwürfe wurden mehrfach zur Begutachtung der Wissenschaft vorgelegt.

»Der Beitrag der Arbeitsgruppe I zum Vierten Sachstandsbericht des IPCC beschreibt die Fortschritte im Verständnis der anthropogenen und natürlichen Antriebskräfte der Klimaänderung[1], der beobachteten Änderung des Klimas, von Klimaprozessen und deren Zuordnung und der Abschätzung der projizierten zukünftigen Klimaänderung. Er baut auf vergangenen IPCC-Sachstandsberichten auf und integriert neue Erkenntnisse aus der Forschung der vergangenen sechs Jahre.«

Dabei sind die Prozesse, die zum globalen Treibhauseffekt führen, bereits seit langem bekannt. Auch der Deutsche Bundestag hatte sich von 1987 bis 1994 intensiv in der Enquête-Kommission »Schutz der Erdatmosphäre« mit diesen Fragen beschäftigt und eine detaillierte Beschreibung der Gefahren vorgelegt. Nunmehr ist nicht mehr daran zu zweifeln:

»Änderungen in Sonneneinstrahlung und der Beschaffenheit der Landoberfläche verändern die Energiebilanz des Klimasystems. Diese Änderungen werden in Form des Strahlungs-

---

[1] Der Begriff Klimaänderungen bezieht sich im Sprachgebrauch des IPCC auf jegliche im Laufe der Zeit eintretenden Veränderungen des Klimas, gleich ob sie durch natürliche Schwankungen oder menschliches Handeln verursacht werden. Dieser Sprachgebrauch unterscheidet sich von dem im Rahmenübereinkommen der Vereinten Nationen über Klimaänderungen, der sich auf eine Änderung des Klimas bezieht, die unmittelbar oder mittelbar menschlichem Handeln zugeschrieben wird, das die Zusammensetzung der globalen Atmosphäre ändert und das sich zuzüglich zu natürlichen Klimaschwankungen über vergleichbare Zeiträume beobachten lässt.

antriebs[2] ausgedrückt, mit dessen Hilfe die wärmenden und kühlenden Einflüsse einer Anzahl von menschlichen und natürlichen Antrieben auf das globale Klima verglichen werden.«

Der Anstieg der Konzentrationen atmosphärischer Treibhausgase seit dem Beginn industrieller Aktivitäten des Menschen und intensiver Landwirtschaft ist unübersehbar. Kohlendioxid, Methan und Distickstoffoxid (Lachgas) haben teilweise um ein Mehrfaches zugenommen. Sie sind die wichtigsten Treibhausgase. Zusammen mit Wasserdampf und anderen Faktoren tragen sie zum Treibhauseffekt bei. Bereits heute resultiert daraus – alle Einflüsse zusammengenommen – eine globale Erwärmung im Vergleich zu vorindustriellen Zeiten um 0,76 °C.

»Die globalen atmosphärischen Konzentrationen von Kohlendioxid, Methan und Lachgas sind als Folge menschlicher Aktivitäten seit 1750 markant gestiegen und übertreffen heute die aus Eisbohrkernen über viele Jahrtausende bestimmten vorindustriellen Werte bei Weitem. Der weltweite Anstieg der Kohlendioxidkonzentration *(siehe Abbildung I im Farbteil)* ist primär auf den Verbrauch fossiler Brennstoffe und auf Landnutzungsänderungen zurückzuführen, während derjenige von Methan und Lachgas primär durch die Landwirtschaft verursacht wird.«

– Kohlendioxid ist das wichtigste anthropogene Treibhausgas (siehe Abbildung 6). Die globale atmosphärische Kohlendioxidkonzentration ist von einem vorindustriellen Wert von

---

[2] Strahlungsantrieb misst den Einfluss eines Klimafaktors auf die Veränderung der Bilanz der in der Erdatmosphäre eintreffenden und von ihr ausgehenden Energie und ist ein Index für die potenziell das Klima beeinflussende Bedeutung dieses Faktors. Im vorliegenden Bericht stehen die Strahlungsantriebwerte für Veränderungen im Verhältnis zu den auf 1750 datierten präindustriellen Bedingungen, und sie werden in Watt pro Quadratmeter (Wm-2) ausgedrückt.

etwa 280 ppm auf 379 ppm im Jahre 2005 angestiegen. Die atmosphärische Kohlendioxidkonzentration im Jahre 2005 übertrifft die aus Eisbohrkernen bestimmte natürliche Bandbreite der letzten 650.000 Jahre (180 bis 300 ppm) bei weitem. Die jährliche Wachstumsrate der Kohlendioxidkonzentration war in den letzten 10 Jahren (Durchschnitt 1995–2005: 1,9 ppm pro Jahr) größer als in der Zeit seit Beginn der kontinuierlichen direkten atmosphärischen Messungen (Durchschnitt 1960–2005: 1,4 ppm pro Jahr), auch wenn die Wachstumsrate von Jahr zu Jahr schwankt.

– Die Hauptquelle der erhöhten atmosphärischen Kohlendioxidkonzentration seit der vorindustriellen Zeit ist der Verbrauch fossiler Brennstoffe, wobei Landnutzungsänderungen einen weiteren signifikanten, aber kleineren Beitrag liefern. Die jährlichen fossilen Kohlendioxidemissionen[3] stiegen von durchschnittlich (…) 23,5 (…) GtCO2 pro Jahr in den 1990er Jahren auf (…) 26,4 GtCO2 pro Jahr von 2000–2005 (2004er und 2005er Daten sind vorläufige Schätzungen). Die mit Landnutzungsänderungen verbundenen Kohlendioxidemissionen werden auf (…) 5,9 [1,8 bis 9,9] GtCO2 pro Jahr in den 1990er Jahren geschätzt, wobei diese Schätzungen große Unsicherheiten aufweisen.

– Die globale atmosphärische Methan-Konzentration ist von einem vorindustriellen Wert von etwa 715 ppb auf 1.732 ppb in den frühen 1990er Jahren gestiegen und liegt 2005 bei 1.774 ppb. Die atmosphärische Methan-Konzentration im Jahr 2005 übertrifft die aus Eisbohrkernen bestimmte natürliche Bandbreite der letzten 650.000 Jahre (320 bis 790 ppb) bei weitem. Die Wachstumsraten haben seit den frühen 1990er Jahren im Einklang mit den nahezu gleich gebliebenen gesamten Emissionen (Summe der anthropogenen und natürlichen Quellen) abgenommen. Es ist sehr wahrscheinlich, dass der beobachtete Anstieg der Methan-Konzentration auf menschliche Aktivitäten, vor allem Landwirtschaft und Verbrauch fossiler Brennstoffe, zurückzu-

---

[3] Fossile Kohlendioxidemissionen beinhalten diejenigen aus Produktion, Verteilung und Verbrauch von fossilen Brennstoffen sowie als Nebenprodukt der Zementproduktion. Die Emission von 1 GtC entspricht 3,67 GtCO$_2$.

führen ist, aber die jeweiligen Beiträge von verschiedenen Quellentypen sind nicht gut bestimmt.

– Die globale atmosphärische Lachgas-Konzentration ist von einem vorindustriellen Wert von etwa 270 ppb auf 319 ppb im Jahr 2005 angestiegen. Die Wachstumsrate ist seit 1980 ungefähr konstant. Mehr als ein Drittel aller Lachgasemissionen sind anthropogen und primär durch die Landwirtschaft verursacht.«

Wissenschaftliche Ergebnisse, insbesondere, wenn es sich um abgeleitete Werte handelt, sind immer mit Unsicherheiten behaftet. Die ergeben sich zum Beispiel aus den Rückkopplungen im Klimaprozess, die die Erwärmung verstärken, aber sie auch abschwächen können.

»Das Verständnis der erwärmenden und kühlenden anthropogenen Einflüsse auf das Klima hat sich seit dem Dritten Sachstandsbericht (TAR) verbessert und zu einem sehr hohen Vertrauen geführt, dass der globale durchschnittliche Netto-Effekt der menschlichen Aktivitäten seit 1750 eine Erwärmung war, mit einem Strahlungsantrieb von +1,6 [+0,6 bis +2,4] W m^{-2}.«

Wie kann man beschreiben, welche die wichtigsten Faktoren beim anthropogenen Treibhauseffekt sind? Dazu benutzen Klimawissenschaftler das Konzept des »*Strahlungsantriebs*«. Der Strahlungsantrieb ist ein Maß für den Einfluss, den ein einzelner Faktor auf die Veränderung des Strahlungshaushaltes der Atmosphäre hat. Er wird in Watt pro Quadratmeter (Wm^{-2}) gemessen. Ein positiver Strahlungsantrieb, hervorgerufen beispielsweise durch zunehmende Konzentrationen langlebiger Treibhausgase, führt zu einer Erwärmung. Ein negativer Strahlungsantrieb, zum Beispiel durch feine Staubteilchen in der Luft (Aerosole), kühlt die Atmosphäre. Auch natürliche Effekte wie Veränderungen der Sonnenstrahlung oder Vulkanausbrüche können Anteile zum Strahlungsantrieb liefern.

Der 4. Sachstandsbericht hat die aktuellen Kenntnisse über bekannte Strahlungsantriebe neu bewertet. Die Ergebnisse sind in Abbildung 6 dargestellt. Erstmals kann der IPCC jetzt auch einen gesamten Nettoeffekt angeben. Die Neubewertung des (geringen) Anteils der Sonnenstrahlung auf weniger als die Hälfte verglichen mit dem 3. Sachstandsbericht ist besonders bemerkenswert, wird dieser Effekt doch immer noch von einigen Klimaskeptikern als der angeblich alles erklärende angeführt.

- »Der gesamte Strahlungsantrieb aufgrund des Anstiegs von Kohlendioxid-, Methan- und Lachgas beträgt +2,30 [+2,07 bis +2,53] W m-2, seine Wachstumsrate während des Industriezeitalters ist sehr wahrscheinlich seit über 10.000 Jahren beispiellos. Der Strahlungsantrieb durch Kohlendioxid ist zwischen 1995 und 2005 um 20 Prozent gewachsen, was die größte Änderung innerhalb eines Jahrzehnts während mindestens der letzten 200 Jahre darstellt.
- Die anthropogenen Beiträge zu den Aerosolen (vor allem Sulfat, organischer Kohlenstoff, Ruß, Nitrat und Staub) erzeugen zusammengenommen einen kühlenden Effekt, mit einem gesamten direkten Strahlungsantrieb von -0,5 [-0,9 bis -0,1] W m-2 und einem indirekten Strahlungsantrieb durch die Albedo von Wolken von -0,7 [-1,8 bis -0,3] W m-2. Diese Antriebe sind dank verbesserter Messungen vor Ort, Satelliten- und bodengestützter Messungen sowie umfassenderer Modellierungen nun besser verstanden als zur Zeit des TAR. Sie stellen jedoch weiterhin die dominierende Unsicherheit im Strahlungsantrieb dar. Aerosole beeinflussen auch die Lebensdauer von Wolken und die Niederschläge.
- Mehrere weitere Quellen liefern signifikante anthropogene Beiträge zum Strahlungsantrieb. Änderungen des troposphärischen Ozons aufgrund der Emission von ozonbildenden Chemikalien (Stickstoffoxide, Kohlenmonoxid und Kohlenwasserstoffe) tragen +0,35 [+0,25 bis +0,65] W m-2 bei. Der direkte Strahlungsantrieb durch Veränderungen bei

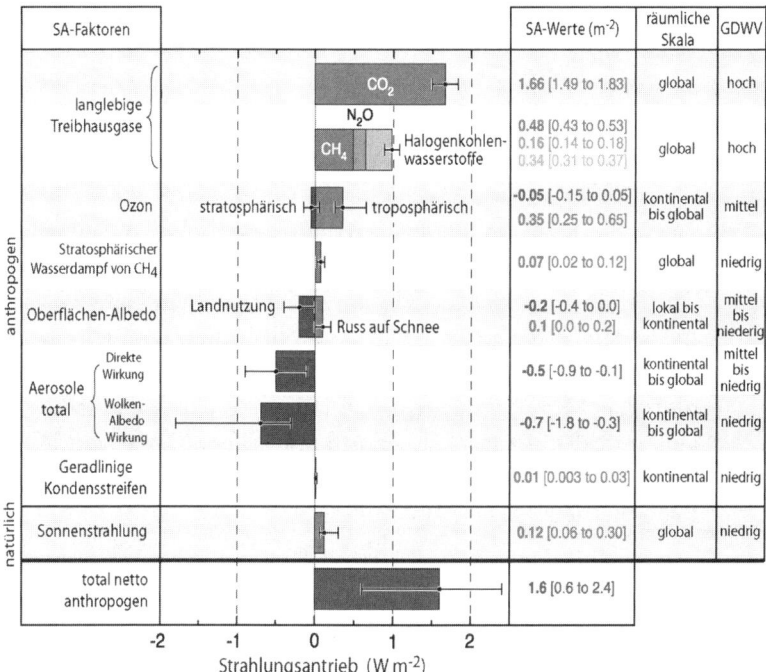

Schätzungen und Bandbreiten des global gemittelten Strahlungsantriebs (SA) im Jahr 2005 für anthropogenes Kohlendioxid (CO_2), Methan (CH_4), Lachgas (N_2O) und andere wichtige Faktoren und Beurteilung des Grades des wissenschaftlichen Verständnisses (GDWV). Der Nettobetrag und die Bandbreite des anthropogenen Strahlungsantriebs sind ebenfalls angeführt. Deren Berechnung benötigt die Summierung von asymmetrischen Unsicherheitsabschätzungen der einzelnen Faktoren und kann deshalb nicht durch einfache Addition durchgeführt werden. Für weitere hier nicht aufge-führte Strahlungsantriebe wird das GDWV als sehr niedrig eingeschätzt. Vulkanische Aerosole wirken als zusätzlicher natürlicher Antrieb, sind aber aufgrund ihres episodischen Charakters in dieser Abbildung nicht berücksichtigt. Der Bereich für geradlinige Kondensstreifen schließt andere mögliche Effekte des Luftverkehrs auf die Bevölkerung nicht ein.   Quelle: IPCC (2007)

Abb. 6: Komponenten des Strahlungsantriebs

den Halogenkohlenwasserstoffen beträgt +0,34 [+0,31 bis +0,37] W m-2. Änderungen im Albedo der Bodenoberfläche bedingt durch Änderungen in der Bodenbedeckung sowie die Ablagerung von Rußpartikeln auf Schnee verursachen Antriebe von -0,2 [-0,4 bis 0,0] W m-2 beziehungsweise +0,1 [0,0 bis +0,2] W m-2.«

Beobachtungen bestätigen den Klimawandel eindeutig

Auch die direkten Beobachtungen des aktuellen Klimas erhärten die Klimamodelle immer mehr, ja bestätigen eindeutig, dass der globale Klimawandel in vollem Gange ist. Besonders sichtbar wird dies an den drei deutlichsten Veränderungen der letzten 100 Jahre: dem Anstieg der globalen Mitteltemperatur, dem Anstieg des Meeresspiegels und der inzwischen signifikant erkennbaren Minderung der jährlichen Schneebedeckung auf der nördlichen Erdhalbkugel (siehe Abbildung 7).

»Seit dem 3. Sachstandsbericht wurden durch Verbesserungen und Erweiterungen zahlreicher Datensätze und Datenanalysen durch breitere geographische Abdeckung, besseres Verständnis von Unsicherheiten und einer breiteren Auswahl von Messverfahren Fortschritte im Verständnis erreicht, wie sich das Klima in Raum und Zeit verändert. Seit den 1960er Jahren stehen zunehmend umfassendere Beobachtungen der Gletscher und der Schneebedeckungen sowie seit rund 10 Jahren der Meeresspiegelhöhe und der Eisschilder zur Verfügung. Trotzdem bleibt der Datenumfang in einigen Regionen begrenzt.«

»Die Erwärmung des Klimasystems ist eindeutig, wie dies nun aufgrund der Beobachtungen des Anstiegs der mittleren globalen Luft- und Meerestemperaturen, des ausgedehnten Abschmelzens von Schnee und Eis und des Anstiegs des mittleren globalen Meeresspiegels offensichtlich ist.«

Weitere Hinweise zeigen mit zunehmender Messsicherheit und Genauigkeit an, dass sich das weltweite Klimasystem verändert:

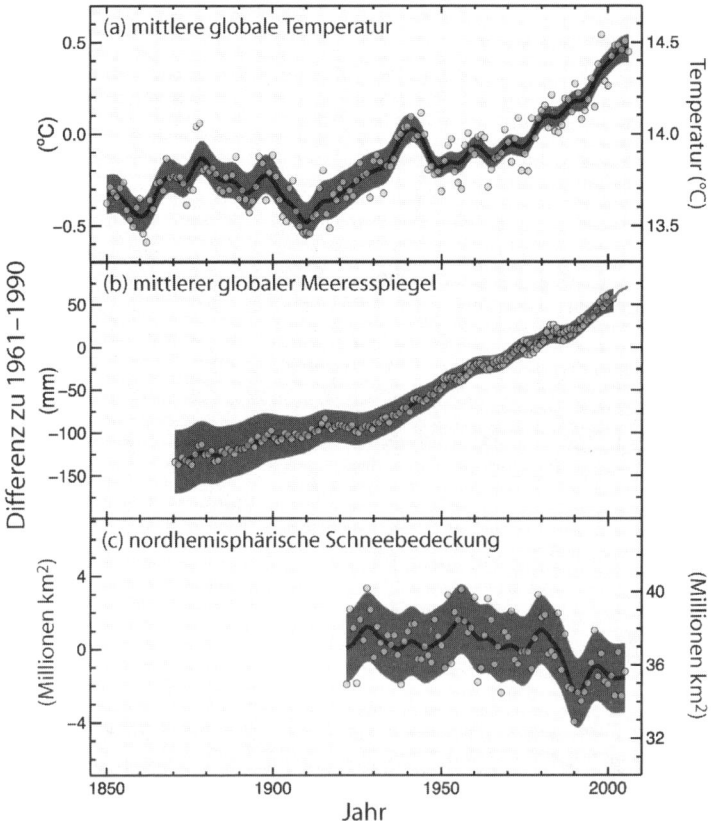

Beobachtete Änderungen (a) der mittleren globalen Erdoberflächentemperatur; (b) des mittleren globalen Meeresspiegelanstiegs aus Pegelmessungen (blau) und Satellitendaten (rot) und (c) der nordhemisphärischen Schneebedeckung im März und April. Alle Änderungen beziehen sich auf das Mittel des Zeitraumes 1961–1990. Die geglätteten Kurven repräsentieren die über ein Jahrzehnt gemittelten Werte, während Kreise die Jahreswerte darstellen. Die schattierten Flächen zeigen die geschätzten Unsicherheitsbereiche aufgrund einer umfangreichen Analyse bekannter Unsicherheiten (a und b) und aus den Zeitreihen (c).

Quelle: IPCC (2007)

Abb. 7: Änderungen von Temperatur, Meeresspiegel und nordhemisphärischer Schneebedeckung

»Elf der letzten zwölf Jahre (1995–2006) gehören zu den zwölf wärmsten Jahren seit der ersten instrumentellen Messung der globalen Erdoberflächentemperatur[4] im Jahr 1850. Der aktualisierte 100-jährige lineare Trend (1906–2005) von 0,74 [0,56 bis 0,92] °C ist deshalb größer als der im TAR aufgeführte entsprechende Trend für 1901–2000 von 0,6 [0,4 bis 0,8] °C. Der lineare Erwärmungstrend über die letzten 50 Jahre (0,13 [0,10 bis 0,16] °C pro Jahrzehnt) ist fast zweimal so groß wie derjenige über die letzten 100 Jahre. Der gesamte Temperaturanstieg von 1850–1899 bis 2001–2005 beträgt 0,76 [0,57 bis 0,95] °C. Es existieren städtische Wärminsel-Effekte, sie sind aber lokal und haben einen vernachlässigbaren Einfluss (weniger als 0,006 °C pro Jahrzehnt über Land und Null über dem Ozean) auf diese Werte.

– Neue Analysen von ballon- und satellitengestützten Temperaturmessungen in der unteren und mittleren Troposphäre zeigen ähnliche Erwärmungsraten wie die Aufzeichnungen der Erdoberflächentemperatur und stimmen im Rahmen der jeweiligen Unsicherheiten mit diesen überein. Damit wird eine im TAR festgehaltene Unstimmigkeit weitgehend ausgeräumt.

– Der durchschnittliche atmosphärische Wasserdampfgehalt ist mindestens seit den 1980er Jahren sowohl über dem Land und den Ozeanen als auch in der oberen Troposphäre angestiegen. Die Zunahme steht weitgehend im Einklang mit dem zusätzlichen Wasserdampf, den wärmere Luft aufnehmen kann.

– Die Beobachtungen seit 1961 zeigen, dass die durchschnittliche Temperatur des Weltozeans bis in Tiefen von mindestens 3.000 m angestiegen ist und dass der Ozean mehr als 80 Prozent der dem Klimasystem zugeführten Wärme absorbiert hat. Diese Erwärmung führt zu einer Ausdehnung des Meerwassers und trägt zum Anstieg des Meeresspiegels bei.

– Gebirgsgletscher und Schneebedeckung haben im Mittel in beiden Hemisphären abgenommen. Die weit verbreitete Abnahme der Gletscher und Eiskappen hat zum Meeres-

---

[4] Der Durchschnitt der bodennahen Lufttemperatur über dem Land und Meeresoberflächentemperatur.

spiegelanstieg beigetragen (Eiskappen schließen die Beiträge der grönländischen und antarktischen Eisschilde nicht mit ein).

– Neue Daten seit dem TAR zeigen, dass die Verluste der Eisschilde in Grönland und der Antarktis sehr wahrscheinlich zum Meeresspiegelanstieg zwischen 1993 und 2003 beigetragen haben. Die Fließgeschwindigkeit einiger grönländischer und antarktischer Gletscher, die Eis aus dem Inneren der Eisschilde ableiten (Auslassgletscher), ist angestiegen. Der damit verbundene Massenverlust der Eisschilde ist häufig auf die Ausdünnung, den Abbau oder den Verlust von Schelfeis oder den Verlust einer schwimmenden Gletscherzunge zurückzuführen. Ein solcher dynamischer Eisverlust reicht aus zur Erklärung des größten Teils des Nettomassenverlustes in der Antarktis und ungefähr der Hälfte des Massenverlustes in Grönland. Der Rest des Massenverlustes in Grönland ist entstanden, weil die Verluste durch das Abschmelzen größer waren als der Zuwachs durch Schneefall.

– Der mittlere globale Meeresspiegel ist von 1961 bis 2003 mit einer durchschnittlichen Geschwindigkeit von 1.8 [1.3 bis 2.3] mm pro Jahr gestiegen. Die Geschwindigkeit war zwischen 1993 und 2003 mit ungefähr 3.1 [2.4 bis 3.8] mm pro Jahr größer. Es ist unklar, ob die größere Geschwindigkeit von 1993–2003 eine dekadische Schwankung oder eine Zunahme des langfristigen Trends widerspiegelt. Mit hohem Vertrauen hat die Geschwindigkeit des Meeresspiegelanstiegs vom 19. zum 20. Jahrhundert zugenommen. Der gesamte Anstieg im 20. Jahrhundert beträgt geschätzte 0.17 [0.12 bis 0.22] m.

– Die Summe der Klimabeiträge ist für 1993–2003 mit dem direkt beobachteten Meeresspiegelanstieg im Rahmen der Unsicherheiten im Einklang. Diese Schätzungen basieren auf nun vorhandenen verbesserten Satelliten- und Vor-Ort-Messungen. Für den Zeitraum von 1961 bis 2003 ist die Summe der geschätzten Klimabeiträge kleiner als der beobachtete Meeresspiegelanstieg. Der 3. Sachstandsbericht enthielt eine ähnliche Unstimmigkeit für 1910 bis 1990.

Tab. 2: Beobachtete Geschwindigkeit des Meeresspiegelanstiegs und die geschätzten Beiträge verschiedener Quellen

Ursache des Meeresspiegelanstiegs	Geschwindigkeit des Meeresspiegelanstiegs (mm pro Jahr)	
	1961–2003	1993–2003
Thermische Ausdehnung	0,42 ± 0,12	1,6 ± 0,5
Gletscher und Eiskappen	0,50 ± 0,18	0,77 ± 0,22
Grönländischer Eisschild	0,05 ± 0,12	0,21 ± 0,07
Antarktischer Eisschild	0,14 ± 0,41	0,21 ± 0,35
Summe der individuellen Klimabeiträge zum Meeresspiegelanstieg	1,1 ± 0,5	2,8 ± 0,7
Beobachteter gesamter Meeresspiegelanstieg	1,8 ± 0,5[a]	3,1 ± 0,7[a]
Differenz (Beobachtung minus die Summe der geschätzten Klimabeiträge)	0,7 ± 0,7	0,3 ± 1,0

Bemerkung: [a] Daten vor 1993 stammen von Pegelstandsmessungen und nach 1993 aus Satellitenaltimetrie.

Dies sind überall zu beobachtende Alarmsignale. Bemerkenswert ist die feststellbare Beschleunigung: Die Trends verstärken sich. Zahlreiche Änderungen können inzwischen auf der Skala einzelner Kontinente, Regionen und Meeresbecken nachgewiesen werden. Dazu gehören Windmuster, Niederschlagsänderungen, Änderungen im Salzgehalt des Meerwassers, Eisschmelze, Eisplatten und – wegen der schwerwiegenden Folgen besonders auffällig – die allgemeine Zunahme extremer Wetterereignisse:

- »Die durchschnittlichen Temperaturen in der Arktis sind in den letzten 100 Jahren fast doppelt so schnell gestiegen wie im globalen Mittel. Die arktischen Temperaturen weisen eine hohe dekadische Variabilität auf, so wurde auch von 1925 bis 1945 eine warme Periode beobachtet.
- Aus den Satellitendaten seit 1978 ist ersichtlich, dass die durchschnittliche jährliche Ausdehnung des arktischen Meereises um 2,7 [2,1 bis 3,3] Prozent pro Jahrzehnt

geschrumpft ist, wobei die Abnahme im Sommer mit 7,4 [5,0 bis 9,8] Prozent pro Jahrzehnt größer ist. Diese Zahlen sind im Einklang mit denjenigen des 3. Sachstandsberichts.

– Die Temperaturen an der Obergrenze der Permafrostschicht sind in der Arktis seit den 1980er Jahren allgemein gestiegen (um bis zu 3° C). Die maximale Ausdehnung der Fläche mit saisonal gefrorenem Boden hat in der Nordhemisphäre seit 1990 um etwa sieben Prozent abgenommen, bei einer Abnahme von bis zu 15 Prozent im Frühjahr.«

Erwärmungen in der rund um das Jahr gefrorenen Permafrostschicht der Arktis können zu den gefährlichsten Folgen des Klimawandels führen. Denn hier würde ein fataler Rückkopplungseffekt eintreten: Zunehmende Temperaturen bewirken ein Auftauen der Böden und damit massiv ansteigende Emissionen von Methan. Dies bringt als hochwirksames Klimagas den Treibhauseffekt erst richtig in Schwung. Die Temperaturen steigen noch schneller, und die Permafrostgebiete tauen immer weiter auf. Ein solcher Teufelskreis kann im schlimmsten Fall zu einer galoppierenden Erwärmung führen.

– »Für viele großräumige Regionen zeigen die Niederschlagsmengen langfristige Trends von 1900 bis 2005. Signifikante Niederschlagszunahmen wurden in östlichen Teilen von Nord- und Südamerika, im Norden Europas und in Nord- und Zentralasien beobachtet. Der Sahel, der Mittelmeerraum, das südliche Afrika und Teile von Südasien sind trockener geworden. Die Niederschläge schwanken räumlich und zeitlich sehr stark, in einigen Regionen sind nicht genügend Daten vorhanden. In den anderen untersuchten großräumigen Regionen wurden keine langfristigen Trends beobachtet.«

Große Verschiebungen in den Niederschlägen der Kontinente und Regionen dürften auf Dauer zu einem der schwierigsten Probleme des Klimawandels werden. Denn der Niederschlag hat unmittelbare Folgen für die Bewohnbarkeit der betroffenen Landstriche und die landwirtschaftliche Produktion vor Ort. Das birgt politischen Sprengstoff. Mögliche Folgen wurden in der Arbeitsgruppe II des IPCC (»Auswirkungen, Anpassungsstrategien und Anfälligkeit«) ausführlicher behandelt.

– »Der Salzgehalt im Wasser der mittleren und hohen Breiten nimmt ab, während er im Wasser der niedrigen Breiten zunimmt. Dies deutet auf Änderungen von Niederschlag und Verdunstung über den Ozeanen hin.

– Die Westwinde in den mittleren Breiten sind in beiden Hemisphären seit den 1960er Jahren stärker geworden.

– Seit den 1970er Jahren wurden insbesondere in den Tropen und Subtropen intensivere und länger andauernde Dürren über größeren Gebieten beobachtet. Zunehmende Austrocknung in Verbindung mit höheren Temperaturen und abnehmenden Niederschlägen hat zu diesen Veränderungen der Dürren beigetragen. Auch Änderungen der Meeresoberflächentemperatur (SST) und der Windmuster sowie die Abnahme der Schneemassen und Schneebedeckung wurden mit Dürren in Verbindung gebracht.

– Die Häufigkeit von Starkniederschlagsereignissen hat über den meisten Landflächen zugenommen, im Einklang mit der Erwärmung und der beobachteten Zunahme des atmosphärischen Wasserdampfs.

– In den letzten 50 Jahren wurden weit verbreitete Änderungen bei den Temperaturextremen beobachtet. Kalte Tage, kalte Nächte und Frost sind weniger häufig geworden, während heiße Tage, heiße Nächte und Hitzewellen häufiger geworden sind.

– Beobachtungen belegen eine zunehmende Aktivität starker tropischer Wirbelstürme im Nordatlantik seit ungefähr 1970, verbunden mit einem Anstieg der tropischen Meeresoberflächentemperaturen. Eine zunehmende Aktivität starker tropischer Wirbelstürme in einigen anderen Regionen, wo größere Bedenken bezüglich der Datenqualität bestehen, wird ebenfalls vermutet. Multidekadische Schwankungen und die Qualität der Aufzeichnungen von tropischen Wirbelstürmen vor den routinemäßigen Satellitenbeobachtungen, ungefähr im Jahr 1970, erschweren die Erkennung von langfristigen Trends in der Aktivität tropischer Wirbelstürme. Es gibt keinen klaren Trend in der Anzahl tropischer Wirbelstürme pro Jahr.«

Freilich gibt es auch klimatische Faktoren, die sich bisher nicht geändert haben. Das bedeutet keinesfalls, dass es keine anthropogene Erwärmung gibt. Oftmals konnte eine Änderung bislang nicht eindeutig nachgewiesen werden. Dass diese Fragen so ausführlich im Bericht dargestellt werden, belegt auch, wie sorgfältig die Wissenschaft im Rahmen des IPCC arbeitet.

– »Im 3. Sachstandsbericht wurde von einer Abnahme des Temperaturtagesgangs berichtet, aber die vorhandenen Daten reichten damals nur von 1950 bis 1993. Auf den neuesten Stand gebrachte Beobachtungen zeigen, dass sich der Temperaturtagesgang von 1979 bis 2004 nicht verändert hat, da die Temperaturen sowohl während der Nacht als auch am Tag ungefähr gleich stark gestiegen sind. Die Trends variieren stark von einer Region zur anderen.
– Die Ausdehnung des antarktischen Meereises zeigt weiterhin Schwankungen von Jahr zu Jahr sowie örtlich begrenzte Veränderungen, aber keine statistisch signifikanten mittleren Trends. Dies steht im Einklang mit den über die Region gemittelten atmosphärischen Temperaturen, die keinen Anstieg zeigen.
– Die Indizien für einen Trend in der thermohalinen Zirkulation des globalen Ozeans oder bei kleinskaligen Phänomenen, wie Tornados, Hagel, Blitz oder Staubstürmen, sind ungenügend.«

Spurensuche im Eislabor

Das Klima der Erde hat sich im Laufe seiner 4,6 Milliarden Jahre alten Geschichte oft verändert, manchmal auch

sehr rasch. Bereits für frühe, viele Millionen Jahre zurückliegende Zeitalter sind Kalt- und Warmzeiten (Glaziale
und Interglaziale) zu unterscheiden. Am bekanntesten
sind freilich die Eiszeiten der letzten rund 650.000 Jahre,
die genauer rekonstruiert werden konnten. Sie wurden in
die Bewertungen des IPCC einbezogen. Dadurch bekommen die Prognosen des IPCC eine noch größere Bedeutung.

Die letzte Eiszeit, als Würm- oder Weichselkaltzeit
bekannt, endete vor gerade 10.000 Jahren. Seitdem befinden wir uns in einer relativ warmen »Zwischeneiszeit«,
mit globalen Mitteltemperaturen, die in der Spitze bis zu
6 °C über dem Kälteminimum vor rund 21.000 Jahren
liegen. Die Kenntnisse über vergangene Klimaepochen
gehen auf Ergebnisse der Paläoklimatologie zurück, die
weltweit erstellt wurden. Diese Studien belegen übereinstimmend die Empfindlichkeit des Klimasystems.

»Paläoklimatische Studien verwenden Veränderungen in
klimatisch sensitiven Indikatoren, um daraus Änderungen im
vergangenen Klima auf der Zeitskala im Bereich von Dekaden
bis zu Millionen von Jahren abzuleiten. Solche Proxy-Daten
(z. B. die Breite von Baumringen) können sowohl durch die
lokale Temperatur als auch durch andere Faktoren wie
Niederschlag beeinflusst werden und sind oft eher für eine
bestimmte Jahreszeit repräsentativ als für ganze Jahre. Studien
seit dem 3. Sachstandsbericht haben die Sicherheit durch
zusätzliche Daten, die ein übereinstimmendes Verhalten von
mehreren Indikatoren in verschiedenen Gegenden der Erde
zeigen, erhöht. Allerdings steigen allgemein die Unsicherheiten für weiter zurückliegende Zeiten an, da die räumliche
Abdeckung immer begrenzter wird.«

Paläoklimatische Befunde wurden seit dem 3. Sachstandsbericht verstärkt im Klimabericht des IPCC berücksichtigt. Im Jahre 2001 war bemängelt worden, dass bekann-

te Fakten aus früheren Erdzeitaltern zu wenig Beachtung finden. Deshalb legte der 4. Sachstandsbericht hierauf einen Schwerpunkt. Denn nur wenn tatsächlich ausgeschlossen werden kann, dass es sich bei der jüngsten Erderwärmung um einen nicht natürlich zu erklärenden Prozess handelt, kann als eindeutig nachgewiesen gelten, dass der Klimawandel anthropogen ist. Dies wird nunmehr bestätigt:

»Paläoklimatische Informationen stützen die Interpretation, dass die Wärme des letzten halben Jahrhunderts für mindestens die letzten 1.300 Jahre ungewöhnlich ist. Das letzte Mal, als die Polargebiete für längere Zeit signifikant wärmer waren als heute (vor etwa 125.000 Jahren), führten die Rückgänge der polaren Eismassen zu einem Meeresspiegelanstieg von 4 bis 6 Metern.«

Durch die Einbeziehung der jüngeren paläoklimatischen Epochen bietet sich heute ein viel differenzierteres Bild als noch vor wenigen Jahren. Insbesondere das Wissen über kleinere Kaltzeiten, die in den letzten 1.000 Jahren aufgetreten sind und zum Teil als »kleine Eiszeiten« ihren Niederschlag auch in der Kunst und Kulturgeschichte gefunden haben, ist weitaus höher.

»Die mittleren Temperaturen in der Nordhemisphäre waren in der zweiten Hälfte des 20. Jahrhunderts sehr wahrscheinlich höher als während jedes anderen 50-Jahr-Abschnitts in den letzten 500 Jahren und wahrscheinlich die höchsten in zumindest den letzten 1.300 Jahren. Einige neue Studien lassen auf eine größere Variabilität der nordhemisphärischen Temperaturen schließen, als im 3. Sachstandsbericht erwähnt, und deuten insbesondere auf das Auftreten kühlerer Perioden im 12. bis 14., 17. und 19. Jahrhundert hin. Wärmere Perioden vor dem 20. Jahrhundert liegen innerhalb des im 3. Sachstandsbericht aufgeführten Unsicherheitsbereichs.«

Das Klima auf der Erde wird – in langen Zyklen – nicht allein durch die Konzentration von Treibhausgasen in der Atmosphäre bestimmt. Die Erdachse steht schief zur Ekliptik, die Erde »kreiselt« auf ihrer Bahn, und diese Umlaufbahn um die Sonne ist zudem nicht kreisrund, sondern elliptisch. Dadurch entstehen die periodisch wiederkehrenden und nach ihrem Entdecker *Milutin Milankovic* benannten »Milankovic-Zyklen« der sich ändernden Sonnenbestrahlung der Erde.

Diese Zyklen sind eng mit den jüngeren Eiszeiten korreliert, und sie erklären auch, warum es zur vorletzten großen Warmzeit deutlich wärmer war als heute und der Meeresspiegel deutlich höher. Gerade solche Erkenntnisse über vergangene Klimaänderungen geben uns Hinweise, welche Änderungen im Klimasystem, etwa durch das Abschmelzen polarer Eismassen, wir verursachen können:

> »Der mittlere globale Meeresspiegel war während der letzten Zwischeneiszeit (vor etwa 125.000 Jahren) wahrscheinlich 4 bis 6 Meter höher als im 20. Jahrhundert, hauptsächlich aufgrund des Rückzugs des Polareises. Eisbohrkerndaten legen nahe, dass die durchschnittlichen polaren Temperaturen zu dieser Zeit aufgrund von Abweichungen in der Erdumlaufbahn um 3 bis 5 °C höher lagen als heute. Der grönländische Eisschild und andere arktische Eisfelder trugen wahrscheinlich nicht mehr als 4 Meter zum beobachteten Meeresspiegelanstieg bei. Die Antarktis könnte ebenfalls zum Anstieg beigetragen haben.«

Der Täter ist überführt

Um allen Zweifeln eines anthropogenen Ursprungs des Klimawandels entgegenzutreten, stellt das IPCC unmissverständlich klar:

»Der größte Teil des beobachteten Anstiegs der mittleren globalen Temperatur seit Mitte des 20. Jahrhunderts ist sehr wahrscheinlich durch den beobachteten Anstieg der anthropogenen Treibhausgaskonzentrationen verursacht.«

Dies ist ein Fortschritt gegenüber der Schlussfolgerung des TAR, wonach *»der größte Teil der beobachteten Erwärmung in den letzten 50 Jahren wahrscheinlich durch die Zunahme der Treibhausgaskonzentrationen verursacht wurde«.*

»Erkennbare menschliche Einflüsse weiten sich nun auf andere Aspekte des Klimas aus, einschließlich der Erwärmung der Ozeane, mittlerer kontinentaler Temperaturen, Temperaturextreme und Windmuster.«

Dies ist wohl das wichtigste Ergebnis der Arbeitsgruppe I, denn er belegt eindeutig: Der Täter ist überführt, der Mensch ist verantwortlich für die Klimaänderung. Einige Delegationen (etwa die chinesische) taten sich schwer, dieses eindeutige wissenschaftliche Ergebnis anzuerkennen. Doch Susan Salomon, die Leiterin der Arbeitsgruppe, ließ es nicht zu, dass die eindeutigen wissenschaftlichen Ergebnisse verwässert wurden. Der Bericht listet die einzelnen Indizien auf, die zu dieser Einschätzung führen:

- »Es ist wahrscheinlich, dass der Anstieg der Treibhausgaskonzentrationen allein eine stärkere Erwärmung hervorgerufen hätte als die beobachtete, da vulkanische und anthropogene Aerosole einen Teil der Erwärmung, die sonst stattgefunden hätte, aufgehoben haben.
- Die beobachtete weitverbreitete Erwärmung der Atmosphäre und des Ozeans zusammen mit dem Eismassenverlust unterstützen die Schlussfolgerung, dass es äußerst unwahrscheinlich ist, dass die Klimaänderung der letzten 50 Jahre ohne äußeren Antrieb erklärt werden kann, und dass sie sehr wahrscheinlich nicht allein auf bekannte natürliche Ursachen zurückgeführt werden kann.

– Eine Erwärmung des Klimasystems wurde bei den Änderungen der bodennahen und atmosphärischen Temperaturen, bei den Temperaturen der obersten paar hundert Meter des Ozeans und bei den Beiträgen zum Meeresspiegelanstieg festgestellt. Bei allen diesen Änderungen haben Zuordnungsstudien die anthropogenen Beiträge ermittelt. Das beobachtete Muster von troposphärischer Erwärmung und stratosphärischer Abkühlung ist sehr wahrscheinlich durch die kombinierten Einflüsse der Treibhausgaszunahme und des stratosphärischen Ozonabbaus verursacht.

– Wahrscheinlich hat im Durchschnitt über jedem Kontinent mit Ausnahme der Antarktis in den letzten 50 Jahren eine signifikante anthropogene Erwärmung stattgefunden. Die beobachteten Muster der Erwärmung, einschließlich der größeren Erwärmung über dem Land als über dem Ozean sowie deren Änderungen im Verlauf der Zeit, können nur durch Modelle nachgebildet werden, die den anthropogenen Antrieb mit einbeziehen. Die Fähigkeit von gekoppelten Klimamodellen, die beobachtete Entwicklung der Temperatur für alle sechs Kontinente nachzubilden, bietet einen stärkeren Beleg für den menschlichen Einfluss auf das Klima, als im 3. Sachstandsbericht verfügbar *(siehe Abbildung II im Farbteil)*.

– Es verbleiben Schwierigkeiten bei der glaubwürdigen Nachbildung und Zuordnung von kleinräumigeren beobachteten Temperaturänderungen. Auf diesen Skalen sind die natürlichen Klimaschwankungen vergleichsweise stärker, was die Abgrenzung zu den erwarteten Änderungen aufgrund äußerer Antriebe schwieriger macht. Unsicherheiten in lokalen Antrieben und Rückkopplungen erschweren auch die Abschätzung des Beitrages der Treibhausgaszunahmen an die beobachteten kleinräumigen Temperaturänderungen.

– Der anthropogene Antrieb hat wahrscheinlich zu den Änderungen der Windmuster[5] in der Atmosphäre beigetragen, welche die außertropischen Zugbahnen der Stürme und

---

[5] Insbesondere die Südlichen und Nördlichen Zirkulationsströme und die damit zusammenhängenden Änderungen in der Nordatlantischen Oszillation. {3.6, 9.5, Kasten TS.3.1}

Temperaturmuster in beiden Hemisphären beeinflussen. Allerdings sind die beobachteten Änderungen in der nordhemisphärischen Zirkulation stärker als die berechnete Reaktion auf die Änderungen des Antriebs im 20. Jahrhundert.

– Die Temperaturen der extremsten heißen Nächte, kalten Nächte und kalten Tage haben wahrscheinlich aufgrund des anthropogenen Antriebs zugenommen. Es ist eher wahrscheinlich, dass der anthropogene Antrieb das Risiko von Hitzewellen erhöht hat.«

Wie stark reagiert das Klimasystem?
Oder: Wie sensibel ist es wirklich?

Im Vergleich zum 3. Sachstandsbericht (TAR) sind die Wissenschaftler wesentlich überzeugter, was den Zusammenhang von Strahlungsantrieben und die Reaktionen des Klimasystems darauf angeht. Klar ist, dass die Zunahme der Treibhausgaskonzentrationen in der Atmosphäre zur Zunahme der Temperaturen und mit einiger Verzögerung zu Reaktionen wie Gletscherschmelze, Temperaturanstieg, Modifikationen von Niederschlagsmustern etc. führt.

Nur eine Stabilisierung der Konzentrationen auf einem bestimmten Niveau kann einen Stillstand der Erwärmung erreichen. Jedem stabilen Konzentrationsniveau ist ein entsprechendes Niveau der globalen Mitteltemperatur zuzuordnen. Allerdings besteht eine große Unsicherheit hinsichtlich dieser Zuordnung, weil das Ausmaß vieler Rückkopplungen nicht genau bekannt ist. Ein Maß für die Reaktion des Klimasystems auf den Strahlungsantrieb ist die so genannte Gleichgewichts-Klimasensitivität. Anders als im 3. Sachstandsbericht gibt der IPCC jetzt einen besten Schätzwert für dieses Maß an: 3 °C für eine Verdoppelung der Kohlendioxidkonzentration. Im 2. Sachstandsbericht wurde sie nur auf 2,5 °C abgeschätzt.

»Die Analyse von Klimamodellen, kombiniert mit Randbedingungen aus den Beobachtungen, ermöglicht zum ersten
Mal die Angabe einer geschätzten wahrscheinlichen Bandbreite der Klimasensitivität und verschafft ein höheres
Vertrauen in das Verständnis der Reaktion des Klimasystems
auf den Strahlungsantrieb.«

»Die Gleichgewichts-Klimasensitivität ist ein Maß für die
Reaktion des Klimasystems auf einen anhaltenden Strahlungsantrieb. Sie ist keine Projektion, sondern ist definiert als die
mittlere globale Erwärmung an der Erdoberfläche aufgrund
einer Verdoppelung der Kohlendioxidkonzentration. Sie liegt
wahrscheinlich in der Bandbreite von 2 bis 4,5 °C, mit einem
besten Schätzwert von etwa 3 °C, und es ist sehr unwahrscheinlich, dass sie kleiner als 1,5 °C ist. Wesentlich höhere
Werte als 4,5 °C können nicht ausgeschlossen werden, aber
die Übereinstimmung von Modellen mit den Beobachtungen
ist für diese Werte nicht so gut. Änderungen des Wasser-
dampfes repräsentieren die stärkste Rückkopplung bezüglich
der Klimasensitivität und werden nun besser verstanden als im
TAR. Rückkopplungen durch Wolken bleiben die größte
Unsicherheitsquelle.«

Einflüsse, die zur Abkühlung führen, sind in den letzten
Jahrhunderten immer wieder beobachtet worden, z. B.
Vulkanausbrüche oder schwankende Sonneneinstrahlung.
Sie zeichnen sich als Muster in der beobachteten Tempe-
raturentwicklung ab. Aber sie sind nicht der entscheiden-
de Faktor, der den Klimawandel bremst.

»Es ist sehr unwahrscheinlich, dass die Klimaänderungen der
mindestens sieben letzten Jahrhunderte vor 1950 allein auf
Schwankungen innerhalb des Klimasystems zurückzuführen
sind. Ein signifikanter Teil der rekonstruierten nordhemisphärischen interdekadischen Temperaturschwankungen in diesen
Jahrhunderten kann sehr wahrscheinlich Vulkaneruptionen
und Änderungen der Sonnenstrahlung zugeordnet werden.
Der anthropogene Antrieb hat wahrscheinlich zur Erwärmung
im frühen 20. Jahrhundert beigetragen, die in diesen
Aufzeichnungen ersichtlich ist.«

Wie geht es weiter mit dem Klima?

Dies ist der zweite große wissenschaftliche Bereich, zu dem die Arbeitsgruppe I berichtet. Projektionen künftiger Klimaänderungen basieren auf so genannten Szenarien, also Modellrechnungen mit unterschiedlichen Annahmen. Bereits der 3. Sachstandsbericht hatte sich auf solche Szenarienrechnungen bezogen. Um auf einer gemeinsamen Grundlage und mit einigermaßen vergleichbaren Annahmen arbeiten zu können, hatte das IPCC bereits im Jahre 2000 mit einem Sonderbericht, dem »Special Report on Emission Scenarios« (SRES), verschiedene Szenarien-»Familien« definiert.

Eine genauere Beschreibung dieser »SRES-Szenarien« ist hier aufgeführt. Diesen Szenarien liegt die gemeinsame Annahme zugrunde, dass keine Klimapolitik betrieben wird. Insofern zeigen sie nur auf, wie sich das Klima ändert, wenn wir nicht handeln. Leider wurden keine genauen Berechnungen dargestellt für unterschiedlich ehrgeizige Klimapolitiken.

»Ein wichtiger Fortschritt dieses Sachstandsberichts gegenüber dem TAR stellt die große Zahl von Simulationen von einer breiteren Auswahl von Modellen dar. Sie bieten zusammen mit zusätzlichen Informationen von Beobachtungen eine quantitative Basis für die Abschätzung der Wahrscheinlichkeit von vielen Aspekten der zukünftigen Klimaänderung. Modellrechnungen decken eine Bandbreite von Szenarien der möglichen Zukunft ab, einschließlich idealisierter Emissions- und Konzentrationsannahmen. Diese beinhalten die illustrativen SRES[6]-Musterszenarien für den Zeitraum 2000–2100 sowie Modellexperimente, bei welchen nach den Jahren 2000 bzw. 2100 die Treibhausgas- und Aerosolkonzentrationen konstant gehalten werden.«

---

[6] SRES bezieht sich auf den IPCC-Sonderbericht zu Emissionsszenarien (2000).

SRES-Szenarien

Die Emissions-Szenarien des IPCC-Sonderberichtes über Emissions-Szenarien (»Special Report on Emission Scenarios, SRES):

A1. Die A1-Modellgeschichte bzw. -Szenarien-Familie beschreibt eine zukünftige Welt mit sehr raschem Wirtschaftswachstum, einer Mitte des 21. Jahrhunderts kulminierenden und danach rückläufigen Weltbevölkerung und rascher Einführung neuer und effizienterer Technologien. Wichtige grundlegende Themen sind Annäherung von Regionen, Entwicklung von Handlungskompetenz sowie zunehmende kulturelle und soziale Interaktion bei gleichzeitiger substanzieller Verringerung regionaler Unterschiede der Pro-Kopf-Einkommen.

Die A1-Szenarien-Familie teilt sich in drei Gruppen auf, die unterschiedliche Ausrichtungen technologischer Änderungen im Energiesystem beschreiben. Die drei A1-Gruppen unterscheiden sich in ihrer technologischen Hauptstoßrichtung: fossil-intensiv (A1FI), nichtfossile Energiequellen (A1T) oder eine ausgewogene Nutzung aller Quellen (A1B) (wobei ausgewogene Nutzung definiert ist als eine nicht allzu große Abhängigkeit von einer bestimmten Energiequelle und durch die Annahme eines ähnlichen Verbesserungspotenzials für alle Energieversorgungs- und -verbrauchstechnologien).

A2. Die A2-Modellgeschichte bzw. -Szenarien-Familie beschreibt eine sehr heterogene Welt. Das Grundthema ist Autarkie und Bewahrung lokaler Identitäten. Regionale Fertilitätsmuster konvergieren nur sehr langsam, was eine stetig zunehmende Bevölkerung zur Folge hat. Die wirtschaftliche Entwicklung ist vorwiegend regional orientiert, und das Pro-Kopf-Wirtschaftswachstum und technologische Veränderungen sind bruchstückhafter und langsamer als in anderen Modellgeschichten.

B1. Die B1-Modellgeschichte bzw. -Szenarien-Familie beschreibt eine sich näher kommende Welt, mit der gleichen, Mitte des 21. Jahrhunderts kulminierenden und danach rückläufigen Weltbevölkerung wie in der A1-Modellgeschichte, jedoch mit raschen Änderungen der wirtschaftlichen

Strukturen in Richtung einer Dienstleistungs- und Informationswirtschaft, bei gleichzeitigem Rückgang des Materialverbrauchs und Einführung von sauberen und ressourceneffizienten Technologien. Das Schwergewicht liegt auf globalen Lösungen für eine wirtschaftliche, soziale und umweltgerechte Nachhaltigkeit, einschließlich erhöhter sozialer Gerechtigkeit, aber ohne zusätzliche Klimainitiativen.

B2. Die B2-Modellgeschichte bzw. -Szenarien-Familie beschreibt eine Welt mit Schwerpunkt auf lokalen Lösungen für eine wirtschaftliche, soziale und umweltgerechte Nachhaltigkeit. Es ist eine Welt mit einer stetig, jedoch langsamer als in A2 ansteigenden Weltbevölkerung, wirtschaftlicher Entwicklung auf mittlerem Niveau und weniger raschem, dafür vielfältigerem technologischen Fortschritt als in den B1- und A1-Modellgeschichten. Obwohl das Szenario auch auf Umweltschutz und soziale Gerechtigkeit ausgerichtet ist, liegt der Schwerpunkt auf der lokalen und regionalen Ebene.

Für jede der sechs Szenarien-Gruppen A1B, A1FI, A1T, A2, B1 und B2 wurde ein illustratives Szenario gewählt. Alle sollten als gleich stichhaltig betrachtet werden. Die SRES-Szenarien beinhalten keine zusätzlichen Klimainitiativen, d. h., es sind keine Szenarien berücksichtigt, die ausdrücklich eine Umsetzung des Rahmenübereinkommens der Vereinten Nationen über Klimaänderungen (UNFCCC) oder der Emissionszielsetzungen des Kyoto-Protokolls annehmen.

Anders ausgedrückt: Das IPCC spannt die große Breite möglicher Zukunftsentwicklungen (ohne Klimapolitik) auf, ohne eine wirkliche Vorhersage zu machen, welches der Szenarien wirklich eintreten könnte – denn gewiss ist nur eines: Die Zukunft wird anders aussehen als die Gegenwart und die Vergangenheit. Unterschiedliche Entwicklungen, etwa der Bevölkerung, der Wirtschaft, aber auch von Konsummustern und politischer Rahmenbedingungen, führen zu sehr unterschiedlichen Emissionen.

Inzwischen lassen sich auch schon vergangene Projektionen mit Beobachtungen vergleichen – dieser Vergleich stärkt das Vertrauen der Wissenschaftler in ihre Modellrechnungen: »*Seit dem ersten IPCC-Bericht von 1990 deuteten die geschätzten Projektionen für 1990–2005 auf einen mittleren globalen Temperaturanstieg von etwa 0,15 bis 0,3 °C pro Jahrzehnt hin. Dies kann nun mit den beobachteten Werten von ca. 0,2 °C pro Jahrzehnt verglichen werden. Dadurch wird das Vertrauen in kurzfristige Projektionen gestärkt.*«

Wegen der Trägheit des Klimasystems steigt die Temperatur selbst bei konstanter Treibhausgaskonzentration. Die Klimaentwicklung in den kommenden zwei Jahrzehnten hängt deshalb noch stark von den vergangenen und gegenwärtigen Emissionen ab – die Szenarien zeigen deshalb keine so starken Abweichungen wie für spätere Jahrzehnte:

»Modellexperimente zeigen, dass in den nächsten zwei Jahrzehnten sogar dann ein weiterer Erwärmungstrend mit einer Geschwindigkeit von etwa 0,1 °C pro Jahrzehnt zu beobachten wäre, wenn alle Strahlungsantriebsfaktoren auf dem Niveau des Jahres 2000 konstant gehalten würden. Dies ist hauptsächlich auf die langsame Reaktion der Ozeane zurückzuführen. Liegen die Emissionen innerhalb der Bandbreite der SRES-Szenarien, so wäre eine etwa doppelt so starke Erwärmung zu erwarten (0,2 °C pro Jahrzehnt). Die besten Schätzwerte der Modellprojektionen weisen darauf hin, dass die über ein Jahrzehnt gemittelte Erwärmung bis 2030 auf allen bewohnten Kontinenten nicht von der Wahl des SRES-Szenarios abhängig ist. Sie wird sehr wahrscheinlich mindestens doppelt so groß wie die von den Modellen geschätzte natürliche Schwankung während des 20. Jahrhunderts sein.«

Der Temperaturanstieg geht schneller voran, als noch vor wenigen Jahren befürchtet. Derzeit beträgt er bereits etwa 0,2 °C pro Jahrzehnt. Das bedeutet, dass die kritischen

2 °C Gesamterwärmung bereits in wenigen Jahrzehnten erreicht werden können. Sie wird zum Problem der heute Geborenen – wenn nicht sofort gehandelt wird.

Die Folge: Wenn die Emissionen weiter zunehmen, wenn alle weitermachen wie bisher, dann hat dies schon bald weit schwerwiegendere Folgen als die, die wir bereits beobachten müssen:

»Andauernd gleich hohe oder höhere Treibhausgasemissionen als heute würden eine weitere Erwärmung verursachen und im 21. Jahrhundert viele Änderungen im globalen Klimasystem bewirken, die sehr wahrscheinlich größer wären als die im 20. Jahrhundert beobachteten.«

Die Zukunft hängt davon ab, welcher Weg tatsächlich eingeschlagen wird:

»Fortschritte in der Modellierung der Klimaänderung ermöglichen nun beste Schätzungen und die Angabe von wahrscheinlichen Unsicherheitsbereichen für die projizierte Erwärmung für verschiedene Emissionsszenarien. Die Ergebnisse für verschiedene Emissionsszenarien sind in diesem Bericht explizit dargestellt, um einen Verlust dieser politisch relevanten Information zu verhindern. Die projizierten global gemittelten Temperaturzunahmen an der Erdoberfläche für das Ende des 21. Jahrhunderts (2090–2099) verglichen mit 1980–1999 sind *in Abbildung III im Farbteil* dargestellt. Sie veranschaulichen die Unterschiede zwischen niedrigeren und höheren SRES-Emissionsszenarien und die mit diesen Szenarien verbundenen Unsicherheiten der projizierten Erwärmung.

In diesem Bericht sind beste Schätzungen und wahrscheinliche Bandbreiten für die mittlere globale Erwärmung an der Erdoberfläche für sechs SRES-Muster-Emissionsszenarien aufgeführt und in Tabelle 3 dargestellt. Beispielsweise liegt die beste Schätzung für das niedrige Szenario (B1) bei 1,8 °C (wahrscheinliche Bandbreite von 1,1 °C bis 2,9 °C), und die beste Schätzung für das hohe Szenario (A1FI) beträgt 4,0 °C (wahrscheinliche Bandbreite von 2,4 °C bis 6,4 °C). Obwohl diese Projektionen weitgehend mit der im 3. Sachstandsbericht angegebenen Spannweite (1,4 °C bis 5,8 °C) übereinstimmen, sind sie nicht direkt vergleichbar.

Der 4. Sachstandsbericht ist insofern weiter fortgeschritten, als er für jedes der Musterszenarien beste Schätzungen und geschätzte Wahrscheinlichkeitsbereiche zur Verfügung stellt. Die neue Bemessung der wahrscheinlichen Bandbreiten stützt sich nun auf eine größere Anzahl von zunehmend komplexeren und realistischeren Klimamodellen sowie auf neue Informationen bezüglich der Rückkopplungseigenschaften des Kohlenstoffkreislaufs und der durch Beobachtungen bestimmten Randbedingungen für die Reaktion des Klimas.«

Beunruhigend: Neuere Erkenntnisse führen zu einer höheren Rückkopplungswirkung als noch im 3. Sachstandsbericht:

»Eine Erwärmung führt tendenziell zu einer Verringerung der Aufnahme atmosphärischen Kohlendioxids durch Land und Ozeane, wodurch der Anteil der in der Atmosphäre verbleibenden anthropogenen Emissionen erhöht wird. Für das A2-Szenario erhöht die Klima-Kohlenstoffkreislauf-Rückkopplung beispielsweise die entsprechende mittlere globale Erwärmung im Jahr 2100 um mehr als 1 °C. Die geschätzten oberen Bereiche der Temperaturprojektionen sind hauptsächlich deshalb größer als im 3. Sachstandsbericht, weil der größere Teil der nun zur Verfügung stehenden Modelle eine stärkere Klima-Kohlenstoffkreislauf-Rückkopplung nahelegt.«

Bei den Projektionen für den Meeresspiegelanstieg tappt der IPCC, wenn es um die Frage der Beiträge der polaren Eiskappen geht, noch mehr im Dunkeln als im 3. Sachstandsbericht. Das ist kein Grund zur Entwarnung, im Gegenteil. Wohl kaum eine Aussage des IPCC zur zukünftigen Klimaentwicklung war im Vorfeld schon so kontrovers diskutiert worden. Dies ist ein gutes Beispiel, wie konservativ der IPCC ist – viele Wissenschaftler befürchten, dass der Meeresspiegel weit stärker ansteigt, als die dürren Zahlen des IPCC es vermuten lassen *(siehe Beitrag von Stefan Rahmstorf ab S. 190).*

»Tabelle 3 zeigt die modellbasierten Projektionen des mittleren globalen Meeresspiegelanstiegs am Ende des 21. Jahrhunderts (2090–2099). Für jedes Szenario liegt der Mittelpunkt der Bandbreiten in Tabelle 3 innerhalb von maximal zehn Prozent Abweichung vom Modelldurchschnitt für 2090–2099 im TAR. Die Bandbreiten sind hauptsächlich aufgrund verbesserter Informationen bezüglich einiger Unsicherheiten bei den projizierten Beiträgen enger als im 3. Sachstandsbericht.«

Hier führt der IPCC in einer Fußnote eine wichtige Klärung an: *»Die Projektionen im 3. Sachstandsbericht wurden für 2100 angegeben, während die Projektionen in diesem Bericht für 2090–2099 gelten. Der 3. Sachstandsbericht hätte ähnliche Bereiche wie diejenigen in Tabelle 3 erhalten, wenn er die Unsicherheiten in gleicher Weise behandelt hätte.«*

Damit ist klar: Auch wenn die Zahlen auf den ersten Blick auf eine Entwarnung hindeuten, zeigen sie doch nur, dass der IPCC nicht alle Faktoren, die zum Meeresspiegelanstieg der Zukunft beitragen, quantifizieren kann.

»Die zurzeit verwendeten Modelle beinhalten weder Unsicherheiten in den Klima-Kohlenstoffkreislauf-Rückkopplungen noch die vollen Auswirkungen von Änderungen des Eisschildflusses, da eine entsprechende Grundlage in der publizierten Literatur fehlt. Die Projektionen enthalten zwar einen Beitrag aufgrund des verstärkten Eisflusses von Grönland und der Antarktis mit der von 1993–2003 beobachteten Geschwindigkeit, aber diese Fließgeschwindigkeiten könnten in Zukunft zu- oder abnehmen. Würde dieser Beitrag beispielsweise linear mit der Änderung der mittleren globalen Temperatur anwachsen, würde der obere Bereich des Meeresspiegelanstiegs für die in Tabelle 3 aufgeführten SRES-Szenarien um 0,1 bis 0,2 m zunehmen. Größere Werte können nicht ausge-

Tab. 3: Projizierte mittlere globale Erwärmung an der Erdoberfläche und Meeresspiegelanstieg am Ende des 21. Jahrhunderts

	Temperaturänderung (°C; 2090–2099 verglichen mit 1980–1999)[a]		Meeresspiegelanstieg (m; 2090–2099 verglichen mit 1980–1999)
Fall	Beste Schätzung	Wahrscheinliche Bandbreite	Modellbasierte Bandbreite ohne zukünftige rapide Änderungen des Eisflusses
Konstante Jahr-2000-Konzentrationen[b]	0,6	0,3 – 0,9	NA
B1-Szenario	1,8	1,1 – 2,9	0,18 – 0,38
A1T-Szenario	2,4	1,4 – 3,8	0,20 – 0,45
B2-Szenario	2,4	1,4 – 3,8	0,20 – 0,43
A1B-Szenario	2,8	1,7 – 4,4	0,21 – 0,48
A2-Szenario	3,4	2,0 – 5,4	0,23 – 0,51
A1FI-Szenario	4,0	2,4 – 6,4	0,26 – 0,59

Bemerkungen:
[a] Diese Schätzungen wurden basierend auf einer Hierarchie von Modellen vorgenommen, welche ein einfaches Klimamodell, mehrere Modelle mittlerer Komplexität (EMICs) und eine große Anzahl von Globalen Atmoshäre-Ozean-Klimamodellen (AOGCMs) umfassen.
[b] Die Zahlen für den Fall konstanter Jahr-2000-Konzentrationen wurden nur aus AOGCMs abgeleitet.

schlossen werden, aber das Verständnis dieser Effekte ist zu begrenzt, um die Wahrscheinlichkeit beurteilen zu können oder eine beste Schätzung oder eine obere Grenze für den Meeresspiegelanstieg angeben zu können.«

Der 4. Sachstandsbericht bringt auch qualitativ neue Themen auf den Tisch, zum Beispiel die zunehmende Meerwasserversauerung. Dieses Problem war vor wenigen Jahren noch nicht erkannt. Denn nicht nur der Anstieg des Meeresspiegels und die höheren Meerwassertemperaturen können für maritime Ökosysteme fatale Folgen haben, sondern auch der höhere Säuregehalt durch den CO_2-Eintrag.

– »Steigende atmosphärische Kohlendioxidkonzentrationen führen zu einer zunehmenden Versauerung der Ozeane. Die auf den SRES-Szenarien basierenden Projektionen zeigen über das 21. Jahrhundert Abnahmen des mittleren globalen Meeresoberflächen-pHs[7] von 0,14 bis 0,35 Einheiten, zusätzlich zur bisherigen Abnahme von 0,1 Einheiten seit der vorindustriellen Zeit.«

Wie geht es mit den Verhältnissen auf der Landoberfläche unseres Planeten weiter? Regionale Projektionen sind heute wesentlich verlässlicher möglich als im 3. Sachstandsbericht – eine Folge der erheblich verbesserten Modelle und höherer Rechnerkapazität. Die prognostizierte globale Durchschnittstemperatur ist *in Abbildung IV im Farbteil* für Ende des 20. sowie für das frühe und späte 21. Jahrhundert dargestellt. Das Ergebnis: Es wird praktisch überall wärmer, die winterliche Schneebedeckung sinkt, Extremereignisse werden häufiger. Damit kommt der IPCC zu dem Schluss:

– »Das Vertrauen in projizierte Erwärmungsmuster und andere regionale Besonderheiten, einschließlich Veränderungen der Windmuster, Niederschläge und einige Aspekte von Extremereignissen und Eis, ist nun höher.«

Im Einzelnen zeichnen die Modellprojektionen folgendes Bild über die vielfältigen Veränderungen in diesem Jahrhundert, die uns blühen, wenn wir nicht sofort gegensteuern (*siehe Abbildung IV im Farbteil*):

– »Die projizierte Erwärmung im 21. Jahrhundert zeigt szenariounabhängige geographische Muster, welche den über die letzten paar Jahrzehnte beobachteten ähnlich sind. Die größte Erwärmung wird über dem Land und in den meisten

---

[7] Die Abnahme des pH-Wertes entspricht der Zunahme des Säuregehaltes einer Lösung.

hohen nördlichen Breiten erwartet, die kleinste über dem südlichen Ozean und über Teilen des Nordatlantischen Ozeans.
– Es wird eine Abnahme der Schneebedeckung projiziert. Die Projektionen zeigen weit verbreitete Zunahmen der Auftautiefe in den meisten Permafrostregionen.
– Es wird für alle SRES-Szenarien eine Schrumpfung des Meereises sowohl in der Arktis als auch der Antarktis projiziert. In einigen Projektionen verschwindet in der Arktis im letzten Teil des 21. Jahrhunderts das Meereis im Spätsommer fast vollständig.
– Heiße Extreme, Hitzewellen und Starkniederschlagsereignisse werden sehr wahrscheinlich weiterhin zunehmen.
– Es ist, basierend auf einer Auswahl von Modellen, wahrscheinlich, dass zukünftige tropische Wirbelstürme (Taifune und Hurrikane) in Verbindung mit dem laufenden Anstieg der tropischen Meeresoberflächentemperaturen intensiver werden, mit höheren Spitzenwindgeschwindigkeiten und mehr Starkniederschlägen. Das Vertrauen in Projektionen einer globalen Abnahme der Anzahl tropischer Wirbelstürme ist weniger gut. Der sichtbare Anstieg des Anteils an sehr intensiven Stürmen in einigen Regionen seit 1970 ist viel größer, als von den aktuellen Modellen für diesen Zeitraum berechnet.
– Es wird eine Verschiebung der außertropischen Zugbahnen der Stürme polwärts mit entsprechenden Änderungen der Wind-, Niederschlags- und Temperaturmuster projiziert. Dies bedeutet eine Fortführung des groben Musters der beobachteten Trends über das letzte halbe Jahrhundert.«

Drastische Veränderungen im kommenden Jahrhundert dürften sich vor allem durch die Verschiebung und Veränderung der regionalen Niederschlagsmuster ergeben. Denn diese haben wiederum unmittelbare Folgen für die Wasserkreisläufe, für Landwirtschaft und Ernährung.

– »Seit dem TAR hat sich das Verständnis der projizierten Niederschlagsmuster verbessert. Die Niederschlagsmengen nehmen in höheren Breiten sehr wahrscheinlich zu, während Abnahmen über den meisten subtropischen Landregionen (um bis zu 20 Prozent im A1B-Szenario bis 2100, in Abbildung VI im Farbteil) wahrscheinlich sind. Dies bedeutet eine Fortführung der beobachteten Muster in den aktuellen Trends.«

Auch ozeanische Strömungen können von den Veränderungen betroffen sein. Das gilt besonders für die thermohaline Nordatlantikströmung, deren wichtigster Teil der bekannte »Golfstrom« ist.

»Basierend auf aktuellen Modellrechnungen ist es sehr wahrscheinlich, dass sich die atlantische meridionale Umwälzungsströmung (MOC) während des 21. Jahrhunderts abschwächen wird. Im Mittel von Multi-Modellrechnungen beträgt die Abnahme für das SRES-Emissions-Szenario A1B 25 Prozent (Bandbreite von null bis 50 Prozent). Die Projektionen zeigen trotz dieser Änderungen einen Temperaturanstieg in der Atlantik-Region, da die Erwärmung aufgrund des projizierten Anstiegs der Treibhausgase viel größer ist. Es ist sehr unwahrscheinlich, dass die MOC im 21. Jahrhundert eine große abrupte Änderung erfahren wird. Langfristigere Änderungen der MOC können nicht vertrauenswürdig beurteilt werden.«

Auswirkungen jenseits 2100 – Unwägbarkeiten raten zur Vorsicht

Die vielleicht beunruhigendste Prognose des IPCC für die künftigen Klimaänderungen lautet:

»Die anthropogene Erwärmung und der Meeresspiegelanstieg würden aufgrund der Zeitskalen, die mit Klimaprozessen und Rückkopplungen verbunden sind, über Jahrhunderte andauern, selbst wenn die Treibhausgaskonzentrationen stabilisiert werden würden.«

Das bedeutet: Der Anstieg des Meeresspiegels und die grundlegende Veränderung der arktischen Regionen vollziehen sich auf derart langen Zeitskalen, dass sie, ähnlich einem in Fahrt geratenen großen Tanker, nur ganz schwer und langsam zu bremsen sind.

Welches Stabilisierungsniveau sollten wir anstreben? Diese Frage beantwortet der IPCC ganz bewusst nicht – letztlich ist es eine politische Frage: Welche Risiken sind wir bereit einzugehen – nicht nur für unsere, sondern auch für viele zukünftige Generationen? Unsicherheit in Verbindung mit der Trägheit des Systems rät aber eher zur Vorsicht, wie die folgenden Ausführungen des IPCC nahelegen:

– »Es wird erwartet, dass die Kopplung von Klima und Kohlenstoffkreislauf der Atmosphäre Kohlendioxid hinzufügt, wenn sich das Klimasystem erwärmt, aber die Stärke dieser Rückkopplung ist unsicher. Dies erhöht die Unsicherheit in Bezug auf den für die Erreichung eines bestimmten Stabilisationsniveaus der Kohlendioxidkonzentration nötigen Verlauf der Kohlendioxidemissionen. Modellstudien, die auf dem aktuellen Verständnis der Klima-Kohlenstoffkreislauf-Rückkopplung basieren, legen nahe, dass zur Stabilisierung auf 450 ppm Kohlendioxid eine Reduktion der über das 21. Jahrhundert kumulierten Emissionen von einem Durchschnitt von ungefähr 670 [630 bis 710] GtC (2460 [2310 bis 2600] GtCO2) auf ungefähr 490 [375 bis 600] GtC (1800 [1370 bis 2200] GtCO2) nötig sein könnte.

Ebenso könnte diese Rückkopplung für eine Stabilisierung auf 1000 ppm eine Reduktion der kumulativen Emissionen von einem Modelldurchschnitt von ungefähr 1415 [1340 bis 1490] GtC (5190 [4910 to 5460] GtCO2) auf ungefähr 1100 [980 bis 1250] GtC (4030 [3590 to 4580] GtCO2) nötig machen.

– Falls der Strahlungsantrieb im Jahr 2100 auf B1- oder A1B-Niveau14 stabilisiert werden würde, wäre immer noch ein weiterer Anstieg der mittleren globalen Temperatur um etwa 0,5 °C zu erwarten, größtenteils bis ins Jahr 2200.

– Falls der Strahlungsantrieb im Jahr 2100 auf A1B-Niveau14 stabilisiert werden würde, würde allein die thermische Ausdehnung zu einem Meeresspiegelanstieg von 0,3 bis 0,8 m bis 2300 (im Vergleich zu 1980–1999) führen. Die thermische Ausdehnung würde aufgrund der für den Wärmetransport in die Tiefen des Ozeans benötigten Zeit über viele Jahrhunderte andauern.

– Falls der Strahlungsantrieb im Jahr 2100 auf A1B-Niveau14 stabilisiert werden würde, würde allein die thermische Ausdehnung zu einem Meeresspiegelanstieg von 0,3 bis 0,8 m bis 2300 (im Vergleich zu 1980–1999) führen. Die thermische Ausdehnung würde aufgrund der für den Wärmetransport in die Tiefen des Ozeans benötigten Zeit über viele Jahrhunderte andauern.

– Mit dem Eisfluss verbundene dynamische Prozesse, die in den aktuellen Modellen nicht berücksichtigt sind, aber durch neueste Beobachtungen nahegelegt werden, könnten die Anfälligkeit der Eisschilde gegenüber Erwärmung und damit den Meeresspiegelanstieg erhöhen. Das Verständnis dieser Prozesse ist beschränkt, und es gibt keinen Konsens über deren Ausmaß.«

Kritisch ist die Rolle des antarktischen Eisschildes. Nach augenblicklichem wissenschaftlichen Kenntnisstand bleibt er wahrscheinlich stabil. Allerdings gibt es erhebliche Unsicherheiten – und neuere Beobachtungen sind eher noch beunruhigender, als es der in diesem Fall konservative IPCC-Bericht vermuten lässt.

– »Aktuelle globale Modellstudien projizieren, dass der antarktische Eisschild zu kalt für ein verbreitetes Schmelzen an der Oberfläche bleibt und dass ein Massenzuwachs aufgrund zunehmender Schneefälle zu erwarten ist. Allerdings könnte ein Netto-Eismassenverlust auftreten, wenn der dynamische Eisabfluss die Massenbilanz des Eisschildes dominiert.«

Die Fakten zeigen: Schon heute bestimmen wir über das Klimasystem im 4. Jahrtausend mit. Sie zeigen auch: Eine angemessene Betrachtung der bestehenden Unsicherheiten rät im Sinne einer Risikoabschätzung eher zu mehr als zu weniger Vorsicht.

> »Sowohl vergangene als auch zukünftige anthropogene Kohlendioxidemissionen werden aufgrund der für eine Entfernung dieses Gases aus der Atmosphäre benötigten Zeitskala für länger als ein Jahrtausend fortgesetzt zur Erwärmung und zum Meeresspiegelanstieg beitragen.«

Gibt es noch Zweifel am anthropogenen Klimawandel?

Anders Levermann und Hans Joachim Schellnhuber

Bei der Analyse und Bewertung des anthropogenen Klimawandels ist es hilfreich, zwei wesentliche Aspekte zu unterscheiden. Zum einen die Frage, ob der Mensch bereits das globale Klima spürbar verändert hat. Zum anderen die noch wichtigere Frage, wie stark die Menschheit das Klima der Zukunft transformieren wird, wenn weiter Treibhausgase wie Kohlendioxid in die Atmosphäre emittiert werden.

Auf beide Fragen gibt die Wissenschaft mittlerweile eindeutige Antworten. Interessanterweise ist die vermeintlich problematischere der beiden Fragen, nämlich die nach der zukünftigen Entwicklung, wesentlich klarer formulierbar und schon seit Jahren, wenn nicht Jahrzehnten, wissenschaftlich unumstößlich begründet. Diese Antwort ist für unser politisches und ökonomisches Handeln hoch relevant und ergibt sich aus den folgenden Tatsachen:

Wir kennen die Absorptionsspektren der wichtigsten Treibhausgase (wie Kohlendioxid und Methan) aus quantenmechanischen Berechnungen und Laboruntersuchungen. Diese Gase spielen bereits beim natürlichen Treibhauseffekt eine entscheidende Rolle und trugen deshalb schon in vorindustrieller Zeit maßgeblich zur lebensfreundlichen globalen Mitteltemperatur von etwa 15 °C bei. Ihre Wirkung auf die Strahlungsbilanz der Erde kann auf dieser Grundlage mit hoher Genauigkeit berechnet werden. Seit langem ist es unumstritten, dass eine weitere atmosphärische Anreicherung zu einer Erhöhung der Erdoberflächentemperatur führen wird.

Die exakte Höhe der Erwärmung hängt entscheidend von klimatischen Rückkopplungen ab, insbesondere der Zunahme an Wasserdampf durch verstärkte Verdunstung aus dem wärmeren Ozean. Wasserdampf ist ein außerordentlich potentes Treibhausgas und liefert den bei weitem wichtigsten Selbstverstärkungseffekt. Es gibt auch abschwächende Effekte (»negative Rückkopplungen«). Dennoch lässt der 4. IPCC-Sachstandsbericht keinen Zweifel daran, dass die Reaktion des Klimasystems auf die Erhöhung der Treibhausgase eindeutig ist: Die klimatischen Rückkopplungen verstärken den direkten anthropogenen Treibhauseffekt, sodass wir eine Erwärmung von etwa 2° bis 4°C erwarten müssen, wenn die Kohlendioxidkonzentration gegenüber dem vorindustriellen Wert verdoppelt wird (auf 560 ppm).

Entsprechend kommt das IPCC zu dem Schluss: »*Fortgesetzter Ausstoß von Treibhausgasen auf oder über dem derzeitigen Niveau würde eine weitere Erwärmung zur Folge haben und während des 21. Jahrhunderts viele Änderungen im globalen Klimasystem induzieren, die sehr wahrscheinlich größer als die im 20. Jahrhundert beobachteten wären.*«

Warum ist es nun schwieriger, Aussagen über den vermeintlich schon verursachten Klimawandel zu treffen? Ein Grund hierfür lässt sich an der Abbildung 8 verdeutlichen. Sie zeigt u. a. die Temperaturänderungen der Nordhemisphäre in den vergangenen 400 Jahren – rekonstruiert mit drei völlig unterschiedlichen Methoden auf der Grundlage unterschiedlicher Daten.

Die Zeitverläufe zeigen, dass es natürliche Klimaveränderungen in der Vergangenheit gegeben hat und entsprechend auch heute gibt. Diese Schwankungen haben sehr unterschiedliche Ursachen – von veränderten Orbitalparametern der Erde über Variationen in

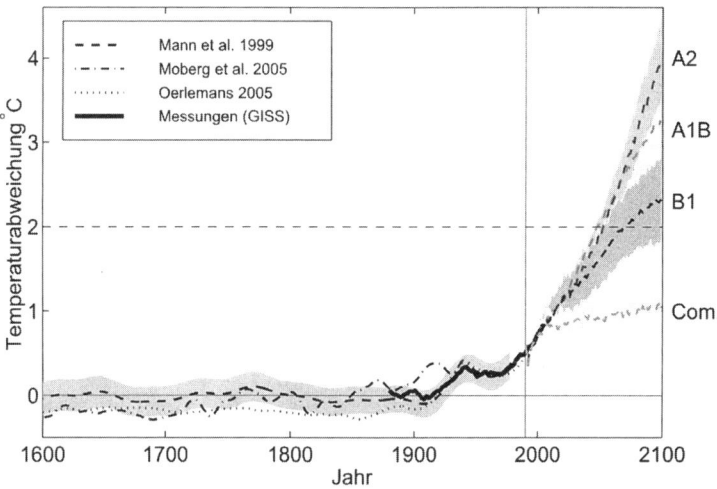

Rekonstruktionen der Nordhemisphärentemperaturänderung der letzten 400 Jahre im Vergleich zu direkten Thermometermessungen (fette Kurve) und Projektionen für die kommenden 100 Jahre. Die Projektionen folgen drei verschiedenen Szenarien (A2 entspricht z. B. dem »Business As Usual«-Fall) und wurden mit jeweils wenigstens 16 Modellen berechnet, was zu den grauen Unbestimmtheitsfächern führt.

Abb. 8: Rekonstruktion der vergangenen und Projektion der zukünftigen Klimaveränderung

der Strahlungskraft der Sonne bis hin zu Vulkanausbrüchen.

Zudem ist jede der unterschiedlichen Temperatur Rekonstruktionen mit inhärenten Unsicherheiten behaftet. In weiten Teilen ist diese Unsicherheit (graue Schattierung) sogar größer als die rekonstruierte natürliche Klimavariabilität der letzten 400 Jahre. Die Temperaturentwicklung der letzten 140 Jahre kann jedoch aus direkten Thermometermessungen abgeleitet werden (breite schwarze Kurve) und zeigt einen mittleren Temperaturanstieg von etwa 0,8 °C während der letzten 100 Jahre.

Dieses Erwärmungssignal ist von der Größenordnung her vergleichbar mit der natürlichen Schwankungsbreite der Vergangenheit und auch mit der Methodenunsicherheit. Das ist der Grund, weshalb Aussagen über einen bereits erfolgten anthropogenen Klimawandel schwierig sind. Dennoch macht das IPCC die Aussage: «Der größte Teil der Erhöhung der globalen Mitteltemperatur seit Mitte des 20. Jahrhunderts ist sehr wahrscheinlich auf den beobachteten Anstieg an anthropogenen Treibhausgasen zurückzuführen.»

Die Begründung dieser Aussage ist komplex. Zum einen ist die anthropogene Anreicherung der Atmosphäre mit Treibhausgasen seit ca. 1750 unbestritten. Aufgrund der aufgezeigten Wirkung auf die Strahlungsbilanz ist eine Erwärmung zu erwarten, die quantitativ völlig konsistent mit dem Anstieg von Kohlendioxid zu beobachten ist. Die derzeitige Konzentration von 380 ppm entspricht im Gleichgewicht in etwa einer Temperaturerhöhung von 1,4 °C. Die fehlenden, d.h. noch nicht beobachteten, 0,6 °C sind auf die Trägheit des Klimasystems, vor allem des Ozeans zurückzuführen.

Dieses so genannte »warming commitment« (in Abbildung 8 als »Com.« bezeichnet) wird erst mit Zeitverzögerung realisiert. Auch wenn die zugrunde liegende Überschlagsrechnung etwas grob ist, da sie z.B. den Einfluss der anderen Treibhausgase mit der entgegengesetzten Wirkung der Aerosole kompensiert (eine legitime Vereinfachung bei der derzeitigen Datenlage), zeigt sie doch, dass die Größenordnungen von beobachtetem Kohlendioxidanstieg und beobachteter Erwärmung übereinstimmen.

Ein weiteres gewichtiges Argument ist, dass alle anderen möglichen natürlichen Einflussfaktoren seit wenigstens 65 Jahren keinen eindeutigen Trend mehr zeigen, der die Temperaturentwicklung erklären könnte. Folglich können Modelle die Klimageschichte der letzten 100 Jahre ohne Einbeziehung von anthropogenen Treibhausgasen nicht wiedergeben. Bei Berücksichtigung des anthropogenen Einflusses sind die Modelle heute hingegen in der Lage, die Temperaturentwicklung des letzten Jahrhunderts hervorragend zu reproduzieren.

Während das Erwärmungssignal derzeit erst schwach aus dem Hintergrund der natürlichen Schwankungen heraustritt, ist für die Zukunft ein wesentlich deutlicheres Bild zu erwarten. Die Projektionen für die globale Mitteltemperatur zeigen einen Anstieg gegenüber vorindustriellen Temperaturen von etwas unter 2 °C bis über 4 °C bis zum Jahr 2100. Die größte Unsicherheit für die Zukunft liegt jedoch nicht bei den Modellen, sondern in unseren politischen und ökonomischen Entscheidungen. Von Letzteren wird nämlich abhängen, wie viel Treibhausgase zusätzlich in die Atmosphäre gelangen.

Wie stark ist der anthropogene Klimawandel?

Mojib Latif

Der Mensch entlässt durch seine vielfältigen Aktivitäten große Mengen von klimarelevanten Spurengasen in die Atmosphäre. Von größter Bedeutung ist dabei das Kohlendioxid, welches vor allem durch die Verbrennung fossiler Brennstoffe (Erdöl, Kohle, Erdgas) in die Atmosphäre entweicht. Der Anstieg der Spurengaskonzentrationen zieht unweigerlich eine globale Erwärmung nach sich, die man bereits nachweisen kann. Insofern geht es nicht mehr darum, ob der Mensch das Klima beeinflusst, sondern nur darum, inwieweit wir den Klimawandel minimieren können.

Bei einer Erde ohne Atmosphäre wäre ihre Oberflächentemperatur ausschließlich durch die Bilanz zwischen eingestrahlter Sonnenenergie und der von der Erdoberfläche abgestrahlten Wärme-(Infrarot-)Strahlung festgelegt. Die Oberflächentemperatur würde dann im globalen Mittel ca. −18 °C betragen. Selbst eine Atmosphäre aus Sauerstoff und Stickstoff allein, welche die Hauptkomponenten unserer Atmosphäre (ca. 99 Prozent) bilden, würde daran nichts Wesentliches ändern. Dagegen absorbieren bestimmte Spurengase, wie Wasserdampf und Kohlendioxid, die von der Erdoberfläche ausgehende Wärmestrahlung und emittieren ihrerseits diese auch in Richtung der Erdoberfläche. Dies führt zu einer zusätzlichen Erwärmung der Erdoberfläche, ihre Temperatur beträgt daher im globalen Mittel ca. +15 °C.

Die an diesem »natürlichen Treibhauseffekt« beteiligten Gase werden als »Treibhausgase« bezeichnet. Die

Erdgeschichte zeigt, dass die Temperatur der Erde sehr stark von den Treibhausgaskonzentrationen abhängt. So waren Eiszeiten durch niedrige und Warmzeiten durch hohe Konzentrationen gekennzeichnet. Die langlebigen Treibhausgase nehmen seit Beginn der Industrialisierung systematisch zu: bei Kohlendioxid um ca. 30 Prozent, bei Methan um 120 Prozent und bei Distickstoffoxid um ca. zehn Prozent. Dabei ist die heutige CO_2-Konzentration einmalig in der Rückschau der letzten 650.000 Jahre (Abbildung 9).

Was kann man heute schon an Klimaänderung beobachten? Dabei ist zu berücksichtigen, dass das Klima auf äußere Anregungen mit einer Zeitverzögerung von einigen wenigen Jahrzehnten reagiert. Die globale Mitteltemperatur der Erde zeigt seit 1880 einen offensichtlichen Erwärmungstrend von etwa 0,8 °C, wobei das Jahr 2005 das bisher wärmste Jahr war.

Statistische und auf Klimamodellen basierende Analysen zeigen, dass der beobachtete starke Temperaturanstieg der letzten Jahrzehnte mit an Sicherheit grenzender Wahrscheinlichkeit vor allem auf den Menschen zurückgeht. Es hat zwar in der Vergangenheit immer wieder Klimaschwankungen gegeben, die nicht auf menschliche Aktivität zurückgehen, wie beispielsweise die mittelalterliche Warmzeit oder die kleine Eiszeit. Diese waren im Vergleich zum Anstieg der Temperatur der letzten Jahrzehnte allerdings deutlich schwächer, zumindest im globalen Maßstab.

Es wird immer wieder die Frage nach der Rolle von natürlichen Faktoren, insbesondere der Sonne, für die Erderwärmung gestellt. Die Sonneneinstrahlung schwankt u. a. mit der Sonnenfleckenaktivität. Gemittelt über die letzten 100 Jahre stieg die Solarkonstante um etwa 0,25 Prozent an. Klimamodellsimulationen zeigen, dass durch den Anstieg der Sonnenintensität zwar ein Teil der beobachteten Erwärmung, vor allem in der ersten Hälfte des 20. Jahrhunderts, erklärt werden kann, allerdings mit etwa 0,2 °C nur ungefähr ein Viertel der Gesamterwärmung von 0,8 °C. Die Sonnenvariabilität allein kann also nicht für den beobachteten Temperaturanstieg verantwortlich sein.

Der überwiegende Anteil an der Erdwärmung ist vom Menschen verursacht. Es gibt einen erkennbaren Einfluss des Menschen auf das Klima. Darüber hinaus müssen wir wegen der Trägheit des Klimas mit einer weiteren Erwärmung von mindestens 0,5 °C bis 2100 rechnen. Falls keine Maßnahmen zur Senkung des Ausstoßes von Treibhausgasen unternommen werden, kann sich die Erde bis zum Ende des Jahrhunderts um weitere 4 °C erwärmen.

Als Folge der globalen Erwärmung steigt der Meeresspiegel, zum einen wegen der Wärmeausdehnung des Meerwassers (thermische Expansion) und zum anderen durch die Eisschmelze. In den letzten 100 Jahren betrug der Anstieg ca. 20 cm weltweit. Der Meeresspiegel kann infolge der thermischen Expansion, je nach angenommenem Szenario, um bis zu 50 cm in diesem Jahrhundert steigen. Falls große Teile der Eispanzer Grönlands oder der Antarktis abschmelzen, wäre ein noch deutlich höherer Anstieg zu erwarten. Ein komplettes Abschmelzen des grönländischen Eisschildes etwa ließe den Meeresspiegel um sieben Meter ansteigen. Allerdings ist es strittig, wie schnell dies passieren kann. Die momentane Rate des Meeresspiegelanstiegs liegt bei ca. 3 mm/Jahr.

Darüber hinaus beobachtet man eine dramatische Abnahme der arktischen Meereisbedeckung (ca. −20 Prozent in den letzten 30 Jahren), eine weltweite Zunahme der Wetterextreme wie Dürren und Starkregenereignisse wie auch zunehmende Einflüsse auf Flora und

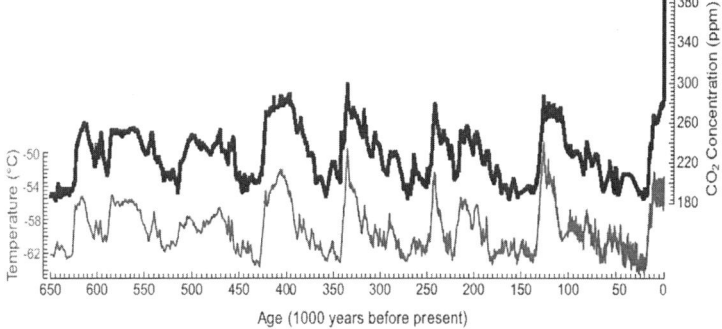

Die Temperatur (grau) und der Kohlendioxid(CO_2)-Gehalt (schwarz, fett) der Erde zeigen in den letzten 650.000 Jahren eine große Schwankungsbreite. Die Parallelität der Schwankungen von Kohlendioxid und Temperatur ist offensichtlich, was den Zusammenhang von Temperatur und Spurengaskonzentrationen verdeutlicht. Der Anstieg der CO_2-Konzentration seit Beginn der Industrialisierung von etwa 100 ppm ist eindeutig auf den Menschen zurückzuführen. Die Daten hat man aus Eisbohrungen in der Antarktis rekonstruiert.

Quelle: IPCC (2007)

Abb. 9: Rekonstruktion der Konzentration von Treibhausgasen und der Temperatur der letzten 650.000 Jahre

Fauna. Schließlich misst man eine Versauerung der Weltmeere (Abnahme des pH-Wertes von 0,1) infolge ihrer Aufnahme von anthropogenem Kohlendioxid. Modellrechnungen zeigen, dass sich diese Trends in den kommenden Jahrzehnten mit zunehmender globaler Erwärmung fortsetzen werden. Der anthropogene Klimawandel ist demnach bereits in vollem Gange, und rasche Maßnahmen zum Klimaschutz sind angezeigt.

Der Anstieg des Meeresspiegels

Stefan Rahmstorf

Der Meeresspiegel steigt. Er steigt schneller als erwartet. Und der Anstieg hat sich beschleunigt. Dies sind drei der Kernaussagen des neuen IPCC-Berichts.

Seit 1870 ist der globale Meeresspiegel um rund 20 cm angestiegen – dies zeigen die weltweiten Pegelmessungen an den Küsten. Dabei kann man mit hoher Konfidenz sagen, dass die Anstiegsrate sich über diesen Zeitraum erhöht hat. Satellitenmessungen zeigen für den Zeitraum 1993–2003 einen Anstieg um 3,1 mm/Jahr. Berücksichtigt man die neuesten Daten bis 2006, sogar um 3,3 mm/Jahr.

Zudem zeigen die geologischen Daten und historischen Quellen, dass in den Jahrtausenden zuvor der Meeresspiegel nahezu stabil war. Für das Mittelmeer ist beispielsweise archäologisch belegt, dass sich der Meeresspiegel in den letzten 2000 Jahren bestenfalls um +/– 25 cm verändert hat. Eine Anstiegsrate wie in den letzten hundert Jahren würde dagegen über 2000 Jahre einen Anstieg um nahezu vier Meter bedeuten.

Der jetzt beobachtete Meeresspiegelanstieg ist also mit Sicherheit ein modernes Phänomen, das zwischen dem späten 19. und frühen 20. Jahrhundert eingesetzt hat. Eine neue Studie zeigt zudem, dass die Anstiegsrate des Meeresspiegels eng mit der globalen Temperatur korreliert. Der beobachtete Meeresspiegelanstieg ist somit eine Folge der vom Menschen verursachten globalen Erwärmung. Der erdgeschichtliche Beitrag zur aktuellen Änderung des Meeresspiegels, der vom Ende der letzten Eiszeit vor rund 10.000 Jahren herrührt, ist übrigens ein leichtes

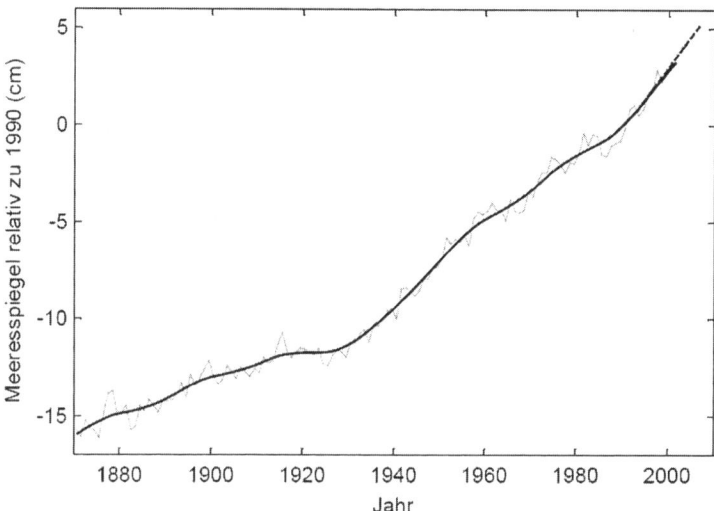

Gezeigt sind Pegeldaten (dünne Linie: jährliche Werte, dicke Linie: Trendlinie) sowie für 1993–2006 der Trend der Satellitendaten (gestrichelt).

Abb.10: Der gemessene Anstieg des Meeresspiegels

Absinken des globalen Meeresspiegels um etwa 0,3 mm pro Jahr. Die Landmassen im Norden waren durch die damaligen riesigen Eispanzer in die weiche Erdkruste hineingedrückt und heben sich jetzt, dabei sinken Teile des umliegenden Meeresbodens ab (u. a. die deutschen Nord- und Ostseeküsten).

Ein Anstieg des Meeresspiegels ist eine physikalisch zu erwartende Folge einer Erwärmung, und zwar aus zwei Gründen. Erstens nimmt das Volumen des Meerwassers durch seine Erwärmung zu, da Wasser sich bei Erwärmung ausdehnt. Und zweitens nimmt die Wassermenge im Weltmeer insgesamt zu, vor allem durch das Abschmelzen der Eismassen auf Land. Für den Zeitraum 1961–2003 zeigen Abschätzungen aus Daten, dass etwa ein Viertel des Anstiegs auf die thermische Ausdehnung des Wassers zurückzuführen ist, für 1993–2003 etwa die Hälfte (diese beiden Zeitspannen wurden im IPCC-Bericht für detaillierte Analysen ausgewählt).

Modellsimulationen mit Klima- und Eismodellen können diese Effekte berechnen, allerdings noch nicht mit befriedigender Genauigkeit. Für 1961–2003 ergeben die IPCC-Modelle im Mittel eine Anstiegsrate um 1,2 mm/ Jahr, gemessen wurden aber 1,8 mm/Jahr. Die Modelle unterschätzen also den tatsächlichen Meeresspiegelanstieg. Ähnliches galt übrigens bereits für die Modelle im letzten IPCC-Bericht: Im Zeitraum 1990–2006 stieg der Meeresspiegel etwa 50 Prozent rascher als in den damals publizierten mittleren Szenarien.

Wegen dieser Modellunsicherheiten, insbesondere über den Beitrag der abschmelzenden Eismassen, sind die Prognosen für die Zukunft noch ungenau. Der IPCC-Bericht gibt, je nach Emissions-Szenario, einen Anstieg um 18–59 cm bis zum Jahr 2095 an. Allerdings ist dabei die Unsicherheit über mögliche dynamische Veränderungen der Kontinentaleismassen nicht enthalten, da eine seriöse obere Grenze dafür nicht abgeschätzt werden kann. Dazu gehört z. B. ein beschleunigtes Abfließen der großen Auslassgletscher Grönlands ins Meer. Laut Bericht könnten durch derartige Prozesse noch 10–20 cm oder mehr zum Meeresspiegelanstieg hinzukommen. Unsere Unfähigkeit, diese Prozesse im Kontinentaleis zu berechnen, gehört zu den wichtigsten Wissenslücken, die durch weitere Forschung geschlossen werden müssen, wenn man die Unsicherheit über die Auswirkungen der Erderwärmung verringern will.

Die oben genannte Spanne von 18–59 cm enthält kaum einen Beitrag der Kontinentaleismassen, da der IPCC-Bericht davon ausgeht, dass ein Eiszuwachs in der

Antarktis den Eisverlust in Grönland weitgehend ausgleichen wird. Tatsächlich deuten aber Messungen mit dem GRACE-Satelliten darauf hin, dass auch die Antarktis insgesamt in den letzten Jahren an Eis verloren hat – dies sind aber noch vorläufige Daten, da dieser Satellit erst seit wenigen Jahren im Einsatz ist.

Die oben genannte Spanne enthält nicht die volle Unsicherheit über die künftige Temperaturentwicklung: Es wurden dabei nur Szenarien mit einer globalen Erwärmung bis zu 5,2 °C berücksichtigt, obwohl die Unsicherheit in den Temperaturszenarien bis 6,4 °C angegeben wird. Zudem wurde nicht berücksichtigt, dass die verwendeten Modelle bereits den vergangenen Meeresspiegelanstieg deutlich unterschätzt haben. Insgesamt ist die Unsicherheit im Meeresspiegelanstieg daher größer, als es die Spanne 18–59 cm suggeriert. Bis zum Jahr 2100 ist ein Anstieg bis zu einem Meter nicht auszuschließen, im schlimmsten Fall vielleicht sogar noch darüber hinaus.

Der IPCC-Bericht analysiert auch die Meeresspiegeländerungen in der Erdgeschichte. Auf dem Höhepunkt der letzten Eiszeit, vor 20.000 Jahren, war die globale Temperatur 4–6 °C kälter als derzeit, und der Meeresspiegel lag 120 Meter niedriger. Vor der letzten Eiszeit gab es eine Warmzeit, das *Eem*, dessen Höhepunkt 125.000 Jahre zurückliegt. Damals waren die Temperaturen in den nördlichen Polargebieten 3–5 °C wärmer als heute (wegen der veränderten Erdumlaufbahn), im globalen Mittel aber wahrscheinlich kaum höher als jetzt. Der Meeresspiegel lag dabei 4–6 Meter höher.

Das sind nur zwei Beispiele dafür, dass Temperaturänderungen in der Erdgeschichte in der Regel mit sehr großen Meeresspiegelschwankungen verbunden waren. Verantwortlich dafür ist das Wachsen und Schwinden der Kontinentaleismassen. Auf Dauer – also über mehrere

Jahrhunderte – müssen wir bereits bei mittleren Erwärmungsszenarien mit mehreren Metern Meeresspiegelanstieg rechnen. Der Anstieg bis zum Jahr 2100 dürfte erst der Anfang einer viel längerfristigen Entwicklung sein, deren Ausmaß wir in den kommenden Jahrzehnten weitgehend festlegen werden.

Der Meeresspiegelanstieg wird an verschiedenen Küsten unterschiedlich ausfallen. Erstens steigt der absolute Meeresspiegel nicht überall gleich, weil eine regional unterschiedliche Erwärmung, eng verknüpft mit Veränderungen der Meeresströmungen, die Neigung der Meeresoberfläche beeinflusst. Zweitens hebt oder senkt sich auch das Land an manchen Küsten. An den deutschen Küsten werden beide Effekte dazu beitragen, dass der Meeresspiegel mehr als im globalen Mittel ansteigt. Die Landabsenkung als Nachwirkung der letzten Eiszeit wird bis 2100 an unseren Küsten 10–20 cm betragen.

Außerdem wird laut IPCC-Bericht im Mittel mit einem zusätzlichen Anstieg von 10–15 cm gerechnet, der mit der erwarteten Abschwächung des Nordatlantikstroms zusammenhängt, die in fast allen Modellen auftritt. Sollte der Nordatlantikstrom ganz abreißen (ein Risiko, dem der Bericht bis 2100 eine Wahrscheinlichkeit von bis zu zehn Prozent zumisst), dann wäre mit bis zu einem Meter zusätzlichen Anstieg zu rechnen. Man kann also leider nicht ausschließen, dass an unseren Küsten der Meeresspiegelanstieg bis zum Jahr 2100 auch um die zwei Meter betragen könnte.

Arbeitsgruppe II – Brüssel, April 2007: Auswirkungen, Anpassungsstrategien und Anfälligkeiten

Die Verwundbarkeit der Erde

Martin Parry hatte es wesentlich schwerer als *Sue Solomon*. Einige Delegationen testeten die Kompromissfähigkeit der IPCC-Versammlung mit allen vertretbaren und unvertretbaren Mitteln aus. Der britische Ko-Vorsitzende der Arbeitsgruppe II musste in Brüssel eine Mammutsitzung hinter sich bringen, bevor die *Summary for Policymakers* der Arbeitsgruppe im Konsens verabschiedet werden konnte. Schon am ersten Tag der Verhandlungen im ehemaligen Gebäude des Europäischen Rates, dem *Charlemagne*, hatte sich angedeutet, dass die Abstimmungen viel zäher vorangingen als in Paris. Denn die Delegierten aus den USA und China, aus Russland und Saudi-Arabien versuchten, die Texte über die Auswirkungen des Klimawandels in jeder Zeile und in jedem Absatz abzumildern und so weit es geht zu relativieren.

Klar ist: Die Beschreibung der konkreten Folgen der Klimaänderungen führt der Weltöffentlichkeit plastisch vor Augen, welche tiefgreifenden Folgen der globale Temperaturanstieg nach sich ziehen wird. Damit stellt sich umso mehr die Frage, wer dafür die Verantwortung trägt. Das war bereits beim 3. Sachstandsbericht von 2001 so gewesen. Nun ist das noch viel zugespitzter. Nach einer nächtlichen Abschlusssitzung, die nicht wie geplant vier, sondern mehr als 20 Stunden dauerte, gelang den Gegnern des Berichtes eines jedoch nicht: ihn zu verhindern. Die

IPCC-Pressekonferenz am Karfreitag musste nach einer schlaflosen Nacht zwar um eine Stunde verschoben werden, doch am Ende stand eine Zusammenfassung, die für viele Wissenschaftler und besorgte Regierungsdelegationen zu schwach ausfiel.

Umso wichtiger ist es, gerade bei den Bereichen, die einen offenkundigen Kompromisscharakter haben, einen Blick in die ausführlichen technischen Berichte und die Gesamtberichte der Wissenschaftler zu werfen. Der Vorspann der SPM verrät trotz umständlicher Formulierung, dass sich das Bild der Wissenschaft über den Klimawandel seit 2001 dramatisch verschärft hat:

>»Die Anzahl der Studien, die beobachtete Trends in der physikalischen und biologischen Umwelt in ihrer Beziehung zu regionalen Klimaänderungen untersuchten, ist seit dem Dritten Sachstandsbericht im Jahr 2001 erheblich gestiegen, ebenso die Qualität der Datenbestände. Jedoch sind Daten und Literatur über beobachtete Veränderungen geografisch bei weitem nicht ausgewogen – es bestehen beträchtliche Lücken, vor allem in den Entwicklungsländern.

> Jüngste Studien haben ein – im Vergleich zum Dritten Sachstandsbericht – breiteres und höheres Maß an Vertrauen bei der Bewertung des Zusammenhangs zwischen beobachteter Erwärmung und Auswirkungen ermöglicht. Der Dritte Sachstandsbericht kam zu dem Schluss, dass ›mit hohem Vertrauen regionale Temperaturveränderungen der jüngeren Vergangenheit erkennbare Auswirkungen auf zahlreiche physikalische und biologische Systeme hatten‹.«

Lange wurde in Brüssel um die zusammenfassende Feststellung gerungen, die trotz der Blockaden und Relativierungen eine zentrale Aussage trifft: »*Beobachtungsdaten von allen Kontinenten und den meisten Ozeanen zeigen, dass zahlreiche natürliche Systeme bereits von regionalen Klimaänderungen – vor allem von Temperaturerhöhungen – betroffen sind.*«

Die Wissenschaftler wollten hier eigentlich eine klare und noch stärkere Aussage treffen, wonach mit »sehr hoher Wahrscheinlichkeit« gesagt werden kann, dass »zahlreiche natürliche Systeme auf sämtlichen Kontinenten und in den meisten Ozeanen durch regionale Klimaänderungen, insbesondere Temperaturanstiege, negativ beeinflusst werden«. Damit wäre der große Erkenntnisfortschritt gegenüber dem 3. Sachstandsbericht noch deutlicher geworden. Die Wissenschaftler sprechen präzise von den direkten »physikalischen und biologischen Systemen«. Gemeint ist alles, was landläufig als *Umwelt* verstanden wird: Wetter, Wasserkreislauf, Klimaregionen, Flora und Fauna. Unterschieden werden davon indirekte Folgen auf die menschlichen Gesellschaften: Gesundheit, Ernährung, soziales Zusammenleben, Wirtschaft. In den Eis- und Kälteregionen der Erde (so genannte »Kryosphäre«) gibt es bereits unmittelbare Folgen für die Nahrungsketten der Meere:

»Hinsichtlich der Veränderungen von Eis, Schnee und gefrorenem Boden (inklusive Permafrost) besteht hohes Vertrauen, dass natürliche Systeme betroffen sind. Beispiele dafür sind:

– Vergrößerung und vermehrte Anzahl von Gletscherseen;
– erhöhte Instabilität des Bodens in Permafrostgebieten sowie Bergstürze in Gebirgsregionen;
– Veränderungen einiger arktischer und antarktischer Ökosysteme (einschließlich Veränderungen von Meereseisbiomen sowie bei Raubtieren an der Spitze der Nahrungskette).«

Darüber hinaus hat das verstärkte Abschmelzen natürlich direkte Wirkungen auf die Wasserkreisläufe und die davon abhängigen Ökosysteme:

»Eine wachsende Anzahl von Hinweisen hat zu einem hohen Vertrauen geführt, dass weltweit folgende Auswirkungen in hydrologischen Systemen eintreten:

– erhöhter Abfluss und früher eintretende Abflusshöchst-
mengen im Frühling bei zahlreichen von Gletschern und
Schnee gespeisten Flüssen;
– Erwärmung von Seen und Flüssen in vielen Regionen mit
Auswirkungen auf die thermische Struktur und die Wasser-
qualität.

Eine größere Zahl von Hinweisen über ein breiteres Spektrum
von Arten hat zu einem sehr hohen Vertrauen geführt, dass
terrestrische biologische Systeme von der jüngsten Erwärmung stark betroffen sind – und zwar in Form der nachfolgend angeführten Veränderungen:

– früheres Eintreten von Frühlingsereignissen, wie z. B. Blatt-
entfaltung, Vogelzug und Eiablage;
– Verschiebung der geografischen Verbreitungsgebiete von
Pflanzen- und Tierarten polwärts und in höhere Lagen.

Satellitenbeobachtungen seit den frühen achtziger Jahren
haben zu einem hohen Vertrauen geführt, dass in vielen
Gebieten aufgrund der jüngsten Erwärmung ein Trend zum
früheren »Ergrünen« der Vegetation im Frühling – in Verbindung mit längeren thermischen Vegetationsperioden – stattgefunden hat. Umfangreiche neue Hinweise haben zu einem
hohen Vertrauen geführt, dass zwischen den in biologischen
Meer- und Süßwassersystemen beobachteten Veränderungen
und den ansteigenden Wassertemperaturen – sowie den
damit verbundenen Veränderungen der Eisdecke, Salz- und
Sauerstoffgehalte und der ozeanischen Zirkulation – ein
Zusammenhang besteht. Diese Veränderungen beinhalten:

– Verschiebungen geografischer Verbreitungsgebiete sowie
Veränderungen des Auftretens von Algen, Plankton und
Fischen in den Ozeanen der hohen Breiten;
– Zunahme der Algen- und Zooplanktonmengen in höher
gelegenen Seen sowie in Seen der hohen Breiten;
– Veränderungen der Verbreitungsgebiete und frühzeitigere
Wanderungen von Fischen in den Flüssen.

Eine der zentralen Aussagen des Berichtes lautet:

»Eine globale Bewertung der Daten seit 1970 hat gezeigt, dass es wahrscheinlich ist, dass die anthropogene Erwärmung bereits einen erkennbaren Einfluss auf viele physikalische und biologische Systeme hatte.«

Damit wird eine direkte Verknüpfung hergestellt zwischen der menschlich verursachten Klimaänderung und vielen feststellbaren Klimafolgen. Das heißt, der Täter ist nicht mehr nur anhand der direkt beobachtbaren Klimaänderung überführt, sondern auch anhand der Folgen für die Natur. Dies wird im Bericht ausführlich begründet:

»Die Aufnahme von anthropogenem Kohlenstoff seit 1750 hat – bei einer durchschnittlichen Abnahme des pH-Gehalts von 0,1 Einheiten – zu einer zunehmenden Versauerung des Ozeans geführt. Auswirkungen der beobachteten Versauerung der Ozeane auf die Meeresbiosphäre sind bis jetzt jedoch noch nicht hinreichend dokumentiert.«

»In den letzten fünf Jahren haben sich die Hinweise darauf verdichtet, dass zwischen den Veränderungen in zahlreichen physikalischen und biologischen Systemen und der anthropogenen Erwärmung ein Zusammenhang besteht. Diese Schlussfolgerung wird von vier Gruppen von Hinweisen – bei gemeinsamer Betrachtung – unterstützt *(siehe Abbildung V im Farbteil)*:

1. Der 4. Sachstandsbericht der Arbeitsgruppe I kam zu dem Schluss, dass der größte Teil des seit der Mitte des 20. Jahrhunderts beobachteten Anstiegs der mittleren globalen Temperatur sehr wahrscheinlich auf den beobachteten Anstieg der anthropogenen Treibhausgaskonzentrationen zurückzuführen ist.
2. Über 29.000 durch Beobachtung erhobene Datenreihen[1]

---

[1] Von etwa 80.000 Datenreihen aus 577 Studien wurde ein Teilsatz von etwa 29.000 Datenreihen ausgewählt. Diese entsprachen folgenden Kriterien: (1) 1990 oder später endend; (2) einen Zeitraum von mindestens 20 Jahren umspannend und (3) eine signifikante Veränderung in die eine oder andere Richtung aufweisend, wie in Einzelstudien untersucht.

aus 75 Studien zeigen eine signifikante Veränderung in zahlreichen physikalischen und biologischen Systemen. Hiervon stehen mehr als 89 % im Einklang mit dem Trend, der als Reaktion auf die Erwärmung zu erwarten war.

3. Eine globale Synthese der Studien zeigt deutlich: Es ist sehr unwahrscheinlich, dass die weltweite räumliche Übereinstimmung zwischen Regionen mit signifikanter regionaler Erwärmung und Orten mit beobachteten signifikanten, mit der Erwärmung im Einklang stehenden Veränderungen vieler Systeme allein auf die natürliche Variabilität der Temperatur oder auf die natürliche Variabilität der Systeme zurückzuführen ist.

4. Schlussendlich liegen mehrere Modellstudien vor, die zwischen den Reaktionen in einigen physikalischen und biologischen Systemen und der anthropogenen Erwärmung einen Zusammenhang hergestellt haben. Dabei wurden die in diesen Systemen beobachteten Veränderungen mit modellierten Reaktionen verglichen, in denen die natürlichen Antriebe (durch Sonnenaktivität und Vulkane) und die anthropogenen Antriebe (Treibhausgase und Aerosole) ausdrücklich getrennt gehalten wurden. Modelle, in denen die natürlichen und anthropogenen Antriebe gemeinsam berücksichtigt sind, simulieren die beobachteten Reaktionen signifikant besser als Modelle, in denen nur die natürlichen Antriebe Beachtung finden.«

Trotz aller wissenschaftlichen Zurückhaltung in den Aussagen wird eindeutig festgestellt: Die vom Menschen verursachte Klimaänderung führt bereits nachweislich auf darauf zurückzuführende Folgen – und zwar weltweit!

»Eine vollständigere Zuordnung der Ursachen für beobachtete Reaktionen der Systeme auf die anthropogene Erwärmung ist aufgrund bestehender Einschränkungen und Lücken nicht möglich. Erstens sind die verfügbaren Analysen im Hinblick auf die Zahl der Systeme und Standorte begrenzt. Zweitens ist die natürliche Variabilität der Temperatur auf regionaler Ebene höher als auf globaler Ebene, was die Feststellung von Veränderungen aufgrund äußerer Antriebe erschwert. Zusätzlich sind auf regionaler Ebene weitere Faktoren (wie etwa Landnutzungsänderungen, Verschmutzung und eingewanderte Arten) von Einfluss.

Dennoch sind die Konsistenz zwischen den beobachteten und den in mehreren Studien modellierten Veränderungen und die räumliche Übereinstimmung zwischen signifikanter regionaler Erwärmung und entsprechender Auswirkungen auf globaler Ebene ausreichend, um mit einem hohen Vertrauen darauf zu schließen, dass die anthropogene Erwärmung in den letzten drei Jahrzehnten einen erkennbaren Einfluss auf viele physikalische und biologische Systeme hatte.«

Schließlich werden die bereits beobachteten indirekten Folgen des Klimawandels aufgezeigt:

»Weitere Auswirkungen regionaler Klimaänderungen auf die natürliche und menschliche Umwelt zeichnen sich ab, obwohl sie durch Anpassung und nichtklimatische Antriebselemente schwieriger zu erkennen sind. Folgende Auswirkungen von Temperaturerhöhungen wurden dokumentiert:

– Auswirkungen auf die Land- und Forstwirtschaft in den hohen Breitengraden der nördlichen Hemisphäre, wie z. B. frühzeitigere Frühjahrsaussaat von Getreide sowie Veränderungen des Störungsregimes der Wälder infolge von Bränden und Schädlingsbefall;
– Aspekte menschlicher Gesundheit, wie z. B. hitzebedingte Sterblichkeit in Europa, Übertragung von Infektionskrankheiten in einigen Gebieten und allergene Pollen in den hohen und mittleren Breiten der nördlichen Hemisphäre,
– einige menschliche Tätigkeiten in der Arktis (z. B. Jagd und Verkehr über Schnee und Eis) und in tiefer liegenden alpinen Gebieten (z. B. Berg- und Wintersport).

Die jüngsten Klimaänderungen und -schwankungen beginnen sich auf zahlreiche natürliche und menschliche Systeme auszuwirken. Der veröffentlichten Literatur zufolge haben sich diese Auswirkungen jedoch noch nicht als Trends etabliert. Folgende Beispiele sind hierfür anzuführen:

– Für Siedlungen in Gebirgsregionen besteht – infolge des Abschmelzens der Gletscher – ein erhöhtes Risiko für Fluten nach Gletscherseeausbrüchen. In einigen Gebieten wurde begonnen, mit dem Bau von Dämmen und Abflussanlagen darauf zu reagieren.

– Im Sahelgebiet Afrikas haben wärmere und trockenere Bedingungen zu einer Verkürzung der Vegetationszeiten und somit nachteiligen Auswirkungen auf die Ernte geführt. Im südlichen Afrika sind längere Trockenperioden und größere Unsicherheit bezüglich der Regenfälle Anlass zu Anpassungsmaßnahmen.

– In zahlreichen Gebieten tragen der Anstieg des Meeresspiegels und die menschliche Entwicklung gemeinsam zu Verlusten von Küstenfeuchtgebieten und Mangroven sowie in zahlreichen Gebieten zu zunehmenden Schäden infolge von Küstenüberflutungen bei.«

Hitzewelle 2003

Die heftige Hitzewelle über weite Teile Europas dauerte zwischen Juni und Mitte August 2003 an und führte zu einem Anstieg der Sommertemperaturen um 3–5 °C in großen Teilen Süd- und Mitteleuropas. Die ungewöhnlich warmen Temperaturen im Juni hielten den ganzen Monat an (was zu einer Erhöhung der mittleren Monatstemperatur um bis zu 7 °C führte). Der Juli war nur etwas wärmer als im Durchschnitt (1–3 °C), die höchsten Abweichungen vom Durchschnitt wurden zwischen dem 1. und 13. August 2003 erreicht (7 °C).

Maximale Temperaturen kletterten auf Werte deutlich über 40 °C. Mittlere Sommertemperaturen (Juni–August) lagen weit über dem langjährigen Mittel – um bis zu 5 Standardabweichungen. Dies impliziert, dass es sich im jetzigen Klima um ein extrem unwahrscheinliches Ereignis handelt. Es ist allerdings konsistent mit einem Anstieg sowohl der mittleren Temperatur als auch der Temperaturvariabilität. Insofern ähnelt die Hitzewelle von 2003 den Simulationen von regionalen Klimamodellen – für Sommertemperaturen, die im A2-Szenario für die zweite Hälfte des 21. Jahrhunderts zu erwarten wären. Die anthropogene Erwärmung mag also bereits das Risiko von Hitzewellen wie diejenige, die 2003 geschah, erhöht haben.

Die Hitzewelle ging einher mit jährlichen Niederschlagsdefiziten um bis zu 300 mm, und diese Dürre trug zur Abnahme der Bruttoprimärproduktion terrestrischer Ökosysteme um geschätzte 30 Prozent in Europa bei. Dadurch minderte sich die landwirtschaftliche Produktion und erhöhten sich Produktionskosten – insgesamt ein geschätzter Schaden von mehr als 13 Milliarden Euro. Die heißen und trockenen Bedingungen führten zu vielen sehr großen Wildfeuern, insbesondere in Portugal (390.000 ha betroffene Fläche). Viele große Flüsse (etwa Po, Rhein, Loire, Donau) wiesen Niedrigstwerte auf, was den Schiffsverkehr, Bewässerung und Kühlung von Kraftwerken beeinträchtigte.

Das extreme Schmelzen von Gletschern in den Alpen verhinderte noch niedrigere Flussstände in Donau und Rhein. Die zusätzliche Zahl an Toten, die auf die extrem hohen Temperaturen zurückzuführen waren, könnte 35.000 betragen – betroffen waren insbesondere ältere Menschen. Die Hitzewelle 2003 hat zum Aufbau von Hitzewarnsystemen in mehreren europäischen Ländern geführt.

Quelle: IPCC 2007

Konkrete Folgen des Klimawandels

Die Arbeitsgruppe I des IPCC hatte Szenarien entwickelt und in Paris den wahrscheinlichen, künftigen Temperaturanstieg in unterschiedlichen Szenarien diskutiert. Arbeitsgruppe II greift dies nun in einem eigenen Bericht auf und beschreibt die voraussichtlichen Auswirkungen in den verschiedenen ökologischen und gesellschaftlichen Systemen und Sektoren.

»Im Folgenden wird eine Auswahl der wesentlichsten Erkenntnisse bezüglich der projizierten Auswirkungen für die vom IPCC für dieses Jahrhundert prognostizierte – und für den Menschen und die Umwelt relevant erachtete – Bandbreite ungemilderter Klimaänderungen dargestellt, ebenso einige

Erkenntnisse über Verwundbarkeiten und Anpassungsstrategien in jedem System, Sektor und jeder Region. Die Auswirkungen spiegeln häufig – neben Temperaturänderungen, Änderungen des Meeresspiegels und Änderungen der atmosphärischen Kohlendioxidkonzentrationen – prognostizierte Niederschlagsänderungen und andere klimatische Variablen wider. Das Ausmaß und der Zeitpunkt der Auswirkungen werden je nach Umfang und Zeitpunkt der Klimaänderung sowie in manchen Fällen, je nach Anpassungsfähigkeit, variieren.

Genauere Informationen über die zukünftigen Auswirkungen sind für eine breite Palette von Systemen und Sektoren verfügbar. Sie sind eingeteilt in

*   = mittleres Vertrauen,
**   = hohes Vertrauen,
***   = sehr hohes Vertrauen.«

Wasser: Auch hier sind mittlerweile genauere Informationen verfügbar. Nach den Ergebnissen werden Abfluss und Verfügbarkeit von Wasser in höheren Breiten und in einigen tropischen Feuchtgebieten sehr wahrscheinlich zunehmen, für einige Trockengebiete, einschließlich dichtbevölkerten Gebieten in Ost- und Südostasien, und in einem breiten Streifen der mittleren Breiten und tropischen Trockengebieten, die derzeit schon unter Wasserknappheit leiden.

Dürregebiete werden sich ausdehnen, extreme Niederschlagsereignisse an Häufigkeit und Intensität zunehmen und die Überschwemmungsrisiken sich erhöhen. Die in Gletscher und Schneedecken gespeicherten Wassermengen werden sehr wahrscheinlich schnell abnehmen. Die Sommer- und Herbstabflüsse werden sich in Regionen, die derzeit mehr als ein Sechstel der Weltbevölkerung ausmachen, drastisch verringern.

Ökosysteme: »Es ist wahrscheinlich, dass die Widerstandsfähigkeit zahlreicher Ökosysteme in diesem Jahrhundert

durch eine noch nie da gewesene Kombination von Klimaänderung, damit verbundenen Störungen (z. B. Überschwemmungen, Dürre, Flächenbrände, Insekten, Ozean-
versauerung) und anderen Antriebselementen des globalen
Wandels (z. B. Landnutzungsänderung, Verschmutzung,
Übernutzung von Ressourcen) überschritten wird. **

Die Nettoaufnahme von Kohlenstoff durch terrestrische Ökosysteme wird wahrscheinlich vor der Mitte dieses Jahrhunderts einen Höchststand erreichen, anschließend schwächer werden – oder sich sogar umzukehren –
und dadurch eine Verstärkung der Klimaänderung bewirken. **

Wenn der Anstieg der mittleren globalen Temperatur
1,5–2,5 °C^2 überschreitet, ist ein erhöhtes Aussterberisiko
für ca. 20–30 Prozent der bisher untersuchten Tier- und
Pflanzenarten wahrscheinlich. *

Bei einem Anstieg der mittleren globalen Temperatur
um mehr als 1,5–2,5 °C und einem gleichzeitigen Anstieg
der CO_2-Konzentration in der Luft werden erhebliche
Veränderungen der Struktur und Funktion von Ökosystemen sowie der ökologischen Interaktionen und geografischen Verbreitung von Arten – mit hauptsächlich
negativen Folgen für die Biodiversität und die Güter und
Leistungen der Ökosysteme wie z. B. Wasser- und Nahrungsmittelversorgung – projiziert. ** «

Nahrungsmittel, Wald: »Bei einem Anstieg der lokalen
mittleren Temperatur um bis zu 1–3 °C wird für das
Ernteertragspotenzial in mittleren bis hohen Breiten –
abhängig von der Nutzpflanze – ein leichter Anstieg, bei

---

^{2} Temperaturänderungen werden als Differenz zum Zeitraum 1980–
1999 ausgedrückt. Um diese in Bezug zum (vorindustriellen) Zeitraum 1850–1899 zu setzen, müssen 0,5 °C addiert werden.

Temperaturen oberhalb dieser Schwelle ein Rückgang für einige Regionen projiziert. *

In niedrigeren Breiten, insbesondere saisonal trockenen und Tropengebieten, wird für das Ernteertragspotenzial eine Abnahme selbst bei geringem Anstieg der lokalen Temperatur (1–2 °C) projiziert, was ein erhöhtes Hungerrisiko zur Folge haben würde. *

Global gesehen wird bei einem Anstieg der lokalen mittleren Temperatur um mehr als 1–3 °C eine Steigerung des Potenzials für die Nahrungsmittelproduktion projiziert, bei einem Anstieg darüber hinaus hingegen eine Verringerung. *

Anpassungsstrategien wie etwa veränderte Sorten und Anpflanzungs- bzw. Aussaatzeiten ermöglichen – bei mäßiger Erwärmung – in mittleren bis zu hohen Breitengraden eine Beibehaltung der Grund- bzw. darüberliegender Getreideerträge. *

Bei zunehmender Häufigkeit von Dürren und Überschwemmungen wird ein negativer Einfluss auf die Produktion vor Ort projiziert, insbesondere in den für die Existenz notwendigen Sektoren der niedrigen Breitengrade. **

Global gesehen ist in der Holzproduktion bei einer Klimaänderung kurz- bis mittelfristig ein mäßiger Anstieg der wirtschaftlichen Ertragsfähigkeit – mit großen regionalen Schwankungen bezüglich des globalen Trends – zu verzeichnen. *

Infolge weiterer Erwärmung sind bei der Verbreitung und Produktion bestimmter Fischarten regionale Veränderungen – mit projizierten nachteiligen Auswirkungen für Aquakulturen und Fischereien – zu erwarten. **«

Küstenzonen und tiefliegende Gebiete: »Es wird projiziert, dass die Küsten infolge der Klimaänderung und des

Anstiegs des Meeresspiegels immer größeren Risiken – einschließlich Küstenerosion – ausgesetzt sein werden und dass sich dieser Effekt durch den zunehmenden Druck, den der Mensch auf die Küstengebiete ausübt, noch verschärft. ***

Korallen sind durch Hitzestress verwundbar und haben eine geringe Anpassungskapazität. Bei einem Anstieg der Meeresoberflächentemperatur um ca. 1–3 °C werden – sofern es bei den Korallen zu keiner Anpassung an die Erwärmung oder Akklimatisierung kommt – ein vermehrtes Eintreten des Phänomens von Korallenbleiche und ein großräumigeres Absterben projiziert. ***

Für Küstenfeuchtgebiete, einschließlich Salzmarschen und Mangroven, werden durch den Anstieg des Meeresspiegels negative Auswirkungen projiziert – insbesondere dort, wo landeinwärts Hemmnisse bestehen oder kaum Sediment vorhanden ist. ***

Aufgrund des Anstiegs des Meeresspiegels wird projiziert, dass bis zu den 2080er-Jahren viele Millionen Menschen im Jahr von Überschwemmungen betroffen sein werden. Für dichtbesiedelte Standorte sowie tiefliegende Gebiete, in denen die Anpassungskapazität relativ gering ist und die bereits durch andere Gefahren bedroht sind, wie Tropenstürme und örtliche Absenkungen der Küsten, ist das Risiko besonders hoch. Die Anzahl der betroffenen Menschen wird in den Großdeltas Asiens und Afrikas am höchsten sein, während die kleinen Inseln in besonderem Maße verwundbar sind. *** «

Gesundheit: Projizierte, durch Klimaänderungen bedingte Belastungen werden voraussichtlich den Gesundheitszustand von Millionen von Menschen – vor allem jener mit geringer Anpassungskapazität – in Mitleidenschaft ziehen, durch

- wachsende Unterernährung und Folgeerkrankungen, u. a. mit Auswirkungen auf Wachstum und Entwicklung von Kindern;
- erhöhte Sterblichkeit, Erkrankungen und Verletzungen aufgrund von Hitzewellen, Überschwemmungen, Stürmen, Bränden und Dürren;
- erhöhte Belastung durch Durchfallerkrankungen;
- vermehrte Häufigkeit von Herz- und Atemwegserkrankungen aufgrund höherer Konzentrationen von bodennahem Ozon, die durch Klimaänderung bedingt sind, sowie
- eine geänderte räumliche Verbreitung der Überträger einiger Infektionskrankheiten in Mitleidenschaft gezogen. **

Die Klimaänderung wird voraussichtlich in manchen Fällen uneinheitliche Folgen haben – so z. B. eine Ab- oder Zunahme von Ausbreitungsgebieten und -möglichkeiten der Malaria in Afrika. **

Studien in gemäßigten Gebieten[3] haben gezeigt, dass die Klimaänderung voraussichtlich gewisse Vorteile für die Gesundheit mit sich bringen wird, wie z. B. einen Rückgang von durch Kälte verursachten Todesfällen. Insgesamt ist zu erwarten, dass weltweit – insbesondere in den Entwicklungsländern – die negativen Effekte steigender Temperaturen auf die Gesundheit die Vorteile überwiegen.

Das Verhältnis zwischen positiven und negativen Auswirkungen für die Gesundheit wird von Ort zu Ort unterschiedlich sein und sich bei einem weiteren Temperaturanstieg im Verlauf der Zeit ändern. Faktoren, die einen direkten Einfluss auf die Gesundheit der Bevölkerung

---

[3] Studien hauptsächlich in Industrieländern.

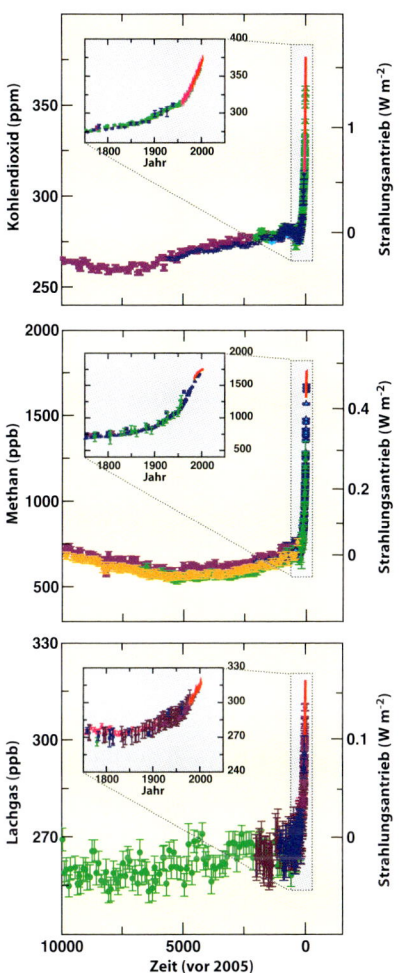

Atmosphärische Konzentrationen von Kohlendioxid, Methan und Lachgas in den letzten 10.000 Jahren (große Grafiken) und seit 1750 (eingefügte Grafiken). Dargestellt sind Messungen aus Eisbohrkernen (Symbole mit verschiedenen Farben für unterschiedliche Studien) und atmosphärischen Proben (rote Linien). Die entsprechenden Strahlungsantriebe sind auf der rechten Achse der großen Grafiken angegeben.

Abbildung I: Änderungen der Treibhausgase basierend auf Eisbohrkernen und modernen Daten (IPCC (2007): Climate Change 2007: The Scientific Basis)

Vergleich der beobachteten Änderungen der Erdoberflächentemperatur auf kontinentaler und globaler Skala mit den von Klimamodellen auf Grund natürlicher und anthropogener Antriebe berechneten Resultaten. Die Jahrzehnt-Mittel der Beobachtungen sind für den Zeitraum 1906–2005 (schwarze Linie) im Zentrum des Jahrzehnts und relativ zum entsprechenden Mittel von 1901–1950 eingezeichnet. Die Linien sind gestrichelt, wenn die räumliche Abdeckung weniger als 50% beträgt. Blau schattierte Bänder zeigen die 5–95%-Bandbreite für 19 Simulationen von 5 Klimamodellen, welche nur die natürlichen Antriebe durch Sonnenaktivität und Vulkane berücksichtigen. Rot schattierte Bänder zeigen die 5–95%-Bandbreite für 58 Simulationen von 14 Klimamodellen unter Verwendung sowohl der natürlichen als auch anthropogenen Antriebe.

Abbildung II: Globale und kontinentale Temperaturänderungen

(IPCC (2007): Climate Change 2007:
The Scientific Basis)

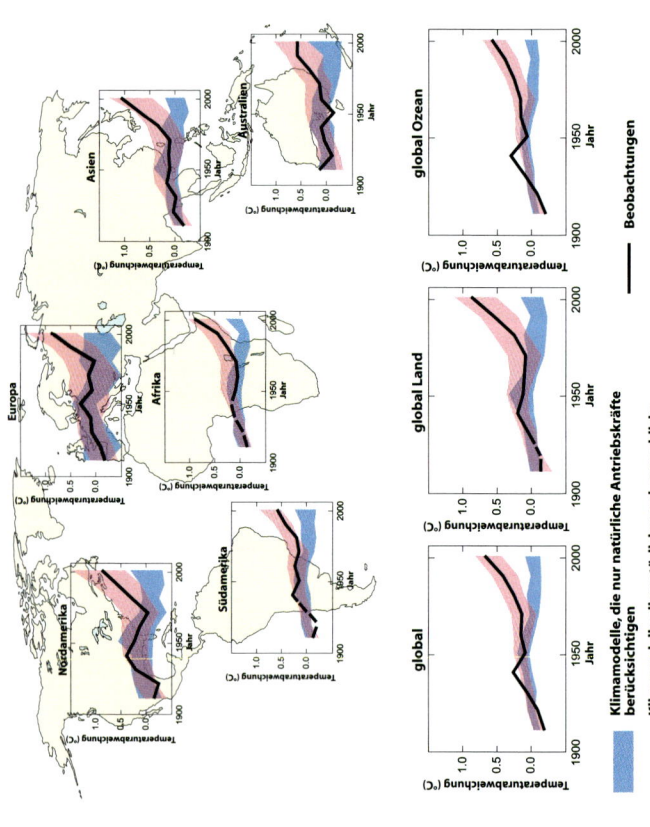

Klimamodelle, die nur natürliche Antriebskräfte berücksichtigen

Klimamodelle, die natürliche und menschliche Antriebskräfte berücksichtigen

Beobachtungen

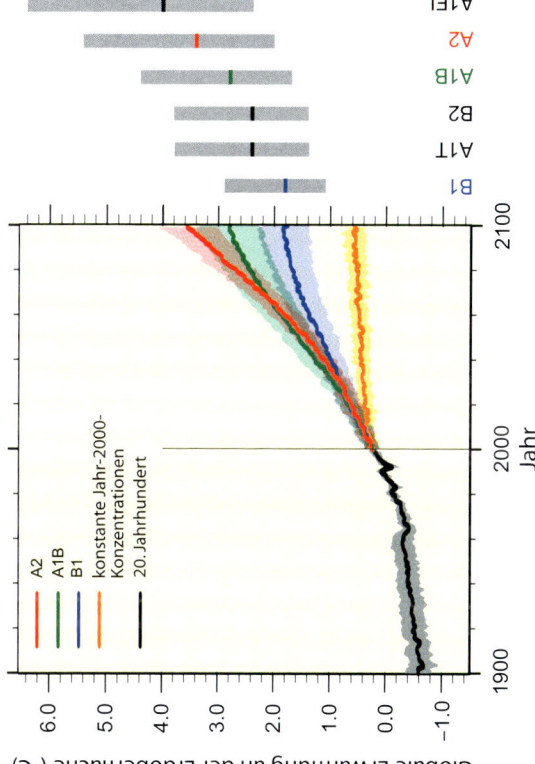

Abbildung III: Multimodell-Mittel und geschätzte Bandbreiten für die Erwärmung an der Erdoberfläche

(IPCC (2007): Climate Change 2007: The Scientific Basis)

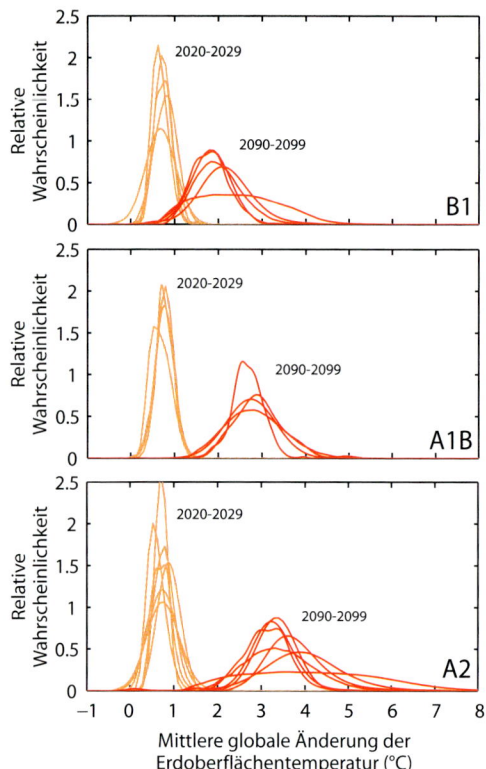

Projizierte Änderungen der Erdoberflächentemperatur für das frühe und späte 21. Jahrhundert im Vergleich zum Zeitraum 1980–1999. Die mittleren und rechten Grafiken zeigen die AOGCM-Multi-modell-Mittel-Projektionen für die B1- (oben), A1B- (Mitte) und A2- (unten) -SRES-Szenarien, gemittelt über die Jahrzehnte 2020–2029 (Mitte) und 2090–2099 (rechts). Die linken Grafiken zeigen die entsprechenden Unsicherheiten als relative Wahrscheinlichkeiten der geschätzten mittleren globalen

Linke und rechte Seite
Abbildung IV: Modellprojektionen der Erdoberflächentemperatur

(IPCC (2007): Climate Change 2007: The Scientific Basis)

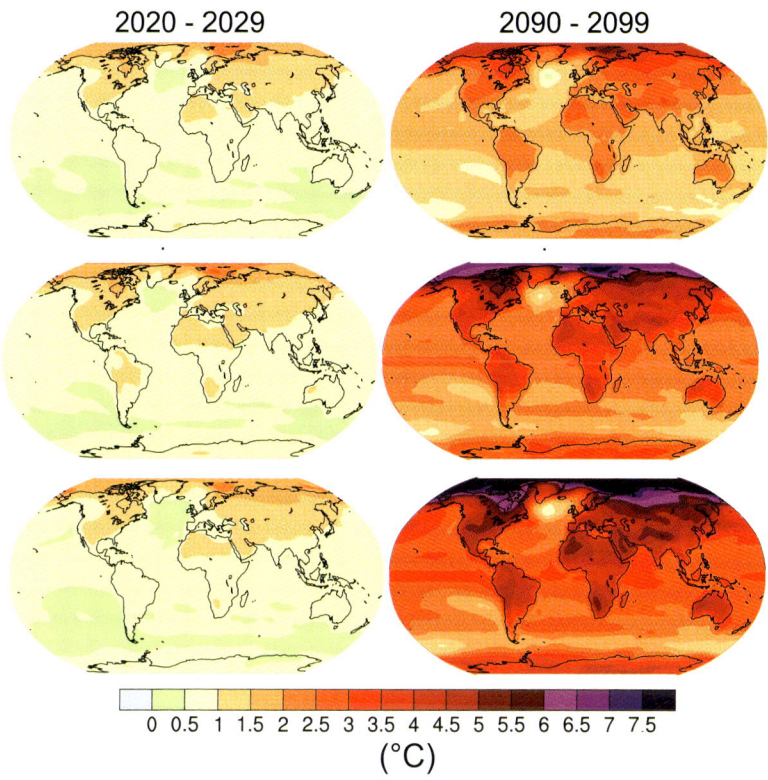

2020 - 2029

2090 - 2099

0   0.5   1   1.5   2   2.5   3   3.5   4   4.5   5   5.5   6   6.5   7   7.5

(°C)

Erwärmung aus mehreren unterschiedlichen AOGCM- und EMIC-Studien für die gleichen Zeiträume. Einige Studien bieten nur Resultate für einen Teil der SRES-Szenarien oder für verschiedene Modellversionen. Deshalb ist die Anzahl der in den linken Grafiken gezeigten Kurven einzig wegen der unterschiedlichen Verfügbarkeit von Resultaten unterschiedlich.

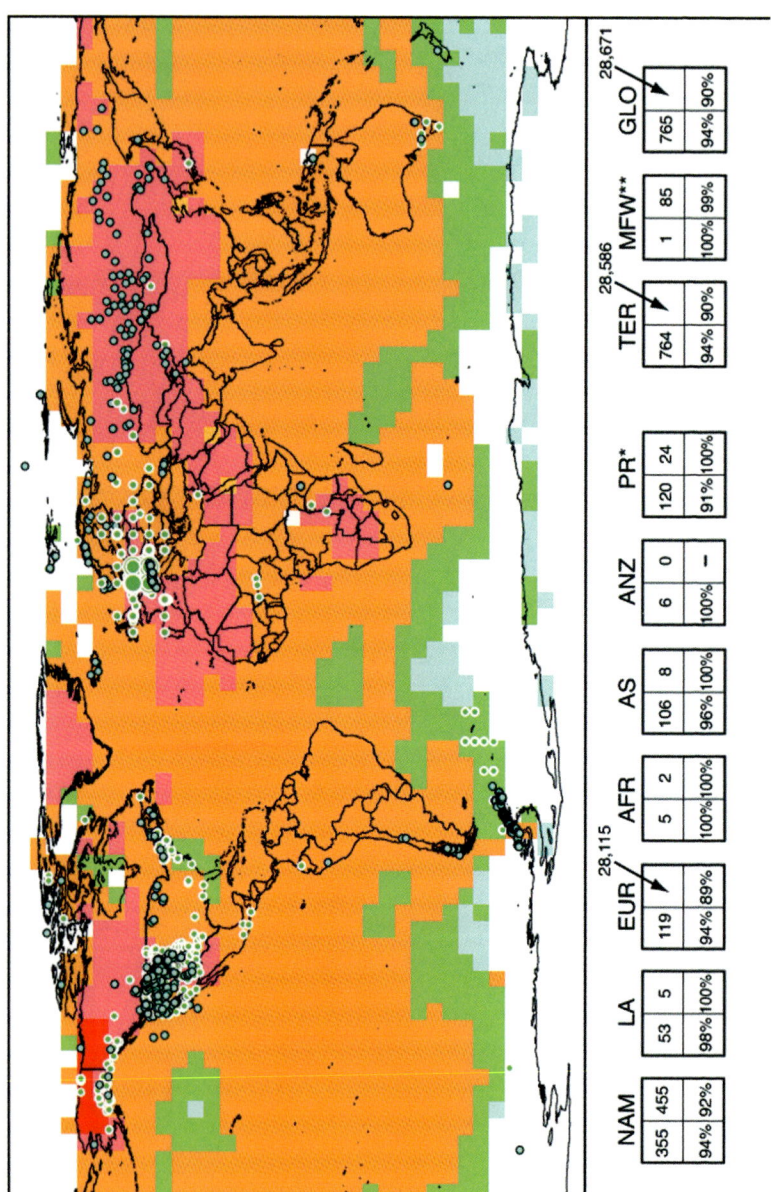

NAM		LA		EUR		AFR		AS		ANZ		PR*		TER		MFW**		GLO	
355	455	53	5	119	2	5	2	106	8	6	0	120	24	764	85	1	85	765	
94%	92%	98%	100%	94%	89%	100%	100%	96%	100%	100%	–	91%	100%	94%	90%	100%	99%	94%	90%

28,115   28,586   28,671

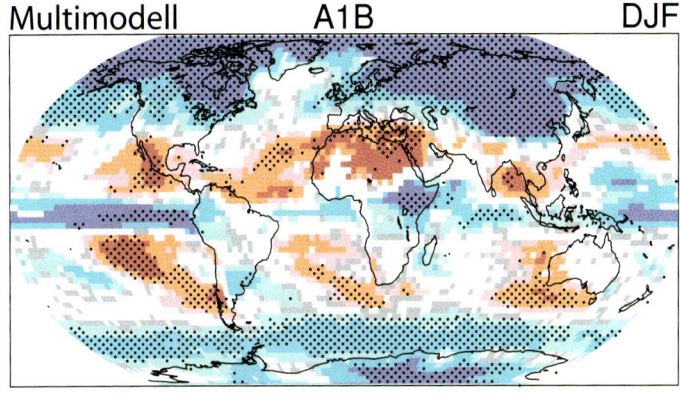

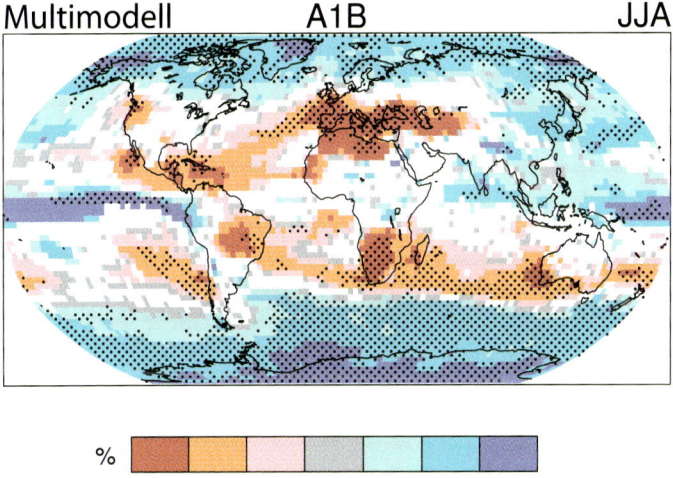

Relative Änderungen der Niederschläge (in Prozent) für den Zeitraum 2090–2099 im Vergleich zu 1980–1999. Die Werte sind Multimodell-Mittel, basierend auf dem SRES-A1B-Szenario für Dezember bis Februar (links) und Juni bis August (rechts). Flächen, für welche weniger als 66% der Modelle bezüglich des Vorzeichens der Änderungen übereinstimmen, sind punktiert.

Abbildung VI: Projizierte Änderungsmuster der Niederschläge

(IPCC (2007): Climate Change 2007: The Scientific Basis)

Beobachtete Daten

○ Physikalische Systeme (Kryosphäre, Hydrologie, Küstenprozesse)
◉ Biologische Systeme (Meer- und Süßwassersysteme, terrestrische Systeme)

	physikalisch	biologisch
	Signifikante beobachtete Veränderungen	Signifikante beobachtete Veränderungen
	mit der Erwärmung übereinstimmende signifikante Veränderungen (%)	mit der Erwärmung übereinstimmende signifikante Veränderungen (%)

Europa ***

○ 1-30
○ 31-100
○ 101-800
○ 801-1200
○ 1201-7500

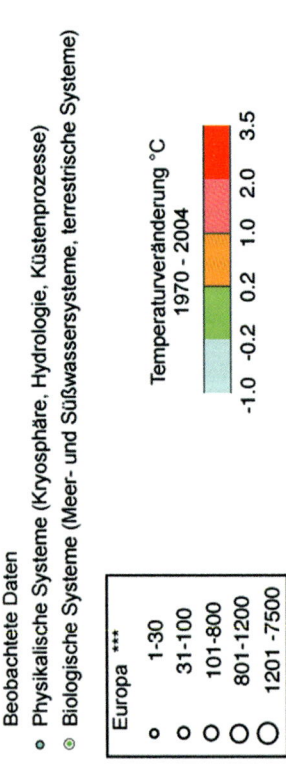

Temperaturveränderung °C
1970 - 2004

-1.0 -0.2 0.2 1.0 2.0 3.5

* Polarregionen - beinhaltet auch beobachtete Veränderungen biologischer Meer- und Süßwassersysteme

** Meer- und Süßwasser - beinhaltet beobachtete Veränderungen in einzelnen und sich über große Flächen erstrecken-
den Gebieten in Ozeanen, auf kleinen Inseln und Kontinenten.

*** Die Kreise in Europa stellen 1 bis 7500 Datenreihen dar.

Darstellung der örtlichen Lage signifikanter Veränderungen bei den Beobachtungen physikalischer Systeme (Schnee, Eis, gefrorener Boden; Hydrologie; und Küstenprozesse) und biologischer Sychsteme (terrestrische, Meer- und Süßwassersysteme) und Veränderungen der Oberflächentemperatur im Zeitraum 1970–2004. Von etwa 80.000 Datenreihen aus 577 Studien wurden ungefähr 29.000 Datenreihen ausgewählt. Sie entsprechen folgenden Kriterien: (1) 1990 oder später endend; (2) einen Zeitraum von mindestens 20 Jahren umfassend und (3) eine signifikante Veränderung in die eine oder andere Richtung. Diese Datenreihen sind etwa 75 Studien entnommen (von denen ~70 seit dem dritten Sachstandsbericht neu sind). Von den Datenreihen stammen etwa 28.000 aus europäischen Studien. Für die weißen Regionen sind die klimatischen Beobachtungsdaten nicht ausreichend, um einen Trend bezüglich der Temperatur abschätzen zu können. Die 2 x 2 Kästen zeigen die Gesamtzahl der Datenreihen mit signifikanten Veränderungen (obere Zeile) und den Anteil jener Änderungen (in Prozent), die mit der Erwärmung im Einklang stehen (untere Zeile) für (i) kontinentale Gebiete: Nordamerika (NAM), Lateinamerika (LA), Europa (EUR), Afrika (AFR), Asien (AS), Australien und Neuseeland (ANZ) und die Polarregionen (PR) sowie (ii) auf globaler Ebene: terrestrisch (TER), Meer- und Süßwasser [Marine und Freshwater (MFW)] und global (GLO). Die Zahlen der Studien in den sieben Regional-Kästen (NAM, ..., PR) entsprechen nicht den Endsummen auf globaler Ebene (GLO), weil die Zahlen für die Regionen – außer für die Polarregionen – Zahlen für Meer- und Süßwassersysteme (MFR) nicht mit einschließen.

Abbildung V: IPCC (2007): Climate Change Impacts, Adaption and Vulnerability

haben – wie z. B. das Bildungs- und Gesundheitswesen, die öffentliche Gesundheitsprävention sowie Infrastruktur und die wirtschaftliche Entwicklung – werden von entscheidender Bedeutung sein. ***«

Industrie, Siedlung und Gesellschaft: »Kosten und Nutzen der Klimaänderung für Industrie, Siedlungen und Gesellschaft werden – je nach Ort und Umfang – sehr unterschiedlich ausfallen. Insgesamt betrachtet werden sich die Auswirkungen jedoch tendenziell eher negativ darstellen, je weiträumiger die Klimaänderung ausfällt. **

Am verwundbarsten sind Industrien, Siedlungen und Gesellschaften im Allgemeinen in Küsten- oder Flussschwemmgebieten sowie dort, wo die Wirtschaft eng an klimatisch sensible Ressourcen gebunden ist, aber auch in Gebieten, die für extreme Wetterereignisse anfällig sind – insbesondere dort, wo die Urbanisierung rasch voranschreitet. **

Arme Bevölkerungsgruppen können besonders verwundbar sein – vor allem wenn sie konzentriert in Hochrisikogebieten leben. Meist verfügen sie über eingeschränkte Anpassungskapazitäten und sind in höherem Maß abhängig von klimatisch sensiblen Ressourcen wie der örtlichen Wasser- und Nahrungsmittelversorgung. **

Wo extreme Wetterereignisse intensiver und/oder häufiger werden, wird es zu einem Anstieg der damit verbundenen wirtschaftlichen und sozialen Kosten kommen. Dieser Anstieg wird in den am unmittelbarsten betroffenen Gebieten erheblich ausfallen. Aufgrund weitreichender und komplexer Verflechtungen wird eine Ausweitung der Auswirkungen der Klimaänderung von unmittelbar betroffenen Gebieten und Sektoren auf weitere Gebiete und Sektoren die Folge sein. **

Regionale Auswirkungen

Genauere Informationen bezüglich der Art zukünftiger Auswirkungen sind nun für die Regionen der Welt verfügbar – einschließlich einiger Orte, die in früheren Bewertungen nicht erfasst waren.«

Ein wesentlicher Fortschritt des 4. gegenüber dem 3. Sachstandsbericht von 2001 ist die räumlich deutlich höhere Auflösung der Szenarien und Modellrechnungen. Dadurch wurde es erstmals möglich, auch die regionalen Unterschiede der Folgen des Klimawandels detaillierter zu beschreiben. Im Prinzip lässt sich, etwa mit den Regionalmodellen des Hamburger Max-Planck-Instituts für Meteorologie, das Temperatur- und Niederschlagsverhalten bereits bis auf wenige Kilometer genau berechnen. Dies spielt zum Beispiel für wasserwirtschaftliche Planungen inzwischen eine erhebliche Rolle.

Das IPCC ist indes sehr viel vorsichtiger. Immerhin werden die bekannten regionalen Klimaeffekte kontinentalspezifisch benannt. Neben den fünf großen Weltregionen werden auch die Klimaveränderungen der arktischen und antarktischen Gebiete sowie von kleinen Inseln beschrieben.

Afrika: »Es wird projiziert, dass bis zum Jahr 2020 ca. 75 bis 250 Millionen Menschen unter zunehmender Wasserknappheit aufgrund der Klimaänderung leiden, was sich – in Verbindung mit einem erhöhten Bedarf – negativ auf den Lebensunterhalt auswirken und zu einer Verschlimmerung wasserbedingter Probleme führen wird.**

Durch Klimaschwankungen und -änderungen werden für viele Länder und Regionen Afrikas schwerwiegende Beeinträchtigungen der landwirtschaftlichen Produktion – einschließlich des Zugangs zu Nahrungsmitteln – projiziert. Die für die Landwirtschaft geeignete Fläche, ebenso wie Vegetationszeiten und das Ertragspotenzial, werden voraussichtlich – vor allem am Rande arider und semi-arider Gebiete – zurückgehen, was sich negativ auf die Nahrungsmittelsicherheit auswirken und die Unterernährung auf dem Kontinent verschlimmern würde. In einigen Ländern könnten sich die Erträge aus der vom Regen abhängigen Landwirtschaft bis 2020 um bis zu 50 Prozent reduzieren. **

Für die örtliche Nahrungsmittelversorgung werden – durch abnehmende Fischressourcen aufgrund steigender Wassertemperaturen in großen Seen – negative Auswirkungen projiziert, die durch weitere Überfischung noch verschlimmert werden können. **

Gegen Ende des 21. Jahrhunderts wird der projizierte Anstieg des Meeresspiegels eine Bedrohung für tiefliegende, bevölkerungsreiche Küstengebiete darstellen. Die Kosten für Anpassungsmaßnahmen könnten mindestens fünf bis zehn Prozent des BIPs betragen. Für die Mangroven und Korallenriffe werden ein weiterer Rückgang und damit verbunden zusätzliche Folgen für Fischerei und Tourismus projiziert. **

Neue Studien belegen, dass Afrika aufgrund seiner vielfachen Beanspruchungen und niedrigen Anpassungskapazität einer der verwundbarsten Kontinente bezüglich der Klimaschwankungen und -veränderungen ist. Zwar findet eine Anpassung an derzeitige Klimaschwankungen in gewissem Maß statt, doch wird sich diese vielleicht – im Hinblick auf zukünftige Änderungen des Klimas – als unzureichend herausstellen. ** «

Asien: »Als Folge der Gletscherschmelze im Himalaya-Gebirge werden für den Zeitraum der nächsten zwei bis drei Jahrzehnte vermehrt Überschwemmungen, Felslawinen an destabilisierten Hängen sowie Störungen der Wasserressourcen projiziert. Danach wird es durch das Zurückweichen der Gletscher zu einer Abnahme der Abflussmenge in Flüssen kommen. **

In Zentral-, Süd- und Ostasien sowie in Südostasien wird vor allem in großen Flussgebieten infolge der Klimaänderung ein Rückgang des verfügbaren Süßwassers projiziert, welcher sich – in Verbindung mit dem Bevölkerungszuwachs und einem aufgrund des steigenden Lebensstandards erhöhten Bedarf – bis zu den 2050er-Jahren für mehr als eine Milliarde Menschen nachteilig auswirken könnte. **

Für Küstengebiete, insbesondere dichtbesiedelte Regionen ausgedehnter Küstendeltas in Süd- und Ostasien, wird das Risiko für zunehmende Meeres- und Flussüberflutungen am größten sein. **

Die Klimaänderung wird voraussichtlich auf die nachhaltige Entwicklung der meisten Entwicklungsländer Asiens einen Einfluss haben, da sie – in Verbindung mit rascher Urbanisierung, Industrialisierung und wirtschaftlicher Entwicklung – den Druck auf die natürlichen Ressourcen und die Umwelt noch zusätzlich erhöht. **

Während für die Ernteerträge in Ost- und Südostasien ein möglicher Anstieg von bis zu 20 Prozent projiziert wird, könnten Zentral- und Südasien bis zur Mitte des 21. Jahrhunderts Rückgänge um bis zu 30 Prozent zu verzeichnen haben. Bei gemeinsamer Betrachtung – und unter Berücksichtigung des Einflusses von raschem Bevölkerungswachstum und der Urbanisierung – wird das Hungerrisiko in mehreren Entwicklungsländern voraussichtlich stark erhöht bleiben. *

Endemische Krankheiten und Todesfälle infolge von – vorrangig in Verbindung mit Überschwemmungen und Dürren auftretenden – Durchfallserkrankungen werden in

Ost-, Süd- und Südoststasien aufgrund projizierter, mit der globalen Erwärmung in Verbindung stehender Änderungen des hydrologischen Kreislaufs voraussichtlich zunehmen. Eine Erhöhung der Wassertemperatur in Küstengebieten würde ein vermehrtes Auftreten – und/ oder eine erhöhte Toxizität – der Cholera in Südostasien bewirken. * * «

Australien und Neuseeland: »Die Probleme bei der Wasserversorgung in Süd- und Ostaustralien sowie in Northland und in einigen Regionen im Osten Neuseelands werden sich voraussichtlich bis 2030 durch zurückgehende Niederschläge und vermehrte Verdunstung verstärken. * *

Für einige ökologisch reiche Gebiete, wie z.B. das Great-Barrier-Riff und die feuchten Tropengebiete von Queensland, werden signifikante Verluste der Biodiversität bis 2020 projiziert. Zu anderen gefährdeten Gebieten zählen die Kakadu-Feuchtgebiete, Südwestaustralien, die Inseln der Subantarktis und die alpinen Bereiche in beiden Ländern. * * *

Für Gebiete wie z.B. Cairns und Südost-Queensland (Australien) sowie für Northland bis zur Bay of Plenty (Neuseeland) werden durch anhaltende Küstenentwicklung und Bevölkerungszuwachs bis 2050 ein erhöhtes Risiko durch Anstieg des Meeresspiegels sowie an Stärke und Häufigkeit zunehmende Stürme und Küstenüberflutungen projiziert. * * *

Bis zum Jahr 2030 wird die land- und forstwirtschaftliche Produktion aufgrund vermehrt auftretender Dürre und Brände in weiten Teilen Süd- und Ostaustraliens sowie in Teilen des östlichen Neuseelands voraussichtlich einen Rückgang verzeichnen. In Neuseeland hingegen werden – aufgrund längerer Vegetationszeiten, eines geringeren Frostrisikos und vermehrter Regenfälle – für die Land- und Forstwirtschaft in den westlichen und südlichen Gebieten sowie im Nahbereich von Flüssen anfängliche Vorteile projiziert. **

Zwar verfügt die Region aufgrund ihrer gut entwickelten Wirtschaft und wissenschaftlichen und technischen Leistungsfähigkeit über beachtliche Anpassungskapazitäten; hinsichtlich ihrer Umsetzung bestehen jedoch erhebliche Einschränkungen – ebenso wie extreme Ereignisse bedeutende Herausforderungen darstellen. Natürliche Systeme verfügen über eine begrenzte Anpassungskapazität. ** «

Europa: »Erstmals sind nun weitreichende Auswirkungen von Veränderungen des derzeit herrschenden Klimas dokumentiert: Rückzug der Gletscher, längere Vegetationszeiten, eine Verlagerung bei den Verbreitungsgebieten der Arten und Auswirkungen auf die Gesundheit aufgrund einer Hitzewelle von noch nie da gewesenem Ausmaß. Die oben beschriebenen beobachteten Veränderungen stehen mit jenen, die für eine zukünftige Klimaänderung projiziert werden, im Einklang. ***

Erwartungsgemäß werden nahezu alle Regionen Europas durch künftige Auswirkungen der Klimaänderung nachteilig beeinträchtigt, diese werden zu Herausforderungen vieler Wirtschaftssektoren werden. Die Klimaänderung wird voraussichtlich regionale Differenzen bezüglich der natürlichen Ressourcen und Güter in Europa verstärken. Zu den nachteiligen Auswirkungen werden ein erhöhtes Risiko durch flutartige Überschwemmungen im Landesinnern, eine zunehmende Häufigkeit an Küstenüberschwemmungen und eine größere Erosion (durch Gewitter und Meeresspiegelanstieg) zu zählen sein. Für die überwiegende Mehrheit von Organismen und

Ökosystemen wird sich eine Anpassung an die Klimaänderung als schwierig erweisen. In den Gebirgsregionen
wird es zu einem Rückzug der Gletscher, einem Rückgang
der Schneedecke und des Wintertourismus und zu einem
erheblichen Verlust der Arten (bis 2080 in manchen
Gebieten für Hochemissions-Szenarien bis zu 60 Prozent)
kommen. * * *

Für Südeuropa werden infolge der Klimaänderung
schlechtere Bedingungen (hohe Temperaturen und Dürre),
geringere Wasserverfügbarkeit und geringeres Wasser-
kraft-Potenzial sowie ein Rückgang des Sommertouris-
mus und der Ernteertragsfähigkeit im Allgemeinen, aber
auch ein erhöhtes Gesundheitsrisiko durch Hitzewellen
sowie eine vermehrte Häufigkeit von Waldbränden projiziert – und dies in einer Region, die bereits jetzt der
Klimavariabilität gegenüber verwundbar ist. * *

Für Mittel- und Osteuropa werden abnehmende
Niederschläge im Sommer und damit eine zunehmende
Wasserknappheit projiziert. Als Folge von Hitzewellen
werden ernstliche gesundheitliche Risiken projiziert. Die
Ertragsfähigkeit des Waldes wird voraussichtlich ab-, die
Häufigkeit von Moorbränden zunehmen. * *

Die für Nordeuropa projizierten Effekte der Klimaänderung werden anfänglich uneinheitlich ausfallen und
auch einige Vorteile – z. B. verminderter Heizbedarf, steigende Ernteerträge und verstärktes Waldwachstum – mit
sich bringen. Bei fortgesetzter Klimaänderung werden
jedoch die negativen Auswirkungen (darunter häufigere
winterliche Hochwässer, gefährdete Ökosysteme und
anwachsende Bodeninstabilität) gegenüber den Vorteilen
überwiegen. * *

Eine Anpassung an die Klimaänderung wird wahrscheinlich von Erfahrungen, die bei Reaktionen auf
extreme Klimaereignisse gewonnen wurden, profitieren,

wenn speziell Anpassungspläne für ein proaktives Klima-änderungs-Risikomanagement umgesetzt werden. **«

Lateinamerika: »Bis zur Mitte des Jahrhunderts wird – bei einem Anstieg der Temperatur und einer damit verbundenen Abnahme der Bodenfeuchtigkeit – für die tropischen Wälder im östlichen Amazonien eine allmähliche Umwandlung in Savannen projiziert. Oft wird die semi-aride Vegetation einer ariden Bodenvegetation weichen. Für viele Gebiete der Tropen Lateinamerikas besteht infolge des Aussterbens von Arten das Risiko eines signifikanten Verlustes an Biodiversität. **

In trockeneren Gebieten führt die Klimaänderung voraussichtlich zu Versalzung und Wüstenbildung von Ackerland. Für die Ertragsfähigkeit einiger wichtiger Nutzpflanzen wird ein Rückgang projiziert – ebenso wie für die Produktivität der Viehhaltung – mit ungünstigen Folgen für die Nahrungsmittelsicherheit. In den gemäßigten Zonen wird ein Anstieg der Erträge von Sojabohnen projiziert. **

Durch den Anstieg des Meeresspiegels wird für tiefliegende Gebiete ein erhöhtes Risiko durch Überschwemmungen projiziert. **

Infolge des Anstiegs der Meeresoberflächentemperatur aufgrund der Klimaänderung werden nachteilige Auswirkungen für die mittelamerikanischen Korallenriffe sowie örtliche Verlagerungen des südostpazifischen Fischbestands projiziert. **

Für die Verfügbarkeit von Wasser für den menschlichen Verbrauch ebenso wie Landwirtschaft und Energieerzeugung werden signifikante Beeinträchtigungen durch geänderte Niederschlagsmuster und das Verschwinden von Gletschern projiziert. **

Einige Länder haben Anstrengungen für eine Anpassung unternommen – insbesondere durch den Schutz von Schlüsselökosystemen, Frühwarnsysteme, Risikomanagement in der Landwirtschaft, Strategien zum Überschwemmungs-, Dürre- und Küstenmanagement und Krankheitsüberwachungssysteme. Ungeachtet der Wirksamkeit dieser Bemühungen überwiegen unter anderem folgende Mängel: das Fehlen grundlegender Informations-, Beobachtungs- und Monitoringsysteme; eine unzureichende Entwicklung von Handlungskompetenzen sowie die Ermangelung geeigneter politischer, institutioneller und technologischer Rahmenbedingungen; niedriges Einkommen und Siedlungen in verwundbaren Gebieten. * *«

Nordamerika: »Für die vom Regen abhängige Landwirtschaft wird durch eine mäßige Klimaänderung in den ersten Jahrzehnten zu Beginn des Jahrhunderts ein Anstieg der Gesamterträge um fünf bis 20 Prozent projiziert – allerdings mit erheblichen Schwankungen zwischen den Regionen. Für Nutzpflanzen im wärmeren Bereich ihrer entsprechenden Verbreitungsgebiete, oder auch für solche, die von stark genutzten Wasserressourcen abhängen, werden sich bedeutende Herausforderungen ergeben. * *

Durch die Erwärmung im westlichen Gebirge werden eine Verringerung der Schneedecke, eine Zunahme der Überschwemmungen im Winter und ein Rückgang der sommerlichen Abflussmengen und dadurch eine Verschärfung des Wettbewerbs um übernutzte Wasserressourcen projiziert. * * *

In zunehmendem Maße werden Auswirkungen auf die Wälder infolge von Störungen durch Schädlinge, Krankheiten und Brände projiziert – mit einem hohen Brandrisiko über einen längeren Zeitraum hinaus und einer starken Zunahme verbrannter Flächen. * * *

Städte, die bereits jetzt Hitzewellen zu verzeichnen haben, werden diesen im Laufe des Jahrhunderts voraussichtlich in vermehrtem, intensiverem und länger anhaltendem Ausmaß ausgesetzt sein, ebenso wie den damit verbundenen gesundheitlichen Beeinträchtigungen. Der immer größer werdende Anteil der älteren Bevölkerung ist hiervon am stärksten betroffen. ***

Bevölkerung und Lebensräume in den Küstengebieten werden durch die Auswirkungen der Klimaänderung und den Einfluss von Entwicklung und Verschmutzung in zunehmendem Maße beansprucht werden. Der Bevölkerungszuwachs und die steigende Bedeutung der Infrastruktur in Küstengebieten erhöhen die Verwundbarkeit gegenüber Klimaschwankungen und zukünftigen Klimaänderungen – mit einem absehbaren Anstieg an Verlusten, wenn die Tropenstürme an Intensität zunehmen. Die gegenwärtigen Anpassungsmaßnahmen sind im Hinblick auf die zunehmenden Klimaänderungen und deren Folgen weder stringent noch hinreichend. ***«

Polarregionen: »Zu den wesentlichsten projizierten biophysikalischen Auswirkungen zählen der Rückgang der Dicke und Ausdehnung von Gletschern und Eisschildern sowie Veränderungen natürlicher Ökosysteme mit nachteiligen Auswirkungen für zahlreiche Organismen – wie z. B. Wandervögel, Säugetiere und Raubtiere an der Spitze der Nahrungskette. Zu den zusätzlichen Auswirkungen in der Arktis zählen Rückgänge in der Ausdehnung von Meereis und Permafrostflächen, zunehmende Küstenerosion und der Anstieg der saisonalen Tautiefe der Permafrostregionen. **

Die für menschliche Gemeinschaften in der Arktis projizierten Auswirkungen werden unterschiedlich ausfallen – insbesondere infolge veränderter Bedingungen durch

Schnee und Eis. Zu den nachteiligen Auswirkungen wären Folgen für die Infrastruktur sowie für die traditionelle indigene Lebensweise zu zählen. **

Zu den vorteilhaften Auswirkungen wären niedrigere Heizkosten und eine bessere Schiffbarkeit der nördlichen Meeresrouten zu zählen. *

Für beide Polarregionen zeigen die Prognosen eine Verwundbarkeit spezifischer Ökosysteme und Lebensräume durch das Eindringen von Arten infolge niedrigerer klimatischer Barrieren. **

Zwar findet in den menschlichen Gemeinschaften der Arktis eine Anpassung bereits statt, jedoch stellen externe wie auch interne Belastungsfaktoren eine Herausforderung ihrer Anpassungskapazität dar. Trotz der historisch erwiesenen Belastbarkeit indigener Bevölkerungsgruppen der Arktis sind nunmehr einige traditionelle Lebensweisen gefährdet – und beträchtliche Investitionen zur Anpassung oder Umlagerung bzw. -siedlung von physikalischen Strukturen und Bevölkerungsgruppen erforderlich. ** «

Kleine Inseln: »Den Folgen der Klimaänderung, dem Anstieg des Meeresspiegels und extremen Ereignissen gegenüber besonders verwundbar. Die beispielsweise durch Erosion der Strände sowie Korallenbleiche hervorgerufene Verschlechterung des Zustandes der Küsten wird voraussichtlich eine Beeinträchtigung örtlicher Ressourcen – wie z. B. der Fischerei – zur Folge haben und die Attraktivität dieser Ziele für den Tourismus verringern.

Der Anstieg des Meeresspiegels wird voraussichtlich zu einer Verstärkung von Überschwemmungen, Sturmfluten, Erosion und anderer Küstengefahren führen und dadurch die lebensnotwendige Infrastruktur sowie Siedlungen und

Einrichtungen, die dem Lebensunterhalt der Inselbevölkerung zugrunde liegen, gefährden. * * *

Die Prognosen für zahlreiche kleine Inseln – z. B. in der Karibik und im Pazifik – zeigen, dass die Wasserressourcen durch die Klimaänderung bis zur Mitte des Jahrhunderts auf eine Menge reduziert werden, die nicht ausreicht, um den Bedarf in Zeiten geringerer Regenfälle zu decken. * * *

Die höheren Temperaturen werden voraussichtlich eine vermehrte Einwanderung nichtheimischer Arten bewirken – vor allem auf den Inseln der mittleren und hohen Breiten. * *«

Trotz dieser noch sehr allgemeinen Aussagen rang sich das IPCC dazu durch, festzustellen, dass die Kenntnisse über Klimawirkungen in Abhängigkeit des Ausmaßes der Erwärmung um ein Vielfaches besser geworden sind. Allerdings schaffte es das IPCC nicht, eine umfassende Risikoanalyse vorzustellen, die auch solche Risiken mit einbezieht, die zwar nicht exakt abschätzbar sind, aber mit potenziell sehr hohen Schäden verbunden sind – etwa die Folgen eines langfristigen Meeresspiegelanstiegs um mehrere Meter, der durch die Erwärmung bereits in diesem Jahrhundert unumkehrbar ausgelöst werden könnte.

Auch konnte sich das IPCC nicht dazu durchringen, darzustellen, mit welchen Minderungsszenarien welche Klimafolgen verhindert werden können. Die Wissenschaftler und die Mehrheit der Delegierten wollten beides: eine umfassende Risikoanalyse und eine Darstellung, die auch aufzeigt, was durch Klimapolitik verhindert werden kann. Das wurde aber von einigen wenigen Delegationen verhindert. Insbesondere China und Saudi-Arabien spielten hier eine obstruktive Rolle. Die USA wehrten sich gegen eine umfassende Risikoanalyse. Es bleibt abzuwar ten, ob der IPCC beim noch ausstehenden Synthesebericht mutiger ist.

»Seit dem dritten IPCC-Sachstandsbericht haben viele zusätzliche Studien – insbesondere in zuvor wenig erforschten Gebieten – ein systematischeres Verständnis dafür ermöglicht, wie Zeitpunkt und Ausmaß der Auswirkungen von Änderungen des Klimas und des Meeresspiegels beeinflusst werden können, welche wiederum mit Änderungen der globalen Durchschnittstemperatur unterschiedlichen Ausmaßes und unterschiedlicher Geschwindigkeit in Zusammenhang stehen. Beispiele für diese neuen Erkenntnisse sind in [Abbildung 11] dargestellt. Die ausgewählten Einträge sind solche, die für Mensch und Umwelt als relevant erachtet wurden und für die ein hohes Vertrauen besteht. Alle Einträge über die Auswirkungen sind Kapiteln des Sachstandsberichts entnommen, in dem nähere Erläuterungen enthalten sind.«

»Je nach Sachlage konnten einige dieser Auswirkungen – basierend auf einer Reihe von Kriterien der Literatur (Ausmaß, Zeitpunkt, Fortdauer/Umkehrbarkeit, Anpassungspotenzial, Aspekte der Verbreitung, Wahrscheinlichkeit und ›Bedeutung‹ der Auswirkungen) – mit wesentlichen Verwundbarkeiten assoziiert werden. Eine Bewertung potenziell wesentlicher Verwundbarkeiten soll Informationen über Geschwindigkeit und Grad der Klimaänderung liefern und Entscheidungsträgern bei geeigneten Reaktionen auf Gefahren der Klimaänderung behilflich sein.«

Das IPCC beschreibt erstmals genauer die Folgen, die mit der Zunahme extremer Wetterereignisse einhergehen: *»Die Auswirkungen werden sich sehr durch geänderte Häufigkeiten und Intensitäten von extemen Wetter-, Klima- und Meeresspiegelereignissen verändern.«* Seit dem dritten Sachstandsbericht des IPPC hat das Vertrauen zugenommen, dass einige Wetterereignisse und -extreme im Laufe des 21. Jahrhunderts häufiger, ausgedehnter und intensiver werden. Außerdem weiß man besser über die potenziellen Effekte solcher Änderungen Bescheid.

	0 1 2 3 4 5 °C	
Wasser	Erhöhte Wasserverfügbarkeit in den meisten Tropen und den hohen Breiten ----------------➤	3.4.1, 3.4.3
	Abnehmende Wasserverfügbarkeit und zunehmende Trockenheit in den mittleren und semi-ariden niedrigen Bereichen ------------➤	3.ES, 3.4.1, 3.4.3
	Hunderte Mio. Menschen werden einer erhöhten Wasserknappheit ausgesetzt sein --------------------------------------➤	3.5.1, T3.3, 20.6.2, TS.B5
Öko-Systeme	Bis zu 30 % der Arten sind verstärkt vom — Aussterben bedroht ————— erhebliches* Aussterben weltweit ------➤	4.ES, 4.4.11
	Verstärktes Korallenaus-— Mehrheit der Korallen aus-— Korallen streben weit verbreitet ------------➤ bleichen gebleicht	T4.1, F4.4, B4.4, 6.4.1, 6.6.5, B6.1
	Terrestrische Biosphäre entwickelt sich zu einer Netto-Kohlenstoffquelle: - 15 % ———— - 40 % der -----------➤ Ökosysteme betroffen	4.ES, T4.1, F4.2, F4.4
	Fortschreitende Veränderung der Artenvielfalt und erhöhtes Risiko von Flächenbränden	4.2.2, 4.4.1, 4.4.4, 4.4.5, 4.4.6, 4.4.10, B4.5
	Ökosystemveränderungen aufgrund einer abgeschwächten thermohalinen Zirkulation (MOC) ------------------➤	19.3.5
Nahrungs-mittel	Komplexe, lokal auftretende negative Einflüsse auf Kleingärtner, Vollerwerbslandwirte und Fischer -----------------------➤	5.ES, 5.4.7
	Fallende Tendenz bei der Getreideproduktivität in niedrigen Breiten ———— sinkende Produktivität beim gesamten Getreide in niedrigen Breiten------➤	5.ES, 5.4.2, F5.2
	Steigende Tendenz bei der Produktivität ———— bestimmter Getreidearten in mittleren bis hohen Bereichen sinkende Getreide-poduktivität in einigen Regionen	5.ES, 5.4.2, F5.2
Küsten	Zunehmende Beeinträchtigung durch Stürme und Überschwemmungen ---➤	6.ES, 6.3.2, 6.4.1, 6.4.2
	Verlust von ca. 30 % der globalen Küstenfeuchtgebiete**--------➤	6.4.1
	Viele Millionen Menschen zusätzlich könnten jedes Jahr von Küstenüber-flutungen betroffen sein --------------------➤	T6.6, F6.8, TS.B5
Gesundheit	Erhöhte Belastung durch Mangelernährung, Durchfallerkrankungen, Herz- und Atemwegserkrankungen, Infektionskrankheiten ------------➤	8.ES, 8.4.1, 8.7, T8.2, T8.4
	Erhöhte Morbidität und Mortalität aufgrund von Hitzewellen, Überschwemmungen, Dürren -----------------------➤	8.ES, 8.2.2, 8.2.3, 8.4.1, 8.4.2, 8.7,
	Veränderte Verbreitung der Überträger einiger Infektionskrankheiten --➤	T8.3, F8.3
	Erhebliche Belastung der Gesundheitsfürsorge -----➤	8.ES, 8.2.8, 8.7, B8.4 8.6.1

Illustrative Beispiele für projizierte globale Auswirkungen von Klimaänderungen (und, falls relevant, Meeresspiegel und Kohlendioxid) in Verbindung mit Anstiegen der mittleren globalen Erdoberflächentemperatur unterschiedlichen Ausmaßes im 21. Jahrhundert. Die schwarzen Linien verbinden die Auswirkungen untereinander, die Strichlinien zeigen die Auswirkungen bei steigender Temperatur. Die Einträge sind so platziert, dass die linke Seite des Textes den ungefähren Beginn einer Auswirkung angibt. Mengenmäßige Einträge bezüglich Wasserknappheit und Überschwemmungen stellen zusätzliche Auswirkungen der Klimaänderung – in der Bandbreite der SRES-Szenarien (A1F1, A2, B1 und B2) – dar. Maßnahmen zur Anpassung an die Klimaänderung sind nicht enthalten. Für alle Aussagen besteht ein hohes Vertrauensniveau.

Abb. 11: Wesentliche Auswirkungen je nach Ausmaß der Temperaturänderung – globale Temperaturveränderungen bezogen auf 1980–1999 (°C). Um die Temperaturänderung gegenüber vorindustriellem Niveau zu ermitteln, muss 0,5 °C hinzuaddiert werden.

(Quelle IPCC 2007: Climate Change 2007 – Impacts, Vulnerability, and Adaptation to Climate Change)

Für die Verhandlungen brisant sind konkrete Aussagen über besonders betroffene Systeme, Sektoren und Regionen. Die Aussagen finden sich weiterhin im zugrunde liegenden Bericht, verschwanden jedoch aus der Zusammenfassung für Entscheidungsträger – weil die USA und andere Staaten diese klaren Aussagen nicht in der Zusammenfassung sehen wollten.

»Einige Systeme, Sektoren und Regionen werden wahrscheinlich besonders von den Klimaänderungen betroffen sein. Dies sind folgende Systeme und Sektoren:

– Ökosysteme, insbesondere: Tundra, boreale Wälder, Gebirge, mediterrane Ökosysteme; an den Küsten Mangroven und Salzmarschen; und in den Ozeanen Korallenriffe und Meereis-Biome;
– tiefliegende Küsten aufgrund der Bedrohung durch den Anstieg des Meeresspiegels;
– Wasserressourcen in mittleren Breiten und trockenen Regionen der unteren Breiten aufgrund rückläufiger Regenfälle und höherer Verdunstungsraten;
– Landwirtschaft in Regionen niederer Breiten aufgrund verringerter Wasserverfügbarkeit;
– Gesundheit, insbesondere in Gebieten mit geringer Anpassungsfähigkeit.

Dies sind folgende Regionen:

Phänomene und Richtung des Trends	Wahrscheinlichkeit zukünftiger Trends, basierend auf den Projektionen für das 21. Jahrhundert unter Verwendung der SRES-Szenarien	Beispiele für wesentliche projizierte Auswirkungen nach Sektor			
		Land- und Forstwirtschaft	**Wasserressourcen**	**Menschliche Gesundheit**	**Industrie/ Siedlungen/ Gesellschaft**
Wärmere und weniger kalte Tage und Nächte; wärmere und häufigere heiße Tage und Nächte über den meisten Landflächen	Praktisch sicher	Höhere Erträge in kälteren Gebieten; geringere Erträge in wärmeren Gebieten; vermehrt Insektenausbrüche	Auswirkungen für Wasserressourcen abhängig von Schneeschmelze; höhere Evapotranspiration	Rückgang menschlicher Sterblichkeit durch geringere Kälteexposition	Geringere Heizung; höherer Bedarf an Kühlung; abnehmende Luftqualität in Städten; weniger Transportunterbrechungen durch Schnee, Eis; Auswirkungen auf Wintertourismus
Wärmeperioden/Hitzewellen: Zunahme der Häufigkeit über den meisten Landflächen	Sehr wahrscheinlich	Geringere Erträge in wärmeren Regionen durch Hitzebelastung; erhöhte Gefahr von Waldbränden	Erhöhter Wasserbedarf; Probleme mit der Wasserqualität, z. B. Algenblüte	Erhöhtes Risiko hitzebedingter Sterblichkeit insbesondere für ältere Menschen und chronisch Kranke, Kleinkinder und sozial isolierte Menschen	Verminderung der Lebensqualität in warmen Gebieten in unzureichenden Wohnverhältnissen; Auswirkungen auf ältere Menschen, Kleinkinder, Arme
Starkniederschlagsereignisse: Die Häufigkeit nimmt über den meisten Gebieten zu	Sehr wahrscheinlich	Ernteschäden; Bodenerosion, Anbau unmöglich durch mit Wasser vollgesogene Böden	Nachteilige Auswirkungen für Oberflächen- und Grundwasser; Verunreinigungen bei der Wasserversorgung; Abhilfe bei Wasserknappheit möglich	Erhöhtes Risiko für Todesfälle, Verletzungen, Infektions-, Atemwegs- und Hauterkrankungen, posttraumatische Belastungsstörung	Überschwemmungen von Siedlungen, Handel, Verkehr und einzelnen Bevölkerungsgruppen; Druck auf städtische und ländliche Infrastrukturen

Phänomen	Wahrscheinlichkeit	Landwirtschaft, Forstwirtschaft und Ökosysteme	Wasserressourcen	Menschliche Gesundheit	Industrie, Siedlungen und Gesellschaft
Von Dürre betroffene Gebiete nehmen zu	Wahrscheinlich	Bodenbeeinträchtigung, geringere Erträge/Ernteschäden und -ausfälle; vermehrtes Viehsterben; erhöhtes Waldbrandrisiko	Weitere Verbreitung der Wasserknappheit	Erhöhtes Risiko für Nahrungsmittel- und Wasserknappheit; für Mangel- und Fehlernährung; erhöhtes Risiko für Krankheiten, die durch Wasser oder Nahrungsmittel übertragen werden	Wasserknappheit für Siedlungen, Industrie und einzelne Bevölkerungsgruppen; geringere Wasserkrafterzeugungspotenziale; Potenzial für Bevölkerungsmigration
Die Aktivität starker tropischer Wirbelstürme nimmt zu	Wahrscheinlich	Ernteschäden; Baumschäden durch Wind (Entwurzelungen); Schäden an Korallenriffen	Unterbrechungen der Stromversorgung bewirken Unterbrechungen der öffentlichen Wasserversorgung	Erhöhtes Risiko für Todesfälle, Verletzungen, Krankheiten, die durch Wasser oder Nahrungsmittel übertragen werden; posttraumatische Belastungsstörung	Hochwasser und starker Wind; Rückzug der Privatversicherung aus Risikodeckung in verwundbaren Gebieten; Potenzial für Bevölkerungsmigration
Zunehmendes Auftreten von extrem hohem Meeresspiegel (ausgenommen Tsunamis)*	Wahrscheinlich	Versalzung des Wassers für die Bewässerung, in Flussmündungen und Süßwassersystemen	Abnahme der Verfügbarkeit von Süßwasser durch das Eindringen von Salzwasser	Erhöhtes Risiko für Todesfälle durch Ertrinken infolge des hohen Wasserstandes sowie für Verletzungen; migrationsbedingte gesundheitliche Auswirkungen	Kosten für den Küstenschutz stehen Kosten einer Landnutzungsverlagerung gegenüber; Potenzial für Bevölkerungs- und Infrastrukturverlagerung; wie tropische Wirbelstürme

Tab. 4: Beispiele nach IPCC für mögliche Auswirkungen

Beispiele für mögliche Auswirkungen einer Klimaänderung durch Veränderungen extremer Wetter- und Klimaereignisse basierend auf Projektionen für Mitte bis Ende des 21. Jahrhunderts. Beispiele für alle Einträge sind in den Kapiteln des vollständigen Sachstandsberichtes enthalten. Die Bewertungen der Wahrscheinlichkeit in Spalte 2 beziehen sich auf die in Spalte 1 beschriebenen Phänomene. Die Richtung des Trends und die Wahrscheinlichkeit der Phänomene gelten für die IPCC-SRES-Projektionen der Klimaänderung.

- Arktis aufgrund der projizierten hohen Erwärmungsraten natürlicher Systeme;
- Afrika, insbesondere die Sub-Sahara-Region, aufgrund der geringen aktuellen Anpassungskapazität sowie der Klimaänderungen;
- kleine Inseln aufgrund hoher Gefährdung der Bevölkerung und der Infrastruktur durch das Risiko des steigenden Meeresspiegels und zunehmender Stürme;
- asiatische Großdeltas wie das des Ganges-Brahmaputra und des Zhujiang, infolge großer Bevölkerungsdichte und hoher Gefährdung durch den Anstieg des Meeresspiegels, Stürme und Flussüberschwemmungen.

In anderen Gebieten, auch solchen mit hohen Einkommen, können einige Menschen besonders gefährdet sein (Arme, Kinder und alte Menschen).«

Kipppunkte und Gefahren

Besonders konservativ ist das IPCC bei der Abschätzung von Gefahren, die sich aus großskaligen Kipppunkten ergeben. Diese Folgen sind zwar mit größeren Unsicherheiten behaftet und treten wenn dann wahrscheinlich erst nach der Mitte oder dem Ende des Jahrhunderts ein. Dennoch handelt es sich dabei um teilweise sehr ernst zu nehmende Szenarien, da sie mit sehr weitreichenden und teilweise irreversiblen Folgen verbunden sind, bei denen Anpassung häufig keine Option ist. Selbst bei einer sehr konservativen Abschätzung kommt der IPCC zu dem Schluss: »*Einige weitreichende Klimaereignisse haben das Potenzial, sehr umfangreiche Auswirkungen – insbesondere nach dem 21. Jahrhundert – zu verursachen.*« Das wird wie folgt konkretisiert:

»Sehr starke Anstiege des Meeresspiegels, wie sie ein ausgedehntes Abschmelzen der Eisschilder Grönlands und der Westantarktis bewirken würde, ziehen erhebliche Änderungen von Küstenstrukturen und Ökosystemen sowie Überschwemmungen tiefliegender Gebiete nach sich, wobei die Auswirkungen in den Flussdeltas am größten sind. Eine Umsiedlung der Bevölkerung, der Wirtschaftstätigkeiten und der Infrastruktur wäre kostspielig und schwierig.

Es besteht mittleres Vertrauen, dass bei einem Anstieg der mittleren globalen Temperatur um mehr als 1–4 °C (bezogen auf 1990–2000) – welcher wiederum einen Beitrag zum Anstieg des Meeresspiegels um 4–6 m verursachen würde – der Grönländische Eisschild und möglicherweise auch der Westantarktische Eisschild über einen Zeitraum, der sich über Jahrhunderte bis zu Jahrtausenden erstreckt, zumindest teilweise abschmelzen würden. Ein vollständiges Abschmelzen der Grönländischen und Westantarktischen Eisschilde würde einen Beitrag zum Anstieg des Meeresspiegels um jeweils bis zu 7 m bzw. etwa 5 m bewirken.

Wenn man von den Ergebnissen der Klimamodelle ausgeht, ist es sehr unwahrscheinlich, dass die thermohaline Zirkulation [Meridional Overturning Circulation (MOC)] im Nordatlantik im 21. Jahrhundert einen großräumigen abrupten Wandel erfährt. Eine Verlangsamung der MOC in diesem Jahrhundert ist allerdings sehr wahrscheinlich, wobei aber die Temperaturen über dem Atlantik und über Europa aufgrund der globalen Erwärmung voraussichtlich trotzdem ansteigen werden. Es ist wahrscheinlich, dass die Auswirkungen großräumiger und anhaltender Änderungen der MOC auch Änderungen der Produktivität mariner Ökosysteme sowie der Fischerei, der Aufnahme von Kohlendioxid durch die Ozeane, der Sauerstoffkonzentrationen der Ozeane und der terrestrischen Vegetation mit sich bringen werden.«

Reaktion: Vorsorge und Anpassung

Zusammenfassend stellt der Bericht der Arbeitsgruppe II zu Optionen der Anpassung und Minderung fest und schlägt damit die Brücke zum dritten Teil des Klimaberichtes:

»Eine gewisse Anpassung – allerdings auf begrenzter Basis – an beobachtete und projizierte zukünftige Klimaänderungen findet bereits statt.

– Eine Anpassung wird notwendig sein, um den Auswirkungen, die aus einer bereits nicht mehr zu vermeidenden, sich aus Emissionen der Vergangenheit ergebenden Erwärmung resultieren, zu begegnen;
– eine breite Palette potenzieller Anpassungsmaßnahmen steht zur Verfügung. Jedoch bedarf es – um die Verwundbarkeit gegenüber künftigen Klimaänderungen zu verringern – einer Anpassung, die umfangreicher ist, als sie derzeit erfolgt. Dies stößt auf Hindernisse, Grenzen und Kosten, die allerdings nicht zur Gänze verstanden werden;
– die Verwundbarkeit gegenüber der Klimaänderung kann durch andere vorhandene Stressfaktoren noch verstärkt werden;
– die künftige Verwundbarkeit hängt nicht nur von der Klimaänderung, sondern auch vom Entwicklungspfad ab;
– nachhaltige Entwicklung kann die Verwundbarkeit gegenüber Klimaänderungen senken; und die Klimaänderung könnte viele Nationen in ihren Fähigkeiten, nachhaltige Entwicklungspfade einzuschlagen, behindern;
– viele Auswirkungen können durch Minderungsmaßnahmen vermieden, verringert oder verzögert werden;
– ein Portfolio von Anpassungs- und Minderungsmaßnahmen kann die mit der Klimaänderung verbundenen Gefahren weiter verringern;
– die Auswirkungen der Klimaänderung werden regional variieren. Es ist jedoch wahrscheinlich, dass sie – auf die Gegenwart aggregiert und diskontiert – jährliche Nettokosten verursachen, die sich – mit zunehmendem globalen Temperaturanstieg – im Verlauf der Zeit immer weiter erhöhen werden.«

Regionale Folgen des globalen Klimawandels

Daniela Jacob

Einleitung

Es ist unumstritten, dass sich das Klima der Erde in den letzten Dekaden gewandelt hat, wie zahlreiche Aufzeichnungen meteorologischer und hydrologischer Dienste zeigen. Von besonderem Interesse ist die Frage, ob und wie sich extreme bzw. seltene Ereignisse (Starkniederschläge, Hitzewellen, Überschwemmungen usw.) verändert haben und gegebenenfalls verändern werden. Für derartige Aussagen wurden globale Klimamodelle entwickelt, die zusammen mit verschiedenen Annahmen über die Treibhausgasentwicklung in der Atmosphäre mögliche Entwicklungen des Klimas (Klimaszenarien) in den nächsten 100 Jahren berechnen.

Diese Computermodelle können als mathematische Abbilder des Erdsystems gesehen werden, da sie die physikalischen Prozesse numerisch beschreiben und so real wie möglich berechnen. Um die Güte der Klimamodelle einschätzen zu können, werden sie zunächst für die Berechnung vergangener Zeiten eingesetzt. Bevorzugt wird hierzu eine Zeitperiode gewählt, in der zahlreiche Beobachtungen weltweit vorliegen.

Sollen nun Aussagen über mögliche regionale oder lokale Klimaänderungen und ihre Auswirkungen gemacht werden, so muss die Brücke zwischen der Berechnung der globalen Klimaänderung und den Auswirkungen auf die Region geschlagen werden. Hierzu werden regionale Klimamodelle mit viel Detailinformation aus der Region und ihrer Umgebung in die globalen Modelle eingebettet. Wie mit einer Lupe kann dann das Klima der Region untersucht werden.

Regionale Klimaänderungen

Im Auftrag des Umweltbundesamtes wurden am *Max-Planck-Institut für Meteorologie* (MPI-M) Szenarien für mögliche Klimaänderungen in Deutschland, Österreich und der Schweiz bis zum Jahr 2100 erarbeitet, die grob als SRES-Szenarien mit eher niedrigen (B1), mittleren (A1B) und hohen Emissionsraten (A2) kategorisiert werden können. Das MPI-M wurde darin vom Deutschen Klimarechenzentrum Hamburg unterstützt. Das hierfür eingesetzte regionale Klimamodell REMO zeigt die Klimaentwicklung des vergangenen Jahrhunderts recht realitätsnah auf, wie der Vergleich zu Beobachtungen – auch in stark strukturiertem Gelände wie den Alpen – ergibt. Diese Überprüfung ist notwendig, um die Güte der Modellergebnisse zu bewerten. Die Klimasimulationen mit REMO wurden mit einer räumlichen Auflösung von zehn km durchgeführt. Hierbei liefern diese Simulationen Erkenntnisse, die es bislang noch nicht in dieser Detailliertheit gab.

Die Ergebnisse im Detail: Mehr Treibhausgase können in Deutschland zu einer mittleren Erwärmung führen, die im Jahr 2100 zwischen 2,5 °C und 3,5 °C liegt – abhängig von der Höhe zukünftiger Treibhausgasemissionen. Diese Erwärmung wird sich saisonal und regional unterschiedlich stark ausprägen. Am stärksten dürften sich der Süden und Südosten Deutschlands im Winter erwärmen. Bis zum Jahr 2100 könnten die Winter hier um mehr als 4 °C wärmer werden als im Zeitraum 1961 bis 1990. Gleichzeitig könnten in Zukunft – im Vergleich zum Zeitraum

1961 bis 1990 – die sommerlichen Niederschläge großflächig abnehmen.

Besonders stark gehen in den Simulationen die Sommerniederschläge in Süd- und Südwestdeutschland sowie in Nordostdeutschland zurück. Hier könnte es bis zum Ende dieses Jahrhunderts im Vergleich zu heute ein Minus von bis zu 30 Prozent bei den Sommerniederschlägen geben. Im Gegensatz hierzu könnte im Winter ganz Deutschland feuchter werden. Vor allem in den Mittelgebirgen Süd- und Südwestdeutschlands ist über ein Drittel mehr Niederschlag zu erwarten.

Durch die gleichzeitig steigenden Wintertemperaturen in den Alpen wird der Niederschlag häufiger als Regen denn als Schnee fallen. Sehr große schneebedeckte Flächen, die heute noch als schneesicher gelten, könnten verschwinden. Dadurch kann sich die Zahl der Tage mit geschlossener Schneedecke pro Jahr reduzieren, und zwar stärker in niedrigen Regionen, wie z. B. Garmisch-Partenkirchen und Mittenwald, für die eine Abnahme der Zahl der Schneetage um mehr als die Hälfte berechnet wird. In den höheren Regionen wie Zermatt und St. Moritz wird eine Reduktion um ca. ein Drittel projiziert.

Blickt man zum deutschen Küstenraum, so fällt auf, dass bis zum Jahr 2100 die Erwärmung der Ostseeküste mit 2,8 °C etwas stärker sein könnte als die der Nordseeküste (2,5 °C). Obwohl sich an beiden Küsten die jährliche Niederschlagsmenge nicht ändert, dürfte den Touristen gefallen, dass es im Sommer bis zu 25 Prozent weniger regnen könnte. Im Winter kann es jedoch bis zu 30 Prozent mehr Niederschlag geben.

Diese schnellen und tiefgreifenden Veränderungen des Klimas in Deutschland können gravierende Folgen für die Menschen und die Umwelt haben. Die Schadenspotenziale extremer Wetterereignisse wie Hitzewellen, Starkniederschläge und Stürme sind oftmals wesentlich größer als jene der schleichenden Klimaänderungen. Deswegen sind zurzeit am MPI-M detaillierte Analysen der Klimaszenarien in Arbeit, um Aussagen zur Häufigkeit und Stärke künftiger Extremereignisse machen zu können. So können z. B. Veränderungen in Anzahl und Länge von Hitzeperioden unweigerlich mit einer erhöhten Auftrittswahrscheinlichkeit von Niedrigwasserereignissen verbunden sein. Für den Pegel Kaub (Rhein) ergaben erste Analysen für ein B2-Emissions-Szenario bis 2050 eine deutliche Häufigkeitszunahme von Niedrigwasserperioden (definiert als zusammenhängende Tage mit einem mittleren Abfluss < 750 m³/s) bis zu 21 Tagen Länge.

Fazit

Alle erwähnten Ergebnisse entstammen je einer Simulation pro Emissions-Szenario. Um die natürliche Variabilität berücksichtigen zu können, müssten viele dieser möglichen Realisationen eines Emissionsszenarios berechnet werden. Dies ist auch geplant und wird dann verwendet, um die Robustheit der Klimaänderungsmuster zu analysieren. Weiterhin muss die Verbindung zu den ökologischen und sozioökonomischen Bereichen des Erdsystems hergestellt werden. Regionale Klimamodelle müssen zu Systemmodellen ausgeweitet werden, um die Vielzahl bio-geo-chemischer Wechselwirkungen ebenso zu berücksichtigen wie den Einfluss menschlichen Handelns.

Danksagung: Besonderer Dank gilt Katharina Bülow, Holger Göttel, Stefan Hagemann, Sven Kotlarski und Philip Lorenz vom Max-Planck-Institut für Meteorologie in Hamburg, die wesentlich zur Durchführung der Simulationen und den Auswertungen der REMO-Ergebnisse beigetragen haben.

Alles tun, um nichts zu tun — Gewinner und Verlierer der Klimaänderung

Klaus Michael Meyer-Abich

Höchste Zeit zum klimapolitischen Handeln war es bereits vor 20 Jahren, als der Deutsche Bundestag die erste Enquête-Kommission eingesetzt hat. Mittlerweile lassen sich die Folgen der Klimaänderung nur noch in einem geringeren Maß verhüten, als es damals möglich gewesen wäre. Deutet aber die Handlungseuphorie, die nun auf einmal in der Politik wie in den Medien ausgebrochen ist, wirklich darauf hin, dass wenigstens jetzt endlich angemessen reagiert wird? Alarmierend ist, dass einige Medien schon wieder von Hysterie reden, so als sei die Debatte nur dem Zeitgeist geschuldet.

Deutschland liegt in der Spitzengruppe der CO_2-Emittenden und erfüllt – wie leider auch andere – bisher kaum die Minimalziele des Kyoto-Protokolls bis 2012. Auch dies nur dank der Stilllegung der DDR-Wirtschaft. Woher sollen da auf einmal 40 Prozent CO_2-Reduktion bis 2020 kommen? Um die kritische Grenze der mittleren Zwei-Grad-Erwärmung zu vermeiden, müssten die Emissionen bis 2050 in den Industrieländern sogar um 80 Prozent reduziert werden. Kann man nach der bisherigen Tatenlosigkeit daran glauben, dass dies geschehen wird? Ich tue es nicht.

Als in den vergangenen Jahrzehnten aus den absehbaren Klimaänderungen immer wieder so gut wie keine politischen Konsequenzen gezogen worden sind, habe ich mir klarzumachen versucht, warum das so war. An den Gründen, die ich dafür sehe, hat sich bis jetzt nichts geändert. Sie sind durch den neuen Bericht des IPCC sogar noch verstärkt belegt worden. Der Kernpunkt meiner Skepsis ist, dass wir eben nicht »alle in einem Boot sitzen«, wie man lange gemeint hat, sondern dass es – zumindest für eine längere Zeit – Gewinner und Verlierer der Klimaänderung geben wird. Die Verursacher aber – wir Reichen im Norden – werden dabei auch die Gewinner sein. Ein Viertel der Menschheit verursacht die Klimaänderung, und die andern drei Viertel werden darunter zu leiden haben. So war es auch schon im Prozess der militärischen und wirtschaftlichen Kolonisierung.

Zugegeben: Dies ist etwas holzschnitthaft verkürzt. Vor allem sind auch die drei Viertel Mitverursacher, im Wesentlichen aber sind dies China und Indien. Jedenfalls nicht die armen Länder in Afrika. Außerdem wird es natürlich auch im Norden nachteilige Folgen geben: die zunehmende Dürre in Südspanien und Süditalien oder von Texas bis Kalifornien in den USA, Hurrikane und überhaupt – zumindest übergangsweise – eine geringere Stabilität des Klimas. Im Großen und Ganzen wird es bei uns mediterraner zugehen, was noch kein Nachteil ist, und die nördlichen Gebiete Amerikas und Asiens werden auf längere Sicht besser bewohnbar.

Demgegenüber werden die südlichen Länder – und dies gilt auch für China und Indien – zunehmend von Dürren, Überschwemmungen, ausbleibendem Regen (Monsun), Wassermangel und Hurrikanen heimgesucht. Sie werden aber nicht nur absolut stärker betroffen als wir Reichen im Norden, sondern sie reagieren viel empfindlicher auf die Klimaänderung, weil vor allem die Landwirtschaft betroffen ist, die in diesen Ländern wirtschaftlich eine weit größere Bedeutung hat als bei uns. Außerdem haben die Länder des Südens nicht die Wirtschaftskraft, um auf die Klimaänderung angemessen zu reagieren. Bei uns werden die Deiche erhöht, wenn der Meeresspiegel steigt. Wie aber hilft man sich in Bangladesch oder im Nildelta?

Ich befürchte also, dass die nördlichen Länder die Klimaänderung nicht wirklich mit dem notwendigen Nachdruck verhindern wollen, weil sie davon auch Vorteile haben werden. Und soweit es übergangsweise doch Nachteile gibt, werden diese jedenfalls wesentlich geringer sein als die Kosten, die für eine nachhaltige Verminderung der Emissionen aufzuwenden wären.

In der Regel hat man bisher das Gewinner-Verlierer-Argument verdrängt, weil es zynisch klingt und niemand zynisch sein möchte. Ein unbewusst handlungsleitender Zynismus ist aber viel schlimmer als ein bewusster, weil er sich nicht zur Rechenschaft ziehen lässt. Wir machen unbeirrt so weiter wie bisher, wir Reichen zulasten der Armen. Und wir verschaffen uns obendrein noch ein gutes Gewissen, indem wir verkünden, was wir alles gegen die Klimaänderung tun *wollen* – dies aber mit einem Zeithorizont, an dessen Ende die heutigen Akteure längst abgetreten sein werden.

Über die Jahrzehnte hinweg *tun wir alles* – Studien, Kommissionen, Gesetze, Verordnungen etc. –, *um nichts zu tun*. Auch der gegenwärtige Aktionismus wird, wie ich befürchte, im Rückblick wahrscheinlich nur symbolische Politik gewesen sein – ein Fahnenschwenken, mit dem wir so tun, als täten wir etwas. Die Erfahrungen der letzten 20 Jahre zeigen, dass diese Befürchtungen nicht so einfach von der Hand zu weisen sind.

Es muss etwas geschehen, denn so darf es nicht weitergehen, steht auf allen diesen Fahnen, und das ist natürlich auch vollkommen richtig. Die Studie von *Nicholas Stern* für die britische Regierung hat dies kürzlich noch einmal überzeugend bestätigt. Denn der zu erwartende Schaden ist auf längere Sicht etwa 20-mal so groß wie die Vermeidungskosten, die jetzt aufzuwenden wären, damit es gar nicht erst so weit kommt.

Das Problem ist nur: Die Verursacher-Länder, die jetzt die Vermeidungskosten zu tragen hätten, sind nicht dieselben wie die, welche später den Schaden haben werden. Nur eine Weltregierung *müsste* handeln, wenn Sterns Berechnungen richtig sind und ihr vorgelegt würden. Eine solche Regierung aber gibt es nicht. Deshalb hat die Feststellung *Es muss etwas geschehen!* keinen Adressaten, und darum wird auch nichts geschehen. Ist es ein Zufall, dass der Stern-Report von einem Regierungschef in Auftrag gegeben worden ist, der schon im Abgang war und damit sowieso nichts mehr anfangen konnte?

Gibt es also keinerlei Hoffnung, dass von uns etwas getan wird, um die Klimaänderung, für die wir verantwortlich sind, soweit möglich, doch noch zu vermeiden? Doch, es gibt eine Hoffnung, und deshalb schreibe ich diese Zeilen. Seit der neuen Studie des IPCC sind ausführliche Berichte darüber erschienen, dass es Gewinner und Verlierer geben wird.

In der *New York Times* ist unter der Überschrift »Poorest nations will bear brunt of the effects of climate change« (zu Deutsch: »Die ärmsten Nationen werden die Hauptlast des Klimawandels tragen«) sogar eine Weltkarte abgebildet worden, auf der ganz klar zu sehen ist, dass es Gewinner und Verlierer gibt. Aber die Gewinner sind im Norden und die Verlierer im Süden (New York Times/Süddeutsche Zeitung, 10. April 2007). Wenn dies in Zukunft allgemein bekannt ist und trotzdem wieder nichts geschieht, *wird aus dem unbewussten Zynismus ein bewusster*, und den traue ich uns nun doch nicht zu.

Allerdings kann der Zynismus auch die Form annehmen, dass der Klimawandel den reichen Ländern sowieso nutzt und den armen nur deshalb schadet, weil sie sich nicht politisch und wirtschaftlich so effektiv organisieren wie die reichen. So hieß es jüngst in der Frankfurter Allgemeinen Sonntagszeitung: »Nicht die Dürre ist das Problem Afrikas. Es fehlen Recht und Ordnung, um erfolgreich wirtschaften zu können. Selbst bei großer Hitze. Australien ist trocken und reich, Zimbabwe dagegen fruchtbar und arm. Doch das Klima ist vergleichbar ...

Um mit dem Klimawandel umgehen zu können, brauchen die Afrikaner die Instrumente einer freien Gesellschaft, damit ihre Volkswirtschaften wachsen können.«

Dass die reichen Länder, welche die Klimaänderungen verursachen, die Gewinner und die armen Länder wieder einmal die Verlierer sein werden, ist wie eine dritte Welle der Kolonialisierung. Hätte es nicht endlich einmal andersherum kommen können? Wenn wir uns aber in einer politischen Öffentlichkeit darüber klar würden, dass es unanständig ist, durch unsere Autofahrerei, unsere Urlaubsfliegerei, unseren viel zu hohen Wärmebedarf die Lebensgrundlagen der ärmeren Länder zu zerstören, dann könnte diese Einsicht vielleicht doch ein erster Schritt zur Besserung werden.

Ökologische Folgen des Klimawandels – wie sicher ist sich die Wissenschaft?

Wolfgang Cramer

Die Debatte über den menschlichen Einfluss auf das Klima war bereits mit dem dritten IPCC-Bericht 2001 weitgehend beendet (»Es gibt neue und klarere Belege dafür, dass der Großteil der in den letzten 50 Jahren beobachteten Erwärmung menschlichen Aktivitäten zuzuschreiben ist«). Aber wie sicher sind wir uns über die Wirkungen des Klimawandels auf die Natur? Die Frage ist berechtigt und nicht einfach zu beantworten, denn nichts in der Natur ist einer globalen Mitteltemperatur vergleichbar – fast alle Veränderungen in Ökosystemen geschehen individualistisch, d. h. auf der Basis von einzelnen Organismen, die auf Veränderungen der Umwelt in ihrer nächsten Umgebung individuell reagieren. Überdies ist es eine wichtige Erkenntnis der modernen Ökologie, dass Organismen nicht nur auf die Temperatur, sondern auch auf andere Faktoren reagieren, etwa auf die Feuchtigkeit, das Nährstoffangebot, Veränderungen von Sturm und Feuer und natürlich auf die unmittelbare Einwirkung des Menschen durch Nutzung oder auch Zerstörung von Ökosystemen.

Die Frage ist von enormer Bedeutung für die Menschheit, denn nicht nur die Produktion von Nahrungsmitteln aus Landwirtschaft und Fischfang, sondern auch viele andere Aspekte unserer planetarischen Lebensgrundlage hängen von stabilen Ökosystemen ab (Millennium Ecosystem Assessment[1]). Beispiele sind die Versorgung mit pflanzlichen Fasern (Holz, Papier), die Regulierung der

---

[1] Das Millennium Ecosystem Assessment war ein von den Vereinten Nationen initiierter Sachstandsbericht der globalen Ökosysteme

Wasserressourcen und des Lokalklimas – aber auch die von fast allen Menschen empfundene, hohe ethische Verpflichtung zur Erhaltung der Vielfalt der Lebensformen und Ökosysteme.

Zu den Kernaussagen des neuen Weltklimaberichtes gehört u. a.: »Die Fähigkeit vieler Ökosysteme, sich an Änderungen anzupassen, wird voraussichtlich im Laufe des Jahrhunderts aufgrund einer noch nie dagewesenen Kombination von Änderungen des Klimas und anderer Faktoren des globalen Wandels (besonders Landnutzungswandel und Übernutzung) erschöpft werden [...] Ungefähr ein Fünftel bis ein Drittel der bisher untersuchten Arten sind wahrscheinlich einem erhöhten Aussterberisiko ausgesetzt, falls die globale Mitteltemperatur um mehr als zwei bis drei Grad über das vorindustrielle Niveau ansteigen sollte.«

Diese schwer verdaulichen Sätze enthalten einerseits eine dramatische Botschaft – andererseits steht dort Unscharfes wie »voraussichtlich«, »wahrscheinlich« und »mehr als zwei bis drei Grad«. Könnte sich hierin widerspiegeln, dass die Unsicherheit noch sehr groß sei, dass erst weiter geforscht werden müsste, bevor das Prinzip der Daseinsvorsorge energischeren Klimaschutz (auch) aus Sicht der Ökosysteme zwingend fordert?

Klimabedingte Änderungen von Ökosystemen weltweit beobachtet

Aus Tausenden von Einzelpublikationen wird deutlich, dass Tiere und Pflanzen in den letzten Jahrzehnten ihre

---

und ihrer Bedeutung für den Menschen, an dem ca. 1.360 Autoren mitgearbeitet haben und der 2005 abgeschlossen wurde.

Lebenszyklen in einer Weise verändert haben, die nur durch den bereits eingetretenen Klimawandel erklärt werden kann. Beispiele sind die Blattaustriebszeiten vieler Pflanzen, Brut- und Wanderungsbewegungen zahlreicher Vögel und Schmetterlinge, z. T. auch die Erntezeitpunkte von Kulturpflanzen, etwa im Weinbau. Viele dieser Änderungen sind nicht unmittelbar negativ für den Fortbestand des jeweiligen Ökosystems, manche können sogar förderlich sein – sie zeigen aber alle, dass der Klimawandel die Funktion der Ökosysteme beeinflusst und dass diese Wirkung fast auf dem ganzen Planeten feststellbar ist.

Einige Arten und Ökosysteme sind vom Klimawandel direkt bedroht

Es bedarf keiner komplizierten Analyse, um plausibel zu machen, dass viele Pflanzen und Tiere der kalten Zonen im Gebirge und der Arktis keine Anpassungsmöglichkeit an steigende Temperaturen haben – ihr Rückgang kann in den Alpen bereits heute beobachtet werden. Ähnlich ist es mit dem Ökosystem der arktischen Packeiszone, einschließlich des in der Öffentlichkeit häufig erwähnten Eisbären. Wenn dieser Lebensraum verschwindet, haben die dort lebenden Arten keine Überlebenschance.

Weitere Beispiele von Ökosystemen, deren Lebensgrundlage mit großer Wahrscheinlichkeit verschwindet, sind die tropischen Korallenriffe und zahlreiche küstennahe Feuchtgebiete. Im Detail schwer voraussagbar, aber trotzdem unbedingt zu erwarten, sind erhebliche Veränderungen der Niederschlagsbedingungen, etwa im Bereich der indischen Monsunzone und der tropischen Wirbelsturmbahnen – auch diese führen zwangsläufig zu Veränderungen und Verlusten von Ökosystemen.

Klimabedingte Änderungen der Biosphäre gab es auch in der Vergangenheit

Diese Feststellung wird gelegentlich als Beleg dafür genutzt, dass die beobachteten und erwarteten Änderungen der Ökosysteme »normal« seien und nicht zu Besorgnis Anlass geben könnten. Betrachtet man allerdings die menschliche Nutzung der Ökosysteme, so gilt das Gegenteil: Landwirtschaft und menschliche Zivilisation haben sich auf der Grundlage stabiler Klimabedingungen entwickelt. Wenn also schnelle Klimaänderung zu schneller Änderung der Biosphäre führt, so überlebt sicherlich die »Natur« insgesamt – dass allerdings die menschliche Nutzung der biologischen Ressourcen unbeeinträchtigt bleiben könnte, ist fraglich.

So findet viel menschliche Landnutzung in der Küstenzone statt, von der ein erheblicher Teil durch steigenden Meeresspiegel direkt bedroht ist. Ökosysteme vergangener Zeit haben sich an derlei Veränderungen anpassen können – die heutige Landnutzung stellt den Raum dafür nicht zur Verfügung.

Klimabedingte Änderungen der Ökosysteme werden überlagert

Oftmals werden die Folgen durch andere negative Umweltbedingungen verstärkt und überlagert. Hierzu zählen die Degradierung landwirtschaftlicher Böden, tropische Entwaldung, Urbanisierung, die Kontaminierung von Böden und Gewässern durch Schadstoffe usw. Wissenschaftlich muss anerkannt werden: Das Zusammenwirken der verschiedenen Faktoren macht die Identifikation des menschlichen Einflusses über das Klima schwierig. Wenn man aber versucht, Beispiele zu konstruieren, für die sich Klimaänderung und andere Stressfaktoren ausgleichen könnten, dann stößt man schnell auf Probleme. Der umgekehrte Fall ist schlicht plausibler. So erhöht z. B. die Zerstörung brasilianischer Regenwälder deren Empfindlichkeit gegenüber dem Klimawandel.

Die Zuordnung von Ökosystemschäden zum anthropogenen Klimawandel bleibt im Detail unverändert schwierig. Die enorme Summe der Beobachtungen und die generelle Plausibilität der Zusammenhänge bilden gemeinsam aber dennoch eine solide Basis für das dramatische Bild des Weltklimarates. Schon zwei Grad Erwärmung gegenüber dem Ende des 20. Jahrhunderts stellen das Überleben vieler Arten, Ökosysteme oder deren Funktion in Frage. Der Klimaschutz erfährt dadurch hinreichend Begründung. Die Möglichkeiten der Anpassung an den unvermeidlichen Klimawandel sind hingegen für viele Ökosysteme ungeklärt, und es bedarf in der Tat einer intensivierten Forschungsanstrengung.

Arbeitsgruppe III – Bangkok, Mai 2007: Die Möglichkeiten zur Bekämpfung des Klimawandels

Klimaschutz konkret

Nein, lauwarmer Regen im dampfgeschwängerten Bangkok ist in Zeiten des Monsuns nichts Ungewöhnliches. Für die Delegationen der Arbeitsgruppe III des IPCC war es daher nicht überraschend, dass sie sich mit Regenschirm und Schweißtuch ebenso ausrüsten mussten wie mit dem dicken Pullover für die stark klimatisierten Sitzungssäle des UN-Konferenzzentrums in der thailändischen Hauptstadt. Was aber nicht alle wussten: Eigentlich war das Wetter zum Anfang Mai selbst für Bangkok zu heiß und zu feucht. Der Monsun war in diesem Jahr drei bis vier Wochen zu früh eingetroffen. Ein weiteres Zeichen für den beginnenden Klimawandel?

Die Arbeitsgruppe III wird beim IPCC seit jeher ambivalent betrachtet. Einerseits ist es politisch die interessanteste Arbeitsgruppe. Denn es geht um die konkreten Maßnahmen und Instrumente, die in Angriff genommen werden können, um den Klimawandel zu bremsen und langfristig zu stoppen. Andererseits bleiben die Wissenschaftler hier traditionell vager als in den anderen Arbeitsgruppen. Das liegt sicherlich daran, dass die wirtschafts- und sozialwissenschaftlichen Ergebnisse, auf denen diese Arbeitsgruppe beruht, nicht mit streng naturwissenschaftlichen Kriterien belegt werden können. Andererseits kämpfen hier gerade die Delegationen, die Maßnahmen gegen den Klimawandel eher langsamer angehen wollen, umso zäher für eine Verwässerung der

Texte und Aussagen. Die wichtigsten Inhalte des Berichts der Arbeitsgruppe III sind:

– »Entwicklung der Treibhausgasemissionen;
– kurz- und mittelfristige Emissionsminderung nach Sektoren (bis 2030);
– langfristige Emissionsminderung (nach 2030);
– Politik, Maßnahmen und Instrumente;
– nachhaltige Entwicklung und Klimaschutz.«

Zunächst noch einmal die Bestandsaufnahme:

– Seit der Zeit vor der Industrialisierung haben steigende THG-Emissionen aufgrund menschlicher Aktivitäten zu einem deutlichen Anstieg der atmosphärischen THG-Konzentrationen geführt.
– Zwischen 1970 und 2004 stiegen die weltweiten nach globalem Erwärmungspotenzial (global warming potential, GWP) gewichteten Emissionen von CO_2, CH_4, N_2O, FKWs, PFCs und SF6 um 70 Prozent (24 Prozent zwischen 1990 und 2004) von 28,7 auf 49 Gigatonnen Kohlendioxidäquivalent (CO_2-Äq.) an. Die Emissionen dieser Gase nahmen in unterschiedlichem Maße zu. CO_2-Emissionen nahmen von 1970 bis 2004 um etwa 80 Prozent (28 Prozent zwischen 1990 und 2004) zu und entsprachen 77 Prozent der gesamten anthropogenen THG-Emissionen in 2004.

Dabei wird klar gesagt, wo die stärksten Zuwächse stattfanden: nämlich im Energieversorgungssektor, im Verkehr, in der Industrie und im Bereich der Landnutzungen.

»Der größte Zuwachs an weltweiten THG-Emissionen zwischen 1970 und 2004 stammte aus dem Energieversorgungssektor (ein Anstieg von 145 Prozent). Die Steigerungen direkter Emissionen in diesem Zeitraum betrugen jeweils für Verkehr 120 Prozent, für Industrie 65 Prozent und für Landnutzung, Landnutzungsänderung und Waldwirtschaft (Land Use, Land Use Change and Forestry, LULUCF) 40 Prozent.
Von 1970 bis 1990 stiegen die direkten Emissionen aus der Landwirtschaft um 27 Prozent und aus Gebäuden um 26 Prozent an, und Letztere verblieben danach in etwa auf dem

Niveau von 1990. Der Gebäudesektor hat jedoch einen hohen Stromverbrauch, und daher ist die Summe direkter und indirekter Emissionen in diesem Sektor viel höher (75 Prozent) als die direkten Emissionen.«

Dabei sind positive Entwicklungen nicht zu verkennen und werden nicht verschwiegen. Denn der Rückgang der Ozon schädigenden Substanzen als Folge des Montreal-Protokolls und bereits initiierte Klimaschutzmaßnahmen tragen selbstverständlich dazu bei, dass der Klimawandel nicht noch schneller vonstattengeht, als wir dies beobachten müssen. Dennoch werden diese »Erfolge« von den klimakritischen Delegationen gerne überbewertet. In Bangkok war es daher ein stetes Ringen der fortschrittlichen Delegierten mit den ausgewiesenen Bremsern, aus einer »Ausgewogenheit« der Texte nicht eine verzerrte Sichtweise werden zu lassen.

– Die Emissionen von im Montreal-Protokoll geregelten ozonabbauenden Stoffen (ozone depleting substances, ODS), die auch THG sind, haben seit den 1990ern signifikant abgenommen. Bis zum Jahre 2004 betrugen die Emissionen dieser Gase etwa 20 Prozent ihrer 1990er Niveaus.
– Eine Vielzahl politischer Maßnahmen, einschließlich solcher zu Klimaschutz, Energiesicherheit und nachhaltiger Entwicklung, haben in verschiedenen Sektoren und vielen Ländern zu Emissionsrückgängen geführt, aber der Maßstab solcher Maßnahmen war bisher zu klein, als dass er dem weltweiten Emissionszuwachs entgegenwirken könnte.«

Klar ist allerdings auch: Die bisherigen Erfolge sind nicht ausreichend, um den globalen Trend umzukehren:

»Die Auswirkungen der Abnahme an weltweiter Energieintensität (33 Prozent) von 1970 bis 2004 auf globale Emissionen waren geringer als die zusammengenommenen Auswirkungen von weltweitem Einkommenszuwachs (77 Prozent) und weltweitem Bevölkerungswachstum (69 Prozent), beides

Treiber für wachsende energiebezogene CO_2-Emissionen.. Die langfristige Entwicklung einer abnehmenden Kohlenstoffintensität der Energieversorgung kehrte sich nach dem Jahr 2000 um. Unterschiede zwischen Ländern bezüglich der Pro-Kopf-Einkommen, der Pro-Kopf-Emissionen und der Energieintensität bleiben signifikant. Im Jahre 2004 hatten die UNFCCC Annex I-Länder einen Anteil von 20 Prozent an der Weltbevölkerung, erzeugten 57 Prozent des weltweiten Bruttoinlandprodukts auf der Grundlage von Kaufkraftparität (BIPKKP) und waren für 46 Prozent der weltweiten Treibhausgasemissionen verantwortlich.«

Klar ist auch, dass es nicht so weitergehen kann wie bisher. Denn auf der Basis der Emissions-Szenarien würden sich die Treibhausgasemissionen in den nächsten Jahrzehnten ohne zusätzliche Klimaschutzmaßnahmen vervielfachen.

Bei den derzeitigen Klimaschutzmaßnahmen und der damit verbundenen Praxis der nachhaltigen Entwicklung werden die globalen Emissionen von Treibhausgasen über die nächsten Jahrzehnte weiterhin zunehmen.

Die SRES-Szenarien (ohne Mitigation) projizieren einen Anstieg der globalen THG-Emissionen im Referenzszenario um eine Bandbreite von 9,7 Gt CO_2-Äquivalente bis CO_2-Äquivalente zwischen 2000 und 2030[1]. In diesen Szenarien wird projiziert, dass die Dominanz fossiler Brennstoffe im weltweiten Energiemix bis zum Jahre 2030 und länger anhält. Daher wird über diesen Zeitraum für die CO_2-Emissionen aus dem Energieverbrauch ein Wachstum von 40–110 Prozent projiziert.

Zwei Drittel bis drei Viertel dieses Zuwachses an CO_2-Emissionen aus dem Energieverbrauch werden laut Projektionen aus Nicht-Annex-I-Regionen stammen, wobei deren

---

[1] Die hier angenommenen SRES-THG-Emissionen für das Jahr 2000 betragen 39,8 Gt CO_2-Äq., d.h. weniger als die in der EDGAR-Datenbank für 2000 angegebenen Emissionen (45 Gt CO_2-Äq.). Die ist größtenteils auf Unterschiede in LULUCF-Emissionen zurückzuführen.

durchschnittlichen Pro-Kopf-CO_2-Emissionen aus dem Energieverbrauch laut Projektion bis 2030 wesentlich niedriger bleiben (2,8–5,1 tCO_2/Kopf) als diejenigen in Annex-I-Regionen (9,6–15,1 tCO_2/Kopf). Laut den SRES-Szenarien haben ihre Volkswirtschaften einen geringeren Energieverbrauch pro Einheit an BIP (6,2–9,9 MJ/US$ BIP) als die der Nicht-Annex-I-Länder (11,0–21,6 MJ/US$ BIP).«

Modelle und Szenarien

Bei wirtschaftswissenschaftlichen Prognosen und Modellen kommt es stark auf Herangehensweisen und Prämissen an. Die Arbeitsgruppe IIII des IPCC versucht daher einen möglichst analytischen Ansatz, indem sie versucht, Terminologie und Methodik so präzise und transparent wie möglich zu machen.

Emissionsminderungspotenzial und analytische Herangehensweisen

Das Konzept des »Emissionsminderungspotenzials« wurde entwickelt, um das Ausmaß an Emissionsminderungen einzuschätzen, die zu einem bestimmten Kohlendioxidpreis (ausgedrückt in Kosten pro Einheit an vermiedenen oder verringerten CO_2-Äq.-Emissionen) erreicht werden könnten. Das Emissionsminderungspotenzial wird weiter in »Marktpotenzial« und »wirtschaftliches Potenzial« unterschieden.

Marktpotenzial ist das auf der Anlastung privater Kosten und Diskontraten basierende Emissionsminderungspotenzial, das unter vorhergesagten Marktbedingungen, einschließlich der zurzeit vorhandenen Politiken und Maßnahmen, erwartet werden kann. Dabei wird berücksichtigt, dass Hemmnisse die tatsächliche Aufnahme begrenzen.

Wirtschaftliches Potenzial ist das Emissionsminderungspotenzial, das eine Anlastung sozialer Kosten und Diskontraten mit einbezieht, unter der Annahme, dass die Markteffizienz durch Politiken und Maßnahmen verbessert wird und dass Hemmnisse abgebaut werden.

Untersuchungen des Marktpotenzials können genutzt werden, um Politiker über das Emissionsminderungspotenzial bei derzeitigen Politiken und Einschränkungen zu informieren, während Untersuchungen des wirtschaftlichen Potenzials zeigen, was erreicht werden könnte, wenn angemessene neue und zusätzliche Politiken eingesetzt würden, um Hemmnisse abzubauen und soziale Kosten und Vorteile mit einzubeziehen. Das wirtschaftliche Potenzial ist daher im Allgemeinen größer als das Marktpotenzial.

Das wirtschaftliche Potenzial wird über unterschiedliche Herangehensweisen abgeschätzt. Es gibt zwei große Klassen – »Bottom-up-« und »Top-down«-Untersuchungen –, die überwiegend für die Einschätzung des wirtschaftlichen Potenzials genutzt wurden.

Bottom-up-Untersuchungen basieren auf der Bewertung von Optionen zur Emissionsminderung, wobei der Schwerpunkt auf bestimmten Technologien und Regulationen liegt. Es sind typischerweise sektorale Untersuchungen, die eine unveränderte Makroökonomie annehmen. Sektorale Abschätzungen wurden, wie im TAR, aggregiert, um eine Abschätzung des globalen Emissionsminderungspotenzials für diesen Bericht zu liefern.

Top-down-Untersuchungen bewerten das wirtschaftsweite Potenzial an Emissionsminderungsmöglichkeiten. Sie nutzen weltweit konsistente Rahmenbedingungen und aggregierte Informationen über Emissionsminderungsoptionen und schließen makroökonomische und Markt-Rückkopplungen mit ein.

Bottom-up- und Top-Down-Modelle sind einander seit dem TAR ähnlicher geworden, da Top-down-Modelle mehr technologische Emissionsminderungsoptionen und Bottom-up-Modelle mehr makroökonomische und Markt-Rückkopplungen mit einbezogen haben und auch eine Analyse der Hemmnisse in ihre Modellstrukturen aufgenommen haben.

Bottom-up-Untersuchungen sind insbesondere für die Einschätzung spezifischer politischer Optionen auf sektoraler

Ebene nützlich, z. B. Optionen zur Verbesserung der Energie-effizienz, wohingegen Top-down-Untersuchungen für eine Einschätzung sektorübergreifender und wirtschaftsweiter Klimaschutzmaßnahmen, wie z. B. Kohlendioxidsteuern und Stabilisierungspolitiken, nützlich sind.

Aktuelle Bottom-up- und Top-down-Untersuchungen des wirtschaftlichen Potenzials sind allerdings nur eingeschränkt in der Lage, die Wahl von Lebensstilen sowie alle externen Effekte, wie zum Beispiel lokale Luftverschmutzung, zu berücksichtigen. Die Darstellung einiger Regionen, Länder, Sektoren, Gase und Hemmnisse ist begrenzt. Die potenziellen Vorteile vermiedenen Klimawandels werden nicht auf die projizierten Kosten der Minderung von Treibhausgasemissionen angerechnet.

Und für die Annahmen gilt:

Annahmen in Untersuchungen zu Emissionsminderungsportfolios und makroökonomischen Kosten

In diesem Bericht bewertete Untersuchungen zu Emissionsminderungsportfolios und makroökonomischen Kosten basieren auf Top-down-Modellen. Die meisten Modelle nutzen einen Ansatz der weltweit geringsten Kosten für Emissionsminderungsportfolios mit weltweitem Emissionshandel unter der Annahme von transparenten Märkten, keinen Transaktionskosten und daher einer perfekten Umsetzung von Emissionsminderungsmaßnahmen durch das ganze 21. Jahrhundert hindurch. Kosten werden für einen bestimmten Zeitpunkt angegeben.

Die global modellierten Kosten werden ansteigen, wenn einige Regionen, Sektoren (z. B. Landnutzung), Optionen oder Gase ausgeschlossen werden. Die global modellierten Kosten werden abnehmen, wenn niedrigere Referenzwerte eingesetzt, die Gewinne aus Kohlendioxidsteuern und versteigerten

Zertifikaten verwendet und induziertes technologisches Lernen mit einbezogen wird. Diese Modelle berücksichtigen keine Vorteile aus dem Klimawandel und im Allgemeinen auch keine positiven Nebeneffekte von Emissionsminderungsmaßnahmen oder Gerechtigkeitsfragen.

Das zentrale Ergebnis lautet:

»Sowohl Bottom-up- als auch Top-down-Untersuchungen weisen darauf hin, dass ein signifikantes wirtschaftliches Potenzial für die Minderung von Treibhausgasemissionen über die nächsten Jahrzehnte besteht, das den projizierten Zuwachs globaler Emissionen ausgleichen oder Emissionen unter die aktuellen Werte senken könnte.«

Mit anderen Worten: Klimaschutz ist machbar, und zwar mit erträglichen wirtschaftlichen und sozialen Konsequenzen, ja sogar in weiten Bereichen mit ökonomischem Gewinn. Das IPCC beschreibt dies genauer für die verschiedenen Untersuchungsansätze:

– »Das für diesen Bericht über Bottom-up-Ansätze abgeschätzte wirtschaftliche Potenzial im Jahre 2030 ist nachfolgend in Tabelle 5a dargestellt. Zum Vergleich: Emissionen im Jahre 2000 entsprachen 43 Gt CO_2-Äq. Bottom-up-Untersuchungen legen nahe, dass Emissionsminderungsmöglichkeiten mit negativen Nettokosten das Potenzial haben, Emissionen im Jahre 2030 um etwa 6 Gt CO_2-Äq./Jahr zu senken. Dies zu realisieren erfordert, sich mit Hemmnissen bei der Umsetzung zu befassen.
– Die gesamte Herausforderung der Emissionsminderung kann nicht in einem Sektor oder mit einer Technologie alleine angegangen werden. Alle bewerteten Sektoren tragen zum Gesamten bei. Die Technologien mit dem größten wirtschaftlichen Potenzial für die jeweiligen Sektoren sind in Tabelle 5b aufgeführt.«

Tab. 5a: Aus Bottom-up-Untersuchungen geschätztes weltweites wirtschaftliches Emissionspotenzial im Jahre 2030

Kohlendioxidpreis (US-$/t CO_2-Äq.)	Wirtschaftliches Emissionsminderungspotenzial (Gt CO_2-Äq./Jahr)	Verringerung gegenüber SRES A1B (68 Gt CO_2-Äq./Jahr) (%)	Verringerung gegenüber SRES B2 (49 Gt CO_2-Äq./Jahr) (%)
0	5 – 7	7 – 10	10 – 14
20	9 – 17	14 – 25	19 – 35
50	13 – 26	20 – 38	27 – 52
100	16 – 31	23 – 46	32 – 63

Tab. 5b: Aus Top-down-Untersuchungen geschätztes weltweites wirtschaftliches Potenzial im Jahre 2030

Kohlendioxidpreis (US-$/t CO_2-Äq.)	Wirtschaftliches Emissionsminderungspotenzial (Gt CO_2-Äq./Jahr)	Verringerung gegenüber SRES A1B (68 Gt CO_2-Äq./Jahr) (%)	Verringerung gegenüber SRES B2 (49 Gt CO_2-Äq./Jahr) (%)
20	9 – 18	13 – 27	19 – 37
50	14 – 23	21 – 34	29 – 47
100	17 – 26	25 – 38	35 – 53

Um Tabelle 6 selbst wurde lange gestritten. Zwar gibt das IPCC grundsätzlich keine konkreten Empfehlungen, welche Maßnahmen und Instrumente die Regierungen anwenden sollen. Dennoch sind die Vorschläge natürlich höchst unterschiedlich wirksam und effizient. Es wäre naheliegend gewesen, die genannten »Schlüsseltechnologien« entsprechend ihrer Effektivität aufzulisten. Dies war nicht durchsetzbar.

Der etwas fremd anmutende Satz in der Tabellenüberschrift »*Sektoren und Technologien sind in keiner bestimmten Reihenfolge aufgeführt*« ist das Resultat. Denn dass etwa im Bereich der Energieversorgung die ineffiziente Kernenergie noch vor den Erneuerbaren Energien mit ihrem hohen Versorgungspotenzial und noch vor

Tab. 6: Schlüsseltechnologien zur Emissionsminderung und zu
Praktiken

Sektor	Aktuell auf dem Markt befindliche Schlüsseltechnologien und Praktiken zur Emissionsminderung	Schlüsseltechnologien und Praktiken zur Emissionsminderung, die laut Projektionen bis 2030 auf den Markt kommen
Energieversorgung	Erhöhte Versorgungs- und Verteilungseffizienz; Brennstoffwechsel von Kohle zu Gas; Kernenergie; erneuerbare Energien für Wärme und Strom (Wasser-, Solar-, Windkraft, Geothermie und Biomasse); Kraft-Wärme-Kopplung; frühe Anwendung von CO_2-Abtrennung und -speicherung (CCS; z. B. Speicherung von aus Erdgas entferntem CO_2)	CCS für gas-, biomasse- oder kohlebetriebene Stromkraftwerke; weiterentwickelte Kernenergie; weiterentwickelte erneuerbare Energien, einschl. Gezeiten- und Wellenkraftwerke, konzentrierte Solarenergie und solare Photovoltaik
Verkehr	Treibstoffeffizientere Fahrzeuge; Hybridfahrzeuge; sauberere Dieselnutzung; Biotreibstoffe; modale Verlagerung aus dem Straßenverkehr auf die Schiene und öffentliche Verkehrssysteme; schnelle öffentliche Verkehrssysteme, nichtmotorisierter Verkehr (Fahrradfahren, Zufußgehen); Landnutzung und Verkehrsplanung	Biotreibstoffe zweiter Generation; effizientere Flugzeuge; weiterentwickelte Elektro- und Hybridfahrzeuge mit stärkeren und zuverlässigeren Batterien
Gebäude	Effiziente Beleuchtung auch durch Tageslicht; effizientere Elektrogeräte und Heiz- und Kühlvorrichtungen; weiterentwickelte Kochherde; bessere Wärmedämmung; Solararchitektur für passive und aktive Heizung und Kühlung; natürliche Kühlflüssigkeiten, Rückgewinnung und Wiederverwertung von fluorierten Gasen	Integriertes Design von Geschäftsgebäuden einschließlich Technologien wie z. B. intelligente Zähler, die rückmelden und überwachen; in Gebäuden integrierter Solarstrom aus Photovoltaik
Industrie	Effizientere elektrische Endverbraucherausrüstung; Wärme- und Stromrückgewinnung; Materialwiederverwertung und -ersatz; Regelung der Emissionsminderung von Nicht-CO_2-Gasen sowie ein breites Spektrum an prozessspezifischen Technologien	Weiterentwickelte Energieeffizienz; CCS bei Zement-, Ammoniak- und Eisenherstellung; inerte Elektroden für die Aluminiumherstellung

Landwirtschaft	Verbessertes Management von Anbau- und Weideflächen zur Erhöhung der Kohlenstoffspeicherung im Boden; Renaturierung von kultivierten Torfböden und anderen degradierten Böden; verbesserte Reisanbautechniken sowie Vieh- und Düngemanagement zur Verringerung von CH_4-Emissionen; verbesserte Stickstoffdüngung zur Verringerung von N_2O-Emissionen; gezielter Anbau von Energiepflanzen als Ersatz fossiler Brennstoffe; erhöhte Energieeffizienz	Verbesserung der Ernteerträge
Forstwirtschaft	(Wieder-)Aufforstung; Forstmanagement; reduzierte Entwaldung; Regulierung von Produkten aus geschlagenem Holz; Nutzung von Forstprodukten für Bioenergie als Ersatz fossiler Brennstoffe	Weiterentwicklung von Baumarten zur Steigerung der Biomasseproduktivität und Kohlendioxidaufnahme. Verbesserte Fernerkundungstechnologien für die Analyse des Potenzials zur Kohlendioxidaufnahme durch Vegetation/Boden und für die Kartierung von Landnutzungsänderungen
Abfall	Rückgewinnung von Methan aus Deponien; Müllverbrennung mit Energierückgewinnung; Kompostierung organischer Abfälle; kontrollierte Abwasserbehandlung; Recycling und Abfallminimierung	Methanoxidationsschicht (Biocover) und Biofilter für optimierte CH_4-Oxidation

Sektoren und Technologien sind in keiner bestimmten Reihenfolge aufgeführt. Nichttechnologische Praktiken, wie z. B. Änderungen im Lebensstil, die sich durch alle Sektoren ziehen, sind nicht in dieser Tabelle enthalten (werden aber in Abschnitt 7 dieser Zusammenfassung für politische Entscheidungsträger besprochen).

der Kraft-Wärme-Kopplung rangieren sollte, war wiederum für die progressiven Delegationen nicht akzeptabel.

Tabelle 6 versteht sich als Angebot an die Regierungen. »Hier seht ihr, was ihr tun könnt«, das ist die Botschaft. Sie fasst in kompakter Form die Werkzeuge gegen den Klimawandel zusammen.

Noch ein Wort zur Kernenergie: Schlagzeilen und Behauptungen, dass das IPCC Atomkraft als Lösung der

Klimafrage propagiert habe, sind falsch. Zweifellos ist die nukleare Stromerzeugung vergleichsweise emissionsarm. Doch IPCC macht durch die neutrale Gegenüberstellung der begrenzten Potenziale für den Ausbau der Kernenergie und den Hinweis auf die Probleme der nuklearen Entsorgung, der Verbreitung von Waffen und der Sicherheit von Kernkraftwerken einerseits und die großen Potenzialen für den Ausbau Erneuerbarer Energien andererseits deutlich genug, dass Atomkraft nicht als Lösung der Klimafrage propagiert werden kann.

Energie, Verkehr, Land- und Forstwirtschaft

Zu den Sektoren führt das IPCC Folgendes aus:

- »Neue Investitionen in die Energieversorgung in Entwicklungsländern, die Erneuerung der Energieinfrastruktur in Industrieländern und Maßnahmen zur Erhöhung der Energiesicherheit können in vielen Fällen Möglichkeiten für THG-Emissionsminderungen im Vergleich zum Referenzszenario schaffen. Zusätzliche positive Nebeneffekte sind länderspezifisch, schließen aber oft die Bekämpfung von Luftverschmutzung, eine Ausgewogenheit von Handelsvorteilen, die Bereitstellung von moderner Energieversorgung in ländlichen Gegenden und Beschäftigung mit ein.
- Es gibt vielfältige Möglichkeiten zur Emissionsminderung im Verkehrssektor, aber ihre Auswirkungen kann durch das Wachstum im Sektor konterkariert werden. Den Möglichkeiten zur Emissionsminderung stehen viele Hindernisse entgegen, wie z. B. Verbrauchervorlieben und der Mangel an politischen Rahmenbedingungen.
- Energieeffizienzoptionen für neue und bestehende Gebäude könnten CO_2-Emissionen signifikant zu wirtschaftlichem Nettogewinn reduzieren. Der Nutzung dieses Potenzials stehen viele Hemmnisse entgegen, aber es gibt auch große positive Nebeneffekte.

– Das wirtschaftliche Potenzial im Industriesektor liegt hauptsächlich in energieintensiven Industriezweigen. Die verfügbaren Möglichkeiten zur Emissionsminderung werden weder in Industrie- noch in Entwicklungsländern voll ausgenutzt.

– Landwirtschaftliche Verfahren können in ihrer Gesamtheit zu niedrigen Kosten einen signifikanten Beitrag zur verstärkten Aufnahme von Kohlenstoff im Boden (Kohlenstoffsenken), zu THG-Emissionsminderungen und durch die Lieferung von Biomasse für die Energieversorgung leisten.

– Forstwirtschaftliche Emissionsminderungsmaßnahmen können Emissionen aus Quellen beträchtlich reduzieren und die Aufnahme in Senken zu niedrigen Kosten steigern und können so angelegt werden, dass Synergien mit Anpassungsmaßnahmen und nachhaltiger Entwicklung geschaffen werden.

– Durch Verbraucher verursachter Abfall[2] trägt nur wenig zu den weltweiten THG-Emissionen bei (< fünf Prozent), aber der Abfallsektor kann zu niedrigen Kosten positiv zur THG-Minderung beitragen und nachhaltige Entwicklung fördern.«

Die Möglichkeiten des so genannten »Geo-Engineering«, also des gezielten Eingreifens in das Klima oder in natürliche Vorgänge, um der Erwärmung entgegenzusteuern, werden vom IPCC äußerst kritisch gesehen und daher abgelehnt:

»Möglichkeiten zu großmaßstäblichen Eingriffen in natürliche Vorgänge (Geoengineering), wie z. B. der Düngung von Ozeanen, um CO_2 direkt aus der Luft zu entfernen, oder Sonnenlicht durch die Ausbringung von Material in der oberen Atmosphäre abzuhalten, bleiben großteils spekulativ und unbewiesen sowie mit dem Risiko von unbekannten Nebenwirkungen behaftet. Verlässliche Kostenabschätzungen für diese Optionen sind nicht veröffentlicht worden.«

Im Bereich der Energieversorgung nimmt IPCC auch zu den Fragen des Kraftwerksneubaus, der Erneuerbaren

---

[2] Industrieabfall wird dem Industriesektor zugerechnet.

Energien und der Energieeffizienz sowie – nach langen und heftigen Verhandlungen – auch zur Kernenergie und zu Kohlenstoffabscheidung und -Speicherung Stellung.

– »Zukünftige Entscheidungen über Investitionen in Energie-infrastruktur, für die eine Gesamtsumme von über 20 Billionen US-$ ab heute bis zum Jahre 2030 erwartet wird, werden aufgrund der langen Nutzungsdauer von Kraftwerken und anderem infrastrukturellen Grundkapital langfristige Auswirkungen auf THG-Emissionen haben. Die weit gestreute Verbreitung kohlendioxidarmer Technologien kann Jahrzehnte dauern, selbst wenn frühe Investitionen in diese Technologien attraktiv gemacht werden. Erste Abschätzungen zeigen, dass eine Rückkehr der weltweiten energiebezogenen CO_2-Emissionen bis zum Jahre 2030 auf das Niveau von 2005 eine große Umlenkung von Investitionen nötig machen würde, obwohl die zusätzlich benötigten Nettoinvestitionen von vernachlässigbar bis zu fünfzehn Prozent reicht.

– Es ist oft kosteneffektiver, in die Verbesserung der Energieeffizienz des Endverbrauchs zu investieren, als die Energiebereitstellung zu erhöhen, um die Nachfrage nach Energiedienstleistungen zu befriedigen. Effizienzverbesserung hat einen positiven Effekt auf Energiesicherheit, lokale und regionale Luftverschmutzungsbekämpfung und Beschäftigung.

– Erneuerbare Energien haben im Allgemeinen einen positiven Effekt auf Energiesicherheit, Beschäftigung und die Luftqualität. Bei Betrachtung der Kosten im Vergleich zu anderen Versorgungsmöglichkeiten kann Elektrizität aus erneuerbaren Energien, die 2005 18 Prozent der Stromversorgung ausmachte, einen Anteil von 30–35 Prozent an der gesamten Stromversorgung im Jahr 2030 bei Kohlendioxidpreisen von bis zu US-$ 50/t CO_2-Äq. haben.

– Bei Betrachtung der Kosten im Vergleich zu anderen Versorgungsmöglichkeiten kann Kernenergie, die 2005 16 Prozent der Stromversorgung ausmachte, einen Anteil von 18 Prozent an der gesamten Stromversorgung im Jahr 2030 bei Kohlendioxidpreisen von bis zu US-$ 50/t CO_2-Äq. haben. Jedoch verbleiben die Sicherheitsfrage, die Verbreitung von Waffen und der Atommüll als Hinderungsgründe.

– Kohlendioxidabtrennung und -speicherung (CCS) in unterirdischen geologischen Formationen stellt eine neue Technologie dar mit dem Potenzial, einen wichtigen Beitrag zur Emissionsminderung bis 2030 zu leisten. Technische, wirtschaftliche und gesetzliche Entwicklungen werden den tatsächlichen Beitrag beeinflussen.«

Was kostet die Welt?

Was kostet der Klimaschutz? Und welche Kosten ergeben sich aus den Folgen des Klimawandels? Diese Frage war in den vergangenen Sachstandsberichten nur sehr vorsichtig behandelt worden. Die Aussagen des Vierten Sachstandsbericht sind zwar ebenfalls nicht sehr detailliert, und sie konzentrieren sich relativ stark auf die Kosten der Klimaschutzmaßnahmen und daraus resultierender volkswirtschaftlicher Verluste. Ganz neu im Vergleich zum 3. Sachstandsbericht ist die Darstellung von Ergebnissen für sehr ehrgeizige Minderungsszenarien.

»Für das Jahr 2030 liegen die Schätzungen der makroökonomischen Kosten für eine Multigas-Emissionsminderung, die konsistent mit Emissionstrajektorien für eine Stabilisierung zwischen 445 und 710 ppm CO_2-Äq. ist, zwischen einem Verlust an weltweitem BIP von drei Prozent und einem kleinen Anstieg im Vergleich zum Referenzszenario (siehe Tabelle). Regionale Kosten können sich jedoch signifikant von globalen Mittelwerten unterscheiden.«

Allerdings wird eingeräumt, dass diese Kosten durch geeignete Maßnahmen erheblich niedriger sein könnten, als die Modellrechnungen dies prognostizieren:

»Abhängig vom bestehenden Steuersystem und der Ausgabe von Erträgen lassen Modellstudien erkennen, dass die Kosten erheblich niedriger sein könnten, unter der Annahme, dass

Tab. 7: Geschätzte weltweite makroökonomische Kosten im Jahre 2030 für die Trajektorien mit den geringsten Kosten hin auf verschiedene langfristige Stabilisierungsniveaus [1, 2]

Stabilisierungs-niveaus (ppm CO_2-Äq.)	Zentralwert des BIP-Rückgangs[3] (%)	Bandbreite an BIP-Rückgang[4] (%)	Rückgang der durchschnittlichen jährlichen BIP-Zuwachsraten (Prozentpunkte)[5]
590–710	0,2	−0,6–1,2	< 0,06
535–590	0,6	0,2–2,5	< 0,1
445–535[6]	Nicht verfügbar	< 3	< 0,12

[1] Ergebnisse beruhen auf Untersuchungen, die verschiedene Referenzszenarien benutzt haben.
[2] Die Untersuchungen unterscheiden sich im Hinblick auf den Zeitpunkt, an dem die Stabilisierung erreicht wird; im Allgemeinen ist dies im Jahre 2100 oder später.
[3] Dies ist weltweites BIP basierend auf Marktwechselkursen.
[4] Der Zentralwert und der Bereich zwischen der 10. und 90. Perzentile der untersuchten Daten sind angegeben.
[5] Die Berechnung des Rückgangs der jährlichen Zuwachsraten basiert auf dem durchschnittlichen Rückgang während der Zeit bis 2030, der zu dem angegebenen BIP-Rückgang im Jahre 2030 führen würde.
[6] Es gibt relativ wenige Untersuchungen, die BIP-Ergebnisse nennen, und sie verwenden im Allgemeinen niedrige Referenzszenarien.

Erlöse aus Kohlendioxidsteuern oder unter einem Emissions-handelssystem versteigerten Zertifikaten benutzt werden, um kohlendioxidarme Technologien zu fördern oder bestehende Steuern zu reformieren. Untersuchungen, die die Möglichkeit einschließen, dass Klimaschutzpolitik einen verstärkten Techno-logiewandel hervorruft, liefern ebenfalls geringere Kosten. Dies mag jedoch höhere Investitionen im Voraus nötig machen, um im Nachhinein eine Kostenreduzierung zu erhalten.«

Weitere Relativierungen ziehen in Betracht, dass sich Klimaschutz durchaus – auch betriebswirtschaftlich – loh-nen kann.

»Obwohl die meisten Modelle BIP-Verluste zeigen, zeigen manche BIP-Gewinne, da sie annehmen, dass die Referenzsze-narien nicht optimal sind und Emissionsminderungsmaß-nahmen die Markteffizienz verbessern, oder sie nehmen an, dass durch Emissionsminderungsmaßnahmen mehr Technologiewandel hervorgerufen wird. Beispiele für Marktineffizienzen sind unter anderem ungenutzte Ressourcen, verzerrte Steuern und/oder Subventionen.

Ein Multigas-Ansatz und die Einbeziehung von Kohlendioxidsenken reduzieren im Allgemeinen die Kosten im Vergleich zur ausschließlichen CO_2-Emissionsbekämpfung wesentlich.

Regionale Kosten hängen zum Großteil vom angenommenen Stabilisierungsniveau und dem Referenzszenario ab. Das System zur Aufschlüsselung ist ebenfalls von Bedeutung, aber für die meisten Länder weniger als das Stabilisierungsniveau.«

Nicht nur die »harten« ökonomischen Aspekte werden vom IPCC berücksichtigt. Man beschreibt auch vergleichsweise detailliert, welche sonstigen, nicht vollständig monetarisierbaren Maßnahmen, wie z. B. Verhaltensänderungen, positive Auswirkungen auf den Klimawandel haben können.

»Änderungen im Lebensstil und in Verhaltensmustern können durch alle Sektoren hinweg zur Minderung des Klimawandels beitragen. Managementpraktiken können ebenfalls eine positive Rolle spielen:

Änderungen im Lebensstil können THG-Emissionen verringern. Änderungen im Lebensstil und Konsummuster, die Wert auf die Bewahrung von Ressourcen legen, können dazu beitragen, eine kohlendioxidarme Wirtschaft zu entwickeln, die sowohl gerecht als auch nachhaltig ist.

Erziehung und Schulungsprogramme können helfen, Widerstände gegen die Marktakzeptanz von Energieeffizienz zu überwinden, insbesondere in Kombination mit anderen Maßnahmen.

Änderungen im Besitzverhalten, in kulturellen Mustern und in der Wahl und der Nutzung von Technologien durch die Verbraucher können zu einer erheblichen Verringerung von CO_2-Emissionen im Zusammenhang mit dem Energieverbrauch in Gebäuden führen.

Maßnahmen zur Beeinflussung der Verkehrsnachfrage (Transport Demand Management), welche Stadtplanung (die den Mobilitätsbedarf senken kann) und die Bereitstellung von Information und erzieherischen Techniken (die die Autonutzung senken und zu einem effizienteren Fahrstil führen können) mit einschließen, können die Minderung von THG-Emissionen unterstützen.

In der Industrie können Managementinstrumente, die Mitarbeiterschulungen, Belohnungssysteme, regelmäßige Rückmeldungen, die Dokumentation vorhandener Verfahrensweisen mit einschließen, helfen, organisatorische Hindernisse in der Industrie zu überwinden und den Energieverbrauch sowie die THG-Emissionen zu senken.«

Maßnahmen zum Klimaschutz haben auch anderen Nutzen. Dies gilt besonders für Maßnahmen im Bereich der Luftreinhaltung. Denn die Verringerung der Emissionen von Luftschadstoffen (z. B. der Ozonvorläufersubstanzen) führt selbstverständlich auch dazu, dass direkte gesundheitliche Beeinträchtigungen reduziert werden. Da dies auch in konkreten Kosten zu beziffern ist, wird es vom IPCC relativ ausführlich gewürdigt.

»Obwohl die Untersuchungen unterschiedliche Methoden anwenden, können in allen untersuchten Weltregionen die kurzfristigen Vorteile für die Gesundheit durch geringere Luftverschmutzung als Folge von Maßnahmen zur Minderung von Treibhausgasemissionen erheblich sein und einen erheblichen Teil der Emissionsminderungskosten aufwiegen.

Die Einbeziehung anderer positiver Nebeneffekte außer Gesundheit, wie z. B. erhöhte Energiesicherheit, erhöhte landwirtschaftliche Produktion und geringere Belastung natürlicher Ökosysteme aufgrund niedrigerer troposphärischer Ozonkonzentrationen, würden die Kostenersparnis weiter vergrößern.

Die Zusammenführung von Luftverschmutzungsbekämpfung und Klimaschutzpolitik bietet potenziell große Kostenreduzierungen im Vergleich zur getrennten Behandlung dieser Maßnahmen.«

Maßnahmen gegen den Klimawandel müssen nicht nur effektiv und effizient sein, sie müssen auch so früh wie möglich ergriffen werden. Je früher und nachhaltiger dies geschieht, umso leichter und umso kostengünstiger können die Klimaschutzziele erreicht werden.

»Um die Konzentration an Treibhausgasen in der Atmosphäre zu stabilisieren, müssten die Emissionen einen Maximalwert erreichen und danach abnehmen. Je niedriger das Stabilisierungsniveau, desto schneller müssten dieser Höhepunkt und die Abnahme stattfinden. Anstrengungen zur Emissionsminderung in den nächsten zwei bis drei Jahrzehnten werden starke Auswirkungen auf die Möglichkeiten zur Erreichung niedrigerer Stabilisierungsziele haben.

Im Jahre 2050 liegen die makroökonomischen Kosten für eine Multigas-Stabilisierung bei 701 bis 445 ppm CO_2-Äq. im weltweiten Durchschnitt zwischen einem Zuwachs von einem Prozent und einem Verlust von 5,5 Prozent an weltweitem BIP. Für bestimmte Länder und Sektoren weichen die Kosten beträchtlich vom weltweiten Mittel ab.

Eine der zentralen Aussagen des IPCC zur Machbarkeit und Notwendigkeit ehrgeiziger Klimaschutzpolitik:

»Die Bandbreite der bewerteten Stabilisierungsniveaus kann durch die Anwendung eines Portfolios an heute verfügbaren Technologien und solchen, die wahrscheinlich in den nächsten Jahrzehnten auf den Markt kommen, erreicht werden. Dies setzt voraus, dass es angemessene und wirkungsvolle Anreize für die Entwicklung, die Beschaffung, den Einsatz und die Verbreitung von Technologien und für das Befassen mit entsprechenden Hemmnissen gibt.«

Entscheidungen über das angebrachte Maß an weltweiter Emissionsminderung über die Zeit schließt einen iterativen Risikomanagementprozess mit ein, der Emissionsminderung und Anpassung, die Einbeziehung tatsächlicher und vermiedener Schäden durch Klimaänderung, positive Nebeneffekte, Nachhaltigkeit, Gleichstellung und Einstellungen gegenüber Risiken beinhaltet. Entscheidungen über das Ausmaß und den Zeitpunkt von THG-Minderung schließen eine Abwägung der wirtschaftlichen Kosten schnellerer Emissionsminderungen jetzt gegen die entsprechenden mittel- und langfristigen Klimarisiken durch eine Verzögerung mit ein.

Und IPCC warnt eindeutig davor, Maßnahmen auf die lange Bank zu schieben:

»Verzögerte Emissionsminderungen führen zu Investitionen, die an emissionsintensiveren Infrastrukturen und Entwicklungspfaden festhalten. Dies schränkt signifikant die Möglichkeiten ein, niedrigere Emissionsniveaus zu erreichen, und erhöht das Risiko für schwerere Auswirkungen des Klimawandels.«

Politische Maßnahmen und Instrumente

Entscheidungen über Maßnahmen und politische Instrumente werden von den Regierungen getroffen. IPCC stellt den Entscheidungsträgern eine breite Palette hierzu vor:

»Den Regierungen steht eine große Anzahl nationaler Politiken und Instrumente zur Verfügung, um die Anreize für Emissionsminderungsmaßnahmen zu schaffen. Ihre Anwendbarkeit hängt von den nationalen Gegebenheiten und einem Verständnis ihrer Wechselwirkungen ab, die Erfahrung aus der Umsetzung in vielen Ländern und Sektoren zeigt aber, dass es bei jedem Instrument Vor- und Nachteile gibt.

Es werden vier Hauptkriterien für die Bewertung von Politiken und Instrumenten angewandt: Umweltwirksamkeit, Kosteneffektivität, Verteilungseffekte, einschließlich Gerechtigkeit, und institutionelle Machbarkeit.

Alle Instrumente können gut oder schlecht angelegt sein und stringent oder lax. Hinzu kommt, dass Überwachung zur Verbesserung der Durchführung ein wichtiger Aspekt bei allen Instrumenten ist. Allgemeine Erkenntnisse über die Durchführung von Maßnahmen sind:

– **Die Einbeziehung von Klimamaßnahmen in breitere Entwicklungsmaßnahmen** erleichtert die Umsetzung und die Überwindung von Hindernissen.

- **Regulierungen und Standards** bieten im Allgemeinen eine gewisse Sicherheit über Emissionshöhen. Sie können anderen Instrumenten vorzuziehen sein, wenn informative oder andere Hemmnisse Erzeuger und Verbraucher daran hindern, auf Preissignale zu reagieren. Es kann jedoch sein, dass sie keine Innovationen und weiterentwickelte Technologien herbeiführen.
- **Steuern und Gebühren** können einen Kohlendioxidpreis festlegen, aber kein bestimmtes Emissionsniveau garantieren. In der Literatur werden Steuern als eine effiziente Art der Internalisierung der Kosten von THG-Emissionen aufgezeigt.
- **Handelbare Zertifikate** werden einen Kohlendioxidpreis einführen. Der Umfang der zugestandenen Emissionen bestimmt ihre Umweltwirksamkeit, während die Zuweisung der Zertifikate Auswirkungen auf die Verteilung hat. Schwankungen im Kohlendioxidpreis erschweren eine Einschätzung der Gesamtkosten für die Einhaltung von Emissionsrechten.
- **Finanzielle Anreize** (Subventionen und Steuervorteile) werden von Regierungen häufig angewendet, um die Entwicklung und Verbreitung neuer Technologien zu fördern. Während die wirtschaftlichen Kosten allgemein höher als für die obigen Maßnahmen sind, sind sie oft entscheidend bei der Überwindung von Hemmnissen.
- **Freiwillige Vereinbarungen** zwischen Industrie und Regierungen sind politisch attraktiv, erzeugen Aufmerksamkeit bei den Interessengruppen und haben in der Entwicklung vieler nationaler Maßnahmen eine Rolle gespielt. Der Großteil dieser Vereinbarungen hat keine signifikanten Emissionsrückgänge über Business as usual hinaus ergeben. Jedoch haben kürzlich mehrere Vereinbarungen in einigen Ländern die Anwendung der besten verfügbaren Technologie beschleunigt und zu messbaren Emissionsrückgängen geführt.
- **Informationsmaßnahmen** (z. B. Kampagnen zur Bewusstmachung) können die Umweltqualität positiv beeinflussen, indem sie informierte Entscheidungen fördern und möglicherweise zu Verhaltensänderungen führen, ihr Einfluss auf Emissionen ist jedoch noch nicht gemessen worden.
- **Forschung, Entwicklung und Demonstration** können technologische Fortschritte anstoßen, Kosten reduzieren und einen Fortschritt hin zur Stabilisierung ermöglichen.«

Zu konkreten Regierungsmaßnahmen, einschließlich der internationalen Verhandlungen, weist das IPCC klar darauf hin, dass Kohlendioxid einen Preis bekommen muss:

»Politiken, die einen realen oder impliziten Kohlendioxidpreis liefern, könnten Anreize für Hersteller und Verbraucher schaffen, signifikant in kohlendioxidarme Produkte, Technologien und Prozesse zu investieren. Solche Politiken können wirtschaftliche Instrumente, Regierungsfinanzierung und Regulationen beinhalten.«

IPCC weist aber auch auf die Bedeutung von staatlichen Maßnahmen zur Förderung der Forschung und Entwicklung sowie zur Schaffung von Märkten für neue Technologien hin:

»Regierungsunterstützung durch finanzielle Beiträge, Steuervergünstigungen, die Setzung von Standards und die Schaffung von Märkten ist wichtig für eine effektive Technologieentwicklung, -innovation und -anwendung. Technologietransfer in Entwicklungsländer hängt von günstigen Rahmenbedingungen und der Finanzierung ab.«

IPCC konnte sich auch nach schwierigen Verhandlungen auf eine klare und positive Botschaft zur Notwendigkeit eines internationalen Klimaschutzregimes durchringen:

»Bemerkenswerte Errungenschaften der UN-Klimakonvention (UNFCCC) und ihres Kioto-Protokolls sind die Schaffung einer weltweiten Reaktion auf das Klimaproblem, die Anregung einer Schar von nationalen Politiken, die Schaffung eines weltweiten Kohlendioxidmarkts und die Einrichtung neuer institutioneller Mechanismen, die die Grundlage für zukünftige Emissionsminderungsanstrengungen sein können.

In der Literatur werden viele Optionen für die Erreichung von Minderungen der weltweiten THG-Emissionen auf internationaler Ebene identifiziert. Sie lässt auch darauf schließen, dass erfolgreiche Abkommen umweltwirksam und kosteneffektiv sind, Verteilungsaspekte und Gerechtigkeit mit einbeziehen und institutionell machbar sind.«

Und nicht zuletzt wird die mögliche Rolle nichtstaatlicher Akteure vom IPCC gewürdigt.

»Einige Unternehmen, lokale und regionale Behörden, Nicht-Regierungs-Organisationen und zivile Gruppierungen rufen eine große Vielzahl an freiwilligen Aktionen ins Leben. Diese freiwilligen Aktionen könnten THG-Emissionen beschränken, innovative Maßnahmen stimulieren und die Anwendung von neuen Technologien fördern. Alleingenommen haben sie im Allgemeinen begrenzten Einfluss auf Emissionen nationaler oder regionaler Ebene.«

Klimaschutz durch nachhaltige Entwicklung

Klimaschutz ist nicht möglich ohne eine weltweite, nachhaltige Entwicklung. Diese wichtige Aussage setzt IPCC an den Schluss seines Berichtes.

»Entwicklung durch Veränderung von Entwicklungspfaden nachhaltiger zu gestalten, kann einen bedeutenden Beitrag zum Klimaschutz leisten, aber die Umsetzung kann Ressourcen für die Überwindung zahlreicher Hindernisse benötigen. Das Verständnis über die Möglichkeiten, Emissionsminderungsoptionen in mehreren Sektoren so auszuwählen und umzusetzen, dass Synergien gefördert und Konflikte mit anderen Dimensionen einer nachhaltigen Entwicklung vermieden werden, wächst.

– Unabhängig vom Ausmaß der Emissionsminderungsmaßnahmen sind Anpassungsmaßnahmen notwendig.
– Die Behandlung des Klimawandels kann als ein unerlässliches Element von Maßnahmen zur nachhaltigen Entwicklung angesehen werden. Nationale Umstände und die Stärke von Institutionen bestimmen, inwieweit Entwick-

lungsmaßnahmen sich auf THG-Emissionen auswirken. Änderungen in Entwicklungspfaden entstehen aus Wechselwirkungen zwischen öffentlichen und privaten Entscheidungsprozessen, die Regierung, Wirtschaft und Gesellschaft mit einbeziehen, wovon viele nicht traditionell als ›Klimapolitik‹ bezeichnet werden. Dieser Prozess ist am wirkungsvollsten, wenn die Handelnden gleichberechtigt teilnehmen und dezentralisierte Entscheidungsprozesse koordiniert werden.

– Klimaschutz und andere Politiken für eine nachhaltige Entwicklung sind oft, aber nicht immer synergetisch. Es gibt zunehmend Beweise, dass Entscheidungen über z.b. makroökonomische Vorgehensweisen, Landwirtschaftspolitik, multilaterale Entwicklungsbankkredite, Versicherungspraktiken, eine Reform des Strommarkts, Energiesicherheit und Schutz der Wälder, die oft so behandelt werden, als wären sie von Klimapolitik getrennt, signifikant Emissionen mindern können. Andererseits ist es möglich, dass Entscheidungen über z. B. einen verbesserten ländlichen Zugang zu modernen Energiequellen keinen großen Einfluss auf die weltweiten THG-Emissionen haben.

– Auf Energieeffizienz und erneuerbare Energien bezogene Klimaschutzmaßnahmen lohnen sich oft wirtschaftlich, verbessern die Energiesicherheit und verringern lokale Verschmutzungsemissionen. Andere Optionen zur Emissionsminderung in der Energieversorgung können so entworfen werden, dass sie auch Nutzen für eine nachhaltige Entwicklung bringen, wie z. B. die Vermeidung von Umsiedlung lokaler Bevölkerungen, die Schaffung von Arbeitsplätzen und gesundheitliche Vorteile.

– Eine Verringerung sowohl der Verluste natürlicher Lebensräume als auch der Abholzung kann signifikante Vorteile für die Bewahrung von biologischer Vielfalt, Boden und Wasser haben und auf eine sozial und wirtschaftlich nachhaltige Art und Weise umgesetzt werden. Bewaldung und Plantagen für Bioenergie können zur Rückgewinnung von verkommenem Land führen, den Wasserablauf regulieren, Bodenkohlenstoff zurückhalten und ländliche Wirtschaften nutzen, könnten aber mit Flächen für die Nahrungsmittelproduktion konkurrieren und können negativ für die biologische Vielfalt sein, falls nicht angemessen angelegt.

– Es bestehen ebenfalls gute Möglichkeiten für eine Verstärkung nachhaltiger Entwicklung durch Emissionsminderungsmaßnahmen in den Sektoren Abfallwirtschaft, Verkehr und Gebäude.

Die Entwicklung nachhaltiger zu gestalten kann die Fähigkeit sowohl zur Emissionsminderung als auch zur Anpassung verstärken sowie die Empfindlichkeit gegenüber Klimaänderungen senken und Emissionen verringern. Synergien zwischen Emissionsminderung und Anpassung können bestehen, wie z. B. angemessen angelegte Biomasseproduktion, die Bildung von Schutzgebieten, Landmanagement, Energieverbrauch in Gebäuden und Forstwirtschaft. In anderen Gebieten könnten Kompromisse notwendig werden, wie z. B. erhöhte THG-Emissionen aufgrund eines erhöhten Energieverbrauchs im Zusammenhang mit Anpassungsmaßnahmen.«

Die Sitzung der Arbeitsgruppe III des IPCC endete in Bangkok am frühen Morgen des 4. Mai 2007. Im Laufe des Tages fand eine Sitzung des gesamten IPCC-Plenums statt. Dort wurden alle drei Einzelteile des 4. Sachstandsberichtes von den Regierungsdelegationen im Konsens verabschiedet. Gleichzeitig wurden die Fortschritte gemäß dem Fahrplan zur Vorbereitung des so genannten »*Syntheseberichtes*« dargestellt. Dieser Bericht, der nochmals in entscheidungsorientierter Form die wichtigsten Ergebnisse des Sachstandsberichtes zusammenfassen soll, wird im November 2007 in Valencia vom IPCC abschließend beraten werden.

Kosten und Optionen für den Klimaschutz

Ottmar Edenhofer und
Christian Flachsland

Zyniker seien Menschen, die von allem den Preis und von nichts den Wert kennen, so *Oscar Wilde*. Vielen Klimaschützern galten Ökonomen lange Zeit als Zyniker, weil sie dem Klimaschutz ablehnend gegenüberstanden: Die Schäden eines ungebremsten Klimawandels seien relativ gering, die Kosten der Verminderung von Emissionen, vor allem in den Industriestaaten, hoch. Den Einwand, die Erde habe einen Wert, der sich nicht in Geld messen ließe, haben Ökonomen nicht gelten lassen.

Klimaschutz bedeute Verzicht auf Wirtschaftswachstum, was sich besonders gegenüber den Entwicklungsländern nicht rechtfertigen lasse. Der Verlust der Artenvielfalt, die Zerstörung von Korallenriffen und die Zunahme von Überschwemmungen und Dürren fielen weniger ins Gewicht als der Verlust von Wirtschaftswachstum, mit dem Hunger, Krankheiten und mangelnde Bildung einhergingen. Eine ambitionierte Klimapolitik, die auf drastische Verminderungen der Treibhausgasemissionen setzt, sei daher nicht angeraten.

Dieses Bild ist mittlerweile von der Realität eingeholt worden. Zum einen sind die Schäden eines ungebremsten Klimawandels höher als bisher vermutet, zum anderen hat sich gezeigt, dass die Kosten der Verminderung von Emissionen wesentlich geringer eingeschätzt werden können, als dies noch vor wenigen Jahren der Fall war.

Neubewertung der Schäden

Die Schäden des Klimawandels sind höher als bisher angenommen: Vor allem amerikanische Ökonomen haben gezeigt, dass der Klimawandel in wirtschaftlich entwickelten Regionen (USA, Europa) höhere Schäden verursacht als bisher gedacht. Darüber hinaus konnten in den letzten Jahren Schwellenwerte im Erdsystem identifiziert werden, deren Überschreiten zu dramatischen Folgen führt: Die Versauerung der Ozeane und das Austrocknen des Regenwaldes infolge des Klimawandels können die Erderwärmung noch weiter beschleunigen. Darum raten viele Wissenschaftler zum Vorsichtsprinzip. Der Anstieg der globalen Mitteltemperatur gegenüber dem vorindustriellen Niveau solle auf 2 °C begrenzt werden, um diese Risiken auszuschließen. Auch Ökonomen könnten sich mit dem Vorsichtsprinzip anfreunden, wenn gezeigt werden kann, dass die Begrenzung des Anstiegs der globalen Mitteltemperatur auf 2 °C zu akzeptablen Kosten machbar ist.

Korrektur der Klimaschutzkosten

Die Kosten einer deutlichen Verminderung von Treibhausgasemissionen sind geringer als bisher befürchtet: Neuere Untersuchungen des Potsdam-Instituts für Klimafolgenforschung, die der Stern-Report mehrfach zustimmend zitiert und die im 4. Sachstandsbericht des IPCC ausführlich diskutiert werden, zeigen, dass die Kosten des Klimaschutzes beträchtlich nach unten korrigiert werden müssen. Mit weniger als einem Prozent des weltweiten Wirtschaftswachstums lässt sich das 2 °C-Ziel erreichen, was darauf hinausliefe, dass sich das Wirtschaftswachs-

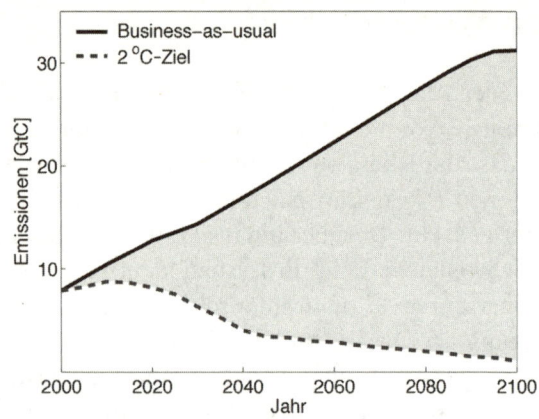

Abb. 12: Die Vermeidungslücke. Differenz der globalen Emissionen im Business-as-usual-Fall und der Emissionen beim Einhalten des 2 °C-Ziels (Quelle: Eigene Berechnungen 2007)

tum im 21. Jahrhundert lediglich um wenige Monate verzögerte.

Dabei müssen die kumulierten globalen CO_2-Emissionen im 21. Jahrhundert von insgesamt etwa 7.300 Milliarden Tonnen auf 2.300 Milliarden Tonnen Kohlendioxid reduziert werden. Die entstehende »Vermeidungslücke« von 5.000 Milliarden Tonnen CO_2 kann dann geschlossen werden, wenn die Politik durch eine ambitionierte Klimapolitik und Forschungsförderung in ausreichendem Maße Innovationen mobilisiert.

Die technischen Optionen

Mit welchen Technologien und Innovationen soll die Verminderung der Emissionen erreicht werden? Weder die Öffentlichkeit noch die Wissenschaft sind sich darüber einig. Dabei dreht sich der Streit um vier große energiepolitische Optionen: den Einsatz der Nuklearenergie, die erneuerbaren Energieträger, Abscheidung von Kohlendioxid und seine Deponierung im geologischen Untergrund und die Energieeffizienz. Die einzelnen Optionen können dabei nicht isoliert betrachtet werden, sondern müssen als Gesamtstrategie beurteilt werden.

Die Nutzung der Kernenergie verursacht auch dann, wenn man den Bau und die Entsorgung der Kraftwerke berücksichtigt, nur geringe CO_2-Emissionen. Global betrachtet ist sie aber kein Königsweg für den Klimaschutz. Zurzeit tragen 435 Leichtwasserreaktoren 17 Prozent zur weltweiten Stromproduktion bei. In den nächsten drei Dekaden wird sich die globale Stromproduktion mindestens verdoppeln. Um den Anteil der Nuklearenergie auch nur konstant zu halten, müssten weitere vierhundert Leichtwasserreaktoren gebaut werden – geplant sind im Augenblick lediglich achtundzwanzig.

Um wenigstens im Stromsektor den Hauptteil der langfristig erforderlichen Emissionsminderung zu übernehmen, d. h. um etwa zwei Drittel des zukünftigen Strombedarfs zu decken, müsste die Anzahl der Kernkraftwerke etwa verachtfacht werden. Dies würde beim Einsatz von Leichtwasserreaktoren zu einer zunehmenden Knappheit des Natururans und zu einem erheblichen Anstieg der Brennstoffkosten führen – von dem damit einhergehenden Anstieg des Risikos eines ernst zu nehmenden Nuklearunfalls ganz zu schweigen.

Durch den Einsatz von Schnellen Brütern könnte im Verbund mit einer Wiederaufarbeitung der Brennelemente der Ressourcenengpass zwar im Prinzip vermieden und die damit einhergehende Endlagerproblematik entschärft werden. Erkauft würde dies aber durch den Einstieg in die Plutoniumwirtschaft, die aufgrund ihrer inhärenten Vulnerabilität im Zeitalter terroristischer Bedrohungen als Zukunftsmodell für eine globale Energiewirtschaft nicht ernsthaft in Erwägung gezogen werden kann. Abgesehen davon hat sich auch der Betrieb von Schnellen Brütern in der Vergangenheit immer wieder als höchst störanfällig erwiesen.

Zu rechtfertigen wäre ein massiver globaler Ausbau der Kernenergienutzung aus Klimaschutzgründen unter Berücksichtigung des Betriebsrisikos, der weiterhin ungeklärten Endlagerfrage und der Proliferationsfrage nur dann, wenn es keine wirtschaftlich vertretbaren Alternativen gäbe. Nur unter dieser Voraussetzung würde der massive Einsatz von Schnellen Brütern zu einem volkswirtschaftlichen Kostenminimum führen. Es stehen jedoch durchaus ökonomisch attraktive Alternativen zur Verfügung. So zeigt eine internationale Modellvergleichsstudie, dass der Beitrag der Kernenergie zum globalen Klimaschutz selbst von nuklearenergiefreundlichen Szenarien durchaus als begrenzt eingeschätzt wird.[1]

Unsere Berechnungen haben ergeben, dass auf diese Option verzichtet werden kann, wenn ausreichend in den technischen Fortschritt bei erneuerbaren Energieträgern investiert wird. Auch im Hinblick auf eine spätere Nutzung der Kernfusion spielt die Kernspaltung keine Rolle. Beide Technologien sind so verschieden, dass der Kernspaltung keine Funktion als Brückentechnologie zukommt.

Solarenergie, Biomasse, Wind, Wasser und Geothermie haben nach 2030 ein erhebliches Potenzial bei der welt-

---

[1] Edenhofer, O., Lessmann, K., Kemfert, C., Grubb M., Koehler J. (2006): Technological Change: Exploring its Implications for the Economics of Atmospheric Stabilisation. Synthesis Report from the Innovation Modeling Comparison Project. /The Energy Journal / Special Issue, Endogenous Technological Change and the Economics of Atmospheric Stabilization, 93.

weiten Primärenergieversorgung. Im Stromsektor könnten Wind, Biomasse und Sonnenenergie bereits 2030 global einen Anteil von 30 Prozent erreichen. Auch im Transportsektor können Biokraftstoffe der zweiten Generation eine erhebliche Rolle spielen, um Öl zu ersetzen. Es ist zwar richtig, dass die erneuerbaren Energieträger heute, mit Ausnahme der Windenergie an günstigen Standorten, gegenüber den fossilen Energieträgern noch nicht konkurrenzfähig sind. Die Kosten werden jedoch durch Massenproduktion und eine geschickte regionale Schwerpunktsetzung fallen.

So kann in Europa Solarenergie etwa besonders effizient in Andalusien genutzt werden, Windenergie auf der Nordsee und Biomasse in Ostdeutschland und Polen. Damit eine solche europäische Arbeitsteilung Wirklichkeit werden kann, müssen allerdings die europäischen Märkte für die erneuerbaren Energieträger zusammenwachsen. Voraussetzung dafür ist die Schaffung eines echten europäischen Strommarktes mit einer integrierten Netzstruktur, wie sie von der EU-Kommission und Unternehmen wie Vattenfall gefordert und angestrebt wird.

Die fossile Energie bleibt auch im 21. Jahrhundert eine energie- und klimapolitische Herausforderung. Falls es zu keiner nennenswerten Klimapolitik kommen sollte, werden die Vorkommen von Steinkohle, Braunkohle und Erdgas extensiv genutzt werden. Dabei kann die Kohle nicht nur zur Verstromung eingesetzt werden, durch Verflüssigungsverfahren lassen sich auch Treibstoffe herstellen. Die Kohleoption kann jedoch nur dann klimaverträglich genutzt werden, wenn die Abscheidung von Kohlendioxid und seine Deponierung im Untergrund möglich werden. Mit diesem Verfahren wäre es auch möglich, Erdgas mit geringen Emissionen in der Stromproduktion zu nutzen.

Die bisher diskutierten Optionen setzen beträchtliche technische und institutionelle Innovationen voraus. Die Energieeffizienz dagegen lässt sich am schnellsten erhöhen – sie ist eine niedrig hängende Frucht, die schnell geerntet werden kann. Bereits heute ließen sich durch Wärmedämmung an Gebäuden und die Erhöhung der Brennstoffeffizienz bei Fahrzeugen betriebswirtschaftliche und volkswirtschaftliche Gewinne erzielen. Gemittelt über das Jahrhundert etwa ließen sich durch die Steigerung der Energieeffizienz 700 Milliarden Tonnen der globalen CO_2-Emissionen einsparen. Insgesamt aber führt bei ambitionierten Klimaschutzzielen an einem massiven Ausbau Erneuerbarer Energien kein Weg vorbei.

Auf dem Weg zu einem globalen Emissionshandel

Damit die Entwicklung und Markteinführung dieser Klimaschutzoptionen für Unternehmen rentabel wird, braucht CO_2 einen Preis. Wünschenswert wäre dabei ein globaler Emissionshandel für Unternehmen, durch den die Emissionsvermeidungen dort durchgeführt werden, wo dies am günstigsten möglich ist. Für einen solchen integrierten globalen Markt gibt es aus ökonomischer Sicht jedoch ein entscheidendes Hindernis: Es besteht für einzelne Länder der Anreiz, die Arbeit der Emissionsvermeidung von den anderen machen zu lassen. Sie profitieren von diesen Reduktionen auch dann, wenn sie selbst keine durchführen. Wenn jeder so denkt, wird aber keiner etwas tun: Aus diesem Grund steckt die internationale Klimapolitik gegenwärtig in der Krise.

Die Kosten des Klimaschutzes für Deutschland und Europa hängen entscheidend davon ab, in welchem Umfang sich China, Indien und vor allem die USA zu

Emissionsminderungen verpflichten. Zu dieser Frage liegen allerdings gegenwärtig noch keine verlässlichen Studien vor. Was der Stern-Report aus *globaler* Perspektive bezüglich der Kosten und Vorteile des Klimaschutzes festgestellt hat, muss für die *europäische* und *deutsche* Energiepolitik erst noch geleistet werden. Bei diesen Studien wird es vor allem darauf ankommen, dass sie den Maßstäben der internationalen Wirtschaftswissenschaft gerecht werden und sich abheben von den zahllosen Schnellschüssen, die einer kundigen Überprüfung kaum standhalten. Dennoch zeichnen sich bereits heute die Konturen eines deutschen und europäischen Beitrags zur Lösung des Klimaproblems ab.

Was Deutschland tun kann

Bundeskanzlerin *Angela Merkel* hat als Ratspräsidentin der EU durchgesetzt, dass die Treibhausgasemissionen in der EU bis 2020 gegenüber dem Basisjahr von 1990 um 20 Prozent sinken sollen. Wenn ein globales Klimaschutzabkommen vereinbart wird, ist die Europäische Union dazu bereit, ihre Emissionen um 30 Prozent zu reduzieren. Damit hat sich die EU ein bedeutendes Ziel gesetzt.

Zwar ist noch unklar, welche Verpflichtungen die Mitgliedsstaaten beim Erreichen dieser Ziele von 2012 bis 2020 im Einzelnen übernehmen werden. Fest steht jedoch, dass der europäische Emissionshandel die wichtigste Säule der europäischen Vermeidungsstrategie bildet. Deutschland hat im Rahmen des europäischen Emissionshandels bis 2012 eine Emissionsobergrenze von 453 Millionen Tonnen CO_2 akzeptiert. Wenn Unternehmen zukünftig weitere Reduktionen der Obergrenze und damit stabile CO_2-Preise erwarten können, besteht für sie ein

Anreiz, emissionsarme Technologien zu entwickeln und einzuführen.

Dabei gilt, dass bei einem hohen Innovationspotenzial der deutschen und europäischen Wirtschaft der Preis für Emissionen auch bei ehrgeizigeren Reduktionszielen nicht stark ansteigen muss, da in diesem Fall die Entwicklung kohlenstoffarmer Technologien rentabel wird. Wenn dann im Zuge der internationalen Klimapolitik weltweit Reduktionsziele vereinbart werden, haben Deutschland und Europa die Chance, diese Technologien weltweit zu exportieren.

Der europäische Emissionshandel leidet derzeit noch an Kinderkrankheiten, die durch ein entschlossenes Vorgehen der EU-Kommission bei der Festlegung knapper Emissionsobergrenzen für die Teilnehmerstaaten und die anstehende Reform des Systems ausgeräumt werden müssen. Hier sollte sich die deutsche Regierung für eine konstruktive Weiterentwicklung des europäischen Emissionshandels einsetzen: Zentraler Bestandteil der Reform muss die Ausweitung der versteigerten Menge an Emissionsrechten sein. Erst dadurch werden die Betreiber von Kraftwerken gezwungen, ihre Investitionsrechnungen zu überdenken. Wenn die ersteigerten Rechte dann zu teuer sind, werden sie ihre alten Anlagen stilllegen und dafür emissionsärmere Systeme in Betrieb nehmen.

Durch die derzeit praktizierte kostenlose Zuteilung von Emissionsrechten ist es jedoch im Gegenteil möglich, dass in den kommenden Jahren neue Kohlekraftwerke ans Netz gehen, die nicht mit Techniken zur Kohlenstoffabscheidung und Kohlenstoffdeponierung ausgerüstet sind. Auch die effiziente Kraft-Wärme-Kopplung wird hinter ihrem technischen Potenzial zurückbleiben. Das Gleiche gilt für die Stromerzeugung aus Offshore-Windkraftwerken. Der Zertifikatshandel sollte auf weitere

Sektoren ausgedehnt werden. So könnte der Verkehrssektor in den Emissionshandel einbezogen werden, damit sich dort neue Antriebstechniken und Biokraftstoffe der zweiten Generation durchsetzen. Für diese Erweiterung des Emissionshandels müssen geeignete Modelle gefunden werden.

Da es politisch unrealistisch ist, dass es vor 2012 zu einer signifikanten Ausweitung der Zertifikatsauktionen und damit zu einer Neubewertung der anstehenden Investitionen im Stromsektor kommt, hat Deutschland scheinbar zwei energiepolitische Optionen: Entweder die Laufzeit der Kernkraftwerke wird verlängert, oder der Emissionshandel wird ergänzt durch zusätzliche Maßnahmen zur Förderung von Emissionsreduktionen. Hierzu zählen massive Effizienzsteigerungen bei Gebäuden und Elektrogeräten ebenso wie umfangreiche Investitionen in die Kraft-Wärme-Kopplung und in die Nutzung erneuerbarer Energiequellen.

Bei Licht betrachtet sind dies jedoch keine echten Alternativen: Denn selbst bei einer Verlängerung der Laufzeiten für Kernkraftwerke kann auf Innovationen im Energiesystem nicht verzichtet werden. Kurzfristig könnten die Klimaschutzkosten durch Laufzeitverlängerungen zwar gesenkt werden, langfristig aber würden sich dann die erforderlichen Emissionsreduktionsziele wegen zu geringer Innovationen im Energiesektor nicht mehr zu akzeptablen Kosten erreichen lassen. Es wäre daher eine Illusion zu glauben, die Verlängerung der Laufzeiten von Kernkraftwerken allein sei ausreichend, um ambitionierte Minderungsziele zu erreichen.

Daher muss der Innovationsdruck auf die Energiewirtschaft deutlich erhöht werden. Es war insofern folgerichtig, dass unter der Ratspräsidentschaft von Bundeskanzlerin Merkel vereinbart wurde, den Anteil der erneuerbaren Energieträger am Primärenergieverbrauch der EU auf 20 Prozent zu erhöhen. Auch dieses Ziel ist äußerst ehrgeizig, wenn man bedenkt, dass der Anteil der erneuerbaren Energieträger am Primärenergieverbrauch in Europa gegenwärtig nicht mehr als sechs Prozent beträgt.

Man kann zu Recht fragen, warum die erneuerbaren Energieträger einer Förderung bedürfen, wenn der Emissionshandel die sozialen Kosten der Nutzung fossiler Energieträger bereits internalisiert. Die erneuerbaren Energieträger werden durch Massenproduktion billiger. So sanken in den letzten beiden Dekaden die Kosten pro Kilowattstunde bei der Stromerzeugung mit Wind um 14 Prozent bei einer Verdoppelung der installierten Leistung. Der CO_2-Zertifikatshandel allein wird aber vermutlich nicht ausreichen, um dieses Kostensenkungspotenzial bei den Erneuerbaren zu realisieren.[2]

Es ist daher vernünftig, auch für erneuerbare Energieträger ein Mengenziel vorzugeben. Um dieses Ziel zu minimalen volkswirtschaftlichen Kosten zu erreichen, ist ein europaweiter Wettbewerb um die besten Standorte für die erneuerbaren Energieträger notwendig. Es ist eine noch offene Frage, ob dieser Wettbewerb am besten mit Preis- oder Mengeninstrumenten initiiert werden kann.

In jedem Fall benötigt Europa zu diesem Zweck ein gut ausgebautes und integriertes Stromnetz, das in der Lage ist, einen steigenden Anteil an den erneuerbaren Energie-

---

[2] Dieses Argument läuft darauf hinaus, dass durch nichtkonvexe Kostenfunktionen bei den erneuerbaren Energieträgern multiple Gleichgewichte erzeugt werden. Der Markt für Emissionsrechte – vor allem dann, wenn er sich wie gegenwärtig nur jeweils auf Fünfjahresperioden beschränkt – garantiert dann keineswegs, dass ein Kostenminimum der Emissionsvermeidung erreicht wird. Es bedarf eines weiteren Instrumentes, das garantiert, dass die Lernkurveneffekte auch realisiert werden.

trägern an der Stromproduktion zu bewältigen. Über die Eigentumsrechte und die Finanzierung dieses Ausbaus des europäischen Stromnetzes wird im Augenblick heftig gerungen. So will die EU die Trennung von Netzbetrieb und Stromerzeugung durchsetzen. Vertreter der Stromwirtschaft haben vorgeschlagen, den Strommarkt europaweit zentral zu regulieren und die transnationale Integration der Stromnetze durch den Zusammenschluss privater Netzbetreiber zu regionalen Betreibergemeinschaften zu forcieren.[3] Die Analyse solcher ordnungspolitischen Optionen unter dem Aspekt von Emissionsminderung, Energiesicherheit und Wettbewerb gehört zu den wichtigsten Aufgaben der Klima- und Energieökonomen.

Trotz seines geringen absoluten Beitrags zu den globalen Treibhausgasemissionen hat Deutschland im Rahmen seiner EU-Ratspräsidentschaft eine Führungsrolle nicht nur im europäischen, sondern auch im globalen Klimaschutz übernommen. Dabei können die Ziele der EU nur erreicht werden, wenn der europäische Emissionshandel verbessert und ein europäischer Wettbewerbsmarkt für die erneuerbaren Energieträger geschaffen wird, der ihre Kostenreduktionspotenziale angemessen berücksichtigt. Die damit einhergehenden institutionellen Innovationen sind dann möglicherweise wichtiger als das Einhalten der Ziele des Kyoto-Protokolls selbst.

In diesem Zusammenhang ist die US-Diskussion um eine Beteiligung am europäischen Emissionshandel ein gutes Zeichen. Der Beitrag Deutschlands zur Lösung des Weltklimaproblems liegt nicht so sehr in der Verminderung seiner eigenen Treibhausgasemissionen, sondern in

---

[3] Vgl. dazu Vattenfall (2007): Vattenfall's views on the EU Commission initiative »An Energy Policy for Europe« and the prioritized Action Plan.

der Schaffung eines Marktes für Emissionsrechte und der Initiierung eines Wettbewerbs für erneuerbare Energieträger, der zur *Entwicklung* effizienter Vermeidungstechnologien führt.

Die europäische Klimapolitik kann nur gelingen, wenn Europa sein innovatives Potenzial realisiert. Mit der Schaffung von Märkten schickt sich Europa an zu zeigen, dass Wirtschaftswachstum und Emissionsreduktionen miteinander vereinbar sind. Erst wenn dies gelingt, werden auch China und Indien bereit sein, dieses Modell zu übernehmen. Für die deutsche Wirtschaft kann dies die Erschließung neuer Exportmärkte für kohlenstoffarme Technologien bedeuten. Global gesehen haben Europa und Deutschland die Möglichkeit, den entscheidenden Impuls zur Schaffung einer langfristig klimaverträglichen und gleichzeitig kostengünstigen Energieversorgung zu geben. Dieser Verantwortung sollten sich die EU und Deutschland stellen.

Klimawandel: die Maelström-Strategie

Carlo C. Jaeger

Angst lähmt. Das macht Sinn. Viele Tiere überleben kritische Situationen, indem sie reglos warten, bis der Feind wieder verschwunden ist. Doch die Gefahren des Klimawandels werden wir nicht durch regloses Warten bewältigen. Darum ist Angst eine schlechte Basis für Klimapolitik. Nicht, dass die Angst unverständlich wäre.

In diesem Jahrhundert, in dem die Weltbevölkerung um etwa 50 Prozent wachsen wird, dürfte sich das Weltsozialprodukt verzwanzigfachen, vielleicht sogar verfünfzigfachen. Da braucht es schon eine kühne Phantasie, um sich in diesem Jahrhundert auch nur eine Konstanz der Treibhausgasemissionen vorzustellen, geschweige denn die Reduktion auf ein Viertel des heutigen Niveaus, die nötig ist, um langfristige Klimarisiken zu vermeiden. Zu diesen Risiken gehört, dass unsere Nachfahren im Jahr 3000 die Spuren von Hamburg, New York, Shanghai und praktisch aller Küstenstädte der Gegenwart im U-Boot besichtigen werden. Sie werden dann unserer Epoche kaum mit der Bewunderung gedenken, die wir angesichts der Ruinen der Akropolis in Athen empfinden.

Doch wenn Angst auch wesentlich ist als Alarmzeichen, so ist sie keine gute Grundlage für wirksames Handeln. Wenn in den letzten Jahren geäußert wurde, der Klimawandel sei eine noch größere Bedrohung als der internationale Terrorismus, so war dieser Wettbewerb der Angst vielleicht gut gemeint, aber wenig hilfreich. Hilfreicher ist *Edgar Allan Poes* Geschichte vom Sturz in den *Maelström*, den mythischen Strudel vor der Steilküste

Norwegens. Der Soziologe *Norbert Elias* nutzte sie als Beispiel, um zu erläutern, wozu Sozialwissenschaft angesichts überwältigender Probleme gut sein könne. In jener Geschichte wird von einem ungeheuren Wirbel erzählt, in den ein Fischerboot vor der Küste Norwegens gerät.

>»Unser erstes Hinabgleiten aus dem Schaumgürtel oben in den Trichter selbst hatte uns ein beträchtliches Stück den Abhang hinuntergetragen, unser fernerer Abstieg aber stand in gar keinem Verhältnis zu diesem ersten Sturz [...] ich erwartete den sofortigen Tod und begriff nicht, dass ich nicht schon im Todeskampf mit dem Wasser rang. Doch Minute nach Minute verrann. Ich lebte noch immer [...] Nie werde ich die Empfindung von Ehrfurcht, Entsetzen und staunender Bewunderung vergessen, mit der ich um mich schaute. [...]
>Die Strahlen des Mondes schienen bis auf den Grund des ungeheuren Schlundes hinabtauchen zu wollen [...] Ich machte ferner [...] bedeutsame Beobachtungen [...]: Zwischen zwei Dingen gleicher Größe, von denen das eine zylindrische (längliche), das andere irgendeine andere Gestalt hat, wird das zylindrische langsamer eingesogen werden [...] Ich wusste nun, was ich zu tun hatte. Ich beschloss, mich an das Wasserfass, an dem ich mich noch immer anklammerte, festzubinden, es von der Gilling loszuschneiden und mich mit ihm ins Wasser zu werfen [...] Da ich selbst es bin, der Ihnen diese Geschichte erzählt, da Sie sehen, dass ich tatsächlich das Leben rettete, und da Sie schon wissen, auf welche Weise diese Rettung bewerkstelligt wurde, will ich meine Geschichte schnell zu Ende bringen.«

Was sind Beobachtungen und Einsichten, die uns angesichts der Gefahren des Klimawandels nicht erstarren lassen, sondern handlungsfähig machen?

Erstens: Die moderne Marktwirtschaft ist in der Lage, enorme Herausforderungen mit kreativen Leistungen zu bewältigen. Die Herausforderung, dem Meer fruchtbares Land abzuringen, hat Holland nicht behindert, sondern geformt, genau wie die Herausforderung, Verkehrswege durch unwirtliche Gebirge zu legen, die Schweiz geformt hat. Die Herausforderung, die Treibhausgasemissionen in den kommenden Jahrzehnten drastisch zu reduzieren, kann die Welt, in der unsere Enkel leben werden, ähnlich formen.

Zweitens: Bei der Entwicklung neuer Produkte und Technologien sind oft spektakuläre Kostensenkungen möglich, Computer und Mobiltelefone haben das eindrücklich vorgeführt. Diese Anfangsphase hält allerdings nicht länger als ein paar Jahrzehnte an, und genauer lässt sich ihre Dauer nicht vorhersagen. Der letzte Punkt führt *drittens* zu einem Paradox, auf das der Philosoph *Karl Popper* hingewiesen hat. Technischer Fortschritt lässt sich im Einzelnen nicht prognostizieren; denn wäre das möglich, könnten wir unsere zukünftigen Entdeckungen vorhersagen, und das würde bedeuten, dass es nichts mehr zu entdecken gäbe.

Technologische Entwicklungen, die sich durchsetzen, unterscheiden sich in den ersten Jahren kaum von denen, die auf der Strecke bleiben. Abbildung 13 illustriert dies durch zwei hypothetische Trajektorien für die Zeit bis 2050. Was deshalb heute gefragt ist, ist nicht die Auswahl der langfristig »besten« Technologien, sondern die Lancierung eines marktwirtschaftlichen Wettbewerbs, in dem über einen Zeitraum von zehn bis zwanzig Jahren die verschiedensten Möglichkeiten zur Emissionsreduktion erprobt werden, bis sich die langfristig tragfähigen herauskristallisiert haben.

Das entscheidende Instrument hat Europa in der Hand: den Emissionshandel. Diesen gilt es erstens auszuweiten – auf den Flugverkehr, aber auch den Autoverkehr und den Energieverbrauch in Gebäuden – und zweitens griffiger zu machen. Dazu müssen die Zertifikate versteigert und die Erlöse in einen Klimafonds überführt werden, aus dem

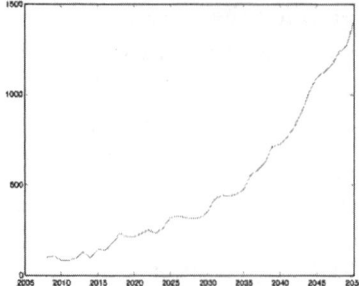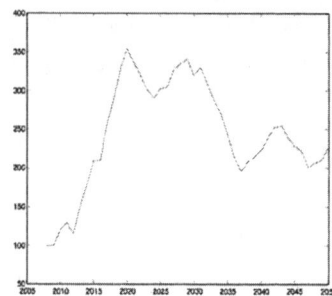

Abb. 13: Mögliche Umsatzentwicklungen (in Mio. Euro) einer letztlich erfolgreichen (links) und einer letztlich erfolglosen (rechts) Technologie. Man beachte den Skalenunterschied. Quelle: Eigene Berechnungen

Maßnahmen zur Anpassung an den stattfindenden Klimawandel finanziert werden, auch Initiativen zur Erprobung neuer Technologien und Produkte.

Die Herausforderung des Klimawandels zu bewältigen, ist keine leichte Aufgabe. Es wird weder an Panikmache fehlen noch an Augenwischerei. Umso wichtiger ist es, die heutige Marktwirtschaft so mit der Herausforderung zu konfrontieren, dass ihre Kreativität die Oberhand gewinnt. In dieser Möglichkeit liegt die kleine, aber reale Chance, die wir ergreifen können wie Poes Erzähler sein Wasserfass.

Verhindern einer gefährlichen Klimaänderung: Wie viel ist zu viel?

William Hare

Einleitung

Das Jahr 2007 wird möglicherweise als das Jahr in Erinnerung bleiben, in dem die Welt sich der globalen Erwärmung bewusst wurde. Niemals zuvor hat es eine so umfangreiche Berichterstattung über einen so langen Zeitraum gegeben. Der Anlass dafür war die Verabschiedung des 4. Sachstandsberichtes des IPCC. Fast überall bemerken die Menschen persönlich, dass das Weltklima sich zum Schlechteren verändert. Was zu viel der Klimaänderung ist, ist eine Frage, für die die Wissenschaft Grundlageninformation liefern muss, aber deren Beantwortung letztlich von Werturteilen und Einstellungen zu Risiken abhängt. Das bedeutet, dass die Argumentation, die ich hier führe, im Wesentlichen normativ ist, aufbauend auf meinem Verständnis der Wissenschaft von der Klimaänderung und Urteilen über die Bedeutsamkeit damit einhergehender Risiken.

Gefährliche anthropogene Störung verhindern

Im Mai 1992, Wochen vor dem Erdgipfel in Rio, einigte sich die internationale Gemeinschaft auf die UN-Rahmenkonvention zur Klimaänderung. Sie legt das Endziel in Artikel 2 fest: die Verhinderung einer gefährlichen vom Menschen gemachten Störung des Klimasystems. Dies ist auch das Ziel aller mit der Klimarahmenkonvention zusammenhängenden Rechtsinstrumente und damit des Kyoto-Protokolls. Artikel 2 erfordert eine »Stabilisierung der Treibhausgaskonzentrationen in der Atmosphäre auf einem Niveau, auf dem eine gefährliche anthropogene Störung des Klimasystems verhindert wird«. Ein solches Niveau sollte »innerhalb eines Zeitrahmens erreicht werden, der ausreicht, damit sich die Ökosysteme auf natürliche Weise den Klimaänderungen anpassen können, die Nahrungsmittelerzeugung nicht bedroht wird und die wirtschaftliche Entwicklung auf nachhaltige Weise fortgeführt werden kann«.

Diese Verpflichtung ist bis heute nicht konkretisiert worden, weder was eine gefährliche anthropogene Störung des Klimasystems ausmacht noch was die Grenzen des Tragbaren für die Ökosysteme, Nahrungsmittelproduktion oder wirtschaftliche Entwicklung sind. Verhandlungen zum zweiten Verpflichtungszeitraum des Kyoto-Protokolls zeigen, dass globale Emissionsminderungen um mindestens 50 Prozent bis 2050 angestrebt werden müssen.

Zumindest theoretisch könnte eine »gefährliche anthropogene Störung« sich auf ein Ausmaß der Klimaänderung beziehen, das zu äußerst schädlichen Veränderungen führen würde, die sich jedoch erst nach Jahrhunderten oder gar Jahrtausenden vollständig bemerkbar machen. Ein Beispiel wäre eine Erwärmung, die einen teilweisen oder vollständigen Verlust der Eisschilde Grönlands und der Westantarktis zur Folge hätte. Wenn sich beispielsweise das Eisschild der Westantarktis als sehr empfindlich gegenüber der globalen Erwärmung herausstellt, dann ist es denkbar, dass ihr Zusammenbruch durch ein Niveau der Treibhausgaskonzentration ausgelöst werden könnte, das nicht unmittelbar (während der nächsten Jahrzehnte oder des nächsten Jahrhunderts) zu einer Gefahr führt für eine der Kategorien, die in Artikel 2 genannt werden.

Dennoch würde ein solches Risiko, das einen Meeresspiegelanstieg von sechs bis sieben Metern in einem Zeitraum von Jahrhunderten bis Jahrtausenden nach sich ziehen würde, von vielen als gefährlich eingeschätzt.

Versuche einer Definition von »gefährlicher Störung«

Vor mehr als zwanzig Jahren, auf einer Konferenz in Villach, Österreich[1], warnte erstmals eine internationale Gruppe von Wissenschaftlern davor, dass eine anthropogene Klimaänderung zu nicht tragbaren Schäden auf der Erde für den Menschen und die menschliche Gesellschaft führen würde. Sie forderte ein sofortiges Handeln. Seitdem haben mehrere wissenschaftliche Beratungsgremien versucht, annehmbare Grenzen der Klimaänderung zu identifizieren. Es gab dafür zwei Ansätze, die auch kombiniert werden. Der eine Ansatz beruht auf einer Abschätzung »von unten nach oben« der vorausberechneten Folgen der Klimaänderung auf Ökosysteme, Landwirtschaft und andere Sektoren. Der andere geht »von oben nach unten« und beruht auf der Verhinderung von größeren Veränderungen als denjenigen, die in der jüngeren Erdgeschichte aufgetreten sind (etwa in den letzten wenigen Warmzeiten innerhalb der letzten Millionen Jahre). Der Grundgedanke dieses zweiten Ansatzes ist, dass das Klimasystem innerhalb eines Zustandes gehalten werden sollte oder zumindest nahe daran, der sich nicht allzu sehr von der jetzigen Warmzeit unterscheidet.

Einer der frühesten Versuche, Grenzen einer akzeptablen Erwärmung zu definieren, stammt vom Ende der

---

[1] http://www.cs.ntu.edu.au/homepages/jmitroy/sid101/uncc/fs 214. html

80er Jahre von der Enquête-Kommission des Deutschen Bundestages, die eine kritische Grenze bei 0,1 °C pro Dekade für Waldökosysteme identifizierte und eine Obergrenze von 1,5 °C (Jain und Bach, 1994) vorschlug. Parallel dazu begutachtete eine wissenschaftliche UN-Beratergruppe zu Treibhausgasen (United Nations Advisory Group on Greenhouse Gases, AGGG), ein Vorläufer des IPCC, die wissenschaftlichen Veröffentlichungen zur Klimaänderung und die Erkenntnisse über vergangene Klimaänderungen.

1990 identifizierte die AGGG zwei zentrale Erwärmungsindikatoren oder Schwellwerte mit unterschiedlichen Risikoniveaus. Ein Anstieg um mehr als 1,0 °C über vorindustriellen Werten »kann schnelle, nicht vorhersehbare und nichtlineare Reaktionen auslösen, die zu ausgedehnten Schäden an Ökosystemen führen können«. Erwärmungsraten über 0,1 °C pro Dekade würden wahrscheinlich zu einem schnell ansteigenden Risiko signifikanter Schäden an Ökosystemen führen. Darüber hinaus wurde ein Anstieg um 2,0 °C als eine »Obergrenze« bezeichnet, »jenseits derer die Risiken schwerwiegender Schäden an Ökosystemen und von nichtlinearen Folgewirkungen schnell ansteigen würden«.

Hinsichtlich des Meeresspiegelanstiegs argumentierte die AGGG, dass eine Anstiegsrate um weniger als 20 mm pro Dekade (20 cm pro Jahrhundert) »es der großen Mehrheit vulnerabler Ökosysteme wie etwa natürlichen Feuchtgebieten und Korallenriffen erlauben würde, sich anzupassen. Anstiegsraten jenseits dieser Grenze würden zu schnell zunehmenden Schäden an Ökosystemen führen«. Eine Begrenzung des Meeresspiegelanstiegs auf nicht mehr als 50 cm über 1990 könnte »eine vollständige Zerstörung von Inselstaaten verhindern, würde aber dennoch zu hohen Zunahmen an gesellschaftlichen und ökologischen Schäden führen, die durch Stürme verursacht werden«. (Rijsberman, F. J. and R. J. Swart, Eds, 1990).

Mitte der neunziger Jahre definierte der Wissenschaftliche Beirat der Bundesregierung Globale Umweltveränderungen (WBGU) eine Obergrenze bzw. ein »Toleranzfenster« der Erwärmung auf der Grundlage des Top-down-Ansatzes. Der WBGU gelangte zu einem ähnlichen Ergebnis wie die AGGG und setzte die tolerable Temperaturobergrenze auf 2 °C über dem vorindustriellen Wert (WBGU, 1995). Oberhalb dieser Grenze bestünde das Risiko von dramatischen Veränderungen der Ökosysteme.

Der WBGU bestätigte dieses Niveau 2003, diesmal auf Grundlage einer Bottom-up-Abschätzung (WBGU, 2003). Er kam zu dem Schluss, dass jenseits von 2 °C die Verluste an Arten und Ökosystemen »nicht tragbar« und »weltweite Verluste an landwirtschaftlicher Erzeugung zu erwarten sind«, ebenso mit einem »steilen Anstieg der Anzahl von Menschen, die von Wasserknappheit bedroht sind«, zu rechnen ist. Auch die Instabilität von Eisschilden mit der Folge eines Anstiegs des Meeresspiegels um mehrere Meter wurde als Risiko identifiziert. Der WBGU erkannte an, dass »für einige Regionen die Wirkungen der Klimaänderung bereits bei einer mittleren globalen Erwärmung um 2 °C zu nicht tolerablen Folgen führen würde«.

In jüngerer Zeit hat eine Gruppe von hauptsächlich in den USA arbeitenden Wissenschaftlern (Hansen et al., 2007) die Frage untersucht, was gefährliche Klimaänderungen sein könnten. Diese Studie konzentriert sich auf vier Risikobereiche: den massiven Verlust arktischen Meereises, die Zunahme starker tropischer Stürme, die Instabilität von Eisschilden und den Anstieg des Meeresspiegels um mehrere Meter sowie die Verstärkung der Erwärmung durch die Freisetzung von Methanhydraten vom Meeresgrund, die in der Atmosphäre die Erwärmung verstärken würde. Eine Analyse dieser Risiken führt zur Schlussfolgerung, dass eine globale Erwärmung um mehr als 1 Grad Celsius gegenüber dem Wert von 2000 »Folgen hat, die äußerst zerstörerisch sein können«. Diese Grenze lässt sich übersetzen in eine Erwärmung von etwa 1,6–1,7 °C gegenüber vorindustriellen Werten, also deutlich niedriger als die »tolerable« Obergrenze von 2 °C, die der WBGU definiert hat.

Besonders auffällig ist die Stabilität der Schlussfolgerung verschiedener Gruppen von Wissenschaftlern über einen Zeitraum von 20 Jahren, dass eine globale Erwärmung zwischen 1 und 2 °C über vorindustrielle Werte die Risiken substanziell erhöht.

IPCC 4. Sachstandsbericht

Gemäß seinem Mandat muss das IPCC Sachstandsberichte erstellen, die zwar für die Politik relevant, aber nicht präskriptiv sind. Deshalb gibt es keine Empfehlung, was als gefährliche Klimaänderung bewertet werden kann. Darin unterscheidet sich der 4. Sachstandsbericht nicht von den vorherigen. Dennoch hat der Bericht Risiken für unterschiedliche Niveaus der Erwärmung identifiziert, die relevant sind für gefährliche, nicht tolerable Ausmaße der Klimaänderung:

- ausgedehnte Schäden an Korallenriffen werden für eine globale Erwärmung über 1,5 °C vorhergesagt;
- über 2 °C von größeren negativen Auswirkungen auf Biodiversität und Wasser- und Nahrungsversorgung;

░ erheblicher Eisverlust vom grönländischen und möglicherweise vom westantarktischen Eisschild über einen Zeitraum von Jahrhunderten zu Jahrtausenden bei einem mittleren globalen Temperaturanstieg von 1,5–4 °C, was zu einem Meeresspiegelanstieg von 4–6 m führen würde;

░ höchst nachteilige und in einigen Regionen Afrikas schwerwiegende Folgen für Nahrungsproduktion und Wasserverfügbarkeit bei einer Erwärmung um mehr als 1,5 °C.

Wissenschaftliche Erkenntnisse seit dem 4. Sachstandsbericht

Seit Ende 2006, dem Zeitpunkt, bis zu dem wissenschaftliche Studien veröffentlicht sein mussten, um im 4. Sachstandsbericht des IPCC berücksichtigt zu werden, sind bereits zahlreiche neue Studien erschienen. Das Abschmelzen arktischen Meereises geschieht schneller, als die Modelle vorhersagen, und es besteht ein bedeutendes Risiko eines abrupten Übergangs zu eisfreien Zonen. Der 4. Sachstandsbericht kommt bereits zu der Erkenntnis, dass der Eisbär bei einer globalen Erwärmung um 2,8 °C vom Aussterben bedroht ist. Dieses Risiko steigt mit der beobachteten höheren Geschwindigkeit des Abschmelzens arktischen Meereises. Dann sind die Eisbären schon bei deutlich weniger als einer globalen Erwärmung von 2 °C bedroht.

Neuere Modellprojektionen für den Südwesten Nordamerikas deuten auf einen unmittelbar bevorstehenden Übergang zu einem trockeneren Klima: Die »Dustbowl«-Ära würde in diese Region über einen Zeitraum von Jahren bis Jahrzehnten zurückkehren. Auf Java und Bali werden bedeutsame Risiken für den Reisanbau bei weniger als 2 °C globaler Erwärmung vorhergesagt, wenn ihre Auswirkungen zusammen mit denen von El-Niño-Ereignissen berücksichtigt werden. Eine neuere Studie über die Auswirkungen von Klimatrends auf weltweite Getreideerträge von 1981 bis 2002 stellt die Ergebnisse in Frage, nach denen die globale Getreideproduktion bei einer Erwärmung um bis zu 2 °C ansteigen würde. Neuere Modelle errechnen für 2100 einen Anstieg des Meeresspiegels um 0,5–1,4 m oberhalb des Niveaus von 1990 – viel höher als im 4. Sachstandsbericht des IPCC, wo die Werte zwischen 18 und 59 cm liegen.

Schlussfolgerung

Aus den Erkenntnissen lässt sich folgern, dass die obere Grenze einer »annehmbaren« globalen Erwärmung zwischen 1,6 und 2 °C über vorindustriellen Werten liegt. Jenseits dieser Spanne erscheinen die Risiken für Ökosysteme, Arten, Nahrungsmittelproduktion, anfällige Bevölkerungen und Infrastruktur schwerwiegend und unvertretbar zu sein.

Auch wenn die Staats- und Regierungschefs im Europäischen Rat 2005 mit dem Ziel der Verhinderung einer globalen Erwärmung um mehr als 2 °C einen Durchbruch erzielten, scheint es immer deutlicher zu werden, dass dies bereits mit schwerwiegenden Risiken verbunden ist. Dieses Ziel war 1996 die Grundlage des 2. Sachstandsberichts des IPCC. Auch wenn es für Politiker unbequem ist – neue wissenschaftliche Entwicklungen machen ein Überdenken des schon ehrgeizigen 2 °C-Ziels notwendig.

III.

**Klimaschutz ist machbar –
Zeit zum Handeln**

Die Landkarte ist geschrieben

Der Widerspruch zwischen Wissen und Handeln

»*Handele so, dass die Wirkungen deiner Handlungen verträglich sind mit der Permanenz echten menschlichen Lebens auf Erden.*« So formulierte der Philosoph *Hans Jonas*, anknüpfend an *Immanuel Kant*, einen neuen ethischen Imperativ für die moderne Risikogesellschaft, der auch als »ökologischer Imperativ« bekannt wurde. Tatsächlich können die hergebrachten Denk- und Handlungsweisen, aus einer Entwicklung erst zu lernen, wenn der Schaden eingetreten ist, den Bedingungen der modernen Technologien und den Anforderungen der zusammenwachsenden Welt nicht gerecht werden. Unsere Zeit braucht ein neues Verständnis von Freiheit – das *Prinzip Verantwortung*.

Dass der Klimaschutz machbar ist, hat die IPCC-Tagung in Bangkok über die kulturellen, technischen und ökonomischen Optionen zur Eindämmung des anthropogenen Treibhauseffekts herausgearbeitet. Es gibt eine Vielzahl erfolgreicher Beispiele wie das Erneuerbare Energien Gesetz (EEG) und die energetische Gebäudesanierung, interessante Modelle wie den Emissionshandel oder hoffnungsvolle Konzepte wie die integrierte Energie- und Klimaschutzpolitik der Europäischen Union. Der Klimaschutz braucht sich wechselseitig fordernde und fördernde Akteure:

1. **Pionierländer,** die ehrgeizige Maßnahmen umsetzen und die eingeschliffene Trägheit alter Denk- und Handlungsmuster überwinden;
2. **Vorreiterrolle** einer starken Wirtschaftsregion, die ihren Schwerpunkt auf die ökologische Modernisierung legt, wobei große Hoffnungen mit der Europäischen Union verbunden werden;
3. **Stärkung der Vereinten Nationen,** die wirksame internationale Vereinbarungen durchsetzen müssen.

Viel Zeit wurde bereits verloren – auch in Deutschland. Bei uns hatte schon 1990 die vom Deutschen Bundestag eingesetzte Enquête-Kommission »Schutz der Erdatmosphäre« in enger Kooperation mit der Wissenschaft detailliert nachgewiesen, dass ehrgeizige Umbauziele möglich sind und sich in vielen Bereichen ökonomisch und beschäftigungspolitisch auszahlen. Doch diese konkreten Handlungsoptionen werden immer wieder verdrängt. Die Ursache liegt nicht nur in konservativen Denk- und Verhaltensweisen, sondern auch in realen Machtinteressen, denn starke wirtschaftliche Akteure verdienen gut am Status quo von Umweltzerstörung und Verschwendung.

Notwendig ist ein neues Denken, das nicht mehr von den alten Versorgungskategorien geprägt ist, sondern – wo immer es geht – die Vermeidung des viel zu hohen Energie- und Rohstoffeinsatzes ins Zentrum stellt und zugleich den Weg in ein solares Zeitalter ebnet. Dafür muss der Widerspruch zwischen Wissen und Handeln überwunden werden.

Hier werden die Empfehlungen der Klima-Enquête, die »Roadmap« des Bundesumweltministeriums, der Klimaschutzplan des Umweltbundesamtes und das Leitszenario 2007 von *Joachim Nitsch* beschrieben. Außerdem werden konkrete Handlungsansätze für mehr Klimaschutz national, europäisch und international aufgezeigt und für die Verbesserung und Ausweitung der Klimaforschung beschrieben. Nicht zuletzt wird begründet, warum der Ausstieg aus der Atomenergie eine Chance für mehr Klimaschutz ist.

Die Idee der Energiedienstleistungen

Die Alternative ist klar: Nur wenn es generell zu Einsparen, Effizienzsteigerung und Erneuerbaren Energien kommt, werden der noch immer zunehmende Energiehunger der Industrienationen und der rasant wachsende Energiebedarf der großen, bevölkerungsreichen Schwellenländer keine dramatische Folgen annehmen. Energie- und Ressourcensicherheit heißt deshalb, den Einsatz vermeidbarer Energie über die gesamte Prozesskette zu reduzieren, ohne Abstriche bei den gewünschten Leistungen wie behagliche Raumwärme, konstante Stromleistungen oder eine bequeme Mobilität zu machen.

Das Prinzip der Energie- und Ressourcenintelligenz setzt auf eine Ökonomie des Vermeidens von Energie (und Rohstoffen) im Zusammenspiel mit dem forcierten Ausbau der Erneuerbaren Energien. Die Möglichkeiten sind da: In der Regel rechnet sich das »*Einsparkraftwerk*« durch die Vernetzung einer Vielzahl technischer, organisatorischer und kultureller Maßnahmen mehr als der Ausbau von Megawatt.

Für einen wirksamen Klimaschutz muss die gesamte Energiekette auf der Angebots- wie auf der Nachfrageseite neu geordnet werden. Die Modernisierung des Kraftwerksparks und der Austausch von Brennstoffen, auf die die heutige Debatte verengt wird, reichen nicht aus. Die Philosophie der Versorgungswirtschaft ist bei den knapper werdenden Rohstoffen Vergangenheit. Künftig muss es zu mehr Dezentralität und Verbrauchsnähe in der Erzeugung, zur besseren Vernetzung unterschiedlicher Technologien und zu mehr Flexibilität in der Befriedigung der Energienachfrage kommen.

Dieser Paradigmenwechsel erfordert einen systematischen Abbau der Hemmnisse, die den Einsatz der effizienten und Erneuerbaren Energien blockieren. Dazu zählen unzureichender Wettbewerb, mangelhafte Kenntnisse der Alternativen, bürokratische Normen und der systembedingte Zwang der Verbundwirtschaft, die auf eine möglichst hohe Auslastung ihrer Kapazitäten durch hohen Stromverkauf und die Ausschaltung von Konkurrenz ausgerichtet ist.

Nur das Konzept der Energiedienstleistungen entfaltet die Dynamik, die auf der Angebots- wie auf der Nachfrageseite die Potenziale von Einsparen und Effizienzsteigerung umfassend nutzen und zugleich den Raum für die Marktentfaltung der Erneuerbaren Energien geben. Dann sind auch Klimaschutz und Atomausstieg vereinbar, bedingen sich sogar, weil heute die ineffiziente und unflexible Atomkraft Innovationen blockiert. Der Ausstieg aus der Atomkraft wird zur Chance für die Modernisierung der Energiestrukturen und für mehr Klimaschutz.

Die Variante »Kernenergieausstieg bis 2005« der Klima-Enquête zeigte auf, dass eine CO_2-Reduktion um rund 30 Prozent bei gleichzeitigem Atomausstieg bis zum Jahr 2005 möglich war. In ihr erreichte die Reduktion im Strombereich rund 24 Prozent. Bei der Raumwärme, wo das größte Einsparpotenzial liegt, wurde durch eine bessere Wärmedämmung, sanierte Altbauten und eine Verbesserung der Heizsysteme eine CO_2-Minderung um 44 Prozent erreicht. Bei der Warmwasseraufbereitung kam es durch die Nutzung effizienter Geräte zu einer Verringerung um 24 Prozent. Insgesamt ließ sich die Endenergie der Haushalte trotz einer Bedarfssteigerung durch größere Wohnungen und steigende Geräteausstattung (z. B. Computer) um 39 Prozent senken.

Im Bereich Verkehr ergab sich durch eine stärkere Nutzung der öffentlichen Verkehrsangebote, technische Verbrauchsminderung und lenkende Maßnahmen eine CO_2-Minderung um 15 Prozent. Im Industriesektor führte trotz einer Produktionssteigerung um 50 Prozent eine gezielte ökologische Modernisierung zu einer Verringerung der CO_2-Emissionen um 12 Prozent. Ein weiterer hoher Beitrag zur CO_2-Minderung kam aus dem massiven Ausbau der Kraft-Wärme/Kälte-Kopplung (KWK) von zehn auf rund 25 Prozent sowie dem Austausch von Kohle durch Gas.

Die Kosten für dieses Umbauszenario wurden ohne Gegenrechnung der positiven Auswirkungen wie höhere Beschäftigung, steigende regionale Wertschöpfung oder geringere externe Kosten auf 78 Euro pro Jahr und Kopf berechnet. Insgesamt verzeichnet dieses Szenario einen enormen Modernisierungsschub hin zu den Zukunftsmärkten der Effizienztechnologien und der Erneuerbaren Energien. Doch noch immer ist es vielen Menschen unvorstellbar: Für die Verbraucher ist es bei zahlreichen Anwendungen trotz gleichem Nutzen erheblich billiger, Energie durch effizientere Technik, Organisation und bewusstes Verhalten zu ersetzen, statt immer mehr Energie zu brauchen. Diese Effizienzsteigerung hilft bei allen energiebedingten Problemen (Klimawandel, Versorgungssicherheit, Importabhängigkeit). Die Potenziale sind da:

Die Umrüstung eines 4-Personen-Haushalts auf die marktbesten Geräte könnte den Stromverbrauch auf ein Fünftel senken. Hochgerechnet könnten sieben Atomkraftwerke abgeschaltet werden.

- Die sparsamsten Kühl- und Gefriergeräte verbrauchen zwei Drittel weniger als vor 10 Jahren.
- Allein die Stand-by-Verluste elektrischer Geräte erfordern ein AKW.
- Bei elektrischen Antrieben ist es ähnlich. Bei Heizungspumpen spart die »Faktor-4-Pumpe« bis zu 90 Prozent.
- Passivhäuser mit einer höheren Wärmedämmung, besseren Bauausrichtung und effizienteren Lüftung brauchen nur 20 Prozent der Heizenergie eines Neubaus nach der Energieeinsparverordnung.
- Mit Leichtbauweise, Hybridantrieb etc. können auch Mittelklassewagen schon in kurzer Zeit auf einen Verbrauch deutlich unter fünf Liter kommen.
- Das wirtschaftliche Potenzial der Kraft-Wärme/Kälte-Kopplung übersteigt die gesamte Nutzung der Atomkraft. Es könnte mehr als alle 17 in Deutschland noch betriebenen AKW »wegsparen«. Aber KW/KK lässt sich nicht mit der Atomkraft verbinden.

Bei einer vollständigen Umsetzung des technischen Potenzials könnte die volkswirtschaftliche Energierechnung um 80 Milliarden Euro pro Jahr gesenkt und die Treibhausgasemissionen könnten um 380 Millionen Tonnen reduziert werden. Nicht eingerechnet ist das enorme Potenzial Erneuerbarer Energien. Sie haben den Vorteil, dass deren Kosten mittelfristig deutlich sinken, während die Preise der fossilen Brennstoffe steigen.

Ehrgeizige Klimaschutzziele sind möglich, die Landkarte für eine gute Zukunft ist geschrieben. Die Konzepte fehlen nicht, sondern Mut und Gestaltungswille, um die heutigen Strukturen grundlegend zu verändern und zu reformieren. Doch derzeit geht es vor allem den Energiemultis weniger um eine nachhaltige Energieversorgung, sondern um Gewinne aus abgeschriebenen Anlagen, deren goldenes Ende möglichst lang genutzt werden soll. Damit ist die Zukunft nicht zu meistern.

Die Atomkraft: kein Weg zu mehr Klimaschutz

Über die Zusammenfassung für Entscheidungsträger der dritten Arbeitstagung des IPCC zeigte sich Senator *Pete Domenici*, der im US-Senat für Energiepolitik zuständig ist, im Gegensatz zu den Berichten der beiden anderen Arbeitstagungen, zufrieden. Dem Republikaner aus New Mexiko ging es dabei um die Passage zur Atomkraft, die auf massiven Druck der USA aufgenommen wurde.

Für Domenici ist die »*Atomkraft sauber, sicher und effizient*«. Mehr noch: Mit dem Rückenwind des IPCC hofft der Atomfreak, die von der Regierung Bush geplanten über 30 neuen Atomkraftwerke, die auf starken Widerstand in der Bevölkerung stoßen, endlich durchsetzen zu können. Seit 1979, dem Jahr der partiellen Kernschmelze von Harrisburg, ist der Ausbau der nuklearen Stromfabriken in den USA zum Erliegen gekommen. Das letzte AKW wurde 1973 bestellt. Damals dauerte es rund 12 Jahre vom ersten Spatenstich bis zur Inbetriebnahme.

Der Klimaschutz ist für Domenici nur der Aufhänger, um ihn geht es eigentlich nicht. Das IPCC fordert, dass schon im Jahr 2020 der Höhepunkt der CO_2-Emissionen überschritten sein muss, um die Welt zu retten. Dazu kann die Atomkraft nicht beitragen, denn selbst die unabhängige Energieagentur der US-Regierung prognostiziert: »Es ist nicht zu erwarten, dass bis 2025 nur ein neuer Nuklearreaktor ans Netz geht.«

Auch die unter George W. Bush beschlossene Lebens-
zeit-Verlängerung kann nicht verhindern, dass die Zahl
der Reaktoren in den nächsten Jahren abnehmen wird.
Immer mehr Meiler erreichen in Kürze das definitive
Ende ihrer Laufzeit. Das durchschnittliche Alter des
internationalen Reaktorparks lag 2006 bei 22,7 Jahren.
Zu diesem Zeitpunkt waren knapp 100 der 442 Reaktoren bereits mehr als 30 Jahre am Netz. Angesichts
dieser Überalterung prognostizierte das Fachblatt »*Nuc-
lear Engineering*«, dass es praktisch unmöglich sein wird,
die Zahl der Atomkraftwerke auf dem heutigen Stand zu
halten. Denn dafür müsste in den nächsten zehn Jahren
alle 40 Tage und im Jahrzehnt darauf alle 18 Tage ein
neuer Meiler ans Netz gehen. Klimaschutz bräuchte
mindestens eine Vervierfachung der Anlagen. Das ist
völlig undenkbar.

Der konservative Domenici gehörte zu den Autoren des
amerikanischen Energiegesetzes von 2005. Es wurde in
der Öffentlichkeit dafür kritisiert, dass die Naturschätze
z. B. in Alaska hemmungslos ausgeplündert werden
sollen, während »Einsparen« und »Energieeffizienz«
Fremdworte sind. Doch ausgerechnet die Ökologie,
von der Washington sonst wenig wissen will, soll der
Rettungsanker für die angeschlagene Nuklearbranche
sein. Das ist der Hintergrund, warum die USA in Bangkok so hartnäckig für die Atomkraft gekämpft hat. Was
selbst in unserem Land in einigen Kommentaren als
Wende zur Vernunft bezeichnet wurde, der Atomkraft
eine »wachsende Bedeutung« beim Klimaschutz zuzuordnen, bekam bei der 3. Arbeitstagung des IPCC keine
Mehrheit. Auch weil nur 31 der 191 Nationen über
Atomkraftwerke verfügen, von denen mehr als zwei
Drittel in nur fünf Staaten – USA, Russland, Frankreich,
Japan und Deutschland – stehen.

Die positive Erwähnung ist der Verhandlungslogik geschuldet, denn der Bericht kann nur einmütig verabschiedet werden. Niemand wollte die Verhandlungen »platzen« lassen. Tatsächlich wäre die Vorlage der Wissenschaft, die sich differenziert zur Atomkraft geäußert hatte, von allen, nur nicht von der starrköpfigen amerikanischen Delegation akzeptiert worden. Der Vorsitzende des Weltklimarates, Rajendra Pachauri, hatte vor Beginn der Beratungen die Atomkraft als nicht nachhaltig und ungeeignet für den Schutz des Klimas bewertet. Doch darum ging es nicht, es ging um innenpolitische Interessen der USA.

In Bangkok prallten in der Energiepolitik erneut altes und neues Denken aufeinander. Es war die Auseinandersetzung zwischen den Vertretern des Versorgungsdenkens und den Wegbereitern der ökologischen Modernisierung, die wir auch aus Deutschland kennen. Das letzte Gefecht der Atomwirtschaft wird mit einem gewaltigen ideologischen und finanziellen Aufwand geführt. Doch selbst der IPCC-Bericht von Bangkok ist kein Plädoyer für die nukleare Stromerzeugung. Die Handlungsoptionen legen die ersten drei Schwerpunkte auf Energieeffizienz, Erneuerbare Energien und den Schutz von Wäldern und Böden.

In der Passage zur Atomkraft steigt ihr Anteil nur marginal von 16 auf 18 Prozent Primärenergie bei der Stromversorgung. Das bleibt unter 3,5 Prozent der globalen Endenergie, ein lächerlich geringer Beitrag für den Klimaschutz, erkauft mit einem hohen Kapitalaufwand und großen Risiken. Die Mehrzahl der Delegationen sah in der Atomkraft keine Zukunftstechnologie und hielt die Risiken fest, insbesondere nukleare Unfälle und die ungeklärte Entsorgung der radioaktiven Abfälle.

Die Schlachten von gestern beenden

Dennoch: Die Atomdebatte, die in den achtziger Jahren unser Land in Bewegung brachte, hat wieder Konjunktur. Sie droht zum großen Streitpunkt beim Klimaschutz zu werden. Um den Klimawandel abzumildern und die hohe Energieabhängigkeit zu verringern, müsse das kleinere Übel »Atomkraft« in Kauf genommen werden, so das konservative Credo. Deshalb brauche Deutschland den Ausstieg aus dem Atomausstieg. Die Atomindustrie will die nicht mehr zu leugnenden Klimagefahren für einen Neuanfang nutzen. Sie verheißen Milliardengeschäfte, erst durch längere Laufzeiten abgeschriebener Atomkraftwerke und dann – so die Hoffnung – durch einen neuen Atomfrühling.

Die Argumentation erscheint auf den ersten Blick einleuchtend: Das Verbrennen von Gas, Kohle und Öl produziert massenhaft CO_2. Dagegen schütze Strom aus Uran das Klima, denn ein Atomkraftwerk emittiere kein Kohlendioxid. Zudem reduziere er die hohe Abhängigkeit von Energieimporten. Deshalb sei ein breiter Energiemix ein Gebot der Vernunft. So einfach ist es nicht. Tatsächlich geht es beim Klimaschutz nicht um den bloßen Austausch von Kohle durch Atom, sondern um die Frage, ob das bisherige Energiesystem überhaupt in der Lage ist, die großen Herausforderungen wie Klimawandel und Ressourcenknappheit zu bewältigen.

Doch die Atomindustrie nimmt die Schreckensszenarien über den drohenden Klimakollaps dankend auf und bietet sich in ganzseitigen Anzeigen ungeniert als Retter an: »Die Wahl ist also die Wahl zwischen dem Restrisiko einer nach menschlichem Ermessen beherrschbaren Kernenergie und dem Hundert-Prozent-Risiko einer nicht mehr beherrschbaren, das globale Klima gefährdenden

Energieversorgung durch fossile Brennstoffe«, so der frühere Siemens-Chef *Heinrich von Pierer*. Den Spieß einfach umdrehen, um in die Offensive zu kommen. Brillant scheint die Strategie zu sein, mit der Angst vor der Klimakatastrophe die Angst vor dem GAU beiseitezudrängen.

Dieser »Schwitzkasten« hat jedoch zwei gravierende Fehler: Erstens wurde der Wahrheitsgehalt der Behauptung mehrfach widerlegt. Und zweitens hat die Atomwirtschaft gar nicht die Macht, das Weltklima entscheidend zu beeinflussen. Sie setzt Energie mit Strom gleich, obwohl die Stromerzeugung insgesamt nur einen Anteil von ca. 16 Prozent am globalen Energieverbrauch hat. Davon wiederum hat die Atomkraft 16 Prozent, was bedeutet, dass die nukleare Stromerzeugung im Weltmaßstab gerade mal auf drei Prozent der Endenergie kommt. Von daher wäre ein gigantisches Ausbauprogramm notwendig – hoch riskant, finanziell unvorstellbar und viel zu langsam, um das Klima zu schützen.

Zudem gehört zu einer vergleichenden Bewertung, dass die Emissionen »von der Wiege bis zur Bahre« erfasst werden. Bei einer solchen Betrachtung, wie sie im kumulierten Energieaufwand berechnet wird, entpuppt sich die Behauptung von der sauberen Energie schnell als falsch. Bei der Atomkraft sind nämlich die Energieverbräuche bei den vor- und nachgeschalteten Prozessen erheblich, vor allem bei der Urananreicherung und den Abwärmeverlusten im Kraftwerk. Dagegen kann ein Biogas-Blockheizkraftwerk hoch effizient zugleich Strom und Wärme produzieren. Dies kann ein Atomkraftwerk praktisch nicht. Bezieht die CO_2-Bilanz diesen Zusammenhang mit ein, schneidet die Kraft-Wärme-Kopplung häufig besser ab.

Auch die Abhängigkeit von Importen senkt die nukleare Stromversorgung nicht, denn nach dem *Red Book* der

OECD reichen die Uran-Reserven zwar noch für rund 150 Jahre. Was aber ist, wenn der Anteil der AKW mit einem Milliardenaufwand verfünffacht, verzehnfacht oder noch höher wird, damit er einen, wenn auch bescheiden, Beitrag zum Klimaschutz leistet? Die Uranreserven würden zusammenschmelzen wie der Schnee in der Sonne. Und dann? Ohne Schnelle Brüter, die in Russland zur Stromerzeugung alle bis auf einen eingestellt wurden, hat die Atomkraft keine Zukunft. Brutreaktoren produzieren jedoch Plutonium, das extrem giftig und besonders atomwaffengeeignet ist.

Dennoch haben sich die Befürworter des Atomausstiegs bereits Anfang der neunziger Jahre auf die Frage eingelassen, ob die Atomenergie dem Klimaschutz hilft. In der Enquête-Kommission »Schutz der Erdatmosphäre« des Bundestages war das Ergebnis für die Atomfreunde ernüchternd. In der FUSER-Studie der Weltenergiekonferenz, die von einem Ausbau auf über 5.000 Atommeiler bis Mitte unseres Jahrhunderts ausgeht, steigen die CO_2-Emissionen von 21 Milliarden Jahrestonnen auf über 40 Milliarden an – eine Katastrophe für das Klima.

Obwohl dem Sachverständigengremium ausgewiesene Kernkraftbefürworter angehörten, war die Bewertung einmütig. Der einstimmig gefasste Schlüsselsatz hieß:

> »Lösungswege versprechen keinen Erfolg, die nur auf die Verschiebung der Energieträger abzielen, statt einer weitgehenden Substitution von Energie durch Investitionen und technisches Wissen (Energiequelle Energieeinsparung) den Vorrang zu geben.«

Das bezieht sich auf die gesamte Prozesskette des Energieeinsatzes und zeigt, dass es nicht um eine Verlängerung der heutigen Verbundwirtschaft geht, sondern um den aktiven Umbau in Richtung auf eine effiziente und solare

Struktur auf der Angebots- wie auf der Nachfrageseite. Das Klima schützen, dies erfordert die Einbindung Erneuerbarer Energien, den Ausbau der kommunalen und industriellen Kraft-Wärme-Kopplung und Effizienztechnologien, um den Einsatz nicht notwendiger fossiler Brennstoffe zu vermeiden. Das widerspricht der inneren Logik des großtechnischen (Atom-)Energiesystems mit seinen technischen, betriebswirtschaftlichen und organisatorischen Zwängen. Atomkraftwerke sind Grundlastkraftwerke, die systembedingt für den Ausgleich der Angebotsschwankungen wenig geeignet sind. Sie sind nicht flexibel. Atomkraft und Effizienzstrategien schließen sich weitgehend aus.

Der mächtige Megawattclan will Strom wie im Supermarkt anbieten. Sie lassen »Einsparkraftwerken« keinen Markt, weil sie am hohen Stromverbrauch kräftig verdienen. Deshalb ist die heutige Verbrauchsstruktur mit mehr Risiken, mehr Strom, mehr Gas, Öl und Kohle und mit mehr Emissionen verbunden. Die Erzeugung in Kondensationskraftwerken, die überwiegend von den großen Stromkonzernen EnBW, E.on, RWE und Vattenfall betrieben wird, ist typisch für das letzte Jahrhundert, aber nicht wegweisend für die Zukunft. Energie wird über Kühltürme sinnlos in die Luft geblasen oder in Flüsse geleitet, obwohl sie im Winter als Fernwärme und im Sommer zur Klimatisierung genutzt werden könnte, was Millionen von Tonnen CO_2 vermeidet.

Der Haken ist nur: An der effizienten Energienutzung haben die großen Stromerzeuger wenig Interesse. Doch sie ist machbar. Deshalb empfahl die Kommission, der Vertreter von Union, SPD, FDP und Grüne sowie elf renommierte Wissenschaftler angehörten, die nationalen Kohlendioxidemissionen um 30 Prozent bis zum Jahr 2005 gegenüber 1990 zu reduzieren. Die Bundesregierung unter Helmut Kohl machte daraus den mutigen Beschluss, die Emissionen um 25 Prozent abzusenken.

Drei unterschiedliche Szenarien, die bei der Atomkraft entweder Ausstieg, Status quo oder Ausbau vorsehen, konkretisierten eine CO_2-Reduktion um bis zu einem Drittel bis zum Jahr 2005 gegenüber 1990. Das technisch machbare Einsparpotenzial wurde auf über 40 Prozent geschätzt, acht Prozent könnten durch bewusstes Sparen erreicht werden, auf 18 Prozent könnte der Anteil der Erneuerbaren Energien anwachsen. Vor diesem Hintergrund unterstützte niemand den Ausbaupfad. Selbst für den Erhalt des Anteils an Atomstrom sprachen sich nur sieben der 22 Kommissionsmitglieder aus.

Im Ausbauprogramm wären übrigens über 40 neue Reaktorblöcke notwendig, um den Stromsektor »CO_2-frei« zu machen. Selbst dann wären in Deutschland höchstens 30 Prozent der Energieversorgung klimaverträglich. Die Neuordnung der Energieversorgung mit Hilfe der Kraft-Wärme/Kälte-Kopplung und der massiven Effizienzsteigerung bei Geräten, Häusern und Autos kann dagegen kostengünstig eine weit höhere Einsparung und damit CO_2-Reduktion erzielen. Allein das wirtschaftlich sinnvolle – und preiswerte – Einsparpotenzial der KWK ist in Deutschland höher als der Anteil der Atomenergie. Und das sind Technologien, denen die Zukunft gehört, weil sie weltweit gebraucht werden. Die Nachfrage wird in den nächsten Jahren massiv steigen.

Als letztes Argument bleibt den Befürwortern die Behauptung, dass der Umbau mehr Zeit bräuchte. Tatsächlich haben wir schon viel Zeit verloren. Denn die Wetterextreme werden weiter zunehmen. Es muss schnell gehandelt werden, um endlich die umweltverträglichen Technologien zu nutzen. Wann begreifen wir, dass wir noch nie so wenig Zeit hatten, so viel zu tun? Tatsächlich verhindert die Atomenergie den Umstieg in die effiziente und solare Energieversorgung. Klimaschutz braucht den Atomausstieg.

Schutz der Erdatmosphäre

Klima-Enquête des Deutschen Bundestages,
Dezember 1990

Die deutsche Vorreiterrolle beim Klimaschutz

Am 3. Dezember 1987 konstituierte sich im Deutschen Bundestag die Enquête-Kommission »*Schutz der Erdatmosphäre*«, die bis 1994 eine auch international stark beachtete Aufarbeitung der Klimaproblematik geleistet hat. Nahezu alles, was heute über die globale Erwärmung publiziert wird, ist in den Grundzügen seit damals bekannt und – bei einem allerdings noch deutlich geringeren empirischen Sachstand – in den umfangreichen Berichten aufgezeigt worden.

Die Kommission wurde entsprechend den Mehrheitsverhältnissen im Parlament jeweils zur Hälfte von Bundestagsabgeordneten und von Experten besetzt. Zu ihnen zählten hochrangige Wissenschaftler wie Prof. *Paul Crutzen*, der für die Erforschung des Ozonabbaus mit dem Nobelpreis für Chemie ausgezeichnet wurde, Prof. *Hartmut Graßl*, der spätere Direktor des UN-Klimaprogramms, der Vizepräsident der Deutschen Physikalischen Gesellschaft Prof. *Klaus Heinloth*, der Naturphilosoph *Klaus Michael Meyer-Abich* und der heutige Präsident des Wuppertal-Instituts für Klima, Energie und Umwelt, *Peter Hennicke*.

In der Kommission herrschte Konsens, dass für die Lösung des Problems ein globales Vorgehen notwendig ist. Das dürfe aber nicht dazu verleiten, bis zum Abschluss der internationalen Vereinbarungen mit Maßnahmen auf nationaler Ebene zu warten. Sie hielt es –

geleitet vom Vorsorgeprinzip – für notwendig, die Eindämmung des zusätzlichen Treibhauseffektes unverzüg-
lich einzuleiten. Dieses Vorgehen sollte in eine europäische Strategie eingebettet werden. Deutschland müsste
beispielgebend sein.

Im Zentrum stand neben der wissenschaftlichen
Bestandsaufnahme, zu der die Kommission mit zahlreichen Veröffentlichungen u. a. zur Klimaforschung, zur
Landwirtschaft oder zum Schutz der tropischen und
borealen Wälder beitrug, die Bewertung des Energieeinsatzes in allen Sektoren – Strom, Wärme und Mobilität. Grundlage war eine umfangreiche Forschungsarbeit,
an der rund 60 Institute mit über 150 Studien beteiligt
waren. Die Untersuchungen belegten ein enormes
Einspar- und Umbaupotenzial. Dies veranlasste die
Kommission, für ganz Deutschland eine CO_2-Reduktion
um mindestens 30 Prozent bis zum Jahr 2005 zu empfehlen, obwohl die Datenbasis kurz nach der deutschen
Einigung für die ehemalige DDR naturgemäß unzureichend war.

Eine Reduktion der CO_2-Emissionen um 30 Prozent
entsprach – ausgehend von einer Emission in der damaligen Bundesrepublik Deutschland von 715 Millionen
Tonnen CO_2 im Basisjahr 1987 – einer Verminderung um
215 Millionen auf 500 Millionen t CO_2 im Jahr 2005.
Für Deutschland insgesamt (einschließlich der ehemaligen
DDR) bedeutete dies eine Verminderung der CO_2-Emis-
sionen um rund 315 Mio. t auf 750 Mio. t, ausgehend
von rund 1.065 Mio. t im Jahr 1987. Dass dies möglich
war, wies die Kommission in drei Reduktionspfaden
nach, die sich vor allem in der Frage der Nutzung der
Atomkraft unterschieden:

Tab. 8: Reduktionsplan der Enquête-Kommission zur Verringerung der CO_2-Emissionen der Bundesrepublik Deutschland für das Jahr 2005 (verbindliches Reduktionsziel) sowie Zielorientierungen für die Jahre 2020 und 2050

	Basisjahr 1987	1. Stufe: 1987 bis 2005 Reduktions-ziel: –30 %	2. Stufe: 2006 bis 2020 Zielorien-tierung zusätzlich: –20 %	3. Stufe: 2021 bis 2050 Zielorien-tierung zusätzlich: –30 %	1. bis 3. Stufe: 1987 bis 2050 Zielorien-tierung insgesamt: –80 %
Bundesrepublik Deutschland (ohne ehemalige DDR)	715	–215 auf 500	–143 auf 357	–215 auf 142	–574 auf 142
Bundesrepublik Deutschland (einschließlich ehemalige DDR*)	1 067	–317 auf 750	–213 auf 543	–320 auf 214	–853 auf 214

Alle Angaben in Millionen Tonnen CO_2, die angegebenen Prozentpunkte beziehen sich auf das Basisjahr 1987

- »*Energiepolitik*«, die die Kapazität der Atomkraft beibehält,
- »*Kernenergieausstieg*« und
- »*Kernenergieausbau*«.

Die dritte Variante fand in der Kommission keine Unterstützung, trotz der damals schwarz-gelben Mehrheit überwog eine kritische Haltung zur Atomnutzung. Der Schwerpunkt lag stattdessen auf Einsparen, Effizienzsteigerung und dem Ausbau der Erneuerbaren Energien, nicht auf dem Austausch der Brennstoffe. Der strategische Hebel für mehr Klimaschutz wurde von allen Mitgliedern der Kommission in Strukturreformen in der Energieversorgung gesehen, die eine Effizienzrevolution auf der Angebots- wie auf der Nachfrageseite möglich macht.

Tab. 9: Reduktionsszenarien (CO_2-Emissionen[1]), unterteilt nach Sektoren, bei den drei Reduktionsszenarien für die Bundesrepublik Deutschland (ohne ehemalige DDR) in Millionen Tonnen

	Basisjahr 1987	Reduktionsszenarien im Jahr 2005		
		Energiepolitik	Kernenergie-ausstieg	Kernenergie-ausbau
Endenergiesektoren:				
Haushalte	113	52	41	62
Kleinverbrauch	60	36	24	440
Industrie[2]	131	127	113	144
Verkehr	143	129	120	144
nicht behandelte Sektoren	6	9	5	5
Substitution durch Kraft-Wärme-Kopplung		−20	−29	−12
Summe Endenergie-sektoren	**453**	**333**	**274**	**383**
Umwandlungssektoren:				
Kraft-Wärme-Kopplung und Heizwerke	45	71	82	18
Sonstige Stromerzeugung	189	94	140	82
Sonstige Umwandlungs-sektoren und statistische Differenzen	28	12	14	14
Summe Umwandlungs-sektoren	262	177	236	112
Zwischensumme Endenergiesektoren und Umwandlungsbereich	715	510	510	495
Reduktion in %[3]		−28,7	−28,7	−30,8
Reduktion durch energie-bewusstes Verhalten in % gegenüber 1987[3]		5	5	5
Gesamtsumme:	715	474	474	459
Gesamtreduktion in %		−33,7	−33,7	−35,8

[1] Endenergieseitig berechnet, inklusive bundesdeutschen Anteils am internationalen Flugverkehr
[2] Inklusive Brennstoffeinsatz für eigenerzeugten und selbst verbrauchten Strom
[3] Die Kommission verzichtet auf eine szenariospezifische Differenzierung des Beitrags durch energie-bewusstes Verhalten und setzt bei allen Szenerien pauschal fünf Prozent des jeweiligen Wertes des Jahres 1987 an.

Der Bundestagsbeschluss vom Dezember 1990

Der *Bundestag* ging davon aus, dass der Schutz der Erdatmosphäre die Integration des Klimaziels in alle Bereiche, insbesondere in Energie, Verkehr, Industrie, Gebäude und Landwirtschaft, notwendig macht. Die wirksamsten Maßnahmen setzen an der Quelle der Belastung an. Dies entspricht der strikten Anwendung des Vorsorge- und Verursacherprinzips.

Zuvor hatte die *Bundesregierung* am 7. November 1990 eine Reduktion der CO_2-Emissionen bis zum Jahr 2005 um 25 Prozent in den alten Bundesländern und eine deutlich höhere prozentuale CO_2-Minderung in den neuen Ländern beschlossen. Der Bundestag begrüßte, dass sich die Bundesregierung dabei an den Empfehlungen der Enquête-Kommission »Schutz der Erdatmosphäre« orientierte, insbesondere zur Erschließung der großen Potenziale zur CO_2-Minderung durch rationelle Energieumwandlung und rationelle Energienutzung. Er sah darin eine wichtige Weichenstellung für den Kampf gegen den Treibhauseffekt. Entsprechend müssen auch EG-weit, OECD-weit und schließlich weltweit völkerrechtlich verbindliche Vereinbarungen zum Klimaschutz getroffen werden.

In der Startphase beschäftigte sich die Enquête-Kommission schwerpunktmäßig mit dem Schutz der Ozonschicht. Sie entwickelte erfolgreich eine Strategie zu Reduktion und Verbot der Fluorchlorkohlenwasserstoffe und Halogene, die die Zerstörung der Leben schützenden Ozonmoleküle in der Stratosphäre verursachten. Die Gefahr wurde entschärft. Auf der Basis des Wiener Abkommens der Vereinten Nationen wurde das Verbot der Halone und fluorierten Gase, die auch zum anthropogenen Treibhauseffekt beitragen, im Montrealer Protokoll geregelt.

Dennoch werden in bestimmten Bereichen noch F-Gase eingesetzt. Ein schneller Ausstieg ist notwendig. Das betrifft besonders den Kühlbereich, beispielsweise für Lebensmittel, durch die Umstellungen der Kühlanlagen auf Kohlenstoffgase. Ähnliches gilt für die Klimaanlagen in Fahrzeugen. Zugleich müssen die Entwicklungs- und Schwellenländer finanzielle und technologische Umstellungshilfen erhalten, um neue umweltverträgliche Verfahren im Kühlbereich anwenden zu können.

1. Ziele und allgemeine Reduktionspotenziale

National sollten nach der Vorgabe der Klima-Enquête zur Eindämmung des vom Menschen verursachten Treibhauseffekts bezogen auf das Emissionsvolumen des Jahres 1987 bis zum Jahr 2005 folgende Ziele erreicht werden: Die Reduktion der Emissionen von

- CO_2 um ca. 30 Prozent bis zum Jahr 2005,
- Methan (CH_4) um mindestens 30 Prozent,
- Stickoxiden (NO_x) um mindestens 50 Prozent,
- Kohlenmonoxid (CO) um mindestens 60 Prozent und
- flüchtigen organischen Verbindungen ohne Methan (NMVOC).

Längerfristig sollten bis zum Jahr 2020 und bis zum Jahr 2050 reduziert werden

- CO_2 und Methan um 50 bzw. 80 Prozent,
- N_2O um 70 bzw. 90 Prozent,
- CO um 70 bzw. 90 Prozent sowie
- flüchtige organische Verbindungen ohne Methan (NMVOC) um 90 bzw. 95 Prozent.

Tab. 10: Reduktionsplan der Enquête-Kommission zur Verminderung der energiebedingten klimarelevanten Spurengasemissionen der Bundesrepublik Deutschland für das Jahr 2005 (verbindliches Reduktionsziel) sowie für die Jahre 2020 und 2050 (Zielorientierung)

Spurengase	Ausgangswerte: Emissionen im Basisjahr 1987 t) in Mio. t (gerundet)	Reduktionsziel: Reduktion bis 2005 in % gegenüber 1987	Zielorientierung: Reduktion bis 2020 in % gegenüber 1987	Zielorientierung: Reduktion bis 2050 in% gegenüber 1987
Kohlendioxid (CO_2)	715	−30	−50	−80
Methan (CH_4)	1,8	−30	−50	−80
Stickoxide (NO_X)	2,6	−50	−70	−90
Kohlenmonoxid (CO)	8	−60	−75	−90
Flüchtige organische Verbindungen ohne Methan (NMVOC)	1,5	−80	−90	−95

Die Ausgangswerte des Jahres 1987 waren aufgrund der exakteren Datenlage nur für die Bundesrepublik Deutschland (ohne ehemalige DDR) angegeben; die prozentualen Reduktionen bezogen sich auf die Bundesrepublik Deutschland einschließlich der ehemaligen DDR.

Priorität in diesem Reduktionsplan hatten Maßnahmen zur Verbesserung der Energieeffizienz, rationelleren Energienutzung und -umwandlung, Energieeinsparung sowie zum Ausbau der Erneuerbaren Energien. Allein durch die Erhöhung der Energieeffizienz, rationelle Energieverwendung und energiebewusstes Verhalten könnte eine CO_2-Reduzierung von rund 20 Prozent bis zum Jahr 2005 erreicht werden.

Weitere Reduktionspotenziale von rund zehn Prozent bis zum Jahr 2005 ergaben sich durch eine Verringerung des Anteils von Kohle und Erdöl und eine Erhöhung des Anteils von Erdgas, das im Vergleich zur Kohle nur etwa die Hälfte CO_2 emittiert. Durch Förder- und Anreizprogramme für regenerative Energien (z. B. kleine und mittlere Wind- und Wasserkraftanlagen, die energetische

Nutzung von Biogas aus landwirtschaftlichen Reststoffen, aus Klär- und Deponiegas sowie Solarwärme- und Photovoltaik-Systeme).

2. Maßnahmen im Energiebereich

Sektorübergreifende Maßnahmen: Ökonomische Instrumente sollten die fossilen Energieträger verteuern und marktwirtschaftliche Voraussetzungen dafür schaffen, dass die Potenziale der Energieeffizienz und der Erneuerbaren Energien ausgeschöpft werden. Eine CO_2-Abgabe entfaltet eine doppelte Wirkung, wenn das Aufkommen für die Förderung der rationellen Energieverwendung, zur Energieeinsparung und zum verstärkten Ausbau der Erneuerbaren Energien eingesetzt wird. Bildung, Fortbildung, Ausbildung, Information und Beratung sind notwendig, um die notwendigen Schritte zur CO_2-Verminderung einzuleiten. Die CO_2-Reduktion muss bei allen planerischen Maßnahmen (Verkehrswegeplanung, Stadtplanung, Landschaftsplanung, Bauplanung etc.) berücksichtigt werden.

Maßnahmen bei der Energiewirtschaft: In der Energiewirtschaft kommen als geeignete Maßnahmen die Erstellung von Emissionsreduktionsplänen, der verstärkte Einsatz der Kraft-Wärme-Kopplung für die Fernwärmeversorgung, vertragliche Vereinbarungen bzw. gesetzliche Regelungen zur Abnahme des in diesen Anlagen erzeugten Stroms sowie der Ausbau der Nah-/Fernwärme-Versorgung in Betracht. Beim Neubau von Kraftwerken sollte die Kombitechnik bzw. GuD-Technik eingesetzt werden. Bei bestehenden Anlagen ist die Möglichkeit der Gas-Vorschaltturbinen zu prüfen. Die Energiewirtschaft sollte selbst aktiv zur Energieeinsparung beitragen und sich zu modernen Energiedienstleistungsunternehmen umwandeln – einschließlich der Praxis von Drittfinanzierungsmodellen und eines offensiven Managements für die verstärkte Umsetzung der Fernwärmeversorgung.

Außerdem ging es um eine erhebliche Ausweitung Erneuerbarer Energien zur Stromerzeugung, sowohl in der Elektrizitätswirtschaft als auch bei den privaten Erzeugern. Das Konzessionsabgabenrecht sollte eine teilweise Zweckbindung des Aufkommens für einen sparsamen und rationellen Energieeinsatz und eine verstärkte Nutzung der Erneuerbaren Energien vorsehen.

Gefordert wurde auch eine Minimierung der Methan-Emissionen bei der Förderung von Steinkohle (Grubengas), Erdöl und Erdgas sowie die Vermeidung von Leckageverlusten bei Transport und Verteilung von Erdgas, zudem die Nutzung von Grubengas im Steinkohlenbergbau.

Maßnahmen im Heizwärmebereich: Im Heizwärmebereich ließen sich nach Stand der Technik CO_2-Emissionen in allen Endenergiesektoren bis 2005 um bis zu 40 Prozent vermindern. Voraussetzung war eine Novellierung des Energieeinsparungsgesetzes und der Wärmeschutzverordnung aus dem Jahr 1982, die sich für den Zubau an Niedrigenergiehaus-Standards orientieren und auch für den Baubestand gelten soll. Der Geltungsbereich muss auf die Endenergiesektoren Industrie und Kleinverbrauch erweitert werden. Notwendig war die Schaffung spezieller Anreiz-, Finanzierungs- und Förderungsprogramme, verbunden mit Energiediagnosen – insbesondere im Mietwohnungsbau – zur energetischen Optimierung von Neubauten sowie des Baubestandes. Hier liegt eines der größten Reduktionspotenziale.

Der Bundestag forderte die Einführung von Energie-
kennzahlen für alle Gebäude zur Erhöhung der Markt-
transparenz und Vergleichbarkeit des energetischen
Zustandes von Gebäuden, unter Einbeziehung der Haus-
technik, insbesondere des Heizungs- und Warmwasser-
systems. Dies wird heute mit dem Energieausweis einge-
führt, wenn auch noch immer unzureichend. Damals
wurde eine besondere Förderung der passiven und aktiven Solarenergienutzung zur dezentralen Nutzung der
Solarenergie, insbesondere auf Dächern, gefordert. Bis
heute existiert kein solares Wärmegesetz. Entsprechende
Vorschläge des Bundesumweltministeriums treffen nicht
nur auf den Widerstand der Wirtschaft, sondern auch
anderer Ministerien.

Weitere Vorschläge waren die Förderung von effizienten Heizungsanlagen, u. a. Gas-Wärmepumpen und
Brennwerttechnik, die Novellierung der Verordnung über
Kleinfeuerungsanlagen und der Heizungsanlagen-Verord-
nung sowie die Einbeziehung der rationellen Energieverwendung und der Nutzung der Erneuerbaren Energien
in den Leistungskatalog der Honorarordnung für Archi-
tekten und Ingenieure.

Maßnahmen in den Sektoren Industrie und Kleinverbrauch:
Gefordert wurden ein Wärmenutzungsgebot nach dem
Immissionsschutzgesetz, die Optimierung der Rahmenbedingungen für industrielle Kraft-Wärme-Kopplung
(Eigenerzeugung), ökonomisch attraktive Einspeisevergü-
tungen von erzeugtem Strom aus Kraft-Wärme-Kopplung
und Anlagen zur Nutzung der Erneuerbaren Energie. Umgesetzt wurde das Erneuerbare Energien Gesetz, während
die Kraft-Wärme/Kälte-Kopplung bis heute nicht voran-
kam. Sie verblieb auf einem Anteil von knapp elf Prozent,
während sie in Dänemark über 40 Prozent erreicht.

Ebenfalls vorgeschlagen wurden die Erstellung betrieblicher Energiekonzepte zur Verminderung der CO_2-Emissionen, Höchstgrenzen, Effizienzstandards und Kennzeichnungspflicht beim Energieverbrauch von Massenprodukten, insbesondere von Elektrogeräten, wobei die Standards regelmäßig dem Stand der Technik angepasst werden sollten, die Verbesserung der Informationen über den Energieverbrauch von Produkten, höhere Transparenz bei der Deklaration des Energieverbrauchs, bessere Zusammenarbeit von Wirtschaft und Verbraucher sowie Energieberatungsstellen sowie Drittfinanzierungsmodelle, finanzielle Beratung zur Mobilisierung von Einsparmaßnahmen.

Maßnahmen im Verkehrsbereich: Um im Verkehrssektor das erwartete Anwachsen der Emissionen abzufangen und zu reduzieren, bedarf es einer Neuorientierung des Verkehrsbereichs in Richtung Verkehrsvermeidung und einer Modernisierung der Verkehrstechnik sowohl mit abgestimmten fahrzeugtechnischen als auch den Verkehr beeinflussenden Maßnahmen. Ohne eine Reduktion der Treibhausgase musste, bezogen auf 1987, mit einer Erhöhung der CO_2-Emissionen im Personen- und Güterverkehr bis zu 28 Prozent allein für die alten Bundesländer gerechnet werden.

Es zeigten sich erhebliche Emissionsminderungspotenziale durch eine Verminderung der Verkehrsleistungen im Straßen- und Flugverkehr sowie durch die Verlagerung auf emissionsärmere Verkehrsmittel. Hinzu kommen eine umweltverträgliche Verkehrsabwicklung, Verkehrsleitsysteme und die erhöhte Auslastung von Fahrzeugen. Auch die technischen Möglichkeiten zur Effizienzsteigerung von Motoren, Emissionsminderung und Schadstoffrückhaltung sind bei weitem nicht ausgeschöpft. Hier sind Verbrauchsvorschriften erforderlich. Außerdem können Verhaltensänderungen zum Klimaschutz beitragen, denn mehr als die Hälfte aller Autofahrten finden unterhalb von fünf Kilometer statt.

Außerdem schlug der Bundestag eine emissionsbezogene Kfz-Steuer mit einer CO_2-Komponente sowie weitere ökonomische und fiskalische Instrumente für eine nachhaltige Mobilität vor, wozu auch eine bessere Finanzausstattung der öffentlichen Verkehrssysteme gehört.

3. Maßnahmen im Bereich Landwirtschaft

Künftig sollten die Landwirtschaft und die Emissionen klimarelevanter Spurenstoffe durch landwirtschaftliche Aktivitäten, z. B. N_2O-Emissionen durch den Einsatz von Dünger sowie die Emissionen aus geänderten Anbautechniken, Pflanzenschutz und Bodenbearbeitung, berücksichtigt werden. Dabei sollten Methan und andere Spurengase, u. a. aus Reisfeldern, Rinderverdauung usw., einbezogen werden.

Übereinstimmend vertrat der Bundestag die Auffassung, dass weltweit der Schutz der Ökosysteme, insbesondere der Schutz der Wälder, sowie eine klimaverträgliche und hochwertige Lebensmittelversorgung entwickelt werden müssen. Die Kommission sprach sich deshalb für eine naturnahe Ökolandwirtschaft aus.

4. Europäische und internationale Maßnahmen zum Klimaschutz

Die Kommission ging davon aus, dass gegenüber den Emissionen von etwa 22 Mrd. Tonnen im Jahr 1987 eine

Reduktion von Kohlendioxid um 50 Prozent auf 11 Mrd. Tonnen bis zum Jahr 2050 notwendig ist. Bei einer erwarteten Weltbevölkerung von neun Milliarden Menschen darf dann im Durchschnitt nur noch etwas mehr als eine Tonne CO_2 jährlich pro Kopf emittiert werden.

Im ersten Schritt sollten die Emissionen bis zum Jahr 2005 um fünf Prozent sinken. Dafür hätten die starken Industrieländer die CO_2-Emissionen um 30 Prozent senken müssen, die damalige EU insgesamt um 25 Prozent und die sonstigen östlichen und westlichen Industriestaaten um 20 Prozent. Der Anstieg in den Entwicklungsländern dürfte 50 Prozent nicht überschreiten. Dies erfordert

- die Hauptverantwortung der Industriestaaten für Gegenmaßnahmen,
- eine europäische Vorreiterrolle bei der ökologischen Modernisierung und
- eine internationale Konvention über Klima und Energie, die spätestens im Jahr 2002 ratifiziert sein sollte.

Zu dem Vorschlag der Kommission gehörte auch ein internationaler Treuhandfonds, aus dem jährlich rund zehn Milliarden Euro für Klimaschutzmaßnahmen zur Verfügung gestellt werden sollten, sowie ein Treuhandfonds im Rahmen einer internationalen Konvention zum Schutz der tropischen Wälder, der fünf Milliarden Euro jährlich bereitstellt. Damit sollte die Vernichtung des Tropenwalds bis zum Jahr 2000 deutlich abgeschwächt und bis 2010 völlig gestoppt werden. Spätestens ab 2030 sollte eine großflächige Aufforstung Erfolge beim Klimaschutz zeigen. Schließlich schlug die Kommission die Einrichtung eines Umweltrates bei den Vereinten Nationen vor. Damit sollte das Umweltprogramm (UNEP) deutlich aufgewertet werden.

Diese Übersicht belegt, wie weit die Debatte über den Klimawandel Anfang der neunziger Jahre schon war. Doch im Zuge der deutschen Einigung und des Wirtschaftsabschwungs gerieten diese Vorschläge und Programme in den Hintergrund. Beispielhaft dafür steht das Verhalten von Bundeskanzler *Helmut Kohl*. Anfang der neunziger Jahre hatte er sich mit eigenen Vorschlägen auf internationalen Konferenzen für den Schutz der Tropenwälder eingesetzt. Auch zeigte er Zustimmung für eine ökologische Finanzreform. Mitte der neunziger Jahre machte Kohl eine radikale Kehrtwende gegen mehr Umwelt- und Klimaschutz.

Das ehrgeizige Ziel, die Treibhausgase um 30 Prozent bis zum Jahr 2005 zu reduzieren, wurde 1990 gemeinsam von CDU/CSU, FDP und der SPD im Bundestag beschlossen. Damals gehörten die Grünen dem Bundestag nicht an. Beim Klimaschutz gab es eine große Übereinstimmung zwischen den Regierungsfraktionen und den oppositionellen Sozialdemokraten, die noch weitergehende Maßnahmen wollten. Anders war das in der Zeit der rotgrünen Bundesregierung. Alle 18 Gesetze und Initiativen zum Klimaschutz, von der ökologischen Steuerreform bis zum Erneuerbaren Energien Gesetz, wurden von CDU/CSU und FDP im Bundestag abgelehnt und – wo sie es konnten – erst einmal im Bundesrat blockiert.

Die Klimaagenda 2020:
der Umbau der Industriegesellschaft

Bundesministerium für Umwelt, Naturschutz und Reaktorsicherheit, Mai 2007

Die historischen Beschlüsse der Europäischen Union

Die Staats- und Regierungschefs fassten unter Führung der Bundeskanzlerin *Angela Merkel* am 9. März 2007 einen historischen Beschluss über die zukünftige Klimapolitik. Die Integration von Energiepolitik und Klimaschutz ist ein Quantensprung in der Entwicklung der Industriegesellschaften. Es geht um nicht weniger als den grundlegenden Umbau der Industriegesellschaft, wenn bis 2050 für eine von 6,5 Milliarden auf über 9 Milliarden anwachsende Weltbevölkerung Güter und Dienstleistungen angemessen bereitgestellt werden und gleichzeitig die Emissionen um 50 Prozent sinken sollen.

Der Business-as-usual-Trend weist dagegen in eine andere Richtung: Das entsprechende »Referenzszenario« der Internationalen Energieagentur geht von einer Steigerung der Emissionen bis 2030 um fast 60 Prozent aus. Dennoch kann der Umbau der Industriegesellschaft gelingen – mit einer ambitionierten Steigerung der Energieeffizienz und einem massiven Ausbau der Erneuerbaren Energien. Eine aktive Forschung und Entwicklung, rasche Marktdurchdringung für effiziente Produkte, innovative Produktionsprozesse und neue Verkehrskonzepte sind die Antwort auf die Herausforderung. Damit wird eine neue Stufe in der Entwicklung der Industriegesellschaft erreicht.

Aktuelle Situation

Die deutschen Treibhausgasemissionen im Jahr 2006 lagen nach ersten Schätzungen bei etwa 1.007 Mio. t CO_{2e} oder rund 18 Prozent niedriger als im Basisjahr 1990. Das ist eine beachtliche Bilanz der deutschen Klimaschutzpolitik. Allerdings stimmt auch: Die weitaus größten Emissionsminderungen wurden von 1990–1999 in Ostdeutschland erzielt – durch die erheblichen Effizienzsteigerungen im dortigen Kraftwerkspark, aber auch wegen des Zusammenbruchs der ostdeutschen Industrie. Seither geht es nur noch langsam vorwärts. Im Jahr 2006 sind die Emissionen sogar um 0,7 Prozent gegenüber dem Niveau von 2005 angestiegen. Dazu wurde unter der Federführung des Bundesumweltministeriums eine nationale Klimaschutzstrategie entwickelt, die mehrfach fortgeschrieben wurde. Eine Grundlage dafür waren die Ergebnisse der Interministeriellen Arbeitsgruppe (IMA) CO_2-Reduktion.

Deutsche Klimaschutzziele 2020

Die Beschlüsse des Europäischen Rates weisen über das Kyoto-Protokoll mit seinem Verpflichtungszeitraum 2008–2012 hinaus. Wenn die EU die Treibhausgase um 30 Prozent mindern will, muss Deutschland mehr erbringen. Dies ist im Koalitionsvertrag von SPD und CDU/CSU festgehalten. Der Deutsche Bundestag hat in seinem Beschluss vom November 2006 zudem auf die Ergebnisse der Energie-Enquête verwiesen. Danach muss Deutschland im Vergleich zum Basisjahr 1990 bis 2020 seine Treibhausgasemissionen um 40 Prozent senken. Das bedeutet: Bisher ging es um 21 Prozent Minderung in

20 Jahren, jetzt geht es um weitere 19 Prozent innerhalb von acht Jahren.

Die Bundesregierung wird mit einem neuen Klimaschutzprogramm das Maßnahmenpaket auf den Weg bringen, mit dem die Beschlüsse der Europäischen Union umgesetzt werden sollen. Um eine 40-prozentige Reduktion der Treibhausgase bis 2020 zu erreichen, müssten 270 Mio. t CO_{2e} gegenüber dem Niveau von 2006 gemindert werden. Die Zuständigkeiten sind auf verschiedene Ministerien verteilt. Deshalb wurden unter der Mitwirkung des Bundeskanzleramtes Eckpunkte erarbeitet.

Die energiebedingten CO_2-Emissionen machen 80 Prozent der deutschen Treibhausgase aus, im Jahr 2005 betrugen sie 795 Mio. t. Ihre Minderung erfordert eine Verdopplung der Energieproduktivität bis 2020 gegenüber 1990 sowie einen massiven Ausbau der Erneuerbaren Energien. Auf Basis europäischer und deutscher Gutachten muss der Anteil der Erneuerbaren Energien von heute 5,3 auf 16 Prozent verdreifacht werden, damit das EU-Ziel von 6,5 auf 20 Prozent bis 2020 erreicht wird.

Kernpunkte des Klimaschutzprogramms

Die Ergebnisse von Studien zeigen, dass eine Reduktion um 40 Prozent der Emissionen bis 2020 machbar ist. Die 270 Mio. t CO_{2e}-Minderung können in *acht Maßnahmebereichen* erbracht werden:

1. Kraftwerkspark ➤ minus 30 Mio. Tonnen CO_2
Der Anteil der Energiewirtschaft an den gesamten Treibhausgasemissionen in Deutschland beträgt 40 Prozent. Seit 1999 haben die Emissionen in diesem Sektor um über 30 Mio. t zugenommen. Mit einem Mix aus neuen Kraft-

werken, Stromsparen und dem Zubau von Erneuerbaren Energien werden sowohl Treibhausgasemissionen im Kraftwerksbereich gesenkt als auch die Kapazität der gemäß Atomausstieg vom Netz gehenden Atomkraftwerke ersetzt. Unbestritten ist natürlich, dass – wo immer es geht – Kraftwerke »weggespart« werden können und müssen.

Die Emissionsminderungen im Kraftwerkssektor werden durch höhere Wirkungsgrade neuer Kohlekraftwerke sowie den Zubau von Erdgaskraftwerken erreicht. Zentrales Instrument dafür ist der Emissionshandel. Der Nationale Allokationsplan für 2008–2012 macht klare Minderungsvorgaben – die Emissionsmenge für Kraftwerke wird um 57 Mio. t abgesenkt. Zugleich geht es um die Auktionierung der Zertifikate.

Auch nach 2012 werden die zu vergebenden Emissionsrechte kontinuierlich sinken. Ab 2013 wird aus Gründen der Wettbewerbsgleichheit eine europaweite Zuteilung für den EU-Emissionshandelsbereich notwendig sein, wobei ein hoher Anteil der Emissionsrechte versteigert werden muss. Die offene Frage ist, ob es dann auch zu einem europäischen Allokationsplan kommt. Nach 2012 werden relativ CO_2-intensivere Kohlekraftwerke vermutlich nur dann errichtet werden, wenn

- das CO_2 abgeschieden und gespeichert wird (CCS-Technologie),
- die notwendigen Emissionsrechte auf dem Emissionshandelsmarkt erworben werden,
- Klimaschutzprojekte (CDM, JI) im Ausland durchgeführt werden, um dafür Emissionsrechte zu erhalten.

2. Kraft-Wärme-Kopplung ➤ minus 20 Mio. Tonnen CO_2
In Modernisierung und Ausbau der Kraft-Wärme-Kopp-

lung (KWK) liegt ein enormes Potenzial für mehr Energieeffizienz und mehr Klimaschutz. Der von der deutschen Wirtschaft zugesagte KWK-Ausbau wird weit verfehlt werden. Ziel muss es bleiben, effizienter Energie zu nutzen, gleichzeitig Strom zu produzieren und die Abwärme zu nutzen. Daher soll der derzeitige KWK-Anteil an der Stromerzeugung in Höhe von derzeit rund zehn Prozent bis 2020 mindestens verdoppelt werden. Deswegen wird das KWK-Gesetz so novelliert, dass wirtschaftliche Anreize zur Modernisierung und den Bau neuer KWK-Anlagen geschaffen und der effiziente Ausbau der Nah- und Fernwärmenetze verstärkt gefördert werden.

3. Erneuerbare Energien im Strom
➤ minus 55 Mio. Tonnen CO_2

In wenigen Jahren wurde der Anteil der Erneuerbaren Energien an der Stromproduktion verdoppelt – auf rund 13 Prozent heute. Das entspricht der Stromerzeugungsmenge der Energieversorgung Baden-Württemberg (EnBW). Nach der Leitstudie 2007 zum Ausbau der Erneuerbaren Energien können diese im Jahr 2020 rund 156 Terawattstunden Strom erzeugen. Dies entspricht dann einem Anteil von gut 27 Prozent an der Stromversorgung. Schwerpunkte sind der weitere Ausbau der Windenergienutzung (insbesondere Offshore und Repowering an Land) sowie die Biomasseverstromung.

Das Erneuerbare Energien Gesetz ist das erfolgreichste Instrument zur Förderung der Erneuerbaren Energien. Das Grundprinzip – die zugesicherte Vergütung des eingespeisten Stromes (Festpreisvergütung) – hat sich auch europaweit gegenüber den anderen Instrumenten als kostengünstiger und effektiver bewährt. Das EEG wird im Jahr 2008 so novelliert, dass der massive Ausbau der Erneuerbaren Energien weiter stattfindet.

4. Energieeffizienz im Strom
➔ minus 40 Mio. Tonnen CO$_2$

40 Millionen Jahrestonnen weniger Kohlendioxidemissionen sind möglich, indem der Stromverbrauch um elf Prozent gesenkt wird – mit deutlich effizienteren Geräten und Motoren in der Industrie sowie einer deutlichen Verminderung des Stand-by-Strombedarfs. Um das Ziel zu erreichen, sind u.a. folgende Maßnahmen zu realisieren:

- Rasche Einführung ehrgeiziger Geräte-Verbrauchs-Standards im Rahmen der EU-Ökodesign-Richtlinie nach dem »Top-Runner-Prinzip« (das jeweils sparsamste Gerät einer Produktkategorie gibt den Standard vor, den alle anderen Produkte im gleichen Segment innerhalb einer bestimmten Frist erreichen müssen).
- Initiative »Klima und Effizienz«: Teil des Aktionsplans Energieeffizienz ist ein *Energieeffizienzfonds*, der klein- und mittelständische Unternehmen bei der Durchführung von Effizienzmaßnahmen unterstützen soll.
- Einen Vorschlag zur Einführung eines verbindlichen Energiemanagements vorlegen, wobei künftig nur noch die Betriebe Ermäßigungen bei den Energiesteuern erhalten, die es durchführen und so die Einsparpotenziale in ihren Unternehmen erfassen und nutzen. Ein Energieaudit ist die Voraussetzung für eine Entlastung.
- Verstärkte Aufnahme von Energieeffizienz- und Verbrauchskriterien bei der öffentlichen Beschaffung, die ein bedeutender Auftraggeber für Wareneinkäufe ist. Dafür werden entsprechende Leitlinien entwickelt, um die Nachfragemacht der öffentlichen Hand gezielt für mehr Klimaschutz einzusetzen.

5. Gebäudesanierung, effiziente Heizungsanlagen und Produktionsprozesse ➤ minus 41 Mio. Tonnen CO_2

Mit energetisch optimierten Gebäuden und moderner Heizungstechnik können die Heizkosten und die CO_2-Emissionen im Durchschnitt mehr als halbiert werden. Deswegen sind Gebäudesanierung (Verdoppelung der Sanierungsrate!), effizientere Heizungsanlagen und Verschärfungen der Anforderungen für Neubauten zentral. Die wesentlichen Instrumente sind

- Verdoppelung der energetischen Sanierungsquote bei Gebäuden. Hierzu wurde bereits das CO_2-Gebäudesanierungsprogramm für die Jahre 2006–2009 auf 1,4 Mrd. EUR aufgestockt (Vervierfachung des Volumens gegenüber 2005).
- Erforderlich ist eine Mietrechtsänderung, damit künftig sowohl ein ökologischer Mietspiegel als auch ein Vergleich der Warmmiete statt der Kaltmiete herangezogen werden können. Auch das Contracting für eine energetische Sanierung muss mieterfreundlich werden.
- Die Energieeinsparverordnung wird 2007/2008 mit dem Ziel novelliert, die Energieverbrauchswerte von Neubauten ab 2009 um 30 Prozent zu senken. In einer zweiten Stufe werden die Anforderungen nochmals in der gleichen Größenordnung verschärft.

6. Wärme aus Erneuerbaren Energien: ➤ minus 14 Mio. Tonnen CO_2

In der Förderung der Erneuerbaren Energien im Wärmesektor liegen große Potenziale. Damit können kostengünstig CO_2-Emissionen sowie der Öl- und Gasverbrauch reduziert werden. Ziel der Bundesregierung ist es, den Anteil der Erneuerbaren Energien (Biomasse, Solarthermie, Geothermie) zur Wärmeerzeugung von heute sechs

Prozent auf 14 Prozent 2020 zu steigern. Die Instrumente sind ein Marktanreizprogramm und eine Nutzungspflicht. Ein weiterer Schwerpunkt ist der Ausbau von Nahwärmenetzen. Insgesamt können damit CO_2-Emissionen aus Haushalten, Gewerbe, Handel und Dienstleistungen und Industrie um etwa 14 Millionen Tonnen reduziert werden. Um dieses Ziel zu erreichen, sind zwei Voraussetzungen notwendig:

- rechtliche Absicherung und massive Aufstockung der Fördermittel im Rahmen des Marktanreizprogramms zur Verstetigung der Förderung und zur Erhöhung der Planungssicherheit;
- verbindliche Vorgabe zur Nutzung Erneuerbarer Energien bei Neubauten und die grundlegende Sanierung von Altbauten.

7. Verkehr ➤ minus 30 Mio. Tonnen CO_2

Etwa ein Viertel des Energieverbrauchs entfällt auf den Verkehr, wobei der Flugverkehr die höchsten Zuwachsraten hat. Mit technischen Maßnahmen (wie Motoren, die weniger Kraftstoff benötigen, geringere Motorleistung, Leichtbauweise) und sparender Fahrweise lassen sich bis 2020 bei Pkws bis zu 40 Prozent der spezifischen CO_2-Emissionen einsparen. Hinzu kommen Verkehrsvermeidung und bessere Verkehrslenkung. Zudem muss der Verkehr – insbesondere wesentliche Teile des Güterverkehrs – in Zukunft stärker von der Straße auf Schiene und Binnenschiffe verschoben werden:

- CO_2-Grenzwerte für PKW: Die europäische Kommission schlägt vor, dass bis zum Jahr 2012 bei den Pkw die durchschnittliche Emission der Treibhausgase 120 g/km nicht überschreiten soll. Alle Wagenklassen müssen entsprechend ihrem Potenzial einen Beitrag zum Klimaschutz leisten. Letztlich soll eine einfache und aussagekräftige Kennzeichnung der Verbrauchswerte bei der Kaufentscheidung helfen.

- CO_2-Orientierung der KfZ-Steuer: In Zukunft soll nicht die Größe eines PKW Grundlage für die Steuererhebung bei der KfZ-Steuer sein, sondern die konkrete Umweltbelastung.

- Biokraftstoffe: Die Erneuerbaren Energien werden laut EU-Beschluss bis 2020 mindestens zehn Prozent des europäischen Kraftstoffverbrauchs decken. Das Biokraftstoffquotengesetz sieht bereits bis 2015 eine Steigerung des Anteils an Biokraftstoffen in Deutschland auf acht Prozent vor. Nach Studien ist eine Erhöhung des Anteils auf 17 Prozent bis 2020 möglich. Hierbei werden Biokraftstoffe der 2. Generation wie Biogas und »Biomass to Liquid« eine entscheidende Rolle spielen.

- Effizienz des Güterverkehrs erhöhen: Ein wesentliches klimapolitisches Problem ergibt sich aus dem starken Wachstum des Güterverkehrs. Hier sind umfangreiche Effizienzsteigerungen notwendig. Dazu müssen vor allem logistische Abläufe weiter optimiert werden (z. B. Vermeidung von Leerfahrten) und Engpässe an den Schnittstellen des multimodalen Verkehrs abgebaut werden, um die vorhandenen Infrastrukturkapazitäten bestmöglich zu nutzen.

- Stärkung der Wettbewerbsposition der Bahn: Die Bahn hat eine deutlich bessere Klimabilanz als PKW, LKW und Flugzeuge. Wer von Berlin nach München reist, verursacht mit einer Bahnfahrt 33 kg CO_2, mit dem Auto das Dreifache. Mit dem Flugzeug entfacht man auf der Strecke eine Klimawirkung von fast dem Fünffachen.

▨ Flugverkehr: Die Emissionen im nationalen und internationalen Flugverkehr weisen die stärksten Steigerungsraten aller Sektoren auf. Deswegen besteht hier dringender Handlungsbedarf für eine Einbeziehung des Flugverkehrs in den europäischen Emissionshandel.

▨ Hinzu kommt eine Vielzahl weiterer Maßnahmen, die von der stärkeren Einbeziehung der Lkw in Verbrauchsvorschriften über die Einführung von Leichtlaufreifen bis zu Schulungen und Kampagnen zum verbrauchsschonenden Fahren reichen. Bei Einbeziehung aller Möglichkeiten erscheint im Verkehrssektor eine Einsparung von insgesamt 50 Millionen Tonnen CO_2 bis zum Jahr 2020 denkbar.

8. Maßnahmen im Nicht-Energie-Bereich
➤ minus 40 Mio. Tonnen CO_2

Neben den Emissionsminderungen im Schwerpunktbereich der energiebedingten CO_2-Emissionen sind auch Minderungen bei den anderen Treibhausgasen notwendig. Insbesondere bei N_2O (Lachgas), CH_4 (Methan) und den F-Gasen haben Minderungen eine hohe Wirkung, da diese Gase eine besonders hohe Klimawirksamkeit aufweisen:

▨ weitere Reduktion der Methanemissionen aufgrund des Verbots der Ablagerung unzureichend vorbehandelter Abfälle,

▨ Methanreduktion im Bereich stillgelegter Bergbau,

▨ naturnahe Landwirtschaft,

▨ Optimierung von Industrieprozessen,

▨ weitere Beschränkungen bei den F-Gasen, Umstellungen auf umweltfreundliche Kältemittel und ein vorzeitiger Ausstieg aus den R-134a-Pkw-Klimaanlagen.

Ausweitung der Klimaforschung

In der Energieforschung ist Deutschland im internationalen Vergleich deutlich zurückgefallen. Setzt Japan heute pro Kopf über 30 US$ für die Energieforschung ein, liegt Deutschland nur bei 6,20 US$. Als Querschnittsmaßnahme müssen die Energieforschungsmittel erhöht werden – beim Bund bis 2010 zumindest von heute 0,6 auf 1,1 Milliarden Euro pro Jahr. Vergleichbares ist auch durch die Wirtschaft notwendig.

Finanzierung des Programms

Die Realisierung dieses Programms ist gut für Wirtschaft, Umwelt und Beschäftigung, denn es werden Jobs in den Zukunftsbranchen geschaffen. Das Bundesumweltministerium schätzt die Mehrkosten im Bundeshaushalt für die Klimaschutzinvestitionen bis zum Jahr 2010 auf rund 3 Mrd. Euro. Dem stehen die Kosten eines weiter ungebremsten Klimawandels gegenüber, die vom Deutschen Institut für Wirtschaftsforschung (DIW 2005) auf 137 Mrd. Euro bis 2050 beziffert werden.

Verantwortung jedes Einzelnen

Die Bekämpfung des Klimawandels und der verbundene Umbau der Industriegesellschaft können nur gelingen, wenn die Bundesregierung, aber auch die Länder und Kommunen sowie die Akteure in Wirtschaft und Gesellschaft mehr Verantwortung übernehmen.

Auch die Bürgerinnen und Bürger können mit ihrem Verhalten maßgeblich zum Klimaschutz beitragen. Ener-

Ist-Situation:
1990: 1.228 Mio. t CO_2 (Äquivalente)
2006: ca. 1.007 Mio. t.

Ziel 2020:
(–40 Prozent gg. 1990): 737 Mio. t CO_2 (Äquivalente)

**Maßnahmenkatalog Reduktion der
Treibhausgasemissionen bis 2020:**
–270 Mio. t CO_2 gg. 2006:

Reduktion des Stromverbrauchs um elf Prozent durch massive Steigerung der Energieeffizienz im Strombereich:	40 Mio. t
Erneuerung des Kraftwerksparks durch effizientere Kraftwerke:	30 Mio. t
Steigerung der Stromerzeugung durch Erneuerbare Energien auf über 27 Prozent:	55 Mio. t
Verdoppelung der effizienten Nutzung der Kraft-Wärme-Kopplung auf 25 Prozent:	20 Mio. t
Reduktion des Energieverbrauchs durch Gebäudesanierung, effiziente Heizungsanlagen und in der Produktion:	41 Mio. t
Steigerung der Erneuerbaren Energien im Wärmesektor auf 14 Prozent:	14 Mio. t
Steigerung der Effizienz im Verkehr und Steigerung der Biokraftstoffe auf 17 Prozent:	30 Mio. t
Reduktion der Emissionen von Methan, Lachgas und F-Gasen:	40 Mio. t

gie sparen ist einfach und lohnt sich. Wer kurz und kräftig lüftet, spart Heizenergie. Wer nachts beim Fernsehgerät den Stecker aus der Dose zieht, spart Stand-by-Verluste. Entscheidend wird der Stromverbrauch gesenkt, wenn beim Kauf von Kühlschränken, Computern und Glühlampen auf den Stromverbrauch geachtet wird.

Internationale Politik

Ziel der Bundesregierung ist es, bis 2009 ein internationales Folgeabkommen für das Kyoto-Protokoll zu vereinbaren, das derzeit bis Ende 2012 läuft. Dabei kommt es entscheidend darauf an, dass die USA und die anderen Industrieländer, aber auch die großen Schwellenländer wie China und Indien angemessene Klimaschutzbeiträge übernehmen – nicht nur bis 2020, sondern auch in der Perspektive bis 2050. Da besonders die ärmsten Entwicklungsländer von den Folgen des Klimawandels betroffen sind, ist hier besondere Unterstützung notwendig. Dafür sind innovative Finanzierungsinstrumente notwendig, wie sie in Frankreich und Großbritannien bereits existieren.

Deutschlands Wanderung zum Klimaschutz

Andreas Troge

Ein Gebot der Vernunft

Den globalen Temperaturanstieg auf 2 °C gegenüber dem natürlichen Wert von 1850 zu begrenzen, ist ein Gebot der Vernunft. Jenseits dieser Grenze sind die nachteiligen Folgen des Treibhauseffekts unkalkulierbar. Um weltweit die kulturelle, zivilisatorische und wirtschaftliche Entwicklung nicht zu gefährden, muss sich die Staatengemeinschaft darauf verständigen, die Treibhausgaskonzentration in der Atmosphäre auf etwa 400 Millionstel Teile (ppm) Treibhausgase zu begrenzen, was die Halbierung des globalen Treibhausgasausstoßes gegenüber 1990 bis 2050 bedeutet.

Heute liegen wir bereits bei über 380 ppm und bei einem Anstieg um mehr als 2 ppm pro Jahr. Damit die weniger entwickelten Länder ihre Wohlstandsentwicklung trotzdem grundsätzlich fortsetzen können, werden die Industrieländer ihre Treibhausgasemissionen bis zur Mitte des Jahrhunderts um rund 80 Prozent gegenüber 1990 reduzieren müssen.

Was ist die Rolle Deutschlands, einer der führenden Industrienationen? Sie besteht nicht darin, fertige, ganzheitliche, kaum nachahmbare Klimaschutzkonzepte zu entwerfen und anzuwenden. Weder soll am »deutschen Wesen die Welt genesen« noch verfügen wir – genauso wenig wie anderswo – über das vollständige Wissen und die übermenschlichen Fähigkeiten für eine Klimaschutzpolitik als einheitlichen, abgeschlossen Entwurf, der mit einem Mal das Ziel erreicht, also den Treibhauseffekt weltweit unter Kontrolle bringt.

Anstatt Finales mit Patentrezepten und Blaupausen vorzumachen, geht es darum, dass wir uns in Deutschland sofort in großen Schritten auf den Weg machen, um der Erwärmung unserer Erde entgegenzutreten, aus den einzelnen Schritten selbst zu lernen, andere an den Erfahrungen teilhaben zu lassen und sie so auf dem Weg zum Klimaschutz mitzunehmen. Wir müssen uns nicht nur wegen unserer Verantwortung in der Staatengemeinschaft auf diesen Weg machen. Global gilt, dass uns unterlassener Klimaschutz ärmer macht – was nicht zur bitteren Erfahrung werden möge, dürfte auf der anderen Seite die weltweite Nachfrage nach Techniken und Verfahren zur Verringerung der Treibhausgasemissionen weiter steigern. Deutschland hat hier viele Chancen, seinen Wohlstand mittels Exporten von ökologischen Technologien deutlich auszubauen.

Gerade lange Wege, wie der des erfolgreichen Klimaschutzes, brauchen nicht nur ein Ziel, sondern auch Etappenziele, die nahe genug am Heute liegen, um erreichbar zu sein und Mut zu machen, den Weg wirklich zu beschreiten. Und zwar mit der Kraft, die man jetzt hat, sonst lägen Resignation und Stillstand nur allzu nahe. Das Umweltbundesamt empfiehlt als Etappenziel, dass Deutschland seinen Ausstoß an Treibhausgasen bis zum Jahr 2020 um 40 Prozent gegenüber 1990 mindert – und zwar mit den Techniken und organisatorischen Mitteln, die wir heute haben – ohne unsere Kräfte zu überschätzen.

Auf dem Weg zu diesem Etappenziel muss Deutschland weder auf die Verlängerung der Laufzeiten der Kernkraftwerke noch auf die Abscheidung des Kohlendioxids aus Kohlekraftwerken oder auf eine Wasserstoffwirtschaft setzen. Nein, unsere Kraft, dieses Etappenziel zu erreichen, kommt aus dem, worüber wir schon heute verfügen. Welche Wegmarkierungen und wesentlichen Anreize empfiehlt das Umweltbundesamt für die Wanderung zum Etappenziel?

Erstens: Strom sparen – 40 Millionen Tonnen CO_2 weniger!

Sparen ist häufig unbeliebt, gleichwohl als Investition in den Klimaschutz und zur Entlastung des eigenen Geldbeutels sehr wirksam: 40 Millionen Tonnen pro Jahr weniger Kohlendioxidemissionen sind möglich, indem wir elf Prozent des Stromverbrauchs mit effizienten Geräten, deutlicher Verminderung des Stand-by-Strombedarfs und Abschaffen der Stromheizungen realisieren. Letztere verbrauchen immerhin acht Prozent der elektrischen Energie in Deutschland.

Wirkungsvolle Anreize lassen sich zum Beispiel mit einem gesetzlich vorgeschriebenen Effizienzwettlauf bei elektrischen Endgeräten setzen, der vorsieht: Wer als Anbieter nicht in einigen Jahren den Verbrauchsstandard der heute verbrauchsärmsten Geräte erfüllt, darf seine Produkte nicht mehr anbieten. Der Abbau der Ausnahmen von der Energiebesteuerung könnte einen Energieeffizienzfonds speisen, mit dem sich Beratungsprogramme und Anschubkosten für innovative Techniken in kleinen und mittleren Unternehmen sowie privaten Haushalten finanzieren ließen.

Zweitens: neue Kraftwerke – 30 Millionen Tonnen CO_2 weniger!

Bausteine dafür sind um sieben Prozentpunkte höhere Wirkungsgrade neuer Kohlekraftwerke sowie der Ersatz von Kohle durch Erdgas. Die Steigerung des Erdgasanteiles auf 30 Prozent beim Strom (d. h. von heute 70 Terawattstunden auf 165 TWh im Jahr 2020) lässt sich mit Einsparungen von Erdgas bei der Wärmeversorgung für Wohngebäude, in denen es heute zu 90 Prozent eingesetzt wird, fast vollständig ausgleichen, sodass der Erdgasverbrauch Deutschlands bis 2020 insgesamt nur um 3 Prozent ansteigen würde.

Drittens: erneuerbare Energien – 44 Millionen Tonnen CO_2 weniger! Die Zielmarke für die Erneuerbaren Energien liegt für 2020 bei 140 Terawattstunden. Schwerpunkte sind der weitere Ausbau der Windenergienutzung (insbesondere Offshore) sowie der Biomasseverstromung. Das Erneuerbare Energien Gesetz ist das erfolgreichste Instrument zur Förderung der Erneuerbaren Energien.

Viertens: Kraft-Wärme-Kopplung – 15 Millionen Tonnen CO_2 weniger: Um das Ziel der Verdopplung der Kraft-Wärme-Kopplung(KWK)-Stromerzeugung von 70 TWh_{el} auf 140 TWh_{el} bis 2020 zu erreichen, sind die Förderung durch das KWK-Gesetz deutlich zu verbessern und der Vorrang der KWK bauplanungsrechtlich zu verankern: Dort, wo eine Wärmeversorgung mittels Nah- oder Fernwärmenetzen gegeben und zumutbar ist, sollte der Vorrang des Anschlusses an diese Netze für Wärmeproduzenten (z. B. Abfallverbrennungsanlagen) und für Wärmeabnehmer vorgeschrieben werden. Für eine Wirtschaftlichkeit dieser Netze sind ausreichend hohe Siedlungsdichten zu erhalten und der tägliche Flächenverbrauch ist von heute rund 100 ha/Tag auf 30 ha/Tag zu verringern. Das KWK-Gesetz muss umgehend neue oder modernisierte, auf jeden Fall hoch effiziente Anlagen fördern. Das schließt die Nachrüstung der Abfallverbrennungsanlagen ein. Zudem ist die Förderung nicht von einer Stromeinspeisung in das Netz abhängig zu machen, was die industrielle KWK in die Förderung einbezöge.

Fünftens: Wärmeeinsparung – 41 Millionen Tonnen CO_2 weniger! Die wichtigsten Elemente zur Einsparung von Wärme sind die Gebäudesanierung (Erhöhung der jährlichen Sanierungsrate), effiziente Heizungsanlagen und KWK. Daneben muss die Entwicklung zu immer mehr beheizter Wohnfläche pro Kopf aufhören. Die wesentlichen Instrumente für diese Maßnahmen sind eine anspruchsvollere Energieeinsparverordnung (EnEV) und deren konsequenter Vollzug, finanzielle Unterstützung durch einen Effizienzfonds, ein die Hemmnisse für die energetische Modernisierung auflösendes Mietrecht sowie ein deutlich aufgestocktes CO_2-Gebäudesanierungsprogramm der Bundesregierung.

Sechstens: mehr erneuerbare Wärme – 10 Millionen Tonnen CO_2 weniger! Steigert man den Anteil der Erneuerbaren Energien (Biomasse, Solarthermie, Geothermie) zur Wärmeerzeugung von heute sechs Prozent auf zwölf Prozent, so würden die CO_2-Emissionen aus Haushalten, Gewerbe, Handel und Dienstleistungen um sechs Millionen Tonnen CO_2 und in der Industrie um knapp vier Millionen Tonnen CO_2 sinken. Hierzu empfiehlt sich eine gesetzlich fixierte Förderung analog zum EEG.

Siebtens: Mobilität – 15 Millionen Tonnen CO_2 weniger! Mit technischen Maßnahmen (wie Motoren, die weniger Kraftstoff benötigen, geringere Motorleistung, Leichtbauweise) und mit Kraftstoff sparender Fahrweise lassen sich bis 2020 bei Pkw um bis zu 40 Prozent der spezifischen CO_2-Emissionen einsparen. Bei Lkw sind es etwa 20 Prozent, z. B. mit Leichtlaufreifen und -ölen. Die wichtigsten Instrumente sind die Kraftstoffbesteuerung, eine CO_2-abhängige Kfz-Steuer, die Ausdehnung der LKW-Maut auf alle Bundesfernstraßen und verbindliche

Verbrauchsgrenzwerte für Neufahrzeuge, indirekt mit Hilfe anspruchsvoller Grenzwerte für den Kohlendioxidausstoß.

Achtens: Vermeidung und Verlagerung – 15 Millionen Tonnen CO_2 weniger! Die Abkehr vom Straßenneubau und der Ausbau der Bahninfrastruktur müssen dazu beitragen, den Verkehr – insbesondere wesentliche Teile des Güterverkehrs – von der Straße auf die Schiene und auf Binnenschiffe zu verschieben. Falls es zum Beispiel gelänge, den Anteil der Bahn im Güterverkehr von 16,5 Prozent im Jahre 1999 bis 2020 auf 25 Prozent zu steigern, würden sich die CO_2-Emissionen um etwa drei Millionen Tonnen gegenüber dem Trend vermindern. Falls es gelänge, fünf Prozent aller Pkw-Fahrten im Stadtverkehr auf den ÖPNV und 30 Prozent aller Pkw-Fahrten, die nicht länger als fünf Kilometer sind, auf das Fahrrad zu verlagern, würden sich die CO_2-Emissionen um drei bis vier Millionen Tonnen pro Jahr vermindern.

Der Flugverkehr ist als immer größere Treibhausgasquelle zu begrenzen – eine Flugreise in die Karibik verursacht alleine über sechs Tonnen CO_2-Emissionsäquivalente pro Kopf. Eine anspruchsvolle Begrenzung der Treibhausgasemissionen des Flugverkehrs im Rahmen des Emissionshandels mit entgeltlich ausgegebenen Zertifikaten ist hierzu ein wirksames Instrument. Dabei müssen die übrigen Klimaeffekte des Flugverkehrs, wie der Ozonaufbau durch Stickoxidemissionen, der Aufbau von Kondensstreifen und Zirruswolken, in die Festlegung des zulässigen jährlichen Treibhausgasausstoßes des Flugverkehrs einfließen. Die Aufhebung der Mineralölsteuerbefreiung für Kerosin und der Mehrwertsteuerbefreiung für Tickets bei grenzüberschreitenden Flügen sind erforderlich, um die Gleichbehandlung aller Verkehrsträger zu

Tab. 11: Wegmarken zum Etappenziel »40 Prozent weniger Treibhausgas-emissionen bis 2020«

in Mio t CO_2	Energie-wirtschaft	Industrie	Haushalte und GHD	Verkehr	Alle Sektoren
Brennstoffwechsel zu mehr Erdgas und Effizienzsteige-rungen in fossilen Kraftwerken	−27	−3			−30
Verdoppelung des Anteils Erneuerba-rer Energien an der Stromerzeugung	−39	−5			−44
11%-Punkte Stromeinsparungen durch höhere Effizienz beim Verbrauch	−36	−4	Wirkung in Energiewirt-schaft und Industrie		−40
Verdoppelung der Kraft-Wärme-Kopplung	Wirkung in Industrie, Haushalten und GHD	−5	−10		−15
Steigerung des Anteils Erneuerbarer Energien an der Wärmeversorgung um 6%-Punkte		−4	− 6		−10
Mehr Gebäude-sanierung und höhere Heizungs-anlageneffizienz		−1	−31		−32
Wärmeeinsparung bei Produktions-prozessen		−8	− 1		− 9
Senkung des spezifischen Kraft-stoffverbrauchs				−15	−15
Verlagerung auf ÖPNV, Schiene und Schiff sowie Verkehrsvermeidung				−15	−15
Sonstige Maßnah-men und Effekte (Öff. Wärmeversor-gung, Raffinerien, Kokereien)	−13				−13
Summe	**−115**	**−30**	**−49**	**−30**	**−224**

erreichen. Dies hätte dämpfende Effekte auf den mit drei bis fünf Prozent jährlich wachsenden weltweiten Flugverkehr.

Wir müssen uns zügig auf diesen Weg begeben – vielleicht sogar ohne klares Ziel und ohne eindeutige Wegmarkierungen. Denn je später wir uns auf den Weg aufmachen, desto später und ungewisser kommen wir an. Das würde uns teurer kommen als jene elf Mrd. Euro im Jahr 2020 (oder 25 Euro pro Haushalt und Monat), die wir als Kraft für die Strecke bis 2020 einsetzen müssen. Bis zum Ziel »80 Prozent weniger Treibhausgasemissionen bis 2050« dürften es durchschnittlich etwa vier Mrd. Euro Krafteinsatz pro Jahr sein.

Die Kraft wäre sehr gut eingesetzt. Denn sobald sich die ersten Erfolge zeigen, werden viele andere Industrieländer nicht am Wege stehen und uns aufmunternd zuschauen, sondern selbst mitgehen, um ihren Wohlstand zu sichern. Wir erleben dies schon seit einigen Jahren exemplarisch mit den Exporten der in Deutschland konzipierten und hier produzierten Windenergieanlagen und hoch effizienten konventionellen Kraftwerke. Wer nicht mitwanderte, hat schon verloren.

Und die Schwellenländer sowie die weniger entwickelten Länder? Zumindest die Ersten dürften sich in die Wandergruppe alsbald einreihen, weil auch sie verstanden haben: Wer nicht mitgeht, setzt mit dem gewohnten Weltklima auch seinen Wohlstand aufs Spiel. Arme Länder könnten zudem nicht nur besonderes Zureden gebrauchen, sondern positive Erfahrungen. Wie wäre es, wenn zwei wichtige Industrieländer, vielleicht Deutschland und Frankreich, einem armen afrikanischen Land folgendes Angebot machten: »Wir sorgen aus eigener Kasse und mit deiner konstruktiven Mitwirkung binnen eines Jahrzehnts dafür, dass sich in deinem Land der Wohlstand bei gleich bleibenden oder sogar abnehmenden Treibhausgasemissionen erhöht.«

Beispielsweise könnte eine Investition für photovoltaische Stromerzeugung das Wirtschaftsleben beflügeln, indem mit Hilfe des Stroms in ariden oder semiariden Zonen sich die Wasserverfügbarkeit erheblich verbessert, um so stabile Erträge in der Landwirtschaft zu ermöglichen und, zugunsten des Wassersparens, mit dezentraler Abwasserklärung (z. B. Mikro- und Nanofiltration) den Kreislauf hygienischen Wassers zu schließen. Die Konzentration der Kräfte auf ein afrikanisches Land könnte zeigen, wie auch hier mehr Wohlstand nicht trotz, sondern wegen des Klimaschutzes funktioniert.

Da gute Beispiele mehr als Reden überzeugen, dürften sich bald immer mehr Entwicklungsländer der *Wandergruppe Klimaschutz* anschließen.

Leitstudie 2007

Bundesministerium für Umwelt, Naturschutz und Reaktorsicherheit, Februar 2007

Die Steigerung der Energieeffizienz (EFF) und der Ausbau der Erneuerbaren Energien (EE) sind verbunden in der *Leitstudie 2007* des Bundesumweltministeriums, das auf dem erarbeiteten Leitszenario 2006 aufbaut. Die fachliche Koordinierung lag bei Dr. Joachim Nitsch in Zusammenarbeit mit der Abteilung »Systemanalyse und Technikbewertung« des DLR-Instituts für Technische Thermodynamik. In dieser Studie werden die Klimagasemissionen bis 2050 in Deutschland auf 20 Prozent des Wertes von 1990 gesenkt. Dieses Ziel wird bei einem Ausstieg aus der Atomenergie bis 2021 erreicht. So wird durch ein nationales Beispiel aufgezeigt, dass eine Begrenzung des Anstiegs auf 450 ppm möglich ist. Die wesentlichen Grundlagen sind abgestimmte Teilstrategien für »Erhöhte Nutzungseffizienz in allen Bereichen«, »Ausbau der Kraft-Wärme/Kälte-Kopplung« und »umfassender Einsatz der Erneuerbaren Energien«.

Bis 1990 lag der Beitrag der Erneuerbaren Energien bei zwei Prozent und kam ausschließlich aus der Wasserkraft und traditionellen Nutzung der Biomasse für Heizzwecke. Seitdem gibt es ein deutliches Wachstum bei den regenerativen Energien, beginnend mit der Windenergie, dann die Strom erzeugenden Biomassetechnologien und nach 1990 auch bei Fotovoltaik und Kollektoren. Im Strombereich liegt ihr Anteil heute bei knapp 13 Prozent. Deutlich langsamer waren die Fortschritte bei der Energieeffizienz, der vergessenen Seite der Energieversorgung. Die Steigerung der Energieproduktivität ging teilweise sogar zurück.

Im Szenario steigt die Energieproduktivität um 2,9 Prozent pro Jahr. Die Investitionen in die Erneuerbaren Energien liegen jährlich bei rund zehn Milliarden Euro. Diese Strategie setzt eine enorme Innovationsdynamik in Gang, sodass 2050 die CO_2-Emissionen in Deutschland nur noch bei 201 Mio. Tonnen statt heute 840 Mio. liegen werden. Das Leitszenario 2007 enthält:

- EE-Ausbau unter Beachtung aller Umwelt- und Naturschutzanliegen mit begrenzt verfügbaren Standorten, absehbaren Lernkurven und hohen Standards. Dies ist kein Maximalszenario;
- Off-Shore-Wind und Geothermie werden vorsichtig einbezogen;
- ausreichende Biomasseflächen für alle Nutzungs- und Schutzarten. Flächen und Techniklinien werden so gewählt, dass kein prinzipielles Problem der Nutzungskonkurrenz entsteht;
- Beibehaltung des Zeitplans zum Atomausstieg;
- Modernisierung des fossilen Kraftwerksparks gemäß dem 1. Energiegipfel; Kondensations- und KWK-Anlagen; bessere Steuerung und Netzintegration;
- stärkere Energieeffizienz gemäß dem 2. Energiegipfel (Verdopplung bis 2020).

Als Referenz dient das Szenario 2005/2006 von Prognos und des Energiewirtschaftlichen Instituts im Auftrag des Bundeswirtschaftsinstituts, das wissenschaftlich solide ist, wegen konservativer Annahmen jedoch zu deutlich geringeren Beiträgen bei Effizienz und Erneuerbaren Energien kommt. Die Szenarien der Umwelt- und Erneuerbaren-Energie-Verbände liegen weit über dem Leitszenario (40 Prozent EE-Strom bis 2020).

Tab. 12: Das Leitszenario kommt zu folgenden Ergebnissen

CO$_2$-Emissionen in Mio. t/a:	2000	2005	2010	2020	2050
gesamt, energiebedingt	834	816	749	645	201
Änderung gegenüber 1990	–153	–171	–238	–342	–786
– davon: durch EE vermied. CO$_2$-Emissionen.*)	– 43	– 83	–116	–175	–367
– davon: durch EFF/Mix verm. CO$_2$-Emissionen.	–110	– 88	–122	–167	–419

*) Die Veränderung der Energieträgerstruktur ist dabei berücksichtigt.

	2005	2010	2020	2030	2050
Strom:					
EE-Strom einschl. 2005	–57	–78	–116	–166	–242
EE-Strom ab 2005 (Substit. v. a. fossil)	0	–20	– 58	–108	–185
EFF Strom + Änderung Mix ab 2005	0	– 2	+ 8	– 24	– 88
Wärme:					
EE-Wärme einschl. 2005	–18	–24	– 33	– 46	– 71
EE-Wärme ab 2005	0	– 6	– 15	– 28	– 53
EFF Wärme ab 2005	0	–31	– 76	–111	–180
Kraftstoffe:					
EE-Kraftstoffe einschl. 2005 *)	– 7	–14	– 26	– 35	– 54
EE-Kraftstoffe ab 2005 *)	0	– 7	– 20	– 28	– 47
EFF-Kraftstoffe ab 2005	0	– 8	– 19	– 31	– 69

*) Eine bessere Effizienz der Biotreibstoffe der 2. Generation ist berücksichtigt.

Mit EE-Ausbau und verbesserter Energieeffizienz (EFF) können anspruchsvolle Klimaschutzerfolge gegenüber dem Basisjahr 1990 (987 Mio. t) erreicht werden, wobei Effizienztechnologien und Erneuerbare Energien jeweils zur Hälfte zu diesem Erfolg beitragen:

- 35 Prozent Minderung der energiebedingten CO_2-Emissionen bis 2020,
- 80 Prozent Minderung der energiebedingten CO_2-Emissionen bis 2050.

Beide Teile der Gesamtstrategie liefern etwa gleich wichtige Beiträge für eine zukunftsfähige Energieversorgung. Beide sind notwendig. Da bei EE bereits Instrumente wirken, ist ihr Ausbau auf hohem Niveau fortzuführen. Für Wärme aus Erneuerbaren Energien fehlt ein adäquates Instrument. Bei der Energieeffizienz ist es erforderlich, ein Gesamtkonzept zu entwickeln.

Damit keine Deckungslücke beim Atomausstieg entsteht, sind drei Ziele zu verwirklichen:

- EE-Strom-Ausbau von 62,5 TWh 2005 auf 150 TWh bis 2020,
- bessere Effizienz in allen Sektoren (Industrie, Kleinverbrauch, Haushalte, Verkehr),
- Modernisierung des fossilen Kraftwerkparks.

Im Zuge der Modernisierung des fossilen Kraftwerksparks und des EE-Ausbaus ist der Zubau neuer Kraftwerke bis 2025 erforderlich, um eine Deckungslücke zu vermeiden und die notwendigen CO_2-Minderungen zu erzielen.

Die vom Verband Deutscher Elektrizitätswerke (VDEW) genannten 30 GW neuer fossiler Kraftwerksleistung bis 2020 können mit diesem Szenario einhergehen. Neben großen Kondensationskraftwerken müssen allerdings moderne fossile KWK-Anlagen (groß und dezentral) mit einer Leistung von 13 GW hinzukommen. Die Substitution des Stroms aus Atomkraft kann am sinnvollsten durch einen Mix aus Modernisierung des fossilen Kraftwerkparks einschließlich KWK, EFF, EE sowie besserer

Tab. 13: Anteile der Nutzungsarten

Leistung in GW (kumuliert)	2010	2015	2020	2025
Stein- und Braunkohle, Abfall, KW und KWK	6,4	13,5	15,7	18,6
Gas, KW und KWK	4,6	13,4	22,7	28,9
Fossile Großkraftwerke, gesamt	11,0	26,9	38,4	47,5
– davon HKW	2,6	6,6	9,4	13,3
Dezentrale KWK, fossil	1,8	3,0	4,2	5,3
Erneuerbare Energien	30,4	41,8	55,4	67,7
– davon Windenergie	21,3	27,8	35,9	43,2
– davon Biomasse, insb. Biogas einschl. KWK	3,9	5,1	6,4	7,1
– davon Fotovoltaik	4,5	7,7	10,8	12,3
Leistungszubau insgesamt	43,2	71,7	98,0	120,5

Regelung/Steuerung/Netzmanagement/Speicherung sowohl zentral als auch dezentral dargestellt werden. Die Versorgungssicherheit kann deutlich erhöht werden. Eine Verlängerung der Laufzeit der AKW würde erforderliche Modernisierungsprozesse sogar verzögern. Rein rechnerisch kann der Atomausstieg fast allein mit EE kompensiert werden. Der Vergleich ist allerdings nur bedingt anwendbar, da EE-Strom vor allem den fossilen Mittellaststrom ersetzt.

Tab. 14: Rückgang des Stroms aus Kernenergie und Zuwachs des Stroms aus EE im Vergleich

Angaben in TWh	Status 2000	2005	2010	2015	2020	2025	2030
Kernenergie	169,9	– 7	–45	–80	–140	–170	–170
Erneuerbare En.	36,7	+25	+53	+81	+118	+159	+211
Differenz		+18	+ 8	+ 1	– 22	– 11	+ 41

Ziele für den Ausbau der Erneuerbaren Energien

2010: mind. sieben Prozent EE-Anteil (statt bisher 4,2 Prozent);

2020: mind. 14 Prozent EE-Anteil (statt bisher zehn Prozent);

2050: mind. 50 Prozent EE-Anteil an der Gesamtenergie-versorgung

EE-Strom-Anteil 2020: 27 Prozent (bisher 20 Prozent)

EE-Wärme-Anteil 2020: zwölf Prozent (bisher kein Ziel);

EE-Kraftstoff-Anteil 2020: 12,5 Prozent (bisher acht Prozent bis 2015)

Effizienz und Erneuerbare Energien: die Formel für erfolgreichen Klimaschutz

Peter Hennicke

Das Klimaproblem ist lösbar – mit den Technologien, die wir kennen: »Humanity can solve the carbon and climate problem in the first half of this century simply by scaling up what we already know.«[1] Für die Reduktion von CO_2-Emissionen aus der Verbrennung fossiler Energieträger, die Hauptursache des anthropogenen Klimawandels, kommen prinzipiell vier technologische Optionen in Betracht:

- die Steigerung der Umwandlungs- und Nutzungseffizienz,
- der Einsatz Erneuerbarer Energien,
- die Nutzung weniger klimawirksamer Energieträger (z. B. Erdgas) und
- die CO_2-Sequestrierung (CCS: carbon capture and storage).

Stephen Pacala und *Robert Socolow* entwickeln aus diesen Optionen 15 Strategien (»wedges«), die jeweils eine Mrd. Tonnen CO_2 bis 2055 vermeiden helfen. Derartige zielorientierte Technologiestrategien sind zweifellos hilfreich, weil sie skeptische Manager und Politiker zum Handeln motivieren und die Klimadiplomatie durch zielorientierte Technologieprogramme in Schwung bringen könnten. Das

---

[1] Pacala, Stephen; Socolow, Robert: Stabilization Wedges. Solving the Climate Problem for the Next 50 Years with Current Technologies. In: Science, Vol. 305 (2004), Issue 5686, pp. 968–972.

Hauptproblem ist jedoch nicht die Technik, sondern das nur scheinbar »einfache Hochskalieren« (»simply by scaling up«); zumal Pacala und Socolow das Potenzial risikoarmer technischer Optionen (z. B. die Energieeffizienz) keineswegs ausschöpfen und stattdessen als Option eine Risikoverlagerung (z. B. Kernenergie) zulassen.

Heute kann zwar kaum noch bestritten werden, dass der durch aktiven Klimaschutz *staatlich forcierte Strukturwandel* wirtschaftlich weit mehr Chancen als Risiken impliziert.[2] Dennoch ist Klimaschutzpolitik wegen der sektoralen, internationalen und intergenerationellen Verteilungseffekte keineswegs »einfach« umzusetzen. Es handelt sich vielmehr um revolutionäre Veränderungen im Denken und Handeln und um neue Prioritätensetzung – vor allem von Politik und Wirtschaft, aber auch bei Konsum und Lebensstil. Es sind grundlegende Fragen politischer, ökonomischer und sozialer Natur, die gelöst werden müssen, damit das »Scaling up« möglich wird. Aber diese Fragen sind lösbar, wenn ihr Zusammenspiel verstanden und die Prioritäten in der Energie- und Verkehrspolitik richtig gesetzt werden.

Ein Blick in vorliegende Technologiestudien und Weltenergieszenarien zeigt, dass »Effizienz + Erneuerbare« in der Tat die einfachste und vom technischen Potenzial her prinzipiell ausreichende Formel für die Lösung des Klimaproblems darstellt. Die Analyse von Pacala und Socolow macht jedoch klar: Wenn das »Scaling up« von Effizienz

---

[2] Vergl. HM Treasury (Hrsg.): Stern Review on the Economics of Climate Change. London: HM Treasury, 30 October 2006. (http://www.hm-treasury.gov.uk/independent_reviews/stern_review_economics_climate_change/sternreview_index.cfm). Vgl. auch Hennicke, Peter: Chancen einer Jahrhundertaufgabe. In: Handelsblatt vom 20. März 2007.

und Erneuerbaren weltweit nicht rechtzeitig und umfassend genug praktiziert wird, dann braucht die Menschheit für den Klima- und Ressourcenschutz ein riskanteres Technologieportfolio. Zumindest einzelne Länder werden dann auch auf umstrittene Techniken wie die Atomenergie oder auf CCS zurückgreifen.

Die Frage »Sind ausreichender Klimaschutz *und* Risikominimierung gemeinsam möglich?« spitzt sich zu auf die Frage »Wie viel Energieeffizienz und Erneuerbare sind bis zu welchem Zeitpunkt, in welchen Regionen und mit welchen ökonomischen und sozialen Implikationen tatsächlich realisierbar?« Das gilt global, aber auch für die nationalen Beiträge und die notwendige Vorreiterrolle von Industrieländern wie Deutschlands.

Welche konkreten Beiträge global durch eine Strategie »Effizienz + Erneuerbare« zum Klimaschutz und zur Risikominimierung geleistet werden können, lässt sich an den Ergebnissen eines repräsentativen nachhaltigen Weltenergieszenarios illustrieren.[3] Auf einem Entwicklungspfad wie diesem kann der Primärenergieverbrauch durch forcierte Effizienzsteigerung gegenüber dem Referenzpfad bis zum Jahr 2050 nahezu halbiert und vom Wirtschaftswachstum absolut entkoppelt werden; der Energieverbrauch liegt bei durchschnittlichem Weltwirtschafts- und Bevölkerungswachstum etwa auf demselben Niveau wie heute.

Der Anteil der Erneuerbaren Energien am Stromverbrauch (bzw. Wärmeverbrauch) steigt auf 70 Prozent

---

[3] Vergl. Greenpeace International (Hrsg.): Energy Revolution. A Sustainable Pathway to a Clean Energy Future for Europe. A European Energy Scenario for EU-25. Amsterdam: Greenpeace International, 2005. (http://www.greenpeace.org/international/press/reports/energy-revolution-a-sustainab)

(bzw. 65 Prozent), bezogen auf den gesamten Primär-Energieeinsatz können im Jahr 2050 etwa 50 Prozent durch Erneuerbare Energien gedeckt werden. Gleichzeitig wird die Struktur der Stromerzeugung radikal verändert, indem z. B. der Anteil erneuerbarer Stromerzeugung sowie dezentraler Kraft-Wärme-Kopplung mit Erdgas und Biomasse beträchtlich angehoben wird. Erdgas übernimmt die Funktion einer »Brückenenergie«: Der Erdgasverbrauch steigt (moderat) noch bis 2030 und sinkt anschließend wieder. Der Ölverbrauch im Jahr 2050 kann nach den Szenarioberechnungen um zwei Drittel unterhalb des Referenzverbrauchs liegen – ohne Wohlstandseinbußen.

Während sich im Referenzfall die CO_2-Emissionen trotz weiterer Nutzung der Atomenergie bis 2050 nahezu verdoppeln, ermöglicht die kombinierte Strategie »Effizienz + Erneuerbare«, bis 2030 weltweit aus der Atomenergie auszusteigen und die CO_2-Emissionen bis 2050 um 50 Prozent im Vergleich zu den Emissionen des Jahres 2000 zu senken. Wichtig für die soziale Akzeptanz ist die Entwicklung der (realen) Kosten der Stromerzeugung: Bereits im Jahr 2020 übersteigen die Kosten des Referenzpfades die des Alternativpfades. Bezogen auf die durchschnittlichen Stromerzeugungskosten liegt das Alternativszenario bei etwa 1,5 cts/kWh *unter* denen des Referenzfalls.

Nachhaltigkeitsszenarien wie dieses zeigen, dass es möglich ist, mit heute bekannten Techniken den Klimawandel im 21. Jahrhundert innerhalb des »tolerierbaren Fensters« zu halten.[4] Eine erfolgreiche Klimaschutz-

---

[4] Vergl. Wissenschaftlicher Beirat der Bundesregierung Globale Umweltveränderungen WBGU (Hrsg.): Über Kyoto hinaus denken. Klimaschutzstrategien für das 21. Jahrhundert. Berlin: WBGU, 2003. (http://www.wbgu.de/wbgu_sn2003.pdf)

Strategie (Begrenzung des Konzentrationsanstieg von CO_2 auf maximal 450 ppm und des Anstiegs der globalen Mitteltemperatur auf maximal 2 °C), die auf einem simultan vorangetriebenen und forcierten Anstieg der Energieeffizienz (de facto: eine Effizienzrevolution) und der beschleunigten Markteinführung der Erneuerbaren Energien beruht, erfüllt weitere Bedingungen eines nachhaltigen Energiesystems.

Eine entsprechende Entwicklung ist wahrscheinlich[5] langfristig kostengünstiger als traditionelle Referenzsysteme, die auf mehr fossile und nukleare Energieträger setzen. Sie baut international Atomrisiken ab und senkt national die Importabhängigkeiten. Beides trägt zur Reduzierung geostrategischer Konflikte bei. In nationaler Hinsicht wird die Angebotsmacht auf dem Energiemarkt begrenzt, steigt die Vielfalt der Anbieter und nimmt die Dezentralität der Erzeugung zu. Insofern hat ein nachhaltigeres Energiesystem auch ein immanentes Demokratisierungspotenzial.

Fünf Argumente sprechen dabei für die systematische Verbindung der Erneuerbaren Energien mit der Effizienzrevolution:

Erstens werden buchstäblich alle Probleme des noch vorherrschenden Energiesystems leichter lösbar, wenn – so weit wie technisch und ökonomisch sinnvoll – unnötiger Energieverbrauch bezogen auf das gleiche Angebot an Dienstleistungen durch Energieeffizienz rigoros vermieden wird. Vom Staat teilweise (z. B. durch Konzessionsabgaben) gefördertes und noch immer vorherrschendes EVU-Interesse ist jedoch, mehr Gewinn durch mehr

---

[5] Diese Einschränkung ist notwendig, weil Langfristanalysen über mehrere Jahrzehnte generell hinsichtlich der ökonomischen Aussagefähigkeit begrenzt sind.

Energieabsatz zu realisieren, statt durch mehr Effizienz-
technik und Verlängerung der Wertschöpfungskette zum
Kunden preiswürdige Energiedienstleistungen (z. B. Raumwärme) bereitzustellen. Ob und unter welchen Voraussetzungen die Geschäftspolitik von Energiekonzernen in
Richtung auf die Minimierung externer Kosten und mehr
soziale Verantwortung (Corporate Social Responsibility)
umgesteuert werden kann, ist hier die zentrale Frage.

Zweitens bietet unbestritten die Steigerung der Energieeffizienz volkswirtschaftlich das größte, schnellste und
billigste Potenzial für effektiven Klima- und Ressourcenschutz.[6]

Drittens zeigen Analysen, dass gut 50 Prozent der notwendigen CO_2-Minderung weltweit ohne Wohlstands-
verluste durch Energieeffizienz vermieden werden kann
und muss, um den Klimawandel in noch tolerierbarem
Umfang zu stabilisieren.[7]

Viertens ist rationellere Energienutzung bei mindestens
drei Viertel der heute möglichen technischen Anwendungen bezogen auf die gleiche Dienstleistung für den
Verbraucher billiger als Strom, Heizenergie oder Treibstoffe einzukaufen.[8] Für Klimaschutz, Volkswirtschaft

---

[6] Vergl. World Energy Council WEC: Energy and Technology.
Sustaining World Development into the next Millenium. Conclusions & Recommendations. World Energy Congress, Houston,
USA, 13-18 September 1998. (http://www.worldenergy.org/wec-
geis/wec_congress/1998/default.asp)

[7] Vergl. IEA 2006; Stern Report und weiter unten International
Energy Agency IEA (Hrsg.): World Energy Outlook 2006. Paris:
International Energy Agency, 2006.

[8] Vergl. zum Strom Wuppertal Institut (Hrsg.): Optionen und Potenziale für Endenergieeffizienz und Energiedienstleistungen. Kurzfassung. Endbericht im Auftrag der E.on AG. Wuppertal: Wuppertal Institut, 2006. (http://www.wupperinst.org/uploads/tx_wi
projekt/EE_EDL_Final_short_de.pdf)

und Verbraucher bedeutet es eine perverse Anreizstruktur, wenn in den Energiesystemen systematisch zu wenig Kapital in die preiswürdigere Energieeffizienz und zu viel in teures Energieangebot fließt. Auch bei steigenden Energiepreisen könnten die Verbraucher ihre Energierechnungen stabil halten oder senken, wenn sie bei ohnehin fälligen Neuinvestitionen die energieeffizientesten Produkte, Gebäude, Fahrzeuge und Prozesse wählen.

Die Preiserhöhungseffekte der noch teuren Erneuerbaren Energien könnten daher im Paket mit der Effizienz leichter kompensiert werden. Je größer die Erfolge bei der Effizienzsteigerung, desto schneller kann der Anteil der Erneuerbaren steigen und können Lerneffekte realisiert werden. Eine einseitige Forcierung des Einsatzes Erneuerbarer Energien gefährdet dagegen deren Akzeptanz.

Fünftens kann dadurch die scheinbare »Last« des Klimaschutzes in weiten Anwendungsfeldern zur wirtschaftlichen Chance werden. Vorreiterrollen würden auch international demonstrieren, dass es keine Strategie zum Ressourcen- und Klimaschutz gibt, die ein derartiges »Win-Win«-Potenzial besitzt wie die forcierte Effizienzsteigerung. Internationaler Klimaschutz könnte beschleunigt werden.

Aus all diesen Gründen erlebt die Energieeffizienz auf dem Hintergrund steigender Energiepreise heute zu Recht eine *programmatische Renaissance*.[9] Aber zwischen dem anschwellenden Chor der Effizienzbefürworter und deren Taten klafft eine gewaltige Umsetzungslücke. Zwar sind heute (fast) alle für Energiesparen, aber keiner fühlt sich

---

[9] Vergl. z. B. Richtlinie 2006/32/EG des Europäischen Parlamentes und des Rates vom 5. April 2006 über Endenergieeffizienz und Energiedienstleistungen und zur Aufhebung der Richtlinie 93/76/EWG des Rates. Amtsblatt der Europäischen Union, L 114/64, 27.4.2006.

so richtig dafür zuständig. Auch die Forderung nach einer Effizienzrevolution findet immer mehr Anhänger. Aber die einen missverstehen sie als Synonym für Energiesparlampen, und andere halten »Revolution« für eine journalistische Übertreibung.

Doch der Titel des Beitrags ist wörtlich gemeint: Das offensichtlich technisch und wirtschaftlich Einfache, die Effizienzsteigerung, tangiert machtvolle Angebotsinteressen, vielfältige Geschäftsfelder, eine weit zersplitterte Vielfalt von Techniken und Akteuren, diffuse Anreizsysteme, Defizite der politischen Steuerung sowie das Investitions- und Konsumverhalten von Millionen von Konsumenten und Investoren fundamental. Daher ist die für Klima- und Ressourcenschutz unabdingbar notwendige Effizienzsteigerung mit einer sozialen Revolution vergleichbar. Sie verläuft vollständig friedlich. Auch wenn es Verlierer geben wird: Die Weltgesellschaft und -wirtschaft sowie die Umwelt können dabei nur gewinnen.

Technische und volkswirtschaftlich preiswürdige Energiedienstleistungen, nicht billige und riskante Kilowattstunden sind das Ziel. Aber dies muss strategisch gesteuert werden. Erneuerbare Energien und die Energieeffizienz brauchen Leitziele, einen förderlichen Rahmen sowie einen Impulsgeber, Organisator und kollektive Lobbyisten. Nach Lage der Dinge kann dies nur der Staat sein, weil der Markt offensichtlich weder die notwendigen Ziele noch die Rahmenbedingungen setzen oder nachhaltige Industriepolitik betreiben kann, sondern diese voraussetzt.

Warum tut sich die Politik so schwer, sich an die Spitze der Effizienzrevolution zu stellen, die doch scheinbar alle wollen? Weil politischer Gestaltungswillen und langfristige Umsetzungsbereitschaft erforderlich sind. *Effizienzpotenziale sind noch keine Leitmärkte*, sie müssen erst durch staatliche Impulsgebung und Rahmensetzung generiert werden. Entscheidend hierfür ist ein vom Staat institutionalisierter, aber unabhängiger Akteur, der als Initiator, Koordinator, Vorfinanzier und Controller für Energieeffizienzprogramme agiert, z. B. ein Energieeffizienzfonds nach dänischem oder englischem Vorbild.[10]

Es braucht politischen Mut, gegen den vorherrschenden neoliberalen Zeitgeist zu agieren und durch innovative, aktivierende Industriepolitik die *Qualität des Wachstums* auf den Energiemärkten fundamental zu verändern: Risikomärkte für fossil-nukleare Energiemärkte müssen gezielt reduziert, neue Märkte für Energieeffizienz und Erneuerbare Energien müssen durch eine Vielzahl von Newcomern forciert entwickelt werden, notfalls auch gegen den Widerstand marktbeherrschender Energieanbieter. Die Front der Profiteure des traditionellen Energiesystems wird umso schwächer, je unbeirrter und unmissverständlicher sie durch die Politik in den Strukturwandel mit eingebunden werden.

Die Energiekonzerne Europas und Deutschlands könnten bei klaren Leitplanken in Richtung Nachhaltigkeit die Technologieführerschaft bei zentral beherrschbaren Segmenten der Erneuerbaren Energien (z. B. Offshore-Windkraftparks; solarthermische Stromproduktion; Geothermie) oder auch bei hochkomplexen internationalen Energiesparprogrammen für die Industrie und beim Facility Management übernehmen. Der Politik obliegt die Aufgabe, diesen Prozess zur Solarenergiewirtschaft zu gestalten und zu beschleunigen, neue Rahmenbedingun-

---

[10] Vergl. hierzu Irrek, Wolfgang; Thomas, Stefan: Der EnergieSpar-Fonds für Deutschland. Düsseldorf: Hans-Böckler-Stiftung (Edition der Hans-Böckler-Stiftung, Nr. 169), 2006. Der Effizienzfonds könnte aus der Deutschen Energieagentur (Dena) mit erweitertem Mandat und mehr operativer Unabhängigkeit entstehen.

gen und Anreize dafür zu schaffen, dass in wenigen Jahrzehnten durch massive Effizienzsteigerung auch tatsächlich ein Energieweltmarkt entsteht.

Für die Energieversorgungsunternehmen bedeutet dies, den Wandel zum Dienstleister nicht nur rhetorisch, sondern in Taten zu vollziehen. Wenn der Kunde auf dem Energiemarkt tatsächlich »zum König« werden soll (wie die Wirtschaft verspricht), dann muss sein Interesse an volkswirtschaftlich preiswürdigen Energiedienstleistungen im Mittelpunkt stehen, und nicht das Interesse von Energieanbietern an maximalem Energieverkauf. Techniken der rationellen Energienutzung, die NEGAWatts, müssen also prinzipiell überall dort Priorität erhalten, wo sie preiswürdiger und umweltschonender bereitgestellt werden können als die MEGAWatts.

Energiedienstleister müssten sich daran orientieren, wie sie im Interesse ihrer Kunden warme und gekühlte Räume oder Nahrungsmittel, Mobilität, Kommunikation oder Produktionsfunktionen (z.B. Druckluft) mit möglichst geringen Kosten und erneuerbarem Energieaufwand bereitstellen können. Der bisherige »Markt für Zwischenprodukte« – Kilowattstunden riskanter Energien – muss so weit wie wirtschaftlich und ökologisch sinnvoll von Märkten für die eigentlich gewünschten *nachhaltigen Energiedienstleistungen* ersetzt werden.

Dieser Perspektivenwechsel würde die Zukunft des Energiesystems radikal ändern. Wenn neue Anreizstrukturen dies für alte und neue Akteure des Energiemarkts profitabel machen und damit dem Profit eine neue nachhaltigere Richtung gegeben wird, dann werden *aus Potenzialen gewaltige Leitmärkte* für Energieeffizienz[11]

---

[11] Allein den Leitmarkt »Energieeffizienz« schätzt Roland Berger auf 300–450 Mrd. Euro.

und Erneuerbare Energie entstehen, und der Klimaschutz bekommt noch eine Chance – eine herausfordernde, aber lösbare Aufgabe für die Weltgemeinschaft, zu der es keine bessere Alternative gibt.

Wie geht es weiter mit dem Kyoto-Protokoll? Das Klimaschutzregime nach 2012

Nicole Wilke

Die Herausforderung

Der Klimawandel ist eine globale Herausforderung, die einer raschen globalen Antwort bedarf. Nur 25 Staaten sind für ca. 83 Prozent der globalen Treibhausgasemissionen verantwortlich. Sie vereinigen 71 Prozent der Weltbevölkerung und 86 Prozent des globalen Sozialprodukts auf sich. Unter den Folgen des Klimawandels leiden längerfristig alle Staaten, am stärksten jedoch diejenigen, die in der Regel wenig zu seinen Ursachen beitragen. Ohne die Vereinbarung zusätzlicher Klimaschutzmaßnahmen werden, so das IPCC, die globalen Emissionen bis 2030 gegenüber 2000 je nach Szenario um 25 bis 90 Prozent steigen, zwei Drittel bis drei Viertel dieses Aufwuchses würde aus Entwicklungsländern stammen. Ihr Anteil wird denjenigen der Industriestaaten dann übersteigen.

Die Industriestaaten müssen bei der Vermeidung von Emissionen eine Führungsrolle einnehmen. Sie müssen zeigen, dass wirtschaftliche Entwicklung und Klimaschutz vereinbar sind. Das Problem lösen können sie alleine nicht. Nur mit Hilfe eines multilateralen Klimaschutzabkommens kann die Halbierung der Treibhausgasemissionen ermöglicht werden, was dem 2-°C-Ziel entspricht. Das setzt den Rahmen für den Emissionshandel, bei dem alle maßgeblichen Treibhausgasemittenten angemessene Beiträge leisten müssen.

Dieses Abkommen zu vereinbaren, bildet eine zentrale politische Herausforderung der globalen Klimapolitik. Maßnahmen einzelner Staaten oder von Gruppen von Staaten können ein multilaterales Klimaregime unterstützen, nicht aber ersetzen. Sie können nicht die Basis für einen globalen Kohlenstoffmarkt bilden und liefern damit auch der Wirtschaft nicht die erforderliche Klarheit über die Rahmenbedingungen für künftige Emissionen.

Der Verhandlungsrahmen

Die Klimarahmenkonvention von 1992 und das auf ihr aufbauende Kyoto-Protokoll von 1997 bilden heute die rechtliche Grundlage multilateraler Klimapolitik. Mit diesem Protokoll hat die Staatengemeinschaft den ersten Schritt auf dem Weg zum Erreichen dieses Ziels konkretisiert und sich erstmals verpflichtet, die Treibhausgasemissionen der Industrieländer um rund fünf Prozent bis 2012 gegenüber 1990 zu reduzieren. Nur die Industriestaaten haben quantifizierte Emissionsminderungsverpflichtungen übernommen. Australien und die USA haben das Protokoll nicht ratifiziert. Mit dem Kyoto-Protokoll wurden zur Zielerreichung die flexiblen Mechanismen Emissionshandel, CDM (Mechanismus für umweltverträgliche Entwicklung) und JI (Gemeinsame Umsetzung) geschaffen. Treibhausgasemissionen haben einen Preis erhalten. Mittels des Marktmechanismus werden Klimaschutzmaßnahmen kosteneffizient umgesetzt.

Der Verpflichtungszeitraum des Kyoto-Protokolls ist ein wichtiger Schritt, reicht aber nicht aus. Bei den Klimaverhandlungen in Montreal 2005 wurde ein Fahrplan vereinbart, um ein Klimaschutzregime für die Zeit nach 2012 zu erreichen. Bereits seit 2006 wird über künftige Emissionsreduktionsverpflichtungen der Kyoto-Industriestaaten verhandelt. In einem Dialog über die Klimarahmenkonvention, an dem auch die USA und Australien teilnehmen, wird analysiert, wie die Klimarahmenkonvention besser umgesetzt werden kann und wie positive Anreize für eine stärkere Beteiligung der heutigen Schwellen- und Entwicklungsländer geschaffen werden können.

In Workshops wurden die Bedeutung der nachhaltigen Entwicklung, die Rolle von Marktmechanismen, von Anpassung und Technologietransfer für ein künftiges Klimaschutzregime diskutiert. Bei der nächsten Vertragsstaatenkonferenz in Bali im Dezember 2007 steht die Entscheidung an, ob aus dem Dialog ein formeller Prozess wird, der die bereits bestehenden Verhandlungen unter dem Kyoto-Protokoll ergänzt, und ermöglicht, unterhalb der 2-Grad-Obergrenze zu bleiben.

Die Motive der Verhandlungspartner

Die Bereitschaft vieler Staaten, im Klimaschutz zu handeln, steht derzeit in einem eklatanten Missverhältnis zur von allen im Grundsatz anerkannten Dringlichkeit. Auch wenn alle Staaten wissen, dass gemeinsames Engagement die kostengünstigste Lösung ist, befürchtet jeder einzelne Staat wirtschaftliche Nachteile durch einseitiges Engagement und wartet ab. Hinzu kommt, dass einige Entwicklungsländer Klimaschutzverpflichtungen als inakzeptable Einschränkungen ihrer wirtschaftlichen Wachstumsmöglichkeiten begreifen.

Die Erkenntnis, dass die wirtschaftliche Entwicklung an Grenzen stößt, wenn Umwelt- und Klimaschutz missachtet werden, reift erst langsam. China z. B. verweist in den Verhandlungen zu Recht immer wieder auf die historische Verantwortung der Industriestaaten. Im eigenen Land berücksichtigt die Regierung in den 5-Jahres-Plänen zunchmend Maßnahmen zur Steigerung der Energie-effizienz und des Ausbaus Erneuerbarer Energien, da Luftverschmutzung und Ressourcenknappheit zu Wachstumshemmern werden. Industriestaaten fürchten um ihre Wettbewerbsposition auf globalen Märkten, wenn ihre Mitbewerber nicht vergleichbaren Emissionsminderungs-verpflichtungen unterworfen sind.

Die Verhandlungsprinzipien

Die Klimarahmenkonvention und das Kyoto-Protokoll basieren auf dem Prinzip der gemeinsamen, aber unterschiedlichen Verantwortung. Dieses Prinzip wird auch einem künftigen Abkommen zugrunde liegen müssen. Nur wenn die Staaten ihre Interessen in den Verhandlungen ausreichend reflektiert sehen, werden sie bereit sein, an einem künftigen Klimaschutzregime mitzuwirken. Das Abkommen muss von allen als fair wahrgenommen werden, d. h., jedes Land muss für sich politisch zu dem Ergebnis kommen, dass es im Vergleich zu anderen Staaten nicht benachteiligt wird.

Das Abkommen muss in mehrfacher Hinsicht flexibel sein. Es muss Anpassungen an sich verändernde weltwirtschaftliche Rahmenbedingungen erlauben und Staaten die Möglichkeit bieten, aus einem Bündel von Maßnahmen diejenigen auszuwählen, die für ihre Situation passend sind. Es muss aber auch ambitioniert genug sein, um die erforderlichen Emissionsminderungen zu erreichen.

Eine globale Orientierungsgröße wie die 2-Grad-Obergrenze der EU kann hierfür als Messlatte dienen. Das neue Regime muss den Staaten die Möglichkeit zur nachhaltigen Entwicklung eröffnen, es muss insbesondere Entwicklungsländern ausreichend Zugang zu klimafreundlichen Technologien gewähren. Auch bei einer Beschränkung des Temperaturanstiegs auf zwei Grad hat der Klimawandel erhebliche Folgen. Das künftige Regime muss daher neben Minderungen auch Anpassungsmaßnahmen an den Klimawandel beinhalten.

Die Elemente eines künftigen Klimaschutzregimes

Die EU hat beschlossen, eine Führungsrolle zu übernehmen und die Blockade der Verhandlungen zu durchbrechen. Sie hat im Frühjahr 2007 ihre Vorstellungen für einen umfassenden Verhandlungsprozess als Bestandteil einer integrierten klima- und energiepolitischen Strategie beschrieben. Eine gemeinsame Vision soll im Sinne eines Gradmessers beschreiben, wohin sich die globalen Emissionen bewegen müssen. Für die EU sind die 2-Grad-Obergrenze und der Übergang in eine kohlenstoffarme Weltwirtschaft eine gemeinsame Vision.

- Industriestaaten müssen eine Vorreiterrolle übernehmen. Sie sind historisch für den größten Teil der Emissionen verantwortlich. Die EU erachtet vor diesem Hintergrund Emissionsminderungen der Industriestaaten von 30 Prozent bis 2020 gegenüber 1990 für erforderlich. Sie ist bereit, ihre Emissionen um 30 Prozent zu reduzieren, wenn andere Industriestaaten vergleichbare Emissionsminderungsverpflichtungen übernehmen und wenn die Schwellenländer angemessen zum Klimaschutzregime beitragen.
- Unabhängig vom Ausgang der Verhandlungen wird die EU ihre Emissionen im gleichen Zeitraum um mindes-

tens 20 Prozent reduzieren. Dies ist das klare Signal, dass der EU-Emissionshandel über 2012 hinaus fortgeführt wird.

- Beiträge der Entwicklungsländer müssen deren Entwicklungsstand und Beiträge zu den globalen Emissionen berücksichtigen und können vielfältige Formen annehmen, z. B. nachhaltige Politiken und Maßnahmen, einen erweiterten CDM, nicht bindende Ziele oder sektorale Ansätze. Ziel ist es, die Entwicklung der Emissionen vom wirtschaftlichen Wachstum zu entkoppeln. Maßnahmen wie die Steigerung der Energieeffizienz oder der Ausbau Erneuerbarer Energien haben positive Nebeneffekte für das wirtschaftliche Wachstum, die Energiesicherheit oder die Gesundheitsvorsorge.

- Der wichtigste Anreiz für private Investoren, in klimafreundliche Technologien zu investieren, ist der globale Kohlenstoffmarkt. Das künftige Klimaregime sollte daher auf dem Kyoto-Protokoll mit seinen flexiblen Mechanismen aufbauen. Der europäische Emissionshandel sollte mit anderen Emissionshandelssystemen verknüpft werden.

- Klimafreundliche Technologien sind der Schlüssel zu Emissionsminderungen. Der Kohlenstoffmarkt muss durch konkrete bilaterale Vereinbarungen zu Technologiekooperationen ergänzt werden, um marktfernere Technologien zur Marktreife zu entwickeln und Hemmnisse beim Technologietransfer zu überwinden.

- Anpassung an den Klimawandel muss trotz erheblicher Minderungsanstrengungen stattfinden. Hierfür müssen u. a. Mittel der Entwicklungshilfe klimafreundlich eingesetzt werden. Es müssen neue, innovative Finanzierungsinstrumente geschaffen werden, um Risikomanagement zu betreiben und Entwicklungsländern zusätzliche Mittel für Anpassungsmaßnahmen zur Verfügung zu stellen.

▪ Entwaldung trägt zu rund 20 Prozent der globalen Emissionen bei. In vielen Entwicklungsländern ist sie die größte Emissionsquelle. Ein künftiges Klimaschutzregime muss Politiken und Maßnahmen beinhalten, die Anreize schaffen, Emissionen aus Entwaldung zu reduzieren.

▪ Emissionen aus dem Flug- und Schiffsverkehr müssen in einem künftigen Klimaschutzregime berücksichtigt werden.

Die Herausforderung in den Verhandlungen wird darin bestehen, die vielfältigen Beziehungen angemessen zu berücksichtigen. So determiniert z. B. die Höhe der Emissionsminderungsverpflichtungen der Industriestaaten auch die Investitionen, die in Form des CDM in Entwicklungsländer fließen können. Je mehr Klimaschutz insgesamt gelingt, desto moderater wird auch das Erfordernis zur Anpassung ausfallen. Technologiekooperationen beeinflussen, welche Techniken welchen Staaten zu welchen Kosten zu einem bestimmten Zeitpunkt für Minderungs- und/oder Anpassungsmaßnahmen zur Verfügung stehen.

Erwartungen an Bali

Die wissenschaftlichen Erkenntnisse haben weltweit den Klimaschutz hoch auf die politische Agenda gesetzt. Die Erwartung an Bali ist, der Erkenntnis der Dringlichkeit des Handelns jetzt Taten folgen zu lassen. Die EU erwartet von Bali den Beginn eines umfassenden Verhandlungsprozesses über ein künftiges Klimaregime. Die Verhandlungen sollen möglichst bis 2009 abgeschlossen werden, um eine Lücke zwischen der 1. und 2. Verpflichtungsperiode des Kyoto-Protokolls zu vermeiden. Die Verhandlungen müssen die oben genannten Elemente umfassen.

Für einen Teil dieser Elemente, z. B. die Emissionsminderungen von Industriestaaten oder Verminderung von Emissionen aus Entwaldung, gibt es bereits Verhandlungen, die intensiviert werden müssen. Für andere Elemente, insbesondere die Beiträge der Entwicklungsländer und die Maßnahmen der Nicht-Kyoto-Industriestaaten, müssen neue Verhandlungsprozesse vereinbart werden. Der Dialog unter der Klimarahmenkonvention sollte dafür in formelle Verhandlungen überführt werden. Die Prozesse müssen so miteinander verbunden werden, dass ihr Beitrag zu einem Gesamtregime erkennbar wird.

Es wird auf dem Weg nach Bali ganz entscheidend darauf ankommen, Vertrauen zwischen den Verhandlungspartnern aufzubauen, damit deutlich wird, dass die unterschiedlichen Interessen der Staaten in dem künftigen Regime angemessen berücksichtigt werden. Hierzu können die Prinzipien dienen, unter denen ein künftiges Regime stehen muss. Auch muss deutlich werden, dass Bali den Beginn und nicht das Ende der Verhandlungen darstellt. Auf dem Weg nach Bali werden verschiedene formelle und informelle politische Foren, z. B. der G 8-Gipfel in Heiligendamm und ein Vorbereitungstreffen in Indonesien im Oktober, genutzt, eine gemeinsame Vorstellung über das Verhandlungspaket zu entwickeln.

20 – 20 – 20 bis 2020: die Strategie der EU

Martin Schöpe

Wenn sich in den nächsten 40 Jahren die Zahl der in industrialisierten Regionen lebenden Menschen von 1,5 Mrd. auf 4,5 Mrd. verdreifacht und somit die Hälfte der Weltbevölkerung ausmacht, müssen diese einen »Quantensprung in der Entwicklung der Industriegesellschaft«[1] erreichen, wenn sie langfristig ihren Wohlstand sichern und für die ärmeren Menschen Entwicklungschancen ermöglichen wollen.

Zu Beginn des letzten Jahrhunderts versuchte *Niels Bohr* den Wechsel der Elektronen in ihren definierten Umlaufbahnen mit dem »Quantensprung« zu erklären, was *Albert Einstein* lächelnd zurückwies. Die Physik brauchte noch Jahre, bis das Atom weitgehend verstanden war. Heute wissen wir mit weit größerer Sicherheit und Übereinstimmung über die Ursachen und Wirkungen des Klimawandels und kennen wirksame Gegenmaßnahmen.

Treibhausgase in Industrieländern um 30 Prozent reduzieren

Die Europäische Union hat sich zum Ziel gesetzt, den globalen Temperaturanstieg auf 2 °C gegenüber dem vorindustriellen Zeitalter zu begrenzen, damit die eintretenden Folgen noch beherrschbar bleiben. Die Staats- und

---

[1] Regierungserklärung von Sigmar Gabriel vom 26.04.2007, siehe: ttp://www.bmu.de/reden/bundesumweltminister_sigmar_gabriel/doc/39239.php.

Regierungschefs der EU haben beim Europäischen Rat im März 2007 zur Umsetzung dieses Ziels beschlossen, die Treibhausgase bis 2020 um 30 Prozent gegenüber 1990 zu reduzieren, sofern sich andere Industrieländer zu vergleichbaren Reduktionen verpflichten und die Schwellenländer in den Klimaschutz mit einbezogen werden. Bis zum Abschluss einer internationalen Vereinbarung wird die EU die THG-Emissionen im gleichen Zeitraum mindestens um 20 Prozent reduzieren.

Warum zwei Ziele? Wird nicht das eine Ziel durch das jeweils andere entwertet? Mit dem Minus-20-Prozent-Ziel ist die EU glaubwürdig, weil dieses Ziel mit EU-internen Maßnahmen und Potenzialen bis 2020 erreicht werden kann. Für ein weitergehendes, klimapolitisch anzustrebendes Ziel ist eine internationale Vereinbarung erforderlich, mit Reduktionen auch in anderen Ländern, insbesondere in Schwellenländern.

Leider stehen diese Zielsetzungen im Gegensatz zu den weltweiten Trends: In den letzten 15 Jahren haben die THG-Emissionen global um 24 Prozent zugenommen. Ohne gravierende Änderungen werden sich die Emissionen in den nächsten 25 Jahren global um weitere 25 bis 90 Prozent erhöhen.[2] Innerhalb der EU-15 konnten dagegen die THG bereits um knapp zwei Prozent gegenüber 1990 zurückgeführt werden (die Kyoto-Zielmarke für den Zeitraum 2008–2012 gegenüber 1990 liegt bei acht Prozent THG-Reduktion), und mit Einbeziehung aller neuen Beitrittsländer (EU-27) sind es sogar acht Prozent. Die Herausforderung ist also, die THG-Reduktion von acht Prozent in 22 Jahren um weitere 12 Prozentpunkte (–20 Prozent entspricht einer Reduktion von ca. 1.050 Mio. t CO_2-Äquivalent) bzw. 22 Prozentpunkte (–30 Prozent entspricht einer Reduktion von ca. 1.570 Mio. t CO_2-Äquivalent) in nur acht Jahren zu ergänzen.

Angesichts eines Anteils des Energiesektors von 80 Prozent an den THG-Emissionen in der EU wird der Großteil der Einsparungen, neben dem EU-Emissionshandel, nur über mehr Energieeffizienz und Erneuerbare Energien zu erreichen sein. Weitere Atomausbaupläne bestehen in keinem EU-Land, diskutiert wird lediglich der Ersatz alter durch neue Nuklearanlagen in Ländern mit positiver Entscheidung für Atomenergie. Die Technologie zur Abtrennung von CO_2 und anschließender Endlagerung (CCS) wird absehbar in industriellem Maßstab nicht vor 2020 zur Verfügung stehen.

Energie nochmal 20 Prozent effizienter nutzen

Hinsichtlich des ersten Pfeilers »Energieeffizienz« hat die EU beschlossen, gemessen an den Prognosen für den Energieverbrauch in der EU im Jahr 2020 über die bereits beschlossenen Energieeffizienzmaßnahmen hinaus weitere 20 Prozent Energie gegenüber 2005 einzusparen. Denn in den Bereichen Gebäude, Verkehr, Geräte und Produkte sowie Energieerzeugung bestehen technisch-wirtschaftliche Potenziale zwischen 25 und 30 Prozent, die kostengünstig genutzt werden können. Die Umsetzung dieses Ziels würde jährlich Primärenergie in Höhe von mehr als 100 Milliarden einsparen. Des Weiteren könnten bei Umsetzung jährlich rund 780 Mio. t CO_2 im Jahr 2020 eingespart werden[3]; dies sind bereits mehr als 70 Prozent des Minus-20-Prozent-Ziels für die EU-27.

---

[2] IPCC, 4. Assessment Report Working Group III, Ziffer 3; IEA, World Energy Outlook 2006, S. 78ff.
[3] Vgl. EU-Aktionsplan Energieeffizienz, siehe: http://ec.europa.eu/energy/action_plan_energy_efficiency/index_en.htm.

Eine Reihe von EU-Richtlinien befinden sich in der Umsetzung, aber um das anspruchsvolle Ziel von weiteren 20 Prozent Energieeinsparung zu erreichen, müssen die bestehenden Verfahren gestrafft und das geltende Recht EU-weit und national schnellstmöglich angepasst werden. Nur so können die dringend notwendigen Maßnahmen greifen. Dazu gehören insbesondere: die Kennzeichnung von dynamischen Energieanforderungen an Produkte und Energiedienstleistungen, damit ein wirtschaftlicher Anreiz für die energieeffizientesten Geräte und Verfahren gesetzt wird, Niedrigenergie- oder Passivhäuser, bessere Wirkungsgrade in Kraftwerken und der Ausbau der kombinierten Erzeugung von Strom und Wärme (KWK) sowie eine Reduktion des CO_2-Ausstoßes im Verkehr von gegenwärtig 165 g auf durchschnittlich 120 g CO_2/km bis 2012.

Erneuerbare Energien EU-weit auf einen 20-Prozent-Anteil verdreifachen

Ferner umfasste der Beschluss des Europäischen Rates ein verbindliches Ziel von 20 Prozent für den Anteil der Erneuerbaren Energien am Gesamtenergieverbrauch der EU bis 2020, einschließlich eines Mindestziels von einem 10-Prozent-Anteil Biokraftstoffen. Die Umsetzung dieses Ziels könnte weitere 600 bis 900 Mio. t CO_2 in 2020 einsparen[4] und so mit mehr als 60 Prozent zum Minus-20-Prozent-Ziel für die EU-27 beitragen.

Hier ist die Kommission bereits dabei, aufbauend auf den beiden bestehenden Richtlinien zur Förderung von

---

[4] Vgl. EU-Fahrplan für Erneuerbare Energien, siehe: http://ec.europa.eu/energy/energy_policy/annexes_en.htm.

Strom aus Erneuerbaren Energien und Biokraftstoffen, eine umfassende EE-Richtlinie bis Ende des Jahres vorzuschlagen. Ein Kernelement der Richtlinie wird die Aufteilung des EU-Gesamtziels auf die verschiedenen Mitgliedsstaaten sein; derzeit reicht die Spannbreite von 0 bis 40 Prozent EE-Anteil. Ferner sollen die Mitgliedstaaten ihr Gesamtziel für die Sektoren Strom, Wärme/Kälte und Treibstoffe konkretisieren und der Kommission regelmäßig über ihre Fortschritte berichten. Die Richtlinie sollte auch Mindestanforderungen für einzelstaatlich zu wählende Fördersysteme festlegen, um einen gleichmäßigen und raschen Ausbau der Erneuerbaren in der EU bei gleicher Verteilung von Nutzen und Lasten für die Mitgliedsstaaten zu gewährleisten.

Historische Entscheidung: EU unterstreicht Führungsrolle

Mit diesen Beschlüssen hat die EU ihre Klima- und Energiepolitik erstmals in ein integriertes Gesamtkonzept gestellt. Jedoch sind energieeffiziente Produkte und Verfahren sowie Erneuerbare-Technologien derzeit wegen billigerer Preise für fossil erzeugte Energie im Hintertreffen. Dabei werden aber, mit Ausnahme des Emissionshandels, die Kosten für direkte CO_2-Vermeidung ebenso wenig internalisiert wie die Kosten des Klimawandels allgemein.[5] Stellt man diese mit in Rechnung, sind viele EE-Technologien schon jetzt preiswerter, erhöhte Anschaffungskosten amortisieren sich nach kurzer Zeit.

Damit hat eine innovative Industriepolitik die Aufgabe, die Verlagerung von energieintensiven hin zu material-

---

[5] Prof. Dr. C. Kemfert, Die Kosten des Klimawandels, in: Int. Politik, 02/2007, S. 38ff.

und energieeffizienten Produkten und Dienstleistungen zu beschleunigen. Makroökonomisch kann dies nach Berechnungen von Sir Nicholas Stern als auch nach Aussagen des IPCC ein »Nullsummenspiel« werden, d. h. ohne gesamtwirtschaftliche Einbußen, wenn in den nächsten zehn bis 20 Jahren entschieden umgesteuert wird, bevor die Schäden durch den Klimawandel uns sehr teuer zu stehen kommen.[6]

Europa wird das Problem nicht alleine lösen können, denn die Emissionen der 27 Mitgliedsstaaten tragen nur zu 18 Prozent zu den weltweiten Treibhausgasen bei. Aber Europa hat sich eine weltweit anerkannte Führungsrolle beim Klimaschutz erarbeitet und als Erster dem Kohlendioxidausstoß einen Preis gegeben. Darauf aufbauend kann Europa der Spagat gelingen, wenn es um den »global climate deal« nach Auslaufen des Kyoto-Protokolls 2012 geht: einerseits die anderen großen Emittenten von heute (USA, Kanada, Australien) zu gleichen Bedingungen mit an Bord nehmen und andererseits die großen Emittenten von morgen mit einbeziehen, ohne dass Klimaschutz als Wachstumsbremse verstanden wird.

---

[6] Sir Nicholas Stern, Stern Review on the Economics of Climate Change, siehe: http://www.hm-treasury.gov.uk/independent_reviews/stern_review_economics_climate_change/sternreview_index.cfm; IPCC, 4. Assessment Report Working Group III, Ziffer 6.

Der Emissionshandel, das unbekannte Wesen

Franzjosef Schafhausen

Der kanadische Ökonom *John Dales* hatte 1968 die Idee des Emissionshandels. Ihm schwebte ein Konzept vor, das die exakte *und* effiziente Umsetzung eines (umwelt-)politischen Ziels versprach. Seitdem wird der Handel mit Emissionszertifikaten diskutiert. Als die EU-Kommission im Jahr 2000 erste Schritte zur Einführung eines Emissionshandelssystems in der Klimaschutzpolitik unternahm, waren die Erfahrungen begrenzt. Es gab das US-amerikanische SO_2- und NO_x-*Trading im Clean Air Act* und die Ergebnisse der von BP und Shell erprobten Konzepte.

Anfänglich redeten viele über den Emissionshandel, aber nur wenige verstanden seine Mechanik. Es wurden Versuche unternommen, die definierten klimaschutzpolitischen Ziele abzuschwächen. Das Instrument wurde als »Wachstumsbremse« und »Jobkiller« diskreditiert. Nicht zuletzt wurden tief gestaffelte Differenzierungen, *ex-post*–Korrekturen, eine »bedarfsgerechte Ausstattung« und quasi individuelle »Benchmarks« für die betroffenen Anlagen gefordert, um das System zu verwässern und Unternehmen aus Industrie und Energiewirtschaft möglichst ungeschoren zu lassen. Dies wären Todsünden am Emissionshandel gewesen. Hinzu kamen ein hoher Zeitdruck bei der Einführung, die katastrophale Datenlage und geringe personelle und finanzielle Ressourcen.

So schwierig die Einführungsphase war, mittlerweile werden die Vorteile des Emissionshandels deutlich. Er hat die Behauptung widerlegt, dass die Minderung von Treibhausgasemissionen in Deutschland nur zu exorbitant hohen Kosten möglich sei. Vielmehr wurde ein systematischer Suchprozess zur kostengünstigen Emissionsminderung eingeleitet. Der Emissionshandel führte unter dem bis dahin weitgehend unbekannten Schlagwort »Opportunitätskosten« zu einer hitzigen Debatte über die Internalisierung externer Effekte und über »windfall profits« in Milliardenhöhe bei Energieversorgern. Allerdings ist sein Ziel die Einpreisung der Umweltkosten. Denn Klimaschutz ohne eine Leistung der Akteure kann es nicht geben.

Insgesamt ist die Pilotphase des Emissionshandels erfolgreich gestartet. Der weltweite Emissionshandel hat sich im Jahr 2006 verdreifacht. Das meiste hat die Europäische Union beigetragen. Der hier geregelte Handel hat sich von acht auf 24 Milliarden US-Dollar gesteigert. Andere Handelsmärkte, wie der *New South Wales Market* in Australien oder die *Chicago Climate Exchange*, spielen dagegen eine untergeordnete Rolle. Gewachsen ist auch der Markt für Projekte, die möglichst saubere Energietechnologien in den Entwicklungsländern sowie in Mittel- und Osteuropa im Gegenzug für Kohlendioxid-Emissionsgutschriften finanzieren. Er hat sich auf fünf Mrd. Dollar verdoppelt. Insgesamt wurden über diese Projekte über 16 Mrd. Dollar für umweltverträgliche Verfahren bereitgestellt. Der Emissionshandelsmarkt ist ein Katalysator für neue Geldströme in den ökologischen Markt.

Der europäische Markt hat mittlerweile eine erstaunlich hohe Liquidität erreicht. Mit mehr als 100 Mio. t Umsatz pro Monat wurde 2006 ein Volumen von rund 40 Prozent der zugeteilten Emissionszertifikate gehandelt. Auch die Tatsache, dass augenblicklich der Preis bei nur 22 Cent für eine Tonne Kohlendioxid liegt, ist ein Beleg dafür, dass die Marktkräfte wirken: Wenn die meisten Mitgliedstaaten in der Pilotphase zu viele Emissionszertifikate zugeteilt haben und ein Übertragen der Emissionszertifikate von der ersten in die zweite Handelsperiode nicht möglich ist, wird die Preisdifferenz zwischen der Pilotphase und der zweiten Handelsperiode zwangsläufig relativ groß sein.

Das Konzept des Emissionshandels

Beim Emissionshandel handelt es sich um ein leicht begreifbares Konzept, das mit »cap and trade« hinlänglich beschrieben ist:

- Der erste Schritt besteht darin, eine insgesamt zulässige Emissionsmenge (»cap«) zu bestimmen. Im Rahmen der europäischen Emissionshandelsrichtlinie geht es für Deutschland um eine Minderung der Treibhausgase um 21 Prozent im Zeitraum 2008 bis 2012 gegenüber 1990.
- Im zweiten Schritt ist die Menge auf die vom Emissionshandel erfassten Emittenten aufzuteilen.
- Damit ein transparenter und liquider Markt zustande kommt, müssen rechtliche und ordnungspolitische Regeln marktwirtschaftliches Handeln sicherstellen. Hinzu kommt der Aufbau eines Monitoringsystems und Registers (»ökologische Buchführung«), um die Emissionsentwicklung der einzelnen Anlagen zu verfolgen und den Handel zwischen anbietenden und nachfragenden Emittenten zu dokumentieren.

Die Vermeidung von Emissionen ergibt sich vor Ort aus dem Vergleich der spezifischen CO_2-Minderungskosten mit den am Markt herrschenden Preisen für CO_2-Emissionszertifikate. Liegt der Preis über den spezifischen Kosten, sind Vermeidungsmaßnahmen ökonomisch sinnvoll. Im umgekehrten Fall erwirbt der Emittent Zertifikate am Markt und erfüllt auf diesem Wege zu den aus seiner Sicht geringsten Kosten seine Verpflichtungen. Im Unterschied zu tradiertem Ordnungsrecht, das prinzipiell einheitliche Anforderungen stellt, kappt der Emissionshandel die einzelwirtschaftlichen Kosten in Höhe des Marktpreises. Aus diesem Vergleich erschließt sich die einzel- wie gesamtwirtschaftliche Vorteilhaftigkeit des Emissionshandels.

Die erste Handelsperiode 2005–2007 (NAP I)

Die Realität des Emissionshandels entfernte sich ein gutes Stück von der theoretischen Brillanz. Bei den Verhandlungen in Brüssel und Berlin wurden zahlreiche Kompromisse gemacht. Sie haben zwar die Akzeptanz bei den Betroffenen erhöht, aber zu deutlichen Abstrichen bei der ökonomischen Effizienz geführt.

Die erste Handelsperiode 2005–2007 führte bereits nach der Zuteilung zu herben Enttäuschungen. Die in der letzten Phase eingeführte »Optionsregel« wurde von einigen Beteiligten extensiv genutzt. Sie sprengte das vorgesehene Emissionsbudget. Der für diesen Fall vorgesehene »zweite Erfüllungsfaktor«, der beim Überschreiten des Caps der auf die privilegierten Anlagen entfallenden Zuteilungsmengen angewandt wird, traf die Betreiber von Bestandsanlagen mit voller Wucht. Ihnen wurden deutlich weniger Zertifikate zugeteilt. Die Schwächen der ersten Runde waren:

- Die Gesamtheit der Zuteilungsregeln war zu komplex. Der Prozess war weitgehend intransparent. Insgesamt war das System ex ante nicht beherrschbar.
- Die zahlreichen Regeln und Regelkombinationen haben zu einem massiven Umverteilungsprozess zwischen Branchen, aber auch innerhalb der Branchen geführt.
- Der klimaschutzpolitische Beitrag von Industrie und Energiewirtschaft erreichte lediglich eine Minderung der jahresdurchschnittlichen Emissionen um zwei Mio. t CO_2.
- Die »Optionsregel« blockierte die Liquidität und erhöhte die Nachfrage nach Emissionszertifikaten aufgrund des zweiten Erfüllungsfaktors.
- Die Stilllegungsregel ist bislang kaum angewandt worden. Sie ist weitgehend unwirksam.
- Die zahlreichen Sonderregeln haben die beiden Erfüllungsfaktoren hochgetrieben, ohne dass ein klimaschutzpolitischer Effekt erzielt wurde. Der NAP I löste eine gigantische Umverteilung aus.
- Die für die erste Handelsperiode definierte Reserve reichte bei weitem nicht aus. Sie belastet die zweite Handelsperiode mit voraussichtlich zehn Mio. Zertifikaten.
- Die von den Energieversorgern durch die Einpreisung der kostenlos zugeteilten Emissionszertifikate erzielten »windfall profits« in Milliardenhöhe tragen zu Strompreisanstiegen bei.
- Die Bindungswirkungen einzelner Regeln waren mit bis zu 18 Jahren vergleichsweise lang und hätten die Entscheidungsspielräume für spätere Handelsperioden massiv eingeschränkt. Sie sind weder technisch noch ökonomisch noch ökologisch zu rechtfertigen.

In Deutschland hat im Jahre 2005 kein Wirtschaftszweig weniger Emissionszertifikate erhalten, als emittiert wurde.

Für 2006 gilt Ähnliches: Die anspringende Konjunktur hat im vergangenen Jahr nicht – wie immer wieder prophezeit wurde – zu einen Anstieg der CO_2-Emissionen äquivalent zum realen Wirtschaftswachstum geführt, sondern gezeigt, dass eine Entkopplung zwischen beiden Größen in Deutschland wirksam ist:

- Neun Mio. t CO_2 sind nach den Analysen der Deutschen Emissionshandelsstelle aktiven Klimaschutzmaßnahmen zuzuschreiben. Den Anlagenbetreibern stehen damit die überzähligen Zertifikate völlig zu Recht zu.
- Zwölf Mio. t CO_2 sind jedoch objektiv zu viel zugeteilt worden. Hierfür ist zu mehr als zehn Mio. t die »Optionsregel« verantwortlich.
- Die Mär von der »Wachstumsbremse« trifft nicht zu.

Lessons learned: Eckpunkte für den NAP II (2008–2012)

Die Ausgestaltung des Nationalen Allokationsplans für die zweite Handelsperiode 2008–2012 (NAP II) hatte das Ziel, die Komplexität und die Zahl der Sonderregeln zu reduzieren, die Berechenbarkeit des Systems und Ex-ante-Verlässlichkeit für die Anlagenbetreiber zu erhöhen, Mitnahmeeffekte bei Berücksichtigung der Wettbewerbsfähigkeit der energieintensiven Industrien zu vermeiden und zu einer transparenteren und unbürokratischeren Ausgestaltung des Zuteilungsverfahrens zu kommen. Außerdem sollten wirksame Anreize für den Neubau von energieeffizienten und umweltfreundlichen Kraftwerken geschaffen, der Flugverkehr in das Emissionshandelssystem einbezogen, Erleichterungen für Kleinemittenten geschaffen und »windfall profits« beseitigt werden.

Die Europäische Kommission verlangte im Detail einige recht gravierende Änderungen gegenüber der deutschen Vorlage:

- Das von der Bundesregierung vorgesehene jährliche Emissionsbudget von 482 Mio. t sollte auf 453,1 Mio. t reduziert werden.
- Langfristige zeitliche Garantien sollten ersatzlos gestrichen werden. Die Kommission ist nur bereit, Allokationsregeln bis zum Ende der jeweiligen Handelsperiode zu akzeptieren.

Nach intensiven Konsultationen entwickelte das Bundesumweltministerium einen neu gestalteten Nationalen Allokationsplan für die zweite Handelsperiode. Entscheidend ist, dass der neue NAP II

- auf zahlreiche Sonderregeln verzichtet,
- die Zuteilung an Energieanlagen an objektiven Kriterien ausrichtet,
- die Zuteilung an Kraft-Wärme-Kopplungsanlagen vereinheitlicht.

Gegenüber der ersten Handelsperiode 2005–2007 stehen damit für 2008–2012 für die Bestandsanlagen Emissionszertifikate im Umfang von 78 Mio. t jährlich weniger zur Verfügung. Spannend verlief die Auseinandersetzung über die zentrale politische Frage: Soll die Zuteilung für die zweite Handelsperiode für Energieanlagen auf der Basis von zwei Benchmarks (Kohle und Gas) oder von drei Benchmarks (Braunkohle, Steinkohle und Erdgas) vorgenommen werden? Das Kabinett entschied sich am 18. April 2007 für das Zwei-Benchmark-System. Festzuhalten bleibt, dass damit ein Braunkohlekraftwerk niemals mehr als 750 g/kWh als Zuteilungsbenchmark erhalten kann. Dies gilt sowohl für Neuanlagen als auch für Bestandsanlagen.

Ebenfalls neu ist der Mechanismus der »gleitenden anteiligen Kürzung«, der greift, wenn die von den Unternehmen beantragte Zuteilungsmenge das verfügbare jährliche Emissionsbudget übersteigt. Die beantragte Menge und das Emissionsbudget ins Gleichgewicht zu bringen, ist logischerweise erst am Ende des Zuteilungsverfahrens möglich. Während in der ersten Handelsperiode eine Art Flatrate alle Bestandsanlagen linear kürzte, entscheidet künftig ein Effizienzfaktor darüber, ob eine Bestandsanlage eine Kürzung ihrer Zuteilung hinnehmen muss oder nicht. Effiziente Anlagen werden nicht gekürzt, während ineffiziente Anlagen eine höhere Kürzungslast hinnehmen müssen.

Der überarbeitete NAP II ist deutlich transparenter und verzichtet auf viele Sonderregeln des NAP I. Der klimaschutzpolitische Beitrag von Energiewirtschaft und Industrie wird von zwei Mio. t/a auf 55 Mio. t/a deutlich erhöht. Kürzungen werden nach objektiven Effizienzkriterien vorgenommen. Insgesamt wird nun ein marktwirtschaftlicher Ansatz verfolgt, die Zertifikatspreise bilden sich im Spiel der Kräfte.

Künftiger Handlungsbedarf

Seit Beginn des Emissionshandels hat sich die Informationslage deutlich verbessert. Ferner geben die gewonnenen Erfahrungen erste Hinweise auf Mängel der Europäischen Richtlinie und ihrer nationalen Umsetzung. Da die erste Handelsperiode als Pilotphase konzipiert war, startete am 8. März 2007 ein Review-Prozess, an dessen Ende eine Modifizierung des europäischen Rechts stehen wird. Aus heutiger Sicht zeichnet sich in mehreren Bereichen Handlungsbedarf ab.

Nach der ersten und zweiten Handelsperiode wird die Allokationsmethode für Bestandsanlagen geändert werden müssen. Ein Beharren auf der Zuteilung auf der Basis historischer Emissionen – dem so genannten Grandfathering – würde strategischem Verhalten der Anlagenbetreiber in der zweiten Handelsperiode Tür und Tor öffnen. Eindeutig weniger anfällig als »Grandfathering« ist die Versteigerung bzw. der Verkauf von Emissionszertifikaten. Das künftig auch für vorhandene Energieanlagen in Deutschland genutzte Benchmarking schafft grundsätzlich eine objektivere Basis. Dies allerdings nur, wenn die Differenzierung der Benchmarks in engen Grenzen gehalten wird.

Die Reduzierung der Komplexität bleibt eine ständige Aufgabe. Nur wenn das Verfahren und Monitoring einfach und transparent ausgestaltet werden, kann die Ausdehnung des Systems auf andere Treibhausgase und Sektoren gelingen. »Keep it simple!« ist eine der zentralen Botschaften, die Kenner des Emissionshandels immer wieder zu Recht verbreiten. Notwendig ist die Überprüfung einiger Sonderregeln, die bestimmte Anlagen, Anlagenkonstellationen oder Anlagenbetreiber privilegieren. Auf Sonderregeln sollte künftig so weit wie irgend möglich verzichtet werden.

Ein deutliches Augenmerk muss zudem auf die Harmonisierung der Allokationsmethode und der zentralen Allokationsregeln auf europäischer Ebene gerichtet werden. Derzeit existiert zwar eine europäische Emissionshandelsrichtlinie, aber 27 mehr oder weniger stark voneinander abweichende nationale Allokationspläne.

Wichtig ist schließlich, dass das gesamte klimaschutzpolitische Instrumentenbündel kritisch durchleuchtet wird. Aus Emissionshandel, ökologischer Finanzreform, Erneuerbare Energien Gesetz, Kraft-Wärme-Kopplungsgesetz, Steuererleichterungen, Subventionen und anderen wirtschaftlichen Anreizen sowie ordnungsrechtlichen Anforderungen ist eine möglichst widerspruchsfreie Instrumentenpalette weiterzuentwickeln. Der Verzicht auf ein Instrumentenbündel – wie verschiedentlich gefordert – wäre jedoch nicht der richtige Weg, da die heutige Instrumentenvielfalt nicht nur einzelnen nationalen Rechts- und Ordnungssystemen gerecht wird, sondern auch für einen wirksamen Klimaschutz unverzichtbar ist.

Allerdings wird eine optimale Allokation der Ressourcen nur dann zustande kommen, wenn die Internalisierung der externen Kosten möglichst ungehindert gelingt. Der globale Klimaschutz ist wegen seiner fehlenden lokalen bzw. regionalen Immissionsauswirkungen ein wichtiges Aktionsfeld für das Leistungsvermögen ökonomisch wirkender Instrumente. Der Emissionshandel hat das Potenzial, die klimaschutzpolitischen Beiträge von Industrie und Energiewirtschaft ökonomisch effizient anzureizen. Jetzt muss sich beweisen, ob mit einer erfolgreichen Einführung des Emissionshandels die Signale für einen Paradigmenwechsel in der Instrumentierung der Umweltpolitik gestellt werden.

Die Zukunft der Klimaforschung

Annette Schavan

I. Klimaforschung als vordringliche Zukunftsaufgabe

Klimawandel gab es zu allen Zeiten und wird es immer geben. Jetzt aber wissen wir, dass das Maß der Erderwärmung vom Menschen beeinflusst ist. Es ist mit hoher Wahrscheinlichkeit davon auszugehen, dass die Folgen dieser Veränderung nahezu alle Lebensbereiche, Wirtschaftssektoren und Regionen der Erde betreffen werden, wenn auch in unterschiedlichem Ausmaß. Deshalb ist es Zeit zu handeln. Hier spielt die Forschung eine herausragende Rolle.

Es ist inzwischen unbestritten, dass sich die Konzentration von Kohlendioxid und von anderen Treibhausgasen in der Erdatmosphäre durch menschliche Aktivitäten gegenüber der vorindustriellen Zeit um mehr als ein Drittel erhöht hat. Eine Konzentration von Treibhausgasen dieses Ausmaßes wurde in der Erdgeschichte seit mindestens 650.000 Jahren und wahrscheinlich sogar über einen deutlich längeren Zeitraum nicht mehr erreicht. Der Anstieg der atmosphärischen Kohlendioxidkonzentration korrespondiert mit der vermehrten Verbrennung fossiler Energieträger durch die Industriegesellschaft, wobei ein Drittel der bei der Verbrennung entstandenen Treibhausgase in den Ozeanen gespeichert wurde.

Unbestritten ist zudem, dass die Anreicherung verschiedener Spurengase in der Atmosphäre zu einer Erwärmung der Erdatmosphäre und zu Klimaänderungen führt. So hat sich die mittlere globale Lufttemperatur seit

Beginn der industriellen Revolution bereits um 0,76 °C erhöht.

Fortschritte in der Klimaforschung der vergangenen Jahre haben unser Wissen über den Klimawandel auf vielen Ebenen vertieft. Sie lassen zunehmend besser erkennen, wie sich Temperaturen, Niederschläge oder extreme Wetterereignisse mit großer Wahrscheinlichkeit in Zukunft regional entwickeln können. Ursachen, Entwicklungsrichtungen und Auswirkungen können mit zunehmender Zuverlässigkeit beschrieben und analysiert werden. Die Erkenntnisgewinne wurden insbesondere durch eine weltweite wissenschaftliche Kooperation erreicht, zu der deutsche Forscherinnen und Forscher einen wesentlichen Beitrag geleistet haben. In Forschung und Innovation sind die Schlüssel für Lösungsansätze zu suchen. Die international renommierte Wissenschaftslandschaft Deutschlands mit ihren Hochschulen und Einrichtungen wie die der Max-Planck-Gesellschaft (MPG), der Helmholtz-Gemeinschaft Deutscher Forschungszentren (HGF), der Wissenschaftsgemeinschaft Gottfried Wilhelm Leibniz (WGL) und den außeruniversitären Umweltinstituten spielt hier eine entscheidende Rolle. Hier werden die Grundlagen für fundiertes politisches Handeln gelegt.

Die Europäische Union hat sich zum Ziel gesetzt, den Anstieg der globalen Durchschnittstemperatur in diesem Jahrhundert auf weniger als 2 °C über dem vorindustriellen Niveau zu begrenzen. Um diese Schwelle mit einer mehr als 50-prozentigen Wahrscheinlichkeit nicht zu überschreiten, müssten die Emissionen von Treibhausgasen gegenüber dem Niveau von 1990 bis zum Ende des Jahrhunderts um etwa die Hälfte gesenkt werden.

Der Klimawandel stellt uns weltweit wie auch in unserem eigenen Land vor große Aufgaben. Die Forschungs- und Innovationskraft Deutschlands und seine Fähigkeit zu technologischem Fortschritt sind gefordert und werden ihren Beitrag leisten, Lösungsansätze zu entwickeln. Die Bundesregierung wird im Herbst eine Hightechstrategie für den Klimaschutz vorlegen. Hier sind Wissenschaft und Wirtschaft natürliche Partner.

Eine Forschungs- und Innovationsstrategie für den Klimaschutz kann sich nicht allein auf technologische Entwicklungen konzentrieren, sondern muss auch gesellschaftliche, ökonomische und institutionelle Rahmenbedingungen in den Blick nehmen. Dazu gehören Forschung über Anreize und Instrumente, die von neuen Dienstleistungsmodellen oder Investitionsmustern ausgehen, und die Erforschung von sozialen Determinanten des Konsumverhaltens und der Lebensführung, die einen Entwicklungspfad erlauben, der Klima und Ressourcen schont. Letztendlich ist eine zielführende Klimapolitik auch eng mit den Fragen der Energieversorgung und der Energieoptionen verknüpft.

In den vergangenen Jahrzehnten hat die Forschungsförderung des Bundesministeriums für Bildung und Forschung (BMBF) zahlreiche wichtige Fortschritte in der Klimaforschung vorangetrieben und so ihren Teil dazu beigetragen, Forschungsbedingungen und wissenschaftliche Erkenntnisse auf eine solidere Grundlage zu stellen. Unsere Förderung hat es den Hochschulen und Forschungseinrichtungen ermöglicht, in die internationale Spitzengruppe jener Einrichtungen vorzustoßen, in denen globales Klima und Klimaänderungen erforscht werden. In Bereichen wie der Atmosphärenforschung, Fernerkundung, Meeres-, Polar- und Küstenforschung sowie der Erkundung des globalen Kohlenstoffkreislaufs und Modellierungen des Welt- und Regionalklimas haben diese Einrichtungen herausragende Arbeit geleistet. So nimmt z. B. das Deutsche Klimarechenzentrum in Hamburg, das zu erheblichen Anteilen vom BMBF finanziert wird, bei der Klimasystemforschung eine zentrale Rolle in der Klimamodellierung ein.

Darüber hinaus hat BMBF im Deutschen Klimaforschungsprogramm (DEKLIM) Projekte gefördert, die ausgewählte Aspekte des Klimasystems vertiefend untersucht und Unsicherheiten bei der Analyse und Vorhersage des Klimawandels eingegrenzt haben. Weitere Förderschwerpunkte galten der klimagerechten Ressourceneffizienz in industriellen Technologien, der Untersuchung und Erprobung unterirdischer Lagerungen von CO_2 als Teil einer »Clean Coal«-Strategie sowie der Erforschung von Handlungsstrategien für gesellschaftliche Transformationsprozesse auf der Basis der sozial-ökologischen Forschung.

Mit den Leistungen und Errungenschaften dieser Kompetenzzentren zählt Deutschland mit seinen Beiträgen zum internationalen wissenschaftlichen Diskurs und seinen Beiträgen zum Zwischenstaatlichen Ausschuss für Klimaänderungen (»Intergovernmental Panel on Climate Change«, IPCC) unbestritten zu den Schrittmachern der internationalen Klimaforschung und setzt wichtige politische Richtwerte etwa bei der Frage über international tolerierbare Höchstgrenzen und gefährliche Schwellenwerte von Emissionen.

In der Vergangenheit wurde der Schwerpunkt auf die Ursachenforschung für den Klimawandel gelegt. Hier ist vieles erreicht worden. Das BMBF investiert daher künftig verstärkt in Grundlagen-, Orientierungs- und Handlungswissen, um die Risiken, aber auch Innovationschancen und Entwicklungschancen durch den Klimawandel näher bewerten und den Problemen besser begegnen zu können. Das BMBF wird in den kommenden Jahren Forschung mit folgenden Schwerpunkten besonders fördern:

- Belastbare Abschätzungen zu den spezifischen regionalen Auswirkungen des Klimawandels sowie zur Bewertung der zu erwartenden Folgen werden im Fokus stehen, die als Entscheidungsgrundlage für Politik, Wirtschaft und Gesellschaft dienen sollen.
- Unsicherheiten bei der Einschätzung von Gefahren und Risiken, die angesichts eines komplexen Phänomens wie Klimawandel weiterhin unvermeidlich sind, werden eingegrenzt, bewertet und für Entscheidungsträger aus Wirtschaft und Politik, aber auch für den Bürger und Konsumenten transparent aufbereitet.
- Handlungsmöglichkeiten und Instrumente für Politik, Wirtschaft und Gesellschaft werden ausgelotet und auf ihre Effizienz hin bewertet. Dazu zählen technologische Innovationen, aber auch Managementinstrumente zum effizienten Umgang mit Ressourcen. Damit auch Bürger und Konsumenten ihren Beitrag leisten können, sind nicht nur Instrumente der Aufklärung von Bürgern und Entscheidungsträgern zu entwickeln, sondern auch die Bedingungen und Spielräume für klimaeffizienteres Konsumverhalten und Lebensstile zu bestimmen.
- Es werden Technologien und Dienstleistungsmodelle entwickelt, die über das Potenzial verfügen, in Zukunft auch in anderen Ländern und Regionen eingesetzt zu werden, die bereits jetzt unter schwierigen Klimabedingungen (etwa Hitzeperioden, Trockenheit, Stürmen) leiden und in Zukunft von Erwärmung und Wetterextremen besonders betroffen sein könnten.

Forschung kann wesentlich dazu beitragen, Klimaschutz und Klimaanpassungen zu einem Innovationsmotor zu entwickeln, der wirtschaftlich, ökologisch und gesellschaftlich sinnvoll ist und sich positiv auf die Exportwirtschaft auswirkt. Strategisches Ziel dieser Aktivitäten ist es, Deutschland ein flexibles, vorausschauendes und überlegtes Handeln zum Schutz des Klimas und zur Anpassung an nicht zu vermeidende Klimaänderungen zu ermöglichen. Die deutsche Politik soll auf der Basis geprüfter Wissensgrundlagen und Handlungsalternativen über Optionen und Spielräume bei der Wahl von Instrumenten des Klimaschutzes und bei Verhandlungen über internationale Umweltabkommen verfügen.

Deutsche Unternehmen werden durch die Forschung des BMBF mit Orientierungswissen, Datensets, Bewertungskonzepten und Instrumenten ausgestattet, die ihre internationale Wettbewerbsfähigkeit stärken, weil sie auf den absehbaren Klimaschutz- und Anpassungsbedarf der internationalen Staatengemeinschaft schnell und mit technologisch überlegenen Lösungen, Verfahren und Managementkonzepten antworten können. Bürgerinnen und Bürger wiederum werden die Ergebnisse der Forschungen in die Lage versetzen, sich nicht als Opfer einer unbeherrschbaren Gefahr, sondern als Akteure zu sehen, denen eine Palette von Konsum- und Handlungsmöglichkeiten an die Hand gegeben ist, um favorisierte Lebensstile individuell zu verfolgen und gleichzeitig die Schöpfung zu bewahren.

Die »klassische« Klimaforschung wird zur »Forschung zur Bewältigung von Klimawandel« ausgebaut. Eine Brücke in die Zukunft schlägt hier der jüngst gestartete Förderschwerpunkt »klima*zwei* – Forschung für den Klimaschutz und Schutz vor Klimawirkungen«. Er erforscht zum einen Ansätze und Innovationsstrategien zur Verminderung (Mitigation) der Emissionen von klimarelevanten Gasen in Bereichen wie Verkehr und Logistik, Stahlverarbeitung und chemische Produktion. Ein zweiter, komplementär angelegter Programmteil befasst sich zum anderen mit Strategien zur Anpassung

(Adaptation) an Klimaveränderungen und Wetterextreme in Sektoren wie Land-, Forst-, Wasser- und Finanzwirtschaft, Tourismus sowie im Bau- und Siedlungsbereich. Hier ist auch die transdisziplinäre sozial-ökologische und wirtschaftswissenschaftliche Forschung mit ihren Beiträgen gefordert, die auf die Handlungsspielräume von Bürgern und Konsumenten abzielen.

»klima*zwei*« wie auch weitere Forschungen zum Klimawandel fügen sich in die Hightechstrategie der Bundesregierung ein. Denn durch eine frühzeitige und innovationsorientierte Auseinandersetzung mit den Herausforderungen des Klimawandels sichern sie deutschen Unternehmen einen Startvorteil in Wachstumsbranchen und -märkten der Weltwirtschaft. Die Forschungsaktivitäten sind abgestimmt und komplementär angelegt zu den klimabezogenen Fachprogrammen und Strategien anderer Ressorts wie dem Bundesministerium für Umwelt, Naturschutz und Reaktorsicherheit (BMU), dem Bundesministerium für Verkehr, Bau und Stadtentwicklung (BMVBS), dem Bundesministerium für Ernährung, Landwirtschaft und Verbraucherschutz (BMELV) sowie dem Bundesministerium für Wirtschaft und Technologie (BMWi). Die internationalen Ansätze werden mit dem Bundesministerium für wirtschaftliche Zusammenarbeit (BMZ) koordiniert.

II. Zukünftige Aktionsfelder der Forschung zum Klimawandel

1. Gezielte Schließung von Wissenslücken zum Klimasystem: Das BMBF wird weiterhin Forschung zum Grundverständnis des Klimasystems fördern, damit sich seine Veränderungen und die spezifischen Auswirkungen auf

einzelne Regionen und Wirtschafts- und Gesellschafts-
bereiche immer zuverlässiger einschätzen lassen. Die
Förderung wird hier vornehmlich folgende Akzente setzen:

- Verschiedene Komponenten des Klimasystems und
deren Hebelwirkung auf das Gesamtsystem Klima sind
noch nicht befriedigend analysiert. Dazu zählen u. a.
Aspekte wie Eisdynamik, die Wirkung von Aerosolen
und Wasserdampf, Spezifika des Kohlenstoffzyklus und
bio-geo-chemische Kreisläufe.
- Die Weiterentwicklung von Verfahren der systematischen Erdbeobachtung ist Grundlage für das
Monitoring der Wirksamkeit möglicher Klimaschutzmaßnahmen und überdies erforderlich für die Kata-
strophenwarnung und -vorbeugung. Dazu sind bestehende Netzwerke zur Beobachtung entscheidender
physikalischer, chemischer und biologischer Systeme
sukzessive auszubauen.
- Art und Häufigkeit zukünftiger Extremereignisse
müssen durch die Klimaforschung näher eingegrenzt
werden, da sie von der bisherigen klimatologischen
Darstellung nicht hinreichend erfasst wurden.
- Die Bandbreite der Disziplinen und Forschungstypen,
die zur Klimasystemforschung beitragen (von der Ozea-
nographie bis zur Biosphärenforschung, von der Feld-
forschung bis zur Computermodellierung, um nur einige
Beispiele hervorzuheben), macht eine Verzahnung der
verschiedenen wissenschaftlichen »Communities«, intensive Arbeit an der Einbindung neuester Mess- und Beob-
achtungsdatensätze und einen kontinuierlichen Dialog
zwischen Prozessbeschreibung und Modellentwicklung
erforderlich. Die interne Vernetzung der Forschung,
aber auch ihre Orientierung an politischen Leitfragen
bleibt eine zentrale Aufgabe der BMBF-Förderung.

Daten der Klimaforschung (insbesondere regional aufge-
löste Klimamodelle) müssen für Nutzer aus Forschung
und Wirtschaft aufbereitet und mit entsprechendem
Hintergrundwissen versehen werden. Das BMBF hat dazu
die »Service-Gruppe Anpassung« (SGA) eingerichtet, um
belastbare regionale Aussagen zu Klimaszenarien zugänglich zu machen. Die Beratung bei der Interpretation,
Implementierung und Weiterverwendung von Klimadaten
wird in Zukunft wichtiger werden und Anknüpfungs-
punkt für eine stärker kundenorientierte Entwicklung von
Datensätzen sein.

2. Klimaschonende Energietechnologie: Die Entwicklung
klimaeffizienter Energietechnologie nimmt eine Schlüs-
selstellung beim Klimaschutz ein, insbesondere vor dem
Hintergrund, dass im kommenden Jahrzehnt in vielen
Industrie- und Schwellenländern langfristig wirkende
Investitionsentscheidungen für Technologiesysteme und
Infrastrukturen anstehen:

- Aktuelle technische Entwicklungen und Energieszena-
  rien deuten an, dass Erneuerbare Energien über ausreichend Potenzial verfügen, auf längere Sicht zu einer
  stabilen Säule der globalen Energieversorgung zu
  werden. Neben der Windenergie verspricht insbesondere die energetische Nutzung von Biomasse bereits
  kurz- und mittelfristig erhebliche Beiträge zur Energieversorgung. Dieses Forschungsfeld steht in engem
  Zusammenhang mit Strategien zur nachhaltigen Landnutzung.
- Mittelfristig verspricht die Realisierung von Effizienz-
  gewinnen in der Energieerzeugung erhebliche Emis-
  sionseinsparungen. Dazu müssen Versorgungs- und
  Infrastruktursysteme in ihrem Zusammenhang analy-

siert und Konzepte zur Integration einer Vielzahl von Energieträgern mit hohem Wirkungsgrad in ein breites Spektrum von Nutzenergieformen entwickelt werden. Vergasungstechnologien und Gasnetze werden dabei in Zukunft ebenso eine wichtige Position einnehmen wie leistungs- und integrationsfähigere Energienetze, dezentrale Erzeugerstrukturen, Kraft-Wärme-Kopplung und Brennstoffzellen.

▪ Kurz- und mittelfristig ist der Kraftwerkpark so zu modernisieren, dass der Ausstoß von Kohlendioxid nachhaltig sinkt. Vielversprechende Möglichkeiten liegen in der Erforschung und Erprobung so genannter »Clean fossile«-Technologien in Verbindung mit dem Abscheiden und Einlagern von CO_2 in unterirdischen Formationen (»Carbon Capture and Storage«, CCS).

3. Energieeffizientes Wirtschaften: Energieeinsparungen haben kurzfristig das höchste Potenzial, Treibhausgasemissionen zu senken. Technologische Ansätze, die dazu beitragen, energieeffizient und ressourcenschonend zu wirtschaften, etablieren sich als wichtiger Zukunftsmarkt. Das BMBF wird hier insbesondere dort aktiv, wo die größten Potenziale für Effizienzgewinn zu erwarten sind und noch keine hinreichenden Marktanreize zur eigenständigen Entwicklung von Technologien bestehen. Durch die Intensivierung der Zusammenarbeit mit erstarkenden Volkswirtschaften wie China und Indien soll dieses Forschungsfeld auch dazu beitragen, Zukunftsmärkte für die deutsche Wirtschaft zu erschließen.

4. Ökonomische, politische und rechtliche Instrumente: Das BMBF wird Studien fördern, die marktkonforme Instrumente und institutionelle Rahmenbedingungen im Kontext der Architektur eines globalen Klimaschutzregimes nach 2012 konzeptionell weiterentwickeln. Die »Clean Development Mechanisms« und Instrumente des Emissionshandels sollen verbessert werden. Weltweit einheitliche Marktmechanismen werden hier Anreize bieten, CO_2-Emissionen zu verringern. Bei den Analysen sollen auch Szenarien Berücksichtigung finden, die wirtschaftliche Aktivitäten wie Luftverkehr, Personenverkehr, Waldnutzungen etc. einbeziehen.

Erfolgsbedingungen und Entwicklungsmöglichkeiten transnationaler Politikinstrumente sind zu erforschen. Hier sind Stabilität, Flexibilität und Strategiefähigkeit von internationalen Koalitionen, Verhandlungsrunden und rechtlichen Regimen zum Schutz des Klimas ein wichtiges Thema. Eine andere bedeutende Frage wird sein, wie Schwellen- und Entwicklungsländer differenziert und gerecht, aber auch wirksam in Verpflichtungen zum Klimaschutz eingebunden werden können. Auf nationaler Ebene ist die Frage zu beantworten, wie Finanzierungs- und Sicherungssysteme und institutionelle Strukturen so gestaltet werden können, dass sie zu Generationengerechtigkeit beitragen.

5. Regionale Strategien zur Anpassung: Regionale Strategien zur Anpassung an den Klimawandel spielen eine zentrale Rolle für Stärkung und Erhalt der Wettbewerbsfähigkeit Deutschlands unter veränderten klimatischen Bedingungen. Klimawandel ist ein direkter ökonomischer Faktor für all jene Regionen, deren Wohlstand und Wertschöpfungsketten auf der Nutzung klimaempfindlicher Ressourcen beruhen oder gegebenenfalls in besonderem Maße von extremen Wetterereignissen betroffen wären. Durch den Aufbau von Netzwerken und strategischen Partnerschaften in solchen Regionen werden unter anderem im Rahmen der Fördermaßnahme KLIM-

ZUG (Klimawandel in Regionen zukunftsfähig gestalten) Erkenntnisse der Klimaforschung in die regionale Planungspraxis einbezogen und Akteuren in Wirtschaft, Politik oder Gesellschaft Informationen zur Verfügung gestellt, die in ihre Entscheidungen eingehen können.

6. Management natürlicher Ressourcen: Klimawandel verschärft in vielen Fällen die Belastung von Ökosystemen, die mit ihrer Artenvielfalt und ihren Wasserressourcen ein Fundament für Lebens- und Wirtschaftsräume darstellen. In den engeren Kreis wichtiger Forschungsthemen rückt damit die Frage, wie sich der Klimawandel im Verein mit unterschiedlichen Landnutzungsformen auf Ökosystemfunktionen und insbesondere auf die Wasserverfügbarkeit auswirkt und welche Formen der an den Klimawandel angepassten und nachhaltigen Ressourcenbewirtschaftung zukunfts- und ausbaufähig sind.

7. Wissenschaftlicher Nachwuchs in der Atomforschung: Solange wir nicht genügend Energie einsparen können und die fossilen sowie die erneuerbaren Energiequellen nicht ausreichen, den Bedarf zu decken, wird die Atomenergie als »Brückentechnologie« Bedeutung haben. Wir müssen vorausschauend forschen und ausreichend qualifizierte Fachkräfte ausbilden, um die Herausforderungen der Zukunft meistern zu können. Nur so werden wir unserer Verantwortung innerhalb internationaler Kooperationen und hinsichtlich des hohen Sicherheitsniveaus deutscher Reaktoranlagen sowie bei der Endlagerung weiterhin gerecht.

8. Handlungsspielräume für den verantwortlichen Bürger: Das Problemverständnis und das Engagement aller Bürgerinnen und Bürger und der Menschen, die in Politik,

Wirtschaft und Kultur in Verantwortung stehen, sind die Voraussetzung für die Bewältigung des Klimawandels. Die Kommunikation und Vermittlung von gesicherten Erkenntnissen zum Klimawandel wie auch die Bedeutung von Information und im Alltag praktikablen Verhaltensangeboten, um ein entsprechend aufgeklärtes, klimagerechtes Verhalten der Menschen in unserem Land zu ermöglichen, sind Gegenstand der Fördermaßnahmen des BMBF. Das betrifft folgende Aspekte:

- Die Verankerung des Klimaschutzgedankens im Bildungssystem ist ein Anliegen des BMBF. In Ausbildung und Weiterbildung, aber auch in jenem Bereich, der unter dem Stichwort »Lebenslanges Lernen« zunehmend Bedeutung für die Zukunftsfähigkeit unserer Gesellschaft erlangt, soll das Bewusstsein gestärkt werden, dass wir als Wissensgesellschaft die Schöpfung für zukünftige Generationen bewahren können, indem wir die Möglichkeiten der modernen Wissenschaft kreativ erweitern. Die Vermittlung der Klimaproblematik in den Medien spielt dabei eine wichtige Rolle.
- Eine wesentliche Voraussetzung für einen erfolgreichen Klimaschutz ist die Veränderung von Nachfrage- und Konsummustern im Hinblick auf energieeffiziente Produkte und Dienstleistungen. Dies gilt insbesondere für Sektoren, die bisher nicht adäquat in die bereits beschlossenen Klimaschutzmaßnahmen einbezogen wurden. Mit den bereits existierenden Maßnahmen ist es bisher nur unzureichend gelungen, einen Trend zu Verhaltensänderungen einzuleiten. Das BMBF wird weiterhin Forschungen zu der Frage fördern, unter welchen Voraussetzungen nachhaltige Konsummuster größeren Anklang in der Bevölkerung finden. Sie sollen unter anderem transparent machen,

wie Konsumenten Entscheidungen treffen und wie unter den Bedingungen des Alltagshandelns von Bürgern und Konsumenten Spielräume für nachhaltige Konsummuster ausgeschöpft werden können und welche Formen der Überzeugungsarbeit und Verhaltensangebote Resonanz im alltäglichen Verhalten von Bürgern und bei politischen und wirtschaftlichen Entscheidungsträgern hervorrufen.

Der Klimawandel stellt uns vor große Herausforderungen. In Forschung und Innovation liegen die Schlüssel, dieser Herkulesaufgabe zu begegnen. Es ist das Ziel des BMBF, der komplexen und langfristigen Herausforderung des Klimawandels mit einem differenzierten und strategisch angelegten Forschungskonzept entgegenzutreten. Das BMBF baut auf die Innovationskraft von Unternehmen, politischen Institutionen, vitalen Regionen und Kommunen und aller verantwortlichen Bürgerinnen und Bürgern, gemeinsam Lösungen zu entwickeln, um so die nötigen Erfolge bei der Eindämmung des Klimawandels zu erreichen.

Wie viel Forschung braucht der Klimaschutz?

Jochem Marotzke

Im Jahr 2004, kurz nach meiner Rückkehr nach einigen Jahren im Ausland, sagte mir ein Ministerialbeamter in Bonn: »Sie (die Klimaforscher) haben uns zwischen dem 2. und 3. Sachstandsbericht des IPCC davon überzeugt, dass der vom Menschen gemachte Klimawandel real ist und politisches Handeln verlangt. Das tun wir jetzt. Somit ist das Verständnis des Klimasystems nur noch von nachgeordnetem Interesse für die Forschungsförderung durch unser Ministerium.«

Wieso muss man zur Vorsicht raten ob solcher Äußerungen, bei allem Respekt vor der Verpflichtung eines Ministeriums, Prioritäten zu setzen? Inwiefern ist Klimaforschung unverzichtbar für den Klimaschutz? Genauer: *Wie viel* und *welche* Klimaforschung braucht der Klimaschutz? Die Antwort leitet sich aus drei Notwendigkeiten ab, die ich im Folgenden anhand von Beispielen erläutern werde: Die Erwartungen an die Klimaforschung sind deutlich gestiegen, man verlangt Antworten auch auf überraschende Forderungen.

Gesteigerte Erwartungen – Extremereignisse

Die Klimadiskussion Mitte der neunziger Jahre drehte sich zum großen Teil darum, ob sich die Oberflächentemperatur im globalen Mittel aufgrund des vom Menschen gemachten Ausstoßes von Treibhausgasen bereits signifikant erhöht habe. Der 4. Sachstandsbericht des IPCC hat dies mittlerweile nachdrücklich bejaht. Aber niemand lebt im globalen Mittel; um die Folgen des Klimawandels für unser Leben, unsere Wirtschafts- und Sozialsysteme abschätzen zu können, sind viel detailliertere Aussagen notwendig. Erwartet wird von der Wissenschaft verlässliche Information zu kommenden Klimaänderungen auf regionaler oder vielleicht sogar lokaler Skala, etwa: In welchem Maße wird es in Mecklenburg-Vorpommern im Sommer trockener?

Außerdem entstehen nachteilige Folgen des Klimawandels in erheblichem Maße durch die gesteigerte Häufigkeit und Stärke von extremen *Wetterereignissen,* etwa Starkniederschlägen, Hitzewellen, Dürren oder Sturmfluten. Diese Extremereignisse sind derzeit in globalen Klimamodellen nicht oder nicht ausreichend genau darstellbar. Die globalen Modelle brauchen eine erhöhte räumliche Auflösung für die Darstellung von regionalen Klimaänderungen und Extremereignissen. Gleichzeitig müssen die Verfahren zum Abschätzen der Änderung in Häufigkeit und Stärke von Extremereignissen erheblich verfeinert werden. Beides stellt umfassenden Forschungsbedarf dar.

Planungshorizonte

Häufig werden wir bei der Präsentation unserer IPCC-Szenarienrechnungen, die typischerweise das Klima bis zum Ende des 21. Jahrhunderts unter der Annahme plausibler Emissionen von Treibhausgasen darstellen, danach gefragt, ob wir denn nicht Aussagen über das Jahr 2015 machen könnten, statt »nur« über 2100, denn das Ende des Jahrhunderts sei jenseits aller Planungshorizonte. Mit der Antwort tun wir uns schwer, wie es der große Mathematiker John von Neumann schon 1955 ausdrückte: »Wir versuchen erst einmal kurzfristige Vorhersagen. Dann kommen langfristige Vorhersagen von denjenigen Eigenschaften der Zirkulation, die über beliebig lange Zeiträume stabil bleiben, und erst ganz zum Schluss versuchen wir uns an Vorhersagen über den Zeitraum dazwischen.«

Mit den kurzen Vorhersagen ist die Wettervorhersage gemeint, die bei ca. zwei Wochen Vorhersagezeit an prinzipielle Grenzen stößt. Die sehr langen Zeiträume, z. B. bis 2100, erlauben es, das vom Menschen gemachte Erwärmungssignal von natürlichen, etwa dekadischen, Klimaschwankungen zu unterscheiden. Wenn wir aber das Klima über zehn Jahre vorhersagen wollen, müssen wir die jetzt gerade stattfindende Klimaschwankung erfassen, beobachten und ihren zukünftigen Verlauf simulieren, einschließlich der Überlagerung der vom Menschen gemachten Erwärmung.

Inwieweit solche dekadischen Klimavorhersagen wirklich besser sein können als schlichtes Raten, ist ein hochaktuelles Problem der Grundlagenforschung, zu dem es noch keine Antworten gibt. Wir wissen aber um den ungeheuren Nutzen solcher Vorhersagen, so sie denn möglich sind, und wir kennen die Voraussetzungen dafür, die Vorhersagen versuchsweise zu erstellen: Beobachtungen, Höchstleistungsrechner, Methodenverfeinerung. Wir erwarten innerhalb der nächsten zehn Jahre entscheidende Fortschritte.

Überraschende Anforderungen

Die verheerende Hurrikan-Saison 2005 hatte eine Fernwirkung auf Europa, die die meisten Menschen überraschte: das plötzliche Ansteigen der Benzinpreise, nachdem ein Großteil der Ölplattformen im Golf von Mexiko zerstört oder funktionsunfähig gemacht wurde. Unser Institut erhielt zahlreiche Anfragen zum Thema Hurrikane, obwohl das Thema hierzulande wohl in kaum einer Planung zum Klimaschutz oder Schutz vor Klimafolgen vorkam.

Man kann häufig nicht vorhersagen, welches Wissen einmal benötigt wird, und die beste Vorkehrung ist, der Wissenschaft den Freiraum und die Unterstützung zu gewähren, damit sie, *zunächst um ihrer selbst willen*, ein breites Fundament an Wissen und Verständnis aufbauen kann. Findet die Wissenschaft diese Freiheit und Unterstützung nicht, kann sie nur auf bekannte Fragestellungen reagieren und hat keine »Reserven« für Überraschungen.

Zukünftige Herausforderungen – Nachwuchs

Klimaforschung ist ein faszinierendes Fachgebiet. Sie leidet allerdings unter dem bekannten Mangel an natur- oder ingenieurwissenschaftlich ausgebildeten Nachwuchskräften, wie auch alle wissenschaftlich-technischen Unterbereiche des Klimaschutzes oder des Schutzes vor Klimafolgen. Wie kann man mehr Nachwuchs erzeugen? Offensichtlich erwachsen die am besten ausgebildeten Wissenschaftler und Ingenieure nicht allein aus umweltschutzpolitischem Engagement. Die relevanten Fächer müssen eine genügend starke intellektuelle Faszination auf die begabtesten jungen Menschen ausüben. Diese Faszination aber erwächst in den allermeisten Fällen nicht aus Nützlichkeitsdenken, sondern aus dem inhärenten Anreiz, den die Forschung bietet. Nicht alle, die diesem Anreiz folgen, können und sollen eine Karriere als

Grundlagenforscher einschlagen. Aber wenn der Anfang gemacht ist, wählen viele den Weg in anwendungsbezogene Bereiche.

Klima-Service

Der öffentliche Diskurs über Klimaänderungen hat sich in letzter Zeit grundlegend gewandelt, weg von Fragen des »ob«, hin zu konkreten Maßnahmen, zum Schutz vor Klimawandel und zum Schutz des Klimas selbst sowie der Erwartung an die Forschung, verlässliche Information zum Untermauern konkreter Maßnahmen zu liefern. Benötigt für ein erfolgreiches Handeln wird »Klima-Service« im weitesten Sinn. Hierzu zähle ich: verlässliche Prognosen, räumlich und zeitlich hochaufgelöst, über relevante Zeiträume; Risikoabschätzungen; wissenschaftliche Grundlagen zu internationalen Verhandlungen.

Dies sind die Services für die »Nutzer« der Forschung. Hierzu zähle ich aber auch Services für die Klimaforschung, insbesondere das Bereitstellen von Rechnerressourcen – nicht nur die Höchstleistungsrechner selbst, sondern auch Datenservice im weitesten Sinn, Beratung für die optimale Benutzung von Höchstleistungsrechnern – sowie mathematische oder Informatik-Forschungsleistungen im Bereich von Modellformulierung und -optimierung.

Da ein sehr hoher Anteil der immer weiter steigenden Anforderungen an das Höchstleistungsrechnen in der Klimaforschung aus unmittelbaren Bedürfnissen der Nutzer erwächst, ist eine enge Verzahnung der Services der Forschung und der Services für die Forschung zeitgemäß und effektiv. Die Umsetzung in die Praxis sollte unmittelbar erfolgen.

Anhang

Glossar

Aerosole: Eine Sammlung von festen und flüssigen Partikeln in der Luft mit einer typischen Größe zwischen 0,01 und zehn mm, die mindestens ein paar Stunden in der Atmosphäre bleiben. Aerosole können entweder natürlichen oder anthropogenen Ursprungs sein. Sie können das Klima auf zwei Arten beeinflussen: direkt durch Streuung und Absorption der Strahlung und indirekt als Kondensationskerne für die Wolkenbildung oder durch die Veränderung der optischen Eigenschaften und der Lebensdauer von Wolken.

Albedo: Der Anteil der Sonnenstrahlung, der von einer Oberfläche oder einem Objekt reflektiert wird. Der wird mindestens in Prozent angegeben. Schneebedeckte Oberflächen haben eine hohe Albedo. Die Albedo von Böden reicht von hoch bis niedrig. Mit Vegetation bedeckte Oberflächen und Ozeane haben eine niedrige Albedo. Die Albedo der Erde variiert hauptsächlich aufgrund von unterschiedlicher Bewölkung, Schnee, Eis und Veränderungen in der Landbedeckung (z. B. Blattfläche).

Annex-I-Länder: Gruppe von Ländern, die im Annex I der UN-Klimarahmenkonvention enthalten sind. Diese umfasst alle Industriestaaten und Transformationsländer (früherer Ostblock). Alle anderen Länder werden als Nicht-Annex-I-Länder bezeichnet. Die Annex-I-Länder haben sich verpflichtet, individuell oder gemeinsam bis zum Jahr 2000 auf das Niveau der Treibhausgasemissionen von 1990 zurückzukehren.

AR 4: Der 4. Sachstandsbericht des IPCC wurde nach vierjähriger Vorbereitung 2007 vorgelegt. Er umfasst die wissenschaftlichen Grundlagen der Klimabewertung, die Verwundbarkeit der Erde durch den Klimawandel und die Optionen zur Vermeidung und Anpassung sowie einen übergreifenden Synthesebericht.

Atmosphäre: Kommt aus dem Griechischen: atmos = Dampf und spaira = Kugel. Die Lufthülle der Erde, die in verschiedene Schichten eingeteilt wird: Troposphäre, Stratosphäre, Mesosphäre, Thermosphäre und Exosphäre.

Biodiversität: Die Anzahl und Menge verschiedener Gene (genetische Vielfalt), Arten und Ökosysteme.

CCS: (Carbon-Dioxide Capture and Storage) Methode der Kohlenstoffabscheidung bei der Energieumwandlung im Kraftwerk, ein nachgeschalteter chemischer Prozess.

Clean Development Mechanismen (CDM): Mechanismen der sauberen Entwicklung, wie sie in Artikel 12 des Kyoto-Protokolls definiert sind. CDM hat zwei Ziele: Unterstützung der Länder, die nicht im Annex I enthalten sind, damit sie eine nachhaltige Entwicklung verfolgen. Und Hilfe für diese Länder, damit sie ihre Minderungsziele verwirklichen können.

CO_2-Äquivalent: Die Konzentration von Treibhausgasen in der Atmosphäre umgerechnet auf den Strahlungsantrieb von Kohlendioxid.

Dürre: Während einer Dürre liegt der Niederschlag signifikant unter dem normal gemessenen Niveau und verursacht ein ernsthaftes hydrologisches Ungleichgewicht.

EEG: Erneuerbare Energien Gesetz. Mit diesem Umlagesystem zur Förderung der Erneuerbaren Energien im Strombereich wurde die technologische Erfolgsgeschichte verstärkt. Heute ist Deutschland Exportweltmeister in diesem Sektor. Der Vorgänger war das Stromeinspeisegesetz. Heute haben rund 45 Staaten der Erde dieses Fördermodell zumindest übernommen.

Eisschild: Eine Landeismasse, die genügend mächtig ist, um den größten Teil der Topographie des darunterliegenden Gesteinuntergrunds zu überdecken, sodass ihre Form vor allem durch ihre innere Dynamik bestimmt ist. Ein Eisschild fließt von einem hohen Zentralplateau aus mit einer geringen durchschnittlichen Oberflächenneigung nach außen. Die Ränder fallen steil ab. Das Eis wird durch schnell fließende Eisströme oder abbrechende Gletscher abgesetzt, in manchen Fällen ins Meer oder in Schelfeis, das auf dem Meer schwimmt. Es gibt heute zwei große Eisschilder – auf Grönland und in der Antarktis.

El-Niño Southern Oscillation: El Niño ist im ursprünglichen Sinne eine Warmwasserströmung, die periodisch entlang den Küsten von Ecuador und Peru fließt und dort die lokale Fischerei stört. Dieses ozeanische Phänomen hängt mit den Schwankungen des Bodendrucks in den Tropen und der Zirkulation im Indischen und Pazifischen Ozean zusammen, die Southern Oscillation (südliche Schwingungen) genannt wird. Das gekoppelte Ozean-Atmosphären-Phänomen wird allgemein El Niño genannt. Er hat klimatische Auswirkungen auf den ganzen pazifischen Raum, hinterlässt dort Stürme und Überschwemmungen sowie eine starke Artenvernichtung. Die klimatischen Auswirkungen beziehen sich auf viele Teile der Welt.

Emissionshandel: Ein marktbasierter Ansatz zur Erreichung von Umweltzielen, der es denjenigen, die ihre Treibhausgasemissionen unter das geforderte Maß senken, erlaubt, den Überschuss zu verkaufen, um damit eine Quelle innerhalb oder außerhalb des Landes auszugleichen. Der 2. Sachstandsbericht des IPCC hat den Emissionshandel für den internationalen Klimaschutz empfohlen.

Equilibrium Climate Sensitivity: Damit ist das Maß gemeint, mit dem Veränderungen der Erdatmosphäre zu Veränderungen am Klimasystem führen. Hierbei geht es um die Wirkung der Treibhausgase.

Exergie: Das ist der Anteil der Gesamtenergie eines Systems oder Stoffstroms, der Arbeit verrichten kann, wenn er in das thermodynamische (thermische, mechanische und chemische) Gleichgewicht mit seiner Umgebung gebracht wird. In einer Energieform gibt es demnach Energie-Anteile, die umwandelbar sind, und solche, die nicht umwandelbar sind. Exergie sind die umwandelbaren Teile.

F-Gase: F-Gase sind fluorierte Treibhausgase, die auch Industriegase genannt werden. Dazu zählen FKWs, HFKWs und SF6. Diese Gase werden im Kyoto-Protokoll erfasst. Sie werden vor allem in Kühl- und Klimageräten oder in der Schaumstoffproduktion eingesetzt. SF6 wurde als Schutzgas in der Industrieproduktion benutzt.

G 8: Gruppe der acht stärksten Industriestaaten: USA, Japan, Deutschland, Frankreich, Großbritannien, Kanada, Italien und Russland.

GDP: Abkürzung der englischen Beschreibung für das Weltsozialprodukt.

Grandfathering-Prinzip: Auf der Basis der Ist-Emissionen eines Unternehmens/einer Volkswirtschaft wird die Zuteilung von Emissionen und Emissionszertifikaten geprüft.

Golfstrom: Schnelle und warme Meeresströmung, die vor der Ostküste der USA fließt und etwa 100 km breit ist. Der Golfstrom gehört zu einem den Nordatlantik umfassenden Kreislauf von Oberflächenströmungen, deren Hauptantrieb die Westwinde der mittleren Breiten und die Nordostpassate nördlich des Äquators sind.

Intergovernmental Panel on Climate Change (IPCC): Von den Vereinten Nationen 1988 installierter zwischenstaatlicher Ausschuss für den Klimawandel, der von der Weltmeteorologiegesellschaft und dem UN-Umweltbüro organisiert wird. Der Sitz ist Genf. Die Hauptaufgaben sind die Beurteilung der wissenschaftlichen Erkenntnisse und die Erarbeitung von Gegenstrategien.

Jetstream: Starke Windbänder von mehreren hundert Kilometer Breite in ca. zehn bis zwölf km Höhe, die in beiden Hemisphären in West-Ost-Richtung verlaufen. Ab einer Windgeschwindigkeit von 110 km/h spricht man von einem Jet, meist werden allerdings 300 km/h gemessen.

Joint Implementation: Gemeinsame Umsetzung von Klimaschutzmaßnahmen.

Klimarahmenkonvention: Die Klimarahmenkonvention wurde am 9. Mai 1992 in New York verabschiedet und auf dem Erdgipfel von Rio 1992 von über 190 Ländern unterschrieben. Ihr Ziel ist die »Stabilisierung von Treibhausgaskonzentrationen in der Atmosphäre auf einem Niveau, das gefährliche anthropogene Störungen des Klimasystems verhindert«.

Klimavariabilität: Sie bezieht sich auf Schwankungen des mittleren Zustandes und anderer Statistiken (Abweichungen vom Standard, Extremereignisse etc.) des Klimas auf allen zeitlichen und räumlichen Skalen, die über einzelne Wetterereignisse hinausgehen.

Kohlenstoffkreislauf: Dies bezeichnet den Kohlenstofffluss (in unterschiedlichsten Formen, z. B. Kohlendioxid) durch die Atmosphäre, Ozeane, terrestische Biosphäre und Litosphäre.

Kraft-Wärme-Kopplung: Bei einer KWK-betriebenen Energieumwandlungsanlage wird sowohl die bei der chemischen oder physikalischen Umwandlung von Energieträgern entstehende Wärme als auch die durch Energieumwandlung erzeugte elektrische Energie zu großen Teilen gemeinsam genutzt.

Kyoto-Protokoll: Im Dezember 1997 erklärten 159 Vertragsstaaten im japanischen Kyoto die Absicht, den Ausstoß der Treibhausgase so weit zu verringern, dass es zu keiner weiteren vom Menschen verursachten Erwärmung des Erdklimas kommt. Dazu sollen Industrieländer bis 2012 den Ausstoß um durchschnittlich 5,2 Prozent gegenüber dem Niveau von 1990 senken. Die EU strebt in ihrem Bereich eine Senkung um acht Prozent an. Die USA, der größte Kohlendioxid-Emittent, verweigerte seine Unterschrift.

Monsun: Jahreszeitlich die Richtung wechselnder Wind in Süd- und Südostasien mit häufig starken Regenfällen.

NAP: Nationaler Allokationsplan. Hier sind detailliert die Ziele und Pflichten zur Senkung der CO_2-Mengen für die am Emissionshandel beteiligten Akteure erfasst.

OECD: Organisation für Wirtschaftliche Zusammenarbeit und Entwicklung, Sitz ist Paris.

Ozon: Ozon besteht aus drei Sauerstoffatomen und gehört zu den Spurengasen, die alle zusammen etwas weniger als ein Prozent der Gasmenge der Luft ausmachen. Würde man sämtliches Ozon der Atmosphäre zusammendrücken, so wäre diese Schicht gerade drei Millimeter dick. Die Ozonschicht bildet sich in etwa 20 km Höhe und schützt so die Erde vor schädlicher UV-Strahlung.

Paläoklima: Die Wissenschaft, die sich mit dem Klima einzelner geologischer Zeiten befasst. Es wird rekonstruiert aus Eisbohrkernen und Sedimenten.

Permafrost: Ganzjährig gefrorener Boden, der überall dort vorkommt, wo die Temperatur mehrjährig unter 0 °C bleibt.

pH-Wert: Der pH-Wert bestimmt die Stärke der sauren bzw. basischen Wirkung einer wässrigen Lösung. Als logarithmische Größe ist er durch den mit −1 multiplizierten Zehnerlogarithmus der Oxoniumionenkonzentration definiert.

ppb: parts per billion.

ppm: parts per million.

Senke: Alle Prozesse, Aktivitäten und Mechanismen, die ein Treibhausgas, Aerosol oder den Vorläufer eines Spurengases oder eines Aerosoles aus der Atmosphäre entfernen.

SRES-Szenarien: Emissions-Szenarien, die vom Wissenschaftler Nakicenovic entwickelt wurden und die als Basis für Klimaprojektionen verwendet werden.

Strahlungsantrieb: Der Strahlungsantrieb ist die Änderung der vertikalen Nettoeinstrahlung an der Tropospause, ausgedrückt in Watt pro Quadratmeter, durch interne oder externe Veränderungen im Klimasystem. Dazu zählen beispielsweise die Sonnenaktivitäten oder eine erhöhte Kohlendioxidkonzentration.

Stratosphäre: Atmosphärenschicht, die in den mittleren Breiten von etwa zwölf bis 48 km reicht. Sie liegt über der Troposphäre. Der hohe Ozongehalt der Stratosphäre sorgt ab etwa 20 km Höhe für einen Temperaturanstieg: von etwa minus 60 Grad in der unteren Stratosphäre auf rund null Grad in 48 km Höhe. Ozon absorbiert Sonnenstrahlung und erwärmt dadurch die Umgebung. In der Stratosphäre bilden sich fast keine Wolken, da der Wasserdampfgehalt zu gering ist.

Szenario: Eine plausible Beschreibung, wie sich die Zukunft gestalten kann. Sie basiert auf einem breiten Set von Annahmen und Erfahrungsauswertungen.

TAR: Kurzbezeichnung des 3. Sachstandsberichts des IPCC, der 2001 beraten und verabschiedet wurde.

Thermohaline Zirkulation: Großräumige, tiefreichende Strömungen im Ozean, die durch unterschiedliche Temperaturen (thermo) und Salzgehalte (halin) des Wassers hervorgerufen wird. Sowohl durch niedrige Temperaturen als auch hohen Salzgehalt bildet sich schweres Wasser, das bis in große Tiefen absinkt und damit weitreichende Strömungen und Umwälzungen auslösen kann.

Treibhauseffekt: Die Treibhausgase erwärmen die Luftschichten. Zu unterscheiden sind der natürliche und der anthropogene Treibhauseffekt. Der natürliche Treibhauseffekt sorgt auf der Erde für eine mittlere Temperatur von ca. 14 °C und ermöglicht damit die Bedingungen für das menschliche Leben.

Treibhausgase (THG): In der Atmosphäre vorkommende Gase, beispielsweise Wasserdampf, Kohlendioxid, Fluorchlorkohlenwasserstoffe oder Methan, welche die vom Erdboden kommende Wärme absorbieren und in alle Richtungen abgeben. Die Wärme bleibt daher in der Troposphäre und kann nicht in den Weltraum entweichen.

Troposphäre: Unterste, bodennahe Schicht der Atmosphäre, in der praktisch das gesamte Wettergeschehen und damit eine starke Durchmischung der Luftmassen stattfinden. Die Troposphäre reicht im Mittel bis etwa zwölf km Höhe und ist durch eine Temperaturabnahme in der Höhe von 0,65 Grad pro 100 m gekennzeichnet. In der darüberliegenden Schicht kehrt sich dieser Temperaturverlauf um. Zwischen den beiden Schichten liegt die Tropopause.

Vulnerabilität/Verwundbarkeit: Das Maß, bis zu dem ein System anfällig für die Veränderungen des Klimawandels ist, ist abhängig von den Anpassungsleistungen und Anpassungskapazitäten sowie der Art, Größe und Rate der Klimavariationen.

Wasserknappheit: Ein Land ist von Wasserknappheit betroffen, wenn das Verhältnis zwischen den verfügbaren Süßwasservorräten und der Wasserentnahme sich gravierend zulasten der erneuerbaren Wasservorräte verschiebt. Wasserentnahmen oberhalb von 20 Prozent des erneuerbaren Vorrates sind ein Kennzeichen für Wasserknappheit.

WHO: Weltgesundheitsbehörde. Sie hat in den IPCC-Berichten bei der Ermittlung der gesundheitlichen Folgen des Klimawandels mitgearbeitet.

Wüstenbildung: Landdegradierungen in ariden, semi-ariden und trocken-subhumiden Gegenden als Folge von verschiedenen Einflüssen, wobei der Klimawandel eine herausgehobene Bedeutung bekommt. Die UNO-Konvention zur Bekämpfung der Wüstenbildung definiert Landdegradierung als Rückgang oder Verlust der biologischen oder wirtschaftlichen Produktivität und Komplexität auf natürlich oder künstlich bewässertem Land oder Weideland sowie in Wäldern oder bewaldeten Gebieten.

Herausgeber

Michael Müller, geb. 1948. MdB und Parlamentarischer Staats-
sekretär im Bundesministerium für Umwelt, Naturschutz und
Reaktorsicherheit (BMU); Sprecher der SPD in der Enquête-
Kommission »Schutz der Erdatmosphäre« von 1987 bis 1993;
Vorsitzender der Enquête-Kommission »Schutz des Menschen
und der Umwelt«. Bundesvorsitzender der NaturFreunde
Deutschlands und Mitglied im Präsidium des Deutschen Natur-
schutzrings (DNR), Berlin.

Ursula Fuentes, geb. 1967. Physikerin, Dr. rer. nat.; Referentin im
BMU. National Focus Point bei den Regierungsverhandlungen des
IPCC 2007, Berlin.

Harald Kohl, geb. 1963. Physiker, Dr. rer. nat.; Referent im BMU.
National Focus Point bei den Regierungsverhandlungen des IPCC
2001, Persönlicher Referent beim Parlamentarischen Staats-
sekretär Michael Müller, Berlin.

Autoren

Wolfgang Cramer, geb. 1957, Geograph, Dr. rer. nat., Abteilungs-
leiter Globaler Wandel und Natürliche Systeme am Potsdam-
Institut für Klimafolgenforschung (PIK), Prof. an der Universität
Potsdam, Potsdam.
Ottmar Edenhofer, geb. 1961, Volkswirt, B. A. in Philosophie, Dr.
rer. pol., Chefökonom am PIK, Potsdam.
Christian Flachsland, geb. 1980, Doktorand am PIK, Potsdam.
Sigmar Gabriel, geb. 1959, Gymnasiallehrer für Deutsch, Politik
und Soziologie, MdB und Bundesminister für Umwelt, Natur-
schutz und Reaktorsicherheit, Berlin.
Hartmut Graßl, geb. 1940, Physiker, Prof. Dr. rer. nat., bis Septem-
ber 2005 Direktor am Max-Planck-Institut für Meteorologie,
Hamburg.
William Hare, geb. 1956, Physiker, Gastwissenschaftler am Potsdam-Institut für Klimafolgenforschung, Berlin.

Peter Hennicke, geb. 1942, Chemiker, Volkswirt, Prof. Dr. rer. pol.; Präsident des Wuppertal-Instituts für Klima, Energie, Umwelt, Wuppertal.

Olav Hohmeyer, geb. 1953, Volkswirt, Prof. Dr. für Energie- und Ressourcenwirtschaft, Direktor des Internationalen Instituts für Management an der Universität Flensburg. Vice-Chairman der Arbeitsgruppe III beim 4. Sachstandsbericht des IPCC, Flensburg.

Daniela Jacob, geb. 1961, Meteorologin, Dr. rer. nat., Leiterin Regionale Klimamodellierung am Max-Planck-Institut für Meteorologie, Hamburg.

Carlo C. Jaeger, geb. 1947, Soziologe, Dr., Leiter der Abteilung Globaler Wandel und Soziale Systeme am PIK, Prof. an der Universität Potsdam, Potsdam.

Wolfgang Kusch, geb. 1944, Meteorologe, Präsident des Deutschen Wetterdienstes, Offenbach.

Mojib Latif, geb. 1954, Meteorologe, Prof. Dr. rer. nat., Prof. am Leibniz-Institut für Meereswissenschaften an der Universität Kiel, Kiel.

Anders Levermann, geb. 1973, Physiker, Dr. rer. nat., Juniorprofessor für Modellierung des Klimas auf langen Zeitskalen, PIK, Potsdam.

Jochen Marotzke, geb. 1959, Physiker, Dr. rer. nat., Direktor und Wissenschaftliches Mitglied am Max-Planck-Institut für Meteorologie, Hamburg, Wissenschaftlicher Direktor des Deutschen Klimarechenzentrums, Prof. an der Universität Hamburg, Hamburg.

Klaus Michael Meyer-Abich, geb. 1936, em. Prof. Dr., Natur- und Kulturwissenschaftler, Ex-Wissenschaftssenator in Hamburg, langjähriger Mitarbeiter von Carl Friedrich von Weizsäcker, entwickelte die Idee »Frieden mit der Natur«, Hamburg.

Stefan Rahmstorf, geb. 1960, Physiker, Prof. Dr. rer. nat., Abteilungsleiter am PIK, Prof. an der Universität Potsdam, Potsdam.

Franzjosef Schafhausen, geb. 1948, Ministerialrat im Bundesministerium für Umwelt, Naturschutz und Reaktorsicherheit, Berlin.

Annette Schavan, geb. 1955, Theologin, Philosophin, Erziehungswissenschaftlerin, Dr. phil., MdB und Bundesministerin für Bildung und Forschung, Stellvertretende Vorsitzende der CDU Deutschlands, Berlin.

Hans Joachim Schellnhuber, geb. 1950, Physiker, Mathematiker, Prof. Dr. rer. nat., Gründungsdirektor des PIK, Prof. an der Universität Potsdam, Distinguished Science Advisor für das Tyndall Centre, Großbritannien, Klimaberater der Bundeskanzlerin, Potsdam.

Martin Schöpe, geb. 1962, Jurist, Dr. iur., Referatsleiter im Bundesministerium für Umwelt, Naturschutz und Reaktorsicherheit, Berlin.

Andreas Troge, geb. 1950, Volkswirt, Prof. Dr. rer. pol., Präsident des Umweltbundesamtes, Dessau.

Nicole Wilke, geb. 1963, Wirtschaftswissenschaftlerin, Referatsleiterin im Bundesministerium für Umwelt, Naturschutz und Reaktorsicherheit, Berlin.

Literatur

Altner, Günter; Naturvergessenheit; Darmstadt 1991

Brandt, Willy; Vorstellung des Nord-Süd-Reports; New York 1979
Brown, Lester B.; Plan B 2.0. Mobilmachung zur Rettung der Zivilisation; Berlin 2006
Bundesministerium für Umwelt, Naturschutz und Reaktorsicherheit; Bericht der Bundesregierung über die UN-Konferenz für Umwelt und Entwicklung; Bonn 1992
Bundesministerium für Umwelt, Naturschutz und Reaktorsicherheit; Bericht der Bundesregierung über die UN-Konferenz für eine nachhaltige Entwicklung; Bonn 2002
Bundesministerium für Umwelt, Naturschutz und Reaktorsicherheit; Leitstudie 2007 – Ausbaustrategie Erneuerbare Energien; Berlin 2007

Deutscher Bundestag; Bericht der Enquête-Kommission »Schutz der Erde«; Bonn 1990
Deutscher Wetterdienst; Der KLIMA-Report; Offenbach 2007

Frankfurter Allgemeine Sonntagszeitung; Leben mit dem Klimawandel; Nr. 24 / 2007
Frei C., Christensen, J.H., Deque, M., Jacob, D., Jones, R.G., und Vidale P.L.: 2003, »Daily precipitation statistics in regional climate models: Evaluation and intercomparison for the European Alps«, J. Geophys. Res. 108 (D3), 4124, doi:10.1029/2002 JD002287.

Gore, Al; Die unbequeme Wahrheit; München 2006

Graßl, Hartmut / Reiner Klingholz; Wir Klimamacher; Frankfurt am Main 1990

Greenpeace International (Hrsg.): Energy Revolution. A Sustainable Pathway to a Clean Energy Future for Europe. A European Energy Scenario for EU-25. Amsterdam: Greenpeace International, 2005. (http://www.greenpeace.org/international/press/reports/energy-revolution-a-sustainab)

Hauff, Volker; Unsere Gemeinsame Zukunft; Greven 1987

Hennicke, Peter: Chancen einer Jahrhundertaufgabe. In: Handelsblatt vom 20. März 2007.

Hennicke, Peter; Wa(h)re Energiedienstleistung; Berlin 1999

Hennicke, Peter / Michael Müller; Weltmacht Energie; Stuttgart 2005

HM Treasury (Hrsg.): Stern Review on the Economics of Climate Change. London: HM Treasury, 30 October 2006. (http://www.hm-treasury.gov.uk/independent_reviews/stern_review_economics_climate_change/sternreview_index.cfm).

IEA 2006; Stern Report und weiter unten International Energy Agency IEA (Hrsg.): World Energy Outlook 2006. Paris: International Energy Agency, 2006.

IPCC; Climate Change; Cambridge 2001

IPCC; Climate Change; Genf 2007

Irrek, Wolfgang; Thomas, Stefan: Der EnergieSparFonds für Deutschland. Düsseldorf: Hans-Böckler-Stiftung (Edition der Hans-Böckler-Stiftung, Nr. 169), 2006.

Jacob, D.: 2001, »A note to the simulation of the annual and inter-annual variability of the water budget over the Baltic Sea drainage basin«, Meteorol Atmos Phys 77, 61–73.

Jacob, D., Bärring, L., Christensen, O.B., Christensen, J.H., Hagemann, S., Hirschi, M., Kjellström, E., Lenderink, G., Rockel, B., Schär, C., Seneviratne, S.I., Somot, S., van Ulden, A., and van den Hurk, B.: 2007, »An inter-comparison of regional climate models for Europe: Design of the experiments and model performance«, PRUDENCE Special Issue, Climatic Change, Vol.81, Supplement 1, May 2007

Jäger, Jill; Was verträgt die Erde noch?; Frankfurt am Main 2006

Jain, A. K. and W. Bach (1994). »The effectiveness of measures to reduce the man-made greenhouse effect. The application of a Climate-policy Model.« Theoretical and Applied Climatology 49(2): 103–118.

Jonas, Hans; Prinzip Verantwortung; Frankfurt am Main 1979

Kant, Immanuell; Zum ewigen Frieden (Neuauflage); Berlin 1995
Kondratieff, Nikolai; Die langen Wellen der Konjunktur; Tübingen 1926

Latif, Mojib; Bringen wir das Klima aus dem Takt?; Frankfurt am Main 2006
Latif, Mojib; Hitzerekorde und Jahrhundertflut; München 2003
Lozán, José L.; Warnsignale aus den Polarregionen; Hamburg 2006

McKinsey; A Cost curve for greenhouse gas reduction; London 2007
Meadows, Dennis et al.; The Limits of Growths; New York 1972
Meadows, Dennis et al.; Grenzen des Wachstums. Das 30-Jahre-Update; Stuttgart 2006
Müller, Michael/Peter Hennicke; Die Klimakatastrophe; Bonn 1989
Müller, Michael; Der Ausstieg ist möglich; Bonn 1999

Nakicenovic, N., Alcamo, J., Davis, G., de Vries, B., Fenhann, J., Gaffin, S., Gregory, K., Grübler, A., Jung, T.Y., Kram, T., La Rovere, E.L., Michaelis, L., Mori, S., Morita, T., Pepper, W., Pitcher, H., Price, L., Raihi, K., Roehrl, A., Rogner, H-H., Sankovski, A., Schlesinger, M., Shukla, P., Smith, S., Swart, R., van Rooijen, S., Victor, N., and Dadi, Z.: 2000, »IPCC Special Report on Emissions Scenarios«, Cambridge University Press, Cambridge, United Kingdom and New York, NY, USA.

Pacala, Stephen; Socolow, Robert: Stabilization Wedges. Solving the Climate Problem for the Next 50 Years with Current Technologies. In: Science, Vol. 305 (2004), Issue 5686, pp. 968–972.
Petermann, Jürgen (Hg.); Sichere Energie im 21. Jahrhundert; Hamburg 2006
Pötter, Bernhard; Ein unmoralisches Angebot; in: taz am 7.4.2007; Berlin
Preuß, Ulrich K.; Eher Nietzsche als Hobbes; in: Blätter für deutsche und internationale Politik 11/02; Köln 2002

Radermacher, Franz Josef und Bert Beyers; Welt mit Zukunft; Hamburg 2007

Rahmstorf, Stefan (2007). »A Semi-Empirical Approach to Projecting Future Sea-Level Rise.« Science 315 (5810): 368–370.

Rahmstorf, Stefan / Hans Joachim Schellnhuber; Der Klimawandel; München 2006

Rahmstorf, Stefan; Die Wahrheit zum Klima; in: FAZ am 10.4. 2007; Frankfurt am Main

Rahmstorf, Stefan, et al. 2007: Recent Climate Observations Compared to Projections. *Science* 316, 709.

Reimer, Nick / Thoralf Staudt; Wir Klimaretter; Köln 2007

Rijsberman, F. J. and R. J. Swart, Eds. (1990). Targets and Indicators of Climate Change, Stockholm Environment Institute.

Schwägerl, Christian; Klimaäpfel und Kohlendioxidbirnen; in: FAZ am 5.4.2007; Frankfurt am Main

Simonis, Udo Ernst; Kyoto II und »Houston-Protokoll« – Neue Impulse für die internationale Klimapolitik; Berlin 2007

Simonis, Udo Ernst; Energieoption und Waldoption; in: Solarzeitalter, 19. Jg., Heft 1

Spiegel Special; Neue Energien; Hamburg 2007

Stern, Nicholas; The Economics of Climate Change; London 2006

Umweltbundesamt; Die acht wichtigsten Maßnahmen zum Klimaschutz; Berlin 2007

UN (1992). Rahmenübereinkommen der Vereinten Nationen über Klimaänderungen. United Nations, New York.

UNO; Charta der Vereinten Nationen; New York 1945

WBGU; Die Zukunft der Meere – zu warm, zu hoch, zu sauer; Berlin 2006

WBGU; Neue Impulse für die Klimapolitik. Chancen der deutschen Doppelpräsidentschaft nutzen; Berlin 2007

WBGU; Welt im Wandel – Sicherheitsrisiko Klimawandel; Berlin 2007

Weizsäcker, Carl-Friedrich von; Bedingungen des Friedens (1963); in: Carl-Friedrich von Weizsäcker; der Bedrohte Frieden; München 1981

Wissenschaftlicher Beirat der Bundesregierung Globale Umweltveränderungen WBGU (1995). Szenario zur Ableitung globaler CO_2-Reduktionsziele und Umsetzungsstrategien. Berlin.

WBGU (Hrsg.): Über Kyoto hinaus denken. Klimaschutzstrategien für das 21. Jahrhundert. Berlin: WBGU, 2003. (http://www.wbgu. de/wbgu_sn2003.pdf)

World Energy Council WEC: Energy and Technology. Sustaining World Development into the next Millenium. Conclusions & Recommendations. World Energy Congress, Houston, USA, 13–18 September 1998. (http://www.worldenergy.org/wecgeis/wec_congress/1998/default.asp)

Worldwatch Institute; Berichte zur Lage der Welt; Frankfurt am Main – verschiedene Jahrgänge

Wuppertal Institut (Hrsg.): Optionen und Potenziale für Endenergieeffizienz und Energiedienstleistungen. Kurzfassung. Endbericht im Auftrag der E.ON AG. Wuppertal: Wuppertal Institut, 2006. (http://www.wupperinst.org/uploads/tx_wiprojekt/EE_EDL_Final_short_de.pdf)

Index

Toralf Staud / Nick Reimer
Wir Klimaretter

So ist die Wende noch zu schaffen
KiWi 998
Originalausgabe

Es ist soweit: Der Klimawandel ist da – kaum jemand traut sich noch, dies zu leugnen. Doch statt endlich aktiv Klimaschutz zu betreiben und entschlossen die Ursachen der Erderwärmung zu bekämpfen, wird fast nur noch diskutiert, wie man sich an das Unvermeidliche anzupassen habe. Doch noch können wir extreme Veränderungen des Weltklimas verhindern. Wie genau? Das zeigt dieses Buch.

»In ihrem gründlich recherchierten Buch ist es, als stellten die Autoren das Rauschen um Heiligendamm leise, damit man sich mal auf das Mögliche konzentrieren kann. Nur darum ist es dem Buch zu tun: den individuellen, gesellschaftlichen und politischen Handlungsspielraum, eben das Machbare, darzustellen.« *Die Zeit*

»Kaufen, lesen, mitmachen.« *Deutschlandradio Kultur*

Paperbacks bei Kiepenheuer & Witsch  www.kiwi-verlag.de